*Os gêneros do discurso*

FUNDAÇÃO EDITORA DA UNESP

*Presidente do Conselho Curador*
Mário Sérgio Vasconcelos

*Diretor-Presidente*
Jézio Hernani Bomfim Gutierre

*Superintendente Administrativo e Financeiro*
William de Souza Agostinho

*Conselho Editorial Acadêmico*
Danilo Rothberg
João Luís Cardoso Tápias Ceccantini
Luiz Fernando Ayerbe
Marcelo Takeshi Yamashita
Maria Cristina Pereira Lima
Milton Terumitsu Sogabe
Newton La Scala Júnior
Pedro Angelo Pagni
Renata Junqueira de Souza
Rosa Maria Feiteiro Cavalari

*Editores-Adjuntos*
Anderson Nobara
Leandro Rodrigues

Tzvetan Todorov

# *Os gêneros do discurso*

Tradução
Nícia Adan Bonatti

© 1978 Éditions du Seuil
© 2018 Editora Unesp

Título original: *Les Genres du discours*

Direitos de publicação reservados à:
Fundação Editora da Unesp (FEU)
Praça da Sé, 108
01001-900 – São Paulo – SP
Tel.: (0xx11) 3242-7171
Fax: (0xx11) 3242-7172
www.editoraunesp.com.br
www.livrariaunesp.com.br
feu@editora.unesp.br

Dados Internacionais de Catalogação na Publicação (CIP)
de acordo com ISBD
Elaborado por Vagner Rodolfo da Silva – CRB-8/9410

T639g
    Todorov, Tzvetan
        Os gêneros do discurso / Tzvetan Todorov; traduzido por Nícia Adan Bonatti. – São Paulo: Editora Unesp, 2018.

    Tradução de: *Les Genres du discours*
    Inclui bibliografia.
    ISBN: 978-85-393-0762-3

    1. Literatura.  2. Crítica literária.  3. Gêneros Literários. 4. Todorov, Tzvetan.  I. Bonatti, Nícia Adan.  II. Título.

2018-1434                                                 CDD 809
                                                         CDU 82.09

Editora afiliada:

# Sumário

Nota . *7*

**Parte 1**

A noção de literatura . *11*

Poiética e poética segundo Lessing . *31*

A origem dos gêneros . *59*

**Parte 2**

Os dois princípios da narrativa . *87*

O discurso psicótico . *109*

A leitura como construção . *121*

Em torno da poesia . *139*

**Parte 3**

*Memórias do subsolo* . 189

Os limites de Edgar Allan Poe . 227

*Coração das trevas* . 245

*The Awkward Age* . 263

As *Iluminações* . 293

**Parte 4**

A adivinhação . 321

O discurso da magia . 355

O chiste . 407

O jogo de palavras . 425

Referências bibliográficas . 453

# Nota

*Os textos que seguem são bastante explícitos em si mesmos, o que dispensa sua apresentação aqui; além disso, o primeiro deles pode ser lido como um programa que os outros buscam desenvolver e ilustrar. Eles estão agrupados em quatro partes. A primeira tem um caráter geral e teórico: nela se encontram definidas ou discutidas as noções de literatura, discurso e gênero. A seguinte é composta por estudos dos dois maiores "gêneros" literários, a ficção e a poesia, e o problema comum a eles é o da representação por meio da linguagem. A terceira parte reúne análises de textos particulares, coletadas também por uma problemática comum à linguagem e ao psiquismo humanos: elas partem da recusa de certa ideia de interioridade, ou da própria oposição entre fora e dentro. Por fim, a última parte é dedicada aos gêneros não literários, e as questões dos níveis de análise, da variedade das formas verbais, ocupam nela um lugar importante. Apesar de esses estudos serem animados por um espírito comum, que tem sua origem na ideia de que a literatura é uma explicação das potências da linguagem (a mais intensa), eles foram escritos em separado, entre 1971 e 1977, por isso há certas retomadas ou, ao contrário, certas divergências, que não procurei eliminar de modo*

7

*sistemático, acreditando que o processo de formação e enunciação de uma ideia pode ser (pelo menos) tão instrutivo quanto seu simples enunciado.*

*Quando releio esses textos, um aspecto me chama a atenção, que talvez possa suscitar a hesitação de meu leitor: é seu caráter, de certa forma, intermediário. Não me interesso pela simples especulação nem pela descrição dos fatos por si mesmos: não me canso de passar de uma a outra. O campo inteiro da teoria literária tem esse estatuto intermediário, ameaçado de um lado por uma reflexão bem geral e, de outro, pelo estudo de textos concretos. A mesma ambiguidade prossegue até no estilo da exposição. Tento evitar tanto um impressionismo que me parece irresponsável, não porque seja privado de teoria, mas porque ele não quer saber disso, quanto um formalismo terrorista, no qual todo esforço do autor se esgota tentando descobrir uma notação mais precisa para uma observação que, com frequência, é muito pouco definida. Gostaria que meu discurso fosse permeável, sem que por isso se tornasse informe; contudo, como sabemos, ao querer ganhar nos dois quadros, corremos o risco de perder cá e lá: destino pouco desejável, ao qual, apesar de tudo, eu não saberia renunciar.*

# 1

# A noção de literatura

Antes de mergulhar no abismo do "o que é" da literatura, lancemos mão de uma baliza de salvamento: nossa interrogação dirá respeito, em primeiro lugar, não sobre o próprio ser da literatura, mas sim sobre o discurso que, da mesma forma que o nosso, tenta falar dela. Alteração de percurso, mais do que objetivo final: contudo, quem dirá se o caminho seguido não tem mais interesse do que o ponto de chegada?

É preciso começar por duvidar da legitimidade da noção de literatura: não é porque a palavra existe ou porque ela se encontra na base de uma instituição universitária que a coisa seja óbvia. Poderíamos encontrar razões para essa dúvida, de início bem empíricas. Ainda não traçamos a história completa dessa palavra e de suas equivalentes em todas as línguas e épocas; contudo, uma olhada até mesmo superficial sobre a questão revela que nem sempre ela esteve presente. Nas línguas europeias, o termo "literatura", em seu sentido atual, é muito recente: data apenas do século XIX. Seria então um fenômeno histórico, e de forma alguma "eterno"? Por outro lado, inúmeras línguas (da África, por exemplo) não conhecem um termo genérico para designar todas as produções literárias; também não estamos mais na época de Lévy-Bruhl, para encontrar a explicação na famosa natureza "primitiva" dessas línguas, que ignorariam abstração e, portanto, também as palavras que mais designam o gênero do que a espécie. A essas primeiras constatações acrescenta-se aquela da dispersão que a literatura conhece nos tempos atuais: quem, hoje em dia, ousaria decidir entre o que é literatura e o que não é, diante da irredutível variedade dos escritos que tendem a ser ligados a ela, dentro de perspectivas infinitamente diversas?

Esse argumento não é decisivo, dado que uma noção pode ter direito à existência sem que uma palavra específica do vocabulário lhe corresponda, mas ele leva a uma primeira dúvida sobre o caráter "natural" da literatura. Entretanto, um exame teórico do problema também não nos tranquiliza. De onde nos vem a certeza de que uma entidade como a literatura existe? Da experiência: estudamos as obras literárias na escola e em seguida na universidade; encontramos esse tipo de livro em lojas especializadas; estamos habituados a citar os autores "literários" na conversação diária. Uma entidade "literatura" funciona no nível das relações intersubjetivas e sociais: eis o que parece incontestável. Mas o que provamos com isso? Que em um sistema mais vasto, que é certa sociedade, determinada cultura, existe um elemento identificável ao qual nos referimos pela palavra literatura. Demonstraríamos assim que todos os produtos particulares que assumem essa função participam de uma

*Os gêneros do discurso*

natureza comum, que temos também o direito de identificar? De modo algum! Chamemos de "funcional" à primeira apreensão da entidade, aquela que a identifica como elemento de um sistema mais vasto, por aquilo que essa unidade "faz" nele; e de "estrutural" à segunda, em que buscamos ver se todas as instâncias que assumem uma mesma função participam das mesmas propriedades. Os pontos de vista funcional e estrutural devem ser distinguidos com critério, mesmo que se possa perfeitamente passar de um a outro. Para ilustrar essa distinção, tomemos um objeto diferente: a publicidade com certeza ocupa uma função precisa no seio de nossa sociedade, mas a questão se torna muito mais difícil quando nos perguntamos sobre sua identidade estrutural. Ela pode lançar mão das mídias visual ou sonora (ou ainda de outras), pode ou não ter uma duração no tempo, pode ser contínua ou descontínua, pode se servir de mecanismos tão variados quanto a incitação direta, a descrição, a alusão, a antífrase, e assim por diante. A entidade funcional incontestável (admitamos isso no momento) não corresponde necessariamente a uma entidade estrutural. Estrutura e função não se implicam mutuamente de maneira rigorosa, apesar de que sempre se observam afinidades entre elas. Aí está uma diferença mais de ponto de vista do que de objeto: se descobrimos que a literatura (ou a publicidade) é uma noção estrutural, temos de dar conta da função de seus elementos constitutivos. De modo recíproco, a entidade funcional "publicidade" faz parte de uma estrutura que é, digamos, aquela da sociedade. A estrutura é feita de funções, e as funções criam uma estrutura. Contudo, como é o ponto de vista que determina o objeto de conhecimento, a diferença não deixa de ser menos irredutível.

A existência de uma entidade funcional "literatura" não implica de forma alguma aquela de uma entidade estrutural (apesar de que ela nos incita a questionar se esse não é o caso). Ora, as definições funcionais da literatura (mais pelo que ela faz, e não pelo que ela é) são inúmeras. Não se deve acreditar que essa via conduza sempre à Sociologia: quando um metafísico como Heidegger se interroga sobre a essência da poesia, também apreende uma noção funcional. Dizer que "a arte é a implementação da verdade", ou que "a poesia é a fundação do ser pela palavra", é formular um desejo sobre o que uma ou outra deveriam ser, sem se pronunciar sobre os mecanismos específicos que a tornam apta para essa tarefa. Não é por ser uma função ontológica que ela deixa de ser uma função. Aliás, o próprio Heidegger admite que à entidade funcional não corresponde uma entidade estrutural; em outro lugar, ele nos diz que, em sua pesquisa, "é só da grande arte que se trata". Não dispomos com isso de um critério interno que nos permita identificar toda obra de arte (ou de literatura), mas apenas de uma afirmação sobre o que uma parcela da arte (a melhor) deveria fazer.

Então, é possível que a literatura seja apenas uma entidade funcional. Contudo, não prosseguirei nessa via e admitirei, com o risco de me ver no final das contas decepcionado, que ela também tem uma identidade estrutural, e buscarei saber qual é ela. Muitos outros otimistas já me precederam, e posso partir das respostas que eles sugeriram. Sem entrar no detalhe histórico, tentarei examinar os dois tipos mais frequentes de solução que foram propostos.

Desde a Antiguidade até meados do século XVIII, para dizer de maneira sumária, uma única solução se encontra presente, de modo implícito ou explícito, nos escritos dos teóricos da arte ocidental. Olhando de perto, essa definição comporta dois elementos deslocados: em termos genéricos, a arte é uma imitação, variada segundo o material que se utiliza. A literatura é imitação pela linguagem, assim como a pintura é imitação pela imagem. De forma específica, não se trata de uma imitação qualquer, pois não necessariamente se imita as coisas reais, mas as coisas fictícias, que não têm necessidade de haver existido. A literatura é uma *ficção*: eis sua primeira definição estrutural. A formulação dessa definição não se fez em um dia, e revestiu termos muito variados. Podemos supor que é essa propriedade da literatura que leva Aristóteles a constatar que "a poesia conta mais o geral, e a história, o particular"[1] (essa observação também visa, ao mesmo tempo, a outra coisa): as frases literárias não designam ações particulares, que são as únicas que podem se produzir de verdade. Em outra época, dir-se-á que a literatura é essencialmente enganosa, falsa: Frye lembrou a ambiguidade dos termos "fábula", "ficção", "mito", que se aplicam tanto à "literatura" quanto à "falsidade". Todavia, isso não é justo: tais frases não são nem "falsas" nem "verdadeiras". Os primeiros lógicos modernos (como Frege, por exemplo) já observavam que o texto literário não se submete à prova de verdade, que ele não é nem verdadeiro nem falso, mas precisamente *ficcional*. Hoje, isso se tornou um lugar-comum.

Essa definição é satisfatória? Poderíamos nos perguntar se não estamos aqui substituindo uma consequência do que é a literatura por sua definição. Nada impede que uma história que relate um acontecimento real seja percebida como literária. Não é preciso mudar nada em sua composição, mas apenas

---

1 Aristóteles, *Poética*, 1451 *b*.

dizer que não nos interessamos por sua verdade e que a lemos "como" literatura. Não se pode impor uma leitura "literária" a qualquer texto: a questão da verdade não se imporá *porque* o texto é *literário*.

Mais que uma definição da literatura, nos é dado aqui, de maneira indireta, uma de suas propriedades. Entretanto, será que podemos observá-la em qualquer texto literário? Seria por acaso que aplicássemos de bom grado o termo "ficção" a uma parte da literatura (romances, novelas, peças de teatro), mas que o fizéssemos muito menos, ou até mesmo nunca, para outra de suas partes, que é a poesia? Teríamos vontade de dizer que, assim como a frase romanesca não é nem verdadeira nem falsa, apesar de descrever um acontecimento, a frase poética não é fictícia nem não fictícia. A questão não é pertinente, na medida em que a poesia não conta nada, não designa nenhum acontecimento, mas muitas vezes se contenta em formular uma meditação, uma impressão. O termo específico "ficção" não se aplica à poesia, pois o termo genérico "imitação" deve perder todo sentido preciso para permanecer pertinente. Na maioria das vezes, a poesia não evoca nenhuma representação exterior, ela se basta a si mesma. A questão se torna ainda mais difícil quando nos voltamos para gêneros que, apesar de serem amiúde qualificados de "menores", nem por isso deixam de estar presentes em todas as "literaturas" do mundo: preces, exortações, provérbios, adivinhações, canções infantis (sendo que cada um deles, é claro, tem seus problemas específicos). Deveríamos afirmar que eles também "imitam", ou os afastaríamos do conjunto dos fatos denotado pelo termo "literatura"?

Se tudo aquilo que em geral é considerado literatura não precisa ser ficcional, de modo inverso, nem toda ficção é obri-

Os gêneros do discurso

gatoriamente literatura. Tomemos, por exemplo, as "histórias de caso" de Freud. Não seria pertinente questionar se todas as peripécias na vida do pequeno Hans ou na do homem dos lobos são verdadeiras ou não. Elas compartilham exatamente o estatuto da ficção: tudo o que podemos dizer é que servem mais ou menos à tese de Freud. Tomemos um exemplo bem diverso: incluiríamos todos os mitos na literatura (dado que com certeza são ficcionais)?

É claro que não sou o primeiro a criticar a noção de imitação na literatura ou na arte. Ao longo do Classicismo europeu, tentou-se remendá-la para torná-la utilizável, pois era necessário dar a esse termo um sentido bem geral, para que conviesse a todas as atividades enumeradas. Contudo, ele também se aplica a outras coisas e demanda uma especificação por complemento: a imitação deve ser "artística", o que significa retomar o termo a ser definido dentro da própria definição. Em algum lugar, no século XVIII, ocorre a reviravolta, e em vez de acomodar a antiga definição se propõe uma outra, inteiramente autônoma. Nada é mais indicativo em relação a isso do que os títulos de dois textos que marcam os limites desses dois períodos. Em 1746 é publicada uma obra de estética que resume o senso comum da época: são les *Beaux-Arts réduits à un même principe* [As belas-artes reduzidas a um mesmo princípio], do abade Batteux. O princípio em questão é a imitação da bela natureza. Em 1785, outro título lhe faz eco: é o *Essai de réunion de tous les beaux-arts et sciences sous la notion d'accomplissement en soi* [Ensaio de reunião de todas as belas-artes e ciências sob a noção de realização em si], de Karl Philipp Moritz. As belas-artes são reunidas de novo, mas dessa vez em nome do belo, compreendido como uma "realização em si".

De fato, é sob a perspectiva do belo que se situará a segunda grande definição da literatura, e "fascinar" aqui é superior a "instruir". Ora, a noção do belo se cristalizará, no final do século XVIII, em uma afirmação de caráter intransitivo, não instrumental, da obra. Depois de ter sido confundido com o útil, o belo se define agora por sua natureza não utilitária. Moritz escreve: "O belo verdadeiro consiste no fato de que uma coisa só significa ela mesma, só designa a si mesma, só contém a si mesma, ela é um todo realizado em si mesma". Mas a arte se define pelo belo: "Se uma obra de arte tivesse como única razão de ser a de indicar algo que lhe é exterior, ela se tornaria por isso um acessório; no caso do belo, sempre se trata do fato de que ele próprio é o principal". Na pintura, são as imagens que percebemos por elas mesmas, e não em função de outra utilidade; na música, são os sons, cujo valor está neles mesmos. A literatura, enfim, é linguagem não instrumental, cujo valor está nela mesma. Ou, como diz Novalis, "uma expressão para a expressão". Encontramos uma exposição detalhada dessa reviravolta na parte central de minha obra *Teorias do símbolo*.[2]

Essa posição será defendida pelos românticos alemães, que a transmitirão aos simbolistas. Ela dominará todos os movimentos simbolistas e pós-simbolistas na Europa. Muito mais: ela se tornará a base das primeiras tentativas modernas para criar uma ciência da literatura. Seja no Formalismo russo ou no *New Criticism* americano, sempre se parte do mesmo postulado. A função poética é aquela que enfatiza a própria "mensagem". Ainda hoje essa é a definição dominante, mesmo que sua formulação varie.

---

2 Todorov, *Teorias do símbolo*.

*Os gêneros do discurso*

Para dizer a verdade, tal definição da literatura não merece ser qualificada de estrutural. Aqui se diz o que a poesia deve fazer, mas não como ela consegue chegar a esse resultado. Em que pese tudo isso, bem cedo o olhar funcional é completado por um ponto de vista estrutural. Um aspecto, mais do que todos os outros, contribui para que percebamos a obra em si mesma: seu caráter sistemático. Diderot já definia assim o belo; em seguida, o termo "belo" será substituído por "forma" que, por sua vez, será trocado por "estrutura". Os estudos formalistas da literatura terão o mérito (e é com isso que fundam uma ciência, a poética) de ser estudos do sistema literário, do sistema da obra. A literatura é então um *sistema*, uma linguagem sistemática, que por isso mesmo chama a atenção sobre si, que se torna autotélica – eis sua segunda definição estrutural.

Examinemos, por sua vez, essa hipótese. Seria a linguagem literária a única a ser sistemática? A resposta é não, sem sombra de dúvida. Não é apenas nos campos habitualmente comparados ao da literatura (como a publicidade) que se observa uma organização rigorosa e mesmo o emprego de mecanismos idênticos (rima, polissemia etc.), mas também naqueles que são, em princípio, os mais afastados dela. Podemos dizer que um discurso jurídico ou político não é organizado, não obedece a regras explícitas? Aliás, não é por acaso que até o Renascimento, e sobretudo na Antiguidade grega e latina, ao lado da Poética viesse a Retórica (seria preciso mesmo dizer: a Poética só vinha na sequência da Retórica), que tinha por tarefa codificar as leis do discurso, que não são as do discurso literário. Poderíamos ir mais longe e questionar a própria pertinência de uma noção como aquela de "sistema da obra", precisamente em razão da grande facilidade com a qual sempre se pode estabelecer tal "sistema". A linguagem só comporta um número limitado de fonemas, e menos ainda traços distintivos. As categorias gramaticais de cada paradigma são pouco numerosas: a repetição, longe de ser difícil, é inevitável. Sabemos que Saussure formulara uma hipótese sobre a poesia latina, segundo a qual os poetas inscreviam na trama do poema um nome próprio, o do destinatário ou o do objeto da poesia. Sua hipótese termina em um impasse, não por falta de provas, mas por seu excesso, dado que em um poema razoavelmente longo podemos encontrar inscrito qualquer nome. Aliás, por que ficarmos na poesia? "Esse hábito era uma segunda natureza para todos os romanos educados, que tomavam a pluma para dizer a palavra mais insignificante." E por que apenas os romanos? Saussure chegará até a descobrir o nome de Eton em um texto latino que servia de exercício para os estudantes desse colégio no século XIX. Infelizmente para ele, o autor do texto era um *scholar* do King's College de Cambridge, do século XVII, e o texto só foi adotado em Eton cem anos depois!

Por se encontrar em todo canto com tanta facilidade, o sistema não está em lugar algum. Examinemos agora a prova complementar: será todo texto literário tão sistemático para que possamos qualificá-lo de autotélico, intransitivo, opaco? Percebemos muito bem o sentido dessa afirmação quando ela se aplica ao poema, objeto realizado em si mesmo, como teria dito Moritz – mas e o romance? Longe de nós a ideia de que ele é só uma "fatia de vida" desprovida de convenções e, portanto, de sistema, mas esse sistema não torna a linguagem romanesca "opaca". Muito pelo contrário, esta última serve (no romance europeu clássico, pelo menos) para representar objetos, acontecimentos, ações, personagens. Também não podemos dizer

*Os gêneros do discurso*

que a finalidade do romance reside não na linguagem, mas no mecanismo romanesco, e o que é opaco, nesse caso, é o mundo representado. Contudo, não seria tal concepção da opacidade (da intransitividade, do autotelismo) igualmente aplicável a qualquer conversação cotidiana? Em nossa época, várias tentativas foram feitas para amalgamar as duas definições da literatura. Contudo, como nenhuma delas é tomada de forma isolada, realmente satisfatória, sua simples adição não pode nos fazer avançar. Para remediar sua fragilidade, seria preciso que as duas fossem *articuladas*, em vez de apenas anexadas ou ainda menos confundidas. Infelizmente, em geral é o que ocorre. Vejamos alguns exemplos.

René Wellek trata da "natureza da literatura" em um capítulo de *Wellek et Warren*. Ele nota de início que "o meio mais simples para resolver o problema é pormenorizar o uso particular que a literatura faz da linguagem", e estabelece três usos principais: literário, corrente e científico. Em seguida, opõe sucessivamente o uso literário aos outros dois. Por oposição ao científico, ele é "conotativo", isto é, rico em associações e ambíguo; é opaco (enquanto no uso científico o signo é "transparente, isto é, sem nos chamar a atenção sobre si mesmo, ele nos orienta sem ambiguidade para seu referente"); é plurifuncional, dado que não apenas referencial, mas também expressivo e pragmático (conativo). Por oposição ao uso cotidiano, o uso literário é sistemático ("a linguagem poética organiza e concentra os recursos da linguagem corrente") e autotélico, pois não encontra sua justificativa fora de si.

Até aqui, poderíamos crer que Wellek seria partidário de nossa segunda definição de literatura. A ênfase colocada sobre uma função qualquer (referencial, expressiva, pragmática) nos leva para longe da literatura, em que o texto vale por si mesmo (é o que chamaremos de função estética; esta já era a tese de Jakobson e Mukařovsky nos anos 1930). As consequências estruturais desses olhares funcionais são: a tendência ao sistema e o realce do valor de todos os recursos simbólicos do signo.

Todavia, segue-se outra distinção, que aparentemente continua a oposição entre uso corrente e uso literário. "É no plano referencial que a natureza da literatura aparece com mais clareza", diz Wellek, pois nas obras mais "literárias", "nos referimos a um mundo de ficção, de imaginação. As asserções de um romance, de um poema ou de uma peça de teatro não são literalmente verdadeiras, não são proposições lógicas." E aí está, ele conclui, o "traço distintivo da literatura", isto é, a "ficcionalidade".

Em outros termos, passamos, sem perceber, da segunda para a primeira definição de literatura. O uso literário não se define mais por seu caráter sistemático (e por conseguinte autotélico), e sim pela ficção, por proposições que não são nem verdadeiras nem falsas. Poderíamos dizer que um é igual ao outro, mas tal afirmação merece ao menos ser formulada (sem falar em sua demonstração). Também não avançamos quando Wellek conclui que todos esses termos (organização sistemática, tomada de consciência do signo e ficção) são necessários para caracterizar a obra de arte. A questão aqui é precisamente: quais são as relações que unem esses termos?

Northrop Frye, de modo comparável, levanta o mesmo problema no capítulo "Fases literal e descritiva: o símbolo como motivo e como signo", de *Anatomia da crítica*.[3] Ele também come-

---

3 Frye, *Anatomia da crítica:* quatro ensaios.

*Os gêneros do discurso*

ça por estabelecer uma distinção entre uso literário e não literário da linguagem (que reúne então o "científico" e o "corrente" de Wellek). A oposição subjacente se encontra entre orientação externa (para aquilo que os signos não são) e interna (para os próprios signos, para outros signos). As oposições entre centrífugo e centrípeto, entre fases descritiva e literal, entre símbolos-signos e símbolos-motivos são coordenadas à primeira distinção. É a orientação interna que caracteriza o uso literário. Note-se de passagem que Frye, assim como Wellek, jamais afirma a presença exclusiva dessa orientação na literatura, mas apenas sua predominância.

Ainda aqui, encontramos uma versão de nossa segunda definição da literatura. Uma vez mais, deslizamos para a primeira antes de nos darmos conta disso. Frye escreve:

> Em todas as estruturas verbais literárias, a orientação definitiva da significação é interna. Na literatura, as exigências da significação externa são secundárias, pois as obras literárias não pretendem descrever ou afirmar, não sendo, portanto, nem verdadeiras nem falsas. Na literatura, as questões de realidade ou de verdade são subordinadas ao objetivo literário essencial: produzir uma estrutura verbal que encontra sua justificativa em si mesma. O valor designativo dos símbolos é inferior à sua importância como estrutura de motivos conectados.

Nesta última frase, não é mais a transparência que se opõe à opacidade, mas a não ficcionalidade (o pertencimento ao sistema verdadeiro-falso).

O torniquete que permitiu essa passagem é o termo "interno". Ele figura nas duas oposições, uma vez como sinônimo de "opaco" e outra, de "ficcional". O uso literário da linguagem é "interno" por enfatizar os próprios signos e porque a realidade evocada por eles é fictícia. Contudo, além da simples polissemia (e, portanto, da confusão elementar), existe uma mútua implicação entre os dois sentidos do termo "interno": que toda "ficção" seja "opaca" e toda "opacidade" seja "fictícia". É o que parece sugerir Frye quando afirma, na página seguinte, que se um livro de história obedecesse ao princípio de simetria (sistema, portanto autotelismo), por esse motivo entraria no campo da literatura e, por conseguinte, no da ficção. Tentemos ver a que ponto essa dupla implicação é real. Talvez ela nos esclareça sobre a natureza da relação entre nossas duas definições da literatura.

Suponhamos que o livro de história obedeça ao princípio de simetria (e portanto diga respeito à literatura, de acordo com nossa segunda definição). Seria ele então ficcional (e em vista disso literário, segundo a primeira definição)? Não. Seria um mau livro de história que, para salvaguardar as simetrias, estaria pronto para distorcer a verdade. Contudo, a passagem se realizou entre "verdadeiro" e "falso", e não entre "verdadeiro-falso" por um lado e "ficcional" por outro. Da mesma forma, um discurso político pode ser altamente sistemático, mas nem por isso se torna ficcional. Haveria uma diferença radical na "sistematicidade" do texto entre uma narrativa de viagem real e uma narrativa de viagem imaginária (dado que um é ficcional e o outro não)? O olhar do sistema e a atenção dada à organização interna não implicam que o texto seja ficcional. Ao menos um dos percursos da implicação é impraticável.

O que ocorre com o outro? A ficcionalidade necessariamente acarreta o olhar do contexto? Tudo depende do sentido

*Os gêneros do discurso*

que damos a essa última expressão. Se a compreendermos no sentido restrito de recorrência ou de orientação sintagmática (por oposição à paradigmática), como permitem supor certas observações de Frye, é claro que existem textos ficcionais desprovidos dessa propriedade. A narrativa pode ser governada apenas pela lógica da sucessão e da causalidade (mesmo que tais exemplos sejam raros). Se a compreendermos no sentido amplo de "presença de uma organização qualquer", então todos os textos ficcionais possuem essa "orientação interna". Não obstante, seria difícil encontrar um texto que não a possua. A segunda implicação também não é então rigorosa, e não temos o direito de postular que os dois sentidos do termo "interno" formam um só. Mais uma vez, as duas oposições (e as duas definições) foram interpenetradas, sem ser articuladas.

Tudo o que podemos reter é que as duas definições permitem dar conta de um bom número de obras que em geral são qualificadas de literárias, mas não de todas; e que elas se encontram em relação de afinidade mútua, mas não de implicação. Permanecemos na imprecisão e na vagueza.

Talvez o fracasso relativo de minha investigação seja explicado pela própria natureza da questão que fiz a mim mesmo. Muitas vezes me perguntei: o que distingue a literatura daquilo que não é literário? Qual é a diferença entre o uso literário e o uso não literário da linguagem? Ora, ao me questionar assim sobre a noção de literatura, eu dava como adquirida a existência de outra noção coerente, a de "não literatura". Será que não é necessário começar por esta última?

Quer falem de escritura descritiva (Frye), de uso corrente (Wellek), de linguagem cotidiana, prática ou normal, postula-se sempre uma unidade que parece das mais problemáticas assim que, por sua vez, a interrogamos. Parece evidente que essa entidade – incluindo tanto a conversação corrente quanto a brincadeira, tanto a linguagem ritual da administração e do direito quanto a do jornalista e do político, tanto os escritos científicos quanto as obras filosóficas ou religiosas – não é verdadeiramente única. Não sabemos exatamente quantos são os tipos de discurso, mas concordamos em dizer que há mais de um.

É preciso aqui introduzir uma noção genérica em relação àquela de literatura: a de *discurso*. É o *pendant* estrutural do conceito funcional de "uso" (da linguagem). Por que ela é necessária? Porque a língua produz, a partir do vocabulário e das regras da gramática, frases. Ora, as frases são apenas o ponto de partida do funcionalismo discursivo; essas frases serão articuladas entre si e enunciadas em um certo contexto sociocultural; elas se transformarão em enunciados, e a língua, em discurso. Além disso, o discurso não é apenas um, mas múltiplo, tanto em suas funções quanto em suas formas: todos sabemos que não se deve enviar uma carta pessoal no lugar de um relatório oficial, e que os dois não são escritos da mesma maneira. Qualquer propriedade verbal, facultativa ao nível da língua, pode se tornar obrigatória no discurso. A escolha operada por uma sociedade, dentre todas as codificações possíveis do discurso, determina aquilo que chamaremos de seu *sistema de gêneros*.

Os gêneros literários, de fato, nada mais são do que tal escolha, dentre as possíveis do discurso, tornada convencional por uma sociedade. Por exemplo, o soneto é um tipo de discurso que se caracteriza por restrições suplementares sobre métrica e rima. Contudo, não há nenhuma razão para limitar essa noção de gênero apenas à literatura, dado que fora dela a situação não

# Os gêneros do discurso

é diferente. O discurso científico, em princípio, exclui as referências à primeira e segunda pessoas do verbo, assim como o emprego de outros tempos que não o presente. Os chistes comportam regras semânticas ausentes em outros discursos, conquanto sua constituição métrica, não codificada no nível do discurso, seja fixada no decorrer da enunciação particular. Certas normas discursivas têm um caráter paradoxal, que consiste em abolir uma regra da língua. Como mostraram Samuel Levin e Jean Cohen, certas regras gramaticais ou semânticas são suprimidas na poesia moderna. Todavia, na perspectiva da constituição de um discurso, sempre se trata de regras a mais, não a menos. A prova disso é que em tais enunciados poéticos "desviantes" reconstituímos facilmente a regra linguística transgredida: ela não foi suprimida, mas sim contestada por uma nova regra. Os gêneros do discurso, como vemos, tanto dizem respeito à matéria linguística quanto à ideologia historicamente circunscrita da sociedade.

Se admitirmos a existência de discursos (no plural), nossa questão sobre a especificidade literária deveria ser assim reformulada: há regras que são próprias a todas as instâncias da literatura (identificadas de modo intuitivo), e apenas a elas? Colocada dessa forma, a questão, a meu ver, só pode receber uma resposta negativa. Já citei vários exemplos que dão testemunho de que as propriedades "literárias" também são encontradas fora da literatura (do jogo de palavras e das canções infantis à meditação filosófica, passando pela reportagem jornalística ou pela narrativa de viagem). Também relembrei a impossibilidade em que nos encontramos para descobrir um denominador comum a todas as produções "literárias" (a menos que seja: a utilização da linguagem).

As coisas mudam radicalmente se nos voltarmos não para a "literatura", mas para suas subdivisões. Não temos nenhuma dificuldade em precisar as regras de certos tipos de discurso (é o que fizeram desde sempre as *Arts poétiques*, que na verdade confundem o descritivo e o prescritivo). Em outros lugares a formulação é mais difícil, mas nossa "competência discursiva" sempre nos faz sentir a existência de tais regras. Vimos, aliás, que a primeira definição de literatura se aplicava muito bem à prosa narrativa, enquanto a segunda se aplicava bem à poesia. Talvez não errássemos ao buscar a origem de duas definições igualmente independentes na existência desses dois "gêneros" tão diversos: a literatura que consideramos especificamente não é a mesma em um caso e no outro. A primeira definição parte da narrativa (Aristóteles fala de epopeia e tragédia, não de poesia); a segunda, da poesia (assim como as análises de poemas por Jakobson): caracterizaram-se, assim, dois grandes gêneros literários, sempre achando que se abarcara a literatura inteira.

De modo totalmente análogo, podemos identificar as regras dos discursos habitualmente julgados como "não literários". Proporei então a seguinte hipótese: se optarmos por um ponto de vista estrutural, cada tipo de discurso que em geral é qualificado de literário tem "parentes" não literários que lhe são mais próximos do que qualquer outro tipo de discurso "literário". Por exemplo, certa poesia lírica e a prece obedecem a mais regras comuns do que esta mesma poesia e o romance histórico do tipo de *Guerra e paz*. Assim, a oposição entre literatura e não literatura cede lugar a uma tipologia dos discursos. Incorporo em minhas conclusões referentes à "noção de literatura" os últimos clássicos e os primeiros românticos. Condillac escrevia, em *De l'art d'écrire* [Da arte de escrever]:

*Os gêneros do discurso*

Quanto mais as línguas que merecem ser estudadas se multiplicam, mais é difícil dizer o que entendemos por poesia, dado que cada povo faz dela uma ideia diferente. [...] O natural próprio à poesia e a cada espécie de poema é um natural de convenção [!] que varia demais para poder ser definido. [...] Em vão se tenta descobrir a essência do estilo poético: ela não existe.

E Friedrich Schlegel, nos *Fragmentos* de *Athenaeum*:

Uma definição da poesia pode somente determinar o que esta deve ser, não o que ela foi ou é na realidade; de outro modo, ela se enunciaria sob sua forma mais breve: poesia é o que assim chamamos, em qualquer lugar, a qualquer tempo.

O resultado desse percurso parece negativo, pois consiste em negar a legitimidade de uma noção estrutural de "literatura", em contestar a existência de um "discurso literário" homogêneo. Seja ou não legítima a noção funcional, a noção estrutural não o é. Contudo, o resultado negativo é só aparente, pois no lugar da literatura aparecem agora inúmeros tipos de discurso que igualmente merecem nossa atenção. Se a escolha de nosso objeto de conhecimento não for ditada por razões puramente ideológicas (que seria então preciso explicitar), não temos mais o direito de nos ocupar apenas das subespécies literárias, mesmo que nosso lugar de trabalho se chame "departamento de Literatura" (francesa, inglesa ou russa). Para citar Frye mais uma vez, agora sem reservas: "Nosso universo literário desenvolveu-se em um universo verbal"[4] ou, de modo mais extenso:

---

4 Frye, *Anatomia da crítica*.

*Tzvetan Todorov*

Todo professor de literatura deveria perceber que a experiência literária é apenas a ponta visível do iceberg verbal: acima se encontra o campo subliminar das reações retóricas suscitadas pela publicidade, pelos pressupostos sociais e pela conversação cotidiana. Essas reações permanecem inacessíveis à literatura como tal, mesmo que sejam do nível mais popular, como no filme, na televisão ou nas histórias em quadrinhos. Ora, o professor de literatura deverá lidar com a experiência verbal total do estudante, inclusive seus nove décimos subliterários.[5]

Um campo de estudos coerente, que no momento se encontra dividido sem piedade entre semânticos e literários, sócio e etnolinguistas, filósofos da linguagem e psicólogos, demanda então imperiosamente ser reconhecido, no qual a poética cederá seu lugar à teoria do discurso e à análise de seus gêneros. É de acordo com essa perspectiva que as páginas a seguir foram escritas.

---

5 Id., *The Secular Scripture.*

*cɕɷ*

# Poiética e poética segundo Lessing

N o livro I de sua *Retórica*, Aristóteles formula uma distinção que talvez não imaginasse ter sido prometida a tal futuro: para estudar um discurso, dizia ele, devemos isolar três fatores: "aquele que fala, o sujeito sobre o qual se fala e aquele a quem ele fala",[1] ou ainda: o caráter do orador, o próprio discurso, as disposições do auditor.[2] Codificada hoje em dia pela teoria da comunicação, essa tripartição (das quais um dos elementos se subdivide de imediato em dois, o próprio discurso e seu sujeito) funciona até no campo da estética, permitindo classificar as diferentes concepções da obra de arte,[3] ou mesmo os diferentes tipos de estudos que tomam a arte como

---

1 Aristóteles, *Retórica*, 1358 *ab*.
2 Ibid., 1356 *a*. Cf. Barthes, L'ancienne rhétorique, *Communications* 16, p.179.
3 Como em Abrams, *The Mirror and the Lamp*, p.3-29, que guarda os quatro elementos distintos e identifica, por conseguinte, as teorias expressiva, pragmática, formal e mimética.

*31*

objeto. Daí a distinção que René Passeron faz entre uma *poiética*, cujo objeto é a "instauração", a criação das obras, uma *estética* no sentido estrito, que se ocupa das obras "sob o ângulo de sua recepção" e, entre as duas, as *ciências das artes* (tais como a poética, a musicologia etc.), que tratam das "estruturas específicas da obra".[4]

Gostaria de dedicar as páginas que seguem ao exame de uma das fronteiras assim traçadas, aquela entre poiética e ciências da arte, restringindo ainda duas vezes esse objeto: em primeiro lugar de modo sincrônico, limitando-me apenas à literatura (de onde a proximidade perturbadora de *poiética* e *poética*); em seguida, do ponto de vista diacrônico, escolhendo um momento da história da estética que creio ser privilegiado: aquele que constitui a obra teórica de Lessing.

Partirei então desta questão: que ideia Lessing tem da poiética? Ou, de maneira mais detalhada: supondo que se admita certo determinismo de uma obra de arte (e é exatamente o caso de Lessing), de que é feito esse determinismo? Quais são as forças, as restrições que condicionam a presença (ou a ausência) de um ou de outro elemento artístico na obra, de cuja escolha ela é a finalização?

Comecemos pelas más respostas, afastadas por Lessing. A obra não é o que é em razão de um real do qual ela seria a transposição. Dito de outra forma, não se trata de um determinismo de imitação. A atitude de Lessing em relação ao princípio de imitação, então todo-poderoso, é complexa. Só raras vezes ele se decide a rejeitá-lo em bloco e, na maior parte do tempo, em particular nas afirmações gerais, ele o repete como uma evi-

---

4 Passeron, La poïétique. In: _____, *Recherches poétiques*.

Os gêneros do discurso

dência que não se discute ("essa imitação que é a essência da arte do poeta");[5] "aquilo que é uma imitação da natureza não pode ser um defeito").[6] Contudo, é um espírito bem diferente que anima suas análises particulares, e a afirmação implícita que elas contêm ressoam ao longo de sua obra.

Lembremos de início o exemplo que serve de ponto de partida ao *Laocoonte*: como explicar que a personagem principal do célebre grupo escultural,[7] apesar de sofrer de forma atroz, mal abra a boca? Winckelmman explica tal fato pelo caráter nobre dos gregos ou, dito de outra forma, pelo princípio de imitação. "Qualquer que seja a paixão expressa pelas obras de arte dos gregos, elas traem uma alma grande e serena."[8] Lessing observa: nas obras literárias que descrevem os mesmos gregos e que caracterizam a nobre simplicidade e a grandeza tranquila (como no *Filoctetes*, de Sófocles), as personagens se permitem

---

5 Lessing, *Laocoon*, p.78.

6 Id., *Dramaturgie de Hambourg*, p.321-2.

7 Uma das obras mais representativas da arte helenística, o grupo do Laocoonte é uma escultura conservada no Museu do Vaticano (Belvedere n° 74). Ela representa o sacerdote de Troia, Laocoonte, e seus dois filhos atacados por serpentes – essa cena é representada especialmente na *Odisseia* e na *Eneida*. Segundo o mito, ele alerta os troianos sobre o cavalo deixado pelos gregos (*"Timeo danaos, et dona ferentes"*: Eu temo os gregos mesmo quando eles dão presentes) e bate com sua lança nos flancos do animal de madeira. O som sai oco, mas ninguém se dá conta. Duas serpentes vindas da Ilha de Tenedos irão matá-lo e aos seus filhos. Os troianos atribuirão essas mortes a uma vingança de Poseidon ou de Atena, ofendidos pelo desmerecimento da oferta que lhes era destinada. Convencidos do sacrilégio, os troianos abrirão as portas e deixarão o cavalo entrar na cidade. (N. T.)

8 Lessing, *Laocoon*, p.53.

gemer, gritar e lamentar, assim como qualquer outro ser humano. Apesar disso, é verdade que a boca do Laocoonte esculpido mal se contrai. Como explicar isso? Ocorre que as leis da escultura impõem figurar a dor de maneira completamente diversa daquelas da poesia. A escultura, assim como a pintura, só pode representar um único momento de uma ação – é preciso então escolher aquele mais fecundo; "ora, para ser fecundo, é preciso que esse momento deixe o campo livre para a imaginação".[9] Não se deve então escolher o momento do paroxismo, mas aquele que o precede ou o segue. Da mesma forma, "dado que esse único instante adquire pela arte uma duração imutável, não deve exprimir aquilo que só se concebe como transitório".[10] Dessa forma se explicam outras escolhas feitas por pintores antigos (os quadros de Ajax, de Medeia). Lessing conclui: "Examinando os motivos indicados para explicar a moderação que o autor do Laocoonte conferiu à dor física, acho que são todos provindos da própria natureza (*von der eigenen Beschaffenheit*) da arte, de seus limites necessários e de suas exigências (*Bedürfnissen*)".[11] Os motivos ou as razões da presença de tal elemento na obra não se situam fora da arte, na realidade grega que seria imitada, mas no princípio constitutivo de cada arte, dentro das restrições impostas à obra por sua própria forma.

Em *Traités sur la fable* [Tratados sobre a fábula], Lessing lembra uma exigência que o crítico suíço Bodmer formulara em relação aos autores de fábulas: que observassem o comporta-

---

9 Ibid., p.68.
10 Ibid.
11 Ibid., p.27.

mento dos animais no campo, em particular por ocasião da caça, para nele descobrir características semelhantes às dos homens. Ele replica: "O professor pode economizar o trabalho de acompanhar seu aluno na caça, se souber praticar uma espécie de caça em relação às antigas fábulas".[12] Mais vale conhecer as leis do gênero em que se escreve do que se entregar à observação dos seres de quem se fala.

Na *Dramaturgia de Hamburgo*, Lessing questiona as relações mantidas entre a ficção literária e a verdade histórica. Se a obra fosse determinada por aquilo que ela representa (imita), a maior verdade histórica daria a obra mais perfeita. Lessing inverte a relação: se os fatos históricos vez ou outra podem servir à ficção, é apenas na medida em que eles se conformam a certas exigências que são, precisamente, aquelas da arte (e aqui Lessing cita com aprovação a opinião de Aristóteles, segundo a qual não é o verdadeiro, mas o verossimilhante que convém à poesia).

> Se o poeta tem necessidade de fatos históricos, não é só porque eles aconteceram, mas porque ele dificilmente inventaria outros que conviessem melhor ao seu objetivo (*Zwecke*) do momento. [...] Qual é a primeira qualidade que faz uma narrativa histórica parecer ser digna de fé? Não é sua verossimilhança intrínseca (*innere Wahrscheinlichkeit*)?[13]

O próprio discurso histórico é determinado não só pelos fatos que relata, mas também pelas leis que lhe são próprias, e

---

12 Id., *Gesammelte Werke*, p.84.
13 Id., *Dramaturgie de Hambourg*, p.94-5.

isso é ainda mais verdadeiro para a poesia, o que leva Lessing a concluir: "Parece-me ser uma falta bem menor não conservar o caráter que essas personagens têm na história do que pecar nas características livremente escolhidas, seja pelo lado da verossimilhança intrínseca, seja pelo lado do ensino que delas deve provir".[14] É a verossimilhança intrínseca, e não a verdade extrínseca, que modela a obra particular.

Não é o objeto imitado, o referente, que é o fator determinante da obra, então se deve afastar a poiética. Outra resposta vem então facilmente ao espírito, tanto antes quanto hoje em dia: esse fator é o autor, que decide tornar as personagens sorridentes ou tristes, que lhes transmite suas ideias ou obsessões, que escolhe cada palavra, cada letra de seu texto... A recusa de Lessing será aqui menos direta, mas também ainda mais firme. Qualquer que seja a obra que analise, jamais se interessará pela personalidade do autor, como se este também não fosse um fator determinante da obra. Ele já escrevia em *Lettres sur la littérature moderne* [Cartas sobre a literatura moderna]: "Em que a vida privada de um escritor nos diz respeito? Eu me recuso a buscar nela o comentário de suas obras".[15] Ele se explica mais longamente na *Dramaturgia de Hamburgo*, em que ataca a curiosidade do público (e dos críticos) pela personalidade do autor:

> Como as pessoas imaginam que um poeta é feito? De modo diferente de um homem? [...] E que impressão fraca causou a peça se, no próprio momento, ela só inspira o desejo de comparar a figura do mestre com sua obra? Parece-me que uma verdadeira

---

14 Ibid., p.166.
15 Id., *Gesammelte Werke*, p.103.

*Os gêneros do discurso*

obra-prima se apossa de nós de tal forma que perdemos de vista o autor, e consideramos sua obra menos como o trabalho de um indivíduo do que como o produto da natureza impessoal [...]. Assim, no fundo, um homem genial deveria se achar pouco lisonjeado com o desejo manifestado pelo público em conhecê-lo. Aliás, qual a vantagem que ele leva sobre uma marmota que o populacho também tem curiosidade de ver? Também é verdade que a vaidade dos poetas franceses parece ter se adaptado bem a isso.[16]

Lessing adiciona este argumento paradoxal, que lembra a parábola de Henry James em *A casa natal*:

Suspeito que a beleza extraordinária do poema de Homero é a verdadeira razão pela qual sabemos tão pouca coisa de sua vida e de sua pessoa. Diante de um enorme rio de águas que rugem, permanecemos surpresos, sem suspeitar de sua pequena nascente nas montanhas. Dessa forma, não queremos saber e tudo fazemos para esquecer que Homero, o mestre-escola de Esmirna, Homero, o mendigo cego, é o mesmo cujas obras nos encantam a esse ponto. Ele nos transporta por entre os deuses e os heróis: ora, seria preciso que nos entediássemos muito em sua sociedade para nela colocar questões sobre o porteiro que nos introduziu nesse mundo.[17]

A verdadeira obra de arte não tem autor: ignoramos tudo sobre a vida de Homero *porque* seus poemas nos satisfazem por completo. Não é o indivíduo que escreve, mas um espírito

---

16 Id., *Dramaturgie de Hambourg*, p.179-80.
17 Ibid.

impessoal. Dessa forma se encontra rejeitado, depois do fator realista, o da psicologia individual: não é nem o referente nem o autor que fazem da obra aquilo que ela é.

Adicionemos, antes de passar à concepção positiva de Lessing, antes de buscar o que *é* a poiética – já que estabelecemos o que ela *não é* –, que não devemos compreender essa atitude de Lessing como sendo uma versão qualquer da teoria da "arte pela arte". Lessing recusa a determinação externa, mas nem por isso deixa de exigir da arte uma finalidade que a transcenda. Em *Laocoonte*, ele exige que o título de obra de arte só seja dado às obras que não se submetem a nenhuma exigência externa (sobretudo religiosa): "Queria que só se aplicasse o título de obras de arte àquelas em que o artista pôde se mostrar verdadeiramente como tal, isto é, em que a beleza tenha sido seu único fim".[18] Mas isso não quer dizer que a produção da obra de arte seja um fim em si mesmo (o que será a tese de Moritz e Novalis): Lessing pertence a um século em que os imperativos morais dominam tudo; sua teoria é, pelo menos em parte, na terminologia de Abrams, "pragmática", isto é, orientada para o leitor, de onde surgem advertências muito claras, como: "Inventar e imitar com vistas a algum propósito (*Absicht*) é o que distingue o homem de gênio dos pequenos artistas, que inventam por inventar, e imitam por imitar: eles se contentam com o pequeno prazer ligado ao uso de seus meios e fazem desses meios todo o seu objetivo".[19] A não contradição desses dois

---

18 Id., *Laocoon*, p.93. Lessing emprega a fórmula: "*Kunst um ihrer selbst Willen*" [a arte para o seu próprio bem], o que provavelmente está na origem das expressões "*l'art pour l'art*" e "*art for art's sake*" etc.

19 Id., *Dramaturgie de Hambourg*, p.169.

enunciados define com precisão a posição histórica de Lessing (após certo "Classicismo" e antes do "Romantismo", como se diz nos manuais): a beleza é a única finalidade do artista, mas nem por isso a arte deve ser autotélica.

Diante dessa má versão da poiética, que busca as causas da obra fora da arte – vamos chamá-la de *exogênese* –, Lessing defenderá com brio uma nova concepção, que ao mesmo tempo é sua contribuição principal à estética: a da *endogênese* das obras. A presença ou ausência de um elemento no texto é determinada pelas leis da arte que se pratica.

Essa afirmação geral especifica-se e diversifica-se em múltiplos níveis. Em primeiro lugar, as leis da poesia são diferentes das leis das outras artes, em particular da pintura, dado que o material de uma é a linguagem, o de outra é a imagem (ou, no caso da música, o som etc.). O material impõe suas restrições às obras: essa é a grande tese do *Laocoonte*, bastante conhecida para que a exponhamos aqui em detalhes.[20] Já vimos como ela permite explicar os gritos em *Filoctetes*, por um lado, e a ligeira contração da boca do próprio Laocoonte, por outro. Entretanto, o exemplo mais gritante de sua aplicação é a análise das descrições homéricas. O material linguístico, linear no espírito de Lessing, torna a descrição literária – isto é, a suspensão do tempo – indesejável. Ora, as descrições de Homero são perfeitas. Como isso é possível? Ocorre que Homero, sensível à restrição do material, jamais descreve os objetos em si mesmos, mas sempre dentro de um processo tão temporal quanto aquele da linguagem, o da fabricação ou da utilização do objeto. "Se, por exemplo, Homero quer nos mostrar o carro de

---

20 Cf. *Théories du symbole*, cap. V.

Juno, é necessário que Hebe o construa peça por peça diante de nossos olhos." "Homero quer nos mostrar as vestes de Agamenon? É preciso então que o rei vista diante de nós, peça por peça, a fina túnica, o grande manto, os belos calçados, a espada." Ocorre o mesmo com o cetro de Agamenon, o escudo de Aquiles ou o arco de Pândaro.

Dessa forma, as diversas partes do objeto, que vemos justapostas na natureza, se sucedem naturalmente em seus quadros e acompanham, se assim podemos dizer, com um passo igual o decorrer da narrativa. Por exemplo, quando ele quer nos mostrar o arco de Pândaro, um arco de chifre, de tal ou tal comprimento, bem polido e guarnecido de folhas de ouro nas duas extremidades, o que faz? Será que nos enumera secamente, um a um, todos esses detalhes? De forma alguma, pois isso seria catalogar esse arco, apresentá-lo como modelo, mas não compreenderia descrevê-lo. Ele começa pela caça do cabrito montês que forneceu o chifre. Pândaro o vira nos rochedos e o abatera; os chifres eram extraordinariamente grandes, de onde sua ideia de fazer um arco. Eles são moldados, o artista os ajusta, lhes dá polimento e os enfeita – nós vemos assim o poeta criar aquilo que só podemos observar já pronto na obra do pintor.[21]

Contudo, para explicar a produção da obra literária, não basta dizer que o poeta tem a linguagem como material. Na sequência dessa primeira escolha fundamental (linguagem, e não imagem) vêm outras, mais específicas, mas não menos importantes. Em primeiro lugar há aquela entre escritura as-

---

21 Lessing, *Laocoon*, p.111-6.

*Os gêneros do discurso*

sertiva e ficção ou, nos termos de Lessing, entre metafísica e poesia. É para distinguir entre esses dois tipos de discurso que se consagra o texto inaugural daquilo que poderíamos chamar de suas "pesquisas poiéticas": *Pope un métaphysicien!* (1755), escrito em colaboração com Moses Mendelssohn. Nele, Lessing demonstra a inutilidade que há em tratar um poeta (no caso, Pope) como se ele fosse um filósofo (a comparação diz respeito a Leibniz). Os escritos de ambos obedecem a regras diferentes, que decorrem da opção inicial por um tipo de discurso e não por outro.

Que deve antes de tudo fazer um metafísico? Deve explicar o sentido das palavras que deseja empregar e jamais utilizá-las em outra acepção que não seja aquela que acaba de explicar; também nunca deve substituí-las por outros termos que só lhes seriam equivalentes na aparência. De tudo isso, o que o poeta deve observar? Nada. A eufonia já lhe é uma razão suficiente para escolher uma expressão e não outra, e a alternância dos sinônimos é para ele uma beleza.[22]

A natureza da obra está, mais uma vez, conforme às leis próprias de sua espécie. Endogênese, e não exogênese.

A ficção também não é um todo indivisível. Lessing dedicará três importantes livros ao estudo de suas subespécies, a saber: *Traités sur la fable*, *Dramaturgia de Hamburgo* e *Remarques éparses sur l'épigramme* [Anotações esparsas sobre o epigrama], assim como inúmeras páginas disseminadas em outros escritos. Não se deve julgar o valor de sua hipótese geral sobre o

---

22 Id., *Gesammelte Werke*, p.233.

*41*

determinismo da forma a partir dos resultados particulares a que chega: a hipótese pode continuar a ser válida, mesmo que as observações particulares sobre as quais repousa cada uma de suas aplicações se revelem inexatas. Nossa concepção da linguagem e de suas propriedades pôde evoluir desde a época de Lessing (não se considera, como aliás Herder observava na época, que a linearidade da linguagem seja uma de suas características constitutivas); todavia, isso não nos impedirá, ainda hoje, de deduzir as propriedades da literatura daquelas da linguagem. Não obstante, as descrições das subespécies literárias que Lessing nos deixou não valem apenas como ilustração de sua hipótese – elas permanecem, em inúmeros pontos, as melhores análises de uma ou outra categoria literária. Por essa razão, merecem ser brevemente lembradas aqui.

Em suas análises, Lessing procede por oposições binárias: ele só define um gênero opondo-o a outro; também não se furta a unificar em um quadro agrupado todas as categorias assim atualizadas. É então por nossa conta e risco que podemos estabelecer esse plano geral. Na base do sistema, eu colocaria a oposição entre o *narrativo* e o *simbólico* (mesmo que esses termos jamais apareçam no contexto em Lessing). Como interpretar essa oposição? Lessing faz isso várias vezes. No primeiro de seus tratados sobre a fábula, ele a aproxima daquela do particular e do geral: no gênero narrativo (por exemplo, a fábula) descreve casos particulares; no gênero simbólico (por exemplo, a parábola) fala de casos possíveis. Então, a oposição está entre aquilo que *aconteceu* realmente (o narrativo) e aquilo que *pode* acontecer (o simbólico). Tanto o tempo passado quanto o sujeito individual são meios linguísticos que servem a uma mesma finalidade: atestar a realidade da ação. "O *caso singular*

Os gêneros do discurso

que constitui a fábula deve ser representado como sendo real (*wirklich*). Se eu me ativesse somente à possibilidade, teríamos apenas um exemplo, uma *parábola*."[23] "A realidade (*Wirklichkeit*) só pertenceria ao singular, ao individual. Não podemos pensar uma realidade sem individualidade."[24] "O comentador introduz a parábola por um 'como se' e conta as fábulas como algo que realmente ocorreu."[25] O narrativo se opõe ao simbólico como o real ao virtual, como o singular ao geral.

No mesmo nível de generalidade (e provavelmente finalizando na mesma repartição das obras) situa-se uma segunda interpretação da oposição inicial, que se torna oposição entre *ação* (por exemplo, a fábula) e *imagem* (por exemplo, o emblema). "Tântalo sedento no meio das águas é uma imagem, e uma imagem que me mostra a possibilidade de faltar o necessário, enquanto o supérfluo abunda. Será que por esse motivo a imagem é uma fábula?" Não, e a razão é que nela falta a ação. O que é uma ação? "Chamo de ação uma sequência de mudanças (*Veränderungen*) que juntas formam um todo. A unidade do todo repousa sobre o acordo das partes com vistas a uma meta final."[26] A meta final da fábula é a sentença moral. Essa oposição, como vemos, prefigura a do *Laocoonte* entre narrativa e descrição.

Dentro do gênero narrativo, a oposição será entre a fábula, a tragédia e a epopeia, mas essa nova oposição não deixa de lembrar a precedente: a fábula é, em certa medida, um gênero híbrido que participa das duas vertentes ao mesmo tempo.

---

23 Ibid., p.39.
24 Ibid., p.40.
25 Ibid., p.43.
26 Ibid., p.24.

43

A ação da epopeia e do drama deve ter, além do objetivo (*Absicht*) que o autor estabelece para ela, uma intenção interior, que lhe pertence propriamente. A ação da fábula não tem necessidade dessa intenção interior e é bem realizada quando o poeta atinge, graças a ela, seu próprio objetivo.[27]

O autor de fábulas pode abandonar suas personagens assim que tenham servido para ilustrar sua sentença, enquanto o dramaturgo deve dar sequência à sua lógica própria, se quiser que a ação seja verdadeiramente consumada, e não apenas interrompida. As personagens de teatro ou da epopeia de alguma forma existem em si mesmas e encontram sua razão de ser em sua lógica interna. Ao contrário, as personagens da fábula só existem em função de uma intenção que lhes é exterior. A literalidade do texto épico ou dramático se opõe ao papel transitivo, submisso, da ação na fábula.

A mesma distinção é retomada na *Dramaturgia de Hamburgo*, em que Lessing se questiona sobre as diferenças entre duas obras, um conto moral de Marmontel retomado sob a forma de drama por Favart. Como seria de se esperar, para Lessing essas diferenças não decorrem nem da dessemelhança dos dois autores nem das circunstâncias representadas cá e lá, mas apenas das restrições da forma. Lessing escreve:

> O autor da fábula pode interromper a ação onde quiser, assim que atingir seu objetivo (*Ziel*). Ele não se preocupa com o interesse que possamos ter pela sorte das personagens de que se serviu para essa ação [...]. O drama, ao contrário, não pretende de

---

27 Ibid., p.35.

*Os gêneros do discurso*

forma alguma dar uma lição determinada, que decorra da fábula-
-tema da peça. Ele tem como propósito as paixões acesas e mantidas pelo decorrer dos acontecimentos e pelas peripécias dessa
fábula, ou o prazer que uma pintura verdadeira e fervilhante dos
costumes e dos caracteres nos oferece.

Eis o que explica a atitude diferente dos dois autores:

> Portanto, se é verdade que Marmontel desejou nos ensinar,
> com sua narrativa, que o amor não se submete à restrição, amor
> que se deve obter pelos cuidados e pela amabilidade, e não pela
> majestade e pela força, ele tinha razão de terminar como o fez
> [...]. Mas quando Favert quis transpor esse conto para a cena,
> não demorou a sentir que a forma dramática (*die dramatische Form*)
> desvanecia, na maior parte, a demonstração da máxima moral e
> que, embora essa demonstração pudesse ser inteiramente con-
> servada, a satisfação que se sentiria não seria tão grande ou tão
> viva para substituir outro prazer, que é mais essencial ao gênero
> dramático [...]. Mas como não pudesse mudar esses caracteres
> desde o início sem se privar de um grande número de *jeux de scène*[28]
> que ele julgava perfeitamente adaptado ao gosto de seu público,
> não teve outra alternativa.[29]

Favart não podia ter agido de forma distinta, e isso sob a pressão inexorável da "forma" (nesse caso, dramática). Por meio
dessa tripla oposição – do geral e do particular, da imagem e

---

28 Conjunto de atitudes, gestos, movimentos que contribuem para
criar um efeito cênico. (N. T.)

29 Lessing, *Dramaturgie de Hambourg*, p.173-5.

*45*

da narrativa, do alegórico e do literal –, Lessing parece cernir uma mesma categoria que decide sobre a primeira escolha a ser operada por aquele que se engaja no campo da literatura. Prosseguindo a exploração do mapa dos gêneros, chegamos às subdivisões mais familiares: tragédia e comédia, poesia épica e poesia lírica. Nas cartas que escreve em 1756-7 para Mendelssohn e Nicolai, Lessing se detém em particular nessas distinções. Vejamos, por exemplo, uma discussão sobre a diferença entre tragédia e poesia heroica (*Heldengedichte*).

> Por que confundir as espécies de poesia sem necessidade e usurpar o campo de uma sobre a outra? Assim como, na poesia heroica, a admiração é a coisa principal, e todas as outras paixões, em particular a piedade, lhe são submetidas, da mesma forma, na tragédia, é a piedade que ocupa o lugar da coisa principal, e qualquer outra paixão, em particular a admiração, lhe é submetida, isto é, nada mais serve senão ajudá-la a suscitar a piedade. O poeta heroico deixa seu herói infeliz para acentuar sua perfeição. O escritor trágico ilumina a perfeição de seu herói para tornar sua infelicidade ainda mais penosa.[30]

A essa altura, poderíamos nos questionar em que medida esse determinismo da forma, professado por Lessing, seria diferente da exigência tradicional de uma submissão às regras dos gêneros clássicos. À primeira vista, poderíamos crer que o próprio Lessing é fiel à tradição, quando por exemplo afirma: "Um poeta pode ter feito bastante e, entretanto, ter perdido

---

30 Id., *Lessings Briefwechsel mit Mendelssohn und Nicolai über das Trauerspiel*, p.80.

Os gêneros do discurso

seu tempo. Não basta que sua obra produza um efeito sobre nós: é preciso ainda que seja o efeito que lhe convém, em razão do gênero ao qual ele pertence".[31] Apesar disso, não devemos permanecer no efeito superficial dessas frases, pois tudo depende, aqui, do sentido que adquire a palavra "gênero". É exatamente nesse contexto que a concepção de Lessing aparece em toda a sua especificidade.

Sem dizê-lo de maneira explícita, Lessing modifica radicalmente o sentido dessa noção (e, mais em geral, o de "forma").[32] Além de conceber o gênero como um conjunto de regras exteriores às quais as obras devem se conformar, Lessing também busca mostrar as relações estruturais dos elementos constitutivos do gênero entre si, de onde a oposição entre gêneros internos e externos, ou lógicos e normativos, ou ainda, em seus próprios termos, entre as propriedades essenciais (*wesentliche*

---

31 Id., *Dramaturgie de Hambourg*, p.371.

32 Como notado por Joseph Frank em um estudo fundamental, La forme spatiale dans la littérature moderne [A forma espacial na literatura moderna] (tradução francesa em *Poétiques*, p.244-66. O original inglês data de 1945). Ele escreve: "Diversos críticos insistiram sobre um ou outro desses julgamentos (de Lessing) e estimaram que isso lhes permitiria deitar por terra suas posições, mas essa atitude permite supor que eles não compreenderam a importância do *Laocoonte* na história da teoria estética. Podemos perfeitamente bem nos contentar em usar as intuições de Lessing como instrumento de análise, sem procurar determinar o valor de obras individuais segundo as normas que ele prescreveu: é mesmo sob essa única condição que a significação profunda do *Laocoonte* pode ser percebida. O que Lessing propunha não eram normas novas, mas sim uma nova maneira de conjecturar a forma estética" (op. cit., p.246). Aí está o ponto que indica Lessing como o verdadeiro fundador da estética moderna.

*Eigenschaften*) do gênero e suas propriedades acidentais (*zufällige*), "que o uso tornou necessárias".[33] Essa é também a diferença, na atividade do crítico, entre descrever e prescrever. A unidade do tempo é um caráter acidental do drama, inventado pelos teóricos do classicismo, e que não encontra nenhuma justificativa na própria lógica do gênero. Por outro lado, a existência de uma dimensão temporal (em oposição à espacialidade da imagem) é um traço essencial de qualquer narrativa. Ou ainda: Batteux oferece uma longa lista dos ornamentos apropriados à fábula. "No entanto, todos esses ornamentos entram em conflito com o ser verdadeiro (*wirklichen Wesem*) da fábula"[34] e não são essencialmente necessários, mas apenas habituais. E o que ocorre com a presença de animais na fábula – seria essa uma de suas "propriedades essenciais"?[35] O que é essencial não são os próprios animais, mas a função que eles assumem de maneira apropriada, a saber, constituir uma tipologia de caracteres notórios e constantes. As verdadeiras regras não dizem respeito ao que deseja um legislador, mas decorrem da essência do gênero. Esse é o motivo de elas não se constituírem em uma simples lista, mas formarem um sistema em que tudo se liga. Uma regra implica outra – por exemplo, dado que só é necessária uma moral por fábula, a brevidade se impõe. Percorremos o caminho que vai das características de superfície às propriedades profundas e, daí, à própria essência do gênero. Ou de modo inverso: "A partir de meu princípio fundamental", escreve Lessing, "decorrem de maneira fácil e feliz não somente

---

33 Lessing, *Dramaturgie de Hambourg*, p.357.
34 Id., *Gesammelte Werke*, p.74.
35 Ibid., p.46.

*Os gêneros do discurso*

as regras bem conhecidas, mas também uma multidão de novas regras".[36] Da mesma forma, na *Dramaturgia*, ele conduz a definição aristotélica àquilo que ela comporta de essencial, e conclui: "Dessas duas ideias, deduzimos perfeitamente todas as regras do gênero, e até mesmo a forma que lhe convém, que é a forma dramática".[37] Somente E. A. Poe professará um determinismo interno assim tão absoluto.[38]

Como descobrir essas essências? O caso é relativamente simples no nível mais geral, o da literatura, por oposição às outras artes. Aqui é o material, ou seja, a linguagem, que determina as escolhas fundamentais. Contudo, como justificar as subdivisões da literatura? Uma via possível teria sido pelas subdivisões da linguagem, mas Lessing não a trilha, e só a menciona para rejeitá-la: "Seria lamentável que esses dois gêneros (epopeia e tragédia) não apresentassem nenhuma diferença mais essencial que não a da duração ou da interrupção do diálogo pela narrativa do poeta, ou da divisão em atos e livros".[39] Outra via, muito mais tradicional, teria sido: proceder por indução, a partir das obras dos clássicos gregos e latinos, mas é precisamente aqui que Lessing se separa da doutrina do "Classicismo". Não se trata de erigir as obras de Homero e Sófo-

---

36 Id., *Lessings Briefwechsel mit Mendelssohn und Nicolai über das Trauerspiel*, p.55.

37 Id., *Dramaturgie de Hambourg*, p.357-8.

38 "É meu objetivo demonstrar que nenhum ponto de sua composição foi obra do acaso ou da intuição – que a obra avançava passo a passo para a realização, com a precisão e a consecução rígida de um problema matemático" (Poe, Philosophie de la composition).

39 Lessing, *Lessings Briefwechsel mit Mendelssohn und Nicolai über das Trauerspiel*, p.89-90.

cles em exemplos contínuos, embora o faça de bom grado, mas ele não pode se contentar com isso, pois implicaria que a percepção é a base de todo conhecimento. Lessing, ao contrário, exigirá sempre que se proceda em várias etapas: primeiro uma observação exata e, a partir daí, a descoberta de uma regra abstrata; por fim, apresentação do fato inicialmente observado como uma instância dentre outras da categoria universal que ele acaba de estabelecer. É devido a essa recusa em se ater aos modelos legados do passado que Lessing rompe com as críticas anteriores: "Todos aceitam a forma dramática, na tragédia, como uma tradição: ela é assim por que foi assim no passado, e deixam-na tal como é porque a acham boa assim".[40] A originalidade de Lessing é remontar das regras empíricas para um princípio abstrato e afirmar que só devem ser retidas as regras que se pode *deduzir*.[41]

A grande diferença entre Boileau e Lessing é que, para o primeiro, o sistema de gênero está posto de uma vez por todas, enquanto que, para o segundo, ele é um sistema aberto. O determinismo absoluto que Lessing proclama tem algo de paradoxal: repousa sobre bases inteiramente relativas, ou até mesmo relativistas. Há algo irrisório em ser tão exigente e lógico no detalhe, enquanto a escolha primeira e decisiva é, depois de tudo,

---

40 Id., *Dramaturgie de Hambourg*, p.358.

41 Dilthey já observava: "É apenas depois de ter encontrado as leis por indução que ele oferece — como já recomendam os maiores exemplos nas ciências naturais — uma teoria explicativa global, a partir da qual se deduzem os procedimentos das artes particulares. E é só no fim que ele mostra o acordo entre essa teoria e uma série de procedimentos de Homero que até então jamais se levara em consideração" (*Das Erlebnis und die Dichtung*, p.34. O estudo data de 1867).

Os gêneros do discurso

arbitrária: uma escolha é tão boa quanto outra.[42] Vimos anteriormente, na comparação entre epopeia (poesia heroica) e tragédia: uma erige a admiração para os píncaros das paixões, e a outra, a piedade; nem por isso uma é melhor do que a outra, e essa primeira escolha não é determinada por nada. Entretanto, assim que se tenha feito esse primeiro passo, tudo está apostado – à liberdade total, subitamente e como por encantamento, sucede-se uma necessidade absoluta. A predominância da piedade determina a escolha da intriga; esta prejulga a natureza dos caracteres, que por sua vez exigem um vocabulário em vez de outro. Outro exemplo: o que pensar sobre o "sopro" no palco? "Se há um gênero de drama de que eu gostaria que os *soufflets*[43] fossem banidos, este seria a comédia. Pois aqui, quais podem ser as consequências? Trágicas? Mas então elas estão acima da esfera da comédia. Ridículas? Então elas estão abaixo e só pertencem à farsa."[44] Em si, o *soufflet* não é bom nem ruim, apenas indica uma série de correlações que não podem ser ignoradas. Por conseguinte (e como na obra tudo se liga), bom para a tragédia e a farsa, ele não tem lugar na comédia. A lógica interna dos gêneros é absoluta, implacável, mas a escolha de um ou

---

42 Uma fórmula de Novalis condensa bem esse paradoxo: "Para o poeta, basta a escolha livre do primeiro instante, depois do qual ele só precisa desenvolver as virtualidades contidas nesse germe, até sua resolução" (*Œuvres completes*, p.227).

43 Palavra polissêmica que antigamente indicava um sopapo, como encontrada em peças de Molière, Marivaux etc. Por extensão, também pode sugerir uma afronta ou desacato. Além disso, designa um fole, usado para atiçar o fogo. Por fim, refere-se ao "ponto", no teatro, usado a partir dos bastidores para "soprar" o texto aos atores, em caso de esquecimento. (N. T.)

44 Lessing, *Dramaturgie de Hambourg*, p.269.

outro gênero é inteiramente livre. Os traços essenciais não são intrinsicamente diferentes dos traços acidentais; só têm sobre estes a vantagem de terem sido escolhidos primeiro: a diferença entre os dois é de *posição*, no interior de uma estratégia. Não há más substâncias, e sim más relações. Qualquer que tenha sido o ponto de partida, pode-se permanecer coerente consigo mesmo. É nisto que consiste o gênero: é a lógica das relações mútuas entre elementos constitutivos da obra.

O sistema de gêneros não é fechado; por conseguinte, ele não é preexistente à obra: o gênero pode nascer ao mesmo tempo em que a intenção dela. Aquele que cria novos gêneros com sucesso é um homem de gênio. O gênio nada mais é do que um *genioteta*. É assim que Lessing interpreta essa noção essencial para a estética do século XVIII.[45]

> Que se deseja finalmente na mistura dos gêneros? Que sejam separados tão exatamente quanto possível nos tratados dogmáticos, no bom momento. Mas quando um homem de gênio, com intuitos mais elevados, faz entrar vários deles na mesma obra, é preciso esquecer o livro dogmático e verificar apenas se o autor atingiu seu propósito. Que importa se uma peça de Eurípedes não for inteiramente nem uma narrativa nem um drama? Podemos nomeá-la como um ser híbrido – basta que esse híbrido me agrade e me instrua mais do que as produções regulares de seus autores corretos, tais como Racine e outros.[46]

---

45 Para os outros aspectos dessa noção em Lessing e seu lugar no contexto histórico, consulte Grappin, *La Théorie du génie dans le préclassicisme allemand* [A teoria do gênio no pré-classicismo alemão], em particular o Capítulo IV.

46 Lessing, *Dramaturgie de Hambourg*, p.236.

*Os gêneros do discurso*

A coerência interna, e não a conformidade a uma regra externa, é o que assegura o sucesso da obra. Não há, portanto, nenhuma contradição entre o gênio e as regras, se as considerarmos como inerentes à forma artística escolhida. "As críticas adicionam [...]: 'as regras sufocam o gênio', como se o gênio se deixasse sufocar por alguma coisa! E ainda por alguma coisa que vem dele, como eles mesmos confessam! [...] O gênio [...] porta em si o controle de todas as regras."[47] A coerência interna é a única exigência no que diz respeito ao gênio – assim como à arte.

Gostaria que, ao menos, se essas personagens não pertencem ao nosso mundo real, pudessem pertencer a outro mundo, um mundo em que os fenômenos seriam encadeados em outra ordem, diferente desta aqui, mas não seriam menos estreitamente encadeados *(eben so genau verbunden)*; [...] pois tal é o mundo particular do homem de gênio que, para imitar o Gênio supremo [...] em pequena escala, desloca as partes do mundo presente, muda-as, as reduz, as aumenta para fabricar para si mesmo um todo, ao qual ele anexa seus próprios objetivos.[48]

O gênio não imita o mundo que Deus criou, mas sim Deus, que criou mundos coerentes; a lógica de Lessing não é teo-lógica. Tal é, de modo condensado, sua posição sobre o problema da forma (e, portanto, da endogênese): pouco importa qual é o mundo (gênero) escolhido, basta que os fenômenos nele sejam "estreitamente encadeados"...

---

47 Ibid., p.XCVI, 435.
48 Ibid, p.167.

Uma vez identificadas e formuladas as regras, como verificar sua validade? Fazendo-as funcionar, aplicando-as uma após a outra e confrontando o resultado final com nossa imagem intuitiva do gênero em questão. Em particular, é em *Traités sur la fable* que Lessing precede assim:

> Encontramos em Aristóteles: "Eleger um magistrado pelo acaso é como se o proprietário de um navio, tendo necessidade de um comandante, escolhesse por sorteio qual de seus marinheiros o seria, em vez de escolher com cuidado o mais hábil dentre eles para ocupar esse lugar". Eis aqui dois casos particulares que pertencem a uma mesma verdade moral geral: um é aquele que a ocasião apresenta no próprio instante; e o outro, aquele que é inventado. Este último é uma fábula? Ninguém o verá como tal. Mas se houvesse em Aristóteles: "Se vocês querem nomear seu magistrado por sorteio, temo que lhes aconteça o mesmo que esse proprietário de um navio que, precisando de um comandante" etc. – isso promete uma fábula... mas por que razão? Qual diferença existe entre esse trecho e o precedente? Que se preste atenção, só encontraremos a seguinte: no primeiro caso se introduz o proprietário do navio dizendo: *É como se* (um proprietário etc.); esse proprietário está apenas no estado de possibilidade, enquanto o segundo existe realmente, é fulano, proprietário de um navio.[49]

Para testar a validade de sua regra, Lessing a submete a uma instância particular, que ele testa por nossa intuição; só então a regra é confirmada ou desmentida. Outra regra – a necessidade que há de representar animais:

---

49 Id., *Gesammelte Werke*, p.38-9.

Se na fábula do Lobo e do Cordeiro colocássemos Nero no lugar do Lobo, e Britânico no lugar do Cordeiro, imediatamente ela perderia aquilo que constitui uma fábula aos olhos de todo o gênero humano. Se no lugar do Lobo e do Cordeiro colocássemos o Gigante e o Anão, ela perderia muito menos, pois estes são indivíduos cuja única denominação dá a conhecer o caráter. Mas se transformarmos essa fábula na seguinte, que se passa entre homens...[50]

Segue uma outra versão da fábula.[51] Vemos que aqui não se trata apenas de dar um exemplo ou, se preferirmos, que o próprio estatuto do exemplo é profundamente modificado. O índice da regra explícita, sabemos atualmente disso por meio da gramática gerativa, é poder engendrar enunciados conformes à imagem intuitiva que temos de cada gênero. A regra serve para *produzir* o texto (ou para *transformar* um texto em outro). Assim fazendo, Lessing inventou um modo de análise que hoje em dia se encontra na base das ciências humanas. Nos termos de Dilthey, "é o primeiro grande exemplo de um modo de pesquisa analítica no campo dos fenômenos do espírito".

Começamos com a questão da origem das obras e passamos imperceptivelmente àquela de sua estrutura: a descrição rigorosa das obras igual à sua produção. De fato, duas equações separadas que possuem um termo comum: conhecer as

---

50 Ibid., p.51.

51 Encontraremos outras instâncias dessa atitude "gerativa" em Lessing citadas em Szondi, Tableau et coup de theâtre, *Poétique*, p.11-3, e em Stierle, L'Histoire comme Exemple, l'Exemple comme Histoire, *Poétique*, p.180-1. Contudo, elas são comentadas a partir de outro ponto de vista.

obras é conhecer suas causas formais; ao mesmo tempo, são as causas formais que produzem as obras. Aplicando a lei lógica da transitividade, obtemos: conhecer as obras é saber produzi-las. Segundo Lessing, não há abismo entre a atividade do conhecimento e a atividade de invenção. "Por que os inventores e as cabeças independentes são tão pouco numerosos em todas as artes e as ciências? A melhor resposta para essa questão é outra questão: por que não somos melhor educados?"[52] De fato, é bem no sentido de uma produção que terminam os tratados sobre a fábula. Lessing vê uma "utilidade particular" das fábulas no ensino; conhecendo-as, aprenderemos a inventá-las; tendo aprendido o que é a invenção em um campo, poderemos estendê-la a todos os outros. Ele sugere procedimentos concretos que permitirão aos alunos inventar fábulas ou transformar uma fábula em outra. Não se pode esquecer que o determinismo formal defendido por Lessing se detém no nível genérico. Dentro de cada gênero, inúmeras variações são possíveis (e, aliás, parcialmente realizadas).[53] Examinando cada fábula na perspectiva de seu gênero, descobrimos que ela é apenas uma das inúmeras fábulas que podem ser produzidas a partir da mesma fórmula abstrata. Prefigurando a atitude de Valéry ou de Queneau, Lessing descobre a *literatura potencial*. A partir de apenas uma obra e variando os elementos no quadro fixado pelas regras do gênero, podemos obter milhares ou milhões de outras obras... Poderemos "seja interromper a história mais cedo, seja prolongá-la ainda mais, seja mudar uma ou outra circunstância, de modo que aí se reconheça uma moral

---

52 Lessing, *Gesammelte Werke*, p.81.
53 Ibid., p.33.

*Os gêneros do discurso*

diferente".[54] Lessing nos oferece exemplos dessa máquina combinatória, recolhidos em sua própria coletânea de fábulas!

A célebre fábula do Leão e do Asno começa assim: um leão e um asno tinham negócios em comum e iam à caça juntos. Aqui o professor se detém. O asno em companhia do leão? Como ele devia sentir orgulho dessa sociedade! (*Que se veja na oitava fábula de meu segundo livro*). Será que ele não deveria sentir vergonha dessa sociedade? (*Ver a sétima*). Assim nascem duas fábulas, pelo pequeno desvio a que submetemos a história em sua antiga fábula, desvio que se encaminha para uma finalidade, mas uma finalidade diferente daquela que fora colocada por Esopo.[55]

Graças ao conhecimento da endogênese, uma fábula produz outras.

"À verdadeira crítica pertence a capacidade de produzir aquilo que deve ser criticado", escrevia Novalis. Lessing seria então o primeiro crítico verdadeiro: para ele, o conhecimento se confunde com a capacidade de produção; e a poética, com a poiética. Não se pode mais traçar o limite entre o estudo da criação e o estudo da obra: a poética é a poiética. Mais precisamente: a melhor forma de poética (e, de fato, a única verdadeira) é uma poiética da endogênese. Conhecemos de verdade uma obra quando somos capazes, a partir desse conhecimento, de reproduzi-la, de produzir outras obras do mesmo gênero. A atitude científica coincide aqui com a atitude criadora; os

---

54 Ibid., p.84.
55 Ibid.

dois sentidos do verbo "engendrar", técnica e poética, se fundem em uma unidade. Não cabe então distinguir a poética da poiética da endogênese. Por outro lado, a oposição entre endogênese e exogênese, ou, mais exatamente, entre a gênese abstrata das formas e a gênese concreta e factual da obra individual, essa oposição merece ocupar o centro de nossa atenção. O erro comum era considerar as obras como o produto da pura exogênese. Em um movimento de reação contra a tradição, Lessing elimina por completo os fatores externos da gênese: a deformação também é grande. Conhecer tanto uns quanto outros, apreender o próprio movimento de sua articulação – esse pode ser o objetivo da poiética (da poética) hoje em dia.

# A origem dos gêneros

## I

Continuar a se ocupar dos gêneros pode parecer na atualidade um passatempo ocioso, quando não anacrônico. Todos sabemos que nos velhos tempos dos clássicos havia baladas, odes e sonetos, tragédias e comédias, mas... hoje? Mesmo os gêneros do século XIX – que apesar de tudo não são mais inteiramente gêneros aos nossos olhos –, poesia, romance, parecem se desagregar, pelo menos na literatura "que conta". Como escrevia Maurice Blanchot a respeito de um escritor que justamente é moderno, Hermann Broch, "ele sofreu, assim como muitos outros escritores de nosso tempo, essa pressão impetuosa da literatura que não suporta mais a distinção dos gêneros e quer romper os limites".

Essa seria até mesmo uma marca de modernidade autêntica para um escritor que não obedece mais à separação de gêneros. Tal ideia, da qual podemos seguir as transformações a partir da crise romântica do início do século XIX (apesar dos próprios românticos alemães terem sido grandes construtores de sistemas genéricos), encontrou em nossos dias um de seus mais brilhantes porta-vozes na pessoa de Maurice Blanchot. Com mais ênfase do que qualquer outro, Blanchot disse aquilo que os outros não ousavam pensar ou não sabiam formular: atualmente não há nenhum intermediário entre a obra particular e singular, e a literatura inteira, gênero último. Não há intermediário, pois a evolução da literatura moderna consiste precisamente em fazer de cada obra uma interrogação sobre o próprio ser da literatura. Revisitemos essa página particularmente eloquente:

O que importa é apenas o livro, tal como ele é, longe dos gêneros, para além das rubricas, prosa, poesia, romance, testemunho, dentro das quais ele se recusa a se encaixar e às quais nega o poder de fixar seu lugar e de determinar sua forma. Um livro não mais pertence a um gênero – todo livro só diz respeito à literatura, como se esta detivesse previamente, em sua generalidade, os segredos e as fórmulas que permitem dar ao que se escreve a realidade de livro. Tudo aconteceria como se os gêneros se houvessem dissipado e só a literatura se afirmasse na claridade misteriosa que ela propaga e que cada criação literária lhe remete, multiplicando-a, e como se houvesse então uma "essência" da literatura.[1]

E ainda:

O fato de que as formas, os gêneros não tenham mais significação verdadeira, e que seria por exemplo absurdo se questionar se

---

1 Blanchot, *Le Livre à venir*, p.136, 243-4.

*Os gêneros do discurso*

*Finnegan's Wake* pertence ou não à prosa e a uma arte que se chamaria romanesca, indica esse trabalho profundo da literatura que busca se afirmar em sua essência, arruinando as distinções e os limites.[2]

As frases de Blanchot parecem ter, por si mesmas, força de evidência. Um único ponto dessa argumentação poderia inquietar: é o privilégio dado ao nosso *agora*. Sabemos que cada interpretação da história se faz a partir do momento presente, assim como a do espaço se constrói a partir *daqui*, e a do outro a partir do *eu*. Entretanto, quando à constelação do eu-aqui-agora se atribui um lugar tão excepcional – ponto de chegada da história inteira –, podemos nos perguntar se a ilusão egocêntrica não comparece com alguma segunda intenção (engodo complementar, em suma, daquele que Paulhan chamava de "ilusão do explorador").

Aliás, lendo os outros escritos do próprio Blanchot, em que se afirma esse desaparecimento dos gêneros, vemos em ação as categorias cuja semelhança com as distinções genéricas é difícil de negar. Assim, um capítulo de *Le Livre à venir* é dedicado ao diário íntimo; outro, à palavra profética. Falando sobre Broch ("que não sofre mais a distinção dos gêneros"), Blanchot nos diz que ele "se entrega a todos os modos de expressão – narrativos, líricos e discursivos".[3] Mais importante: esse livro inteiro repousa sobre a distinção entre talvez não dois gêneros, mas modos, fundamentais – a narrativa e o romance, sendo que aquela se caracterizaria pela busca obstinada de seu próprio lugar de origem, que apaga e esconde este último. Portanto, não são "os" gêneros que desapareceram, mas os gêneros do

---

2 Id., *L'Espace littéraire*, p.229; cf. também *L'Entretien infini*, p.VI.
3 Id., *Le Livre à venir*, p.141.

passado, e foram substituídos por outros. Não falamos mais de poesia e prosa, de testemunho e ficção, mas de romance e conto, de narrativo e discursivo, de diálogo e diário.

Mesmo que a obra "desobedeça" ao seu gênero, isso não o torna inexistente; eu ficaria tentado a dizer: pelo contrário, e isso por uma dupla razão. Primeiro porque a transgressão, por existir como tal, precisa de uma lei, aquela que será precisamente transgredida. Poderíamos ir mais longe: a norma só se torna visível, só vive, graças a suas transgressões. Aliás, é isso mesmo que escreve o próprio Blanchot:

> Se é verdade que Joyce quebra a forma romanesca tornando-a aberrante, é preciso também pressentir que talvez ela só viva de suas alterações. Ela se desenvolveria, não engendrando monstros, obras disformes, sem lei e sem rigor, mas apenas provocando exceções a si mesma, que formam lei e ao mesmo tempo a suprimem [...]. É preciso pensar que, a cada vez, nas obras excepcionais em que um limite é atingido, é unicamente a exceção que nos revela essa "lei" da qual ela constitui também o insólito e necessário desvio. Então tudo ocorreria como se, na literatura romanesca, e talvez em toda literatura, jamais pudéssemos reconhecer a regra a não ser pela exceção que a abole: a regra ou, mais precisamente, o centro do qual a obra certa é a afirmação incerta, a manifestação já destrutiva, a presença momentânea e em seguida negativa.[4]

Entretanto, há mais. Não é apenas que, por ser uma exceção, a obra pressuponha necessariamente uma regra; mas também que, quando reconhecida em seu estatuto excepcional,

---

4 Ibid., p.133-4.

*Os gêneros do discurso*

essa obra se torna, por sua vez, graças ao sucesso de vendas e à atenção dos críticos, uma regra. Os poemas em prosa poderiam parecer uma exceção no tempo de Aloysius Bertrand e de Baudelaire; mas quem ousaria ainda hoje em dia escrever um poema em alexandrinos, com versos rimados – a menos que seja uma nova transgressão de uma nova norma? Os excepcionais jogos de palavras de Joyce não se tornaram a regra de certa literatura moderna? O romance, por mais "novo" que seja, não continua a exercer sua pressão sobre as obras que se escrevem?

Para retornar aos românticos alemães, e a Friedrich Schlegel em particular, encontramos em seus escritos, ao lado de certas afirmações croceanas ("cada poema, um gênero para si"), frases que vão no sentido oposto e que estabelecem uma equação entre a poesia e seus gêneros. A poesia compartilha com outras artes a representação, a expressão, a ação sobre o receptor. Ela tem em comum com o discurso cotidiano ou científico o uso da linguagem. Apenas os gêneros lhe são próprios. "A teoria das espécies poéticas seria a doutrina de arte específica à poesia", "As espécies de poesia são literalmente a própria poesia" (*Conversas sobre a poesia*).[5] A poesia são os gêneros, a poética, a teoria dos gêneros.[6]

Pleiteando a legitimidade de um estudo dos gêneros, encontramos no caminho uma resposta para a questão implicitamente colocada pelo título: a origem dos gêneros. De onde vêm os gêneros? Simplesmente, dos outros gêneros. Um novo gênero

---

5 Schlegel, *Conversas sobre a poesia e outros fragmentos*.

6 Encontramos uma afirmação semelhante de Henry James, que participa, como teórico, da posteridade romântica: "Os 'gêneros' são a própria vida da literatura; reconhecê-los inteiramente, ir até o fim no sentido próprio a cada um, mergulhar fundo em sua consistência, produz verdade e força" (Prefácio a *The Awkward Age*, p.18).

é sempre a transformação de um ou de vários gêneros antigos: por inversão, por deslocamento, por combinação. Um "texto" de hoje em dia (isso também é um gênero, em um de seus sentidos) deve tanto à "poesia" quanto ao "romance" do século XIX, assim como a "comédia lacrimosa" combinava traços da comédia e da tragédia do século precedente. Nunca houve literatura sem gêneros, esse é um sistema em contínua transformação, e a questão das origens não pode deixar, historicamente, o terreno dos próprios gêneros; no tempo, não há "antes" dos gêneros. Saussure dizia: "O problema da origem da linguagem não é outro senão aquele de suas transformações". E Humboldt: "Só chamamos uma língua de *original* porque não conhecemos os estados anteriores de seus elementos constitutivos".

Entretanto, a questão de origem que eu gostaria de mencionar não é de natureza histórica, mas sistemática; uma e outra me parecem legítimas e necessárias. Não se trata do que precedeu os gêneros no tempo, mas o que preside ao nascimento de um gênero, a todo instante? Mais exatamente: há, na linguagem (dado que se trata aqui dos gêneros do discurso), formas que, anunciando os gêneros, ainda não o são? Se sim, como se produz a passagem de umas a outros? Contudo, para tentar responder a essas questões é preciso, em primeiro lugar, se perguntar: no fundo, o que é um gênero?

## II

À primeira vista, a resposta parece óbvia: os gêneros são classes de textos. Todavia, tal definição dissimula mal, por trás da pluralidade dos termos postos em jogo, seu caráter tautológico: os gêneros são classes, a literatura é o textual. Mais do que multiplicar as nomeações, será preciso então se interrogar sobre o conteúdo desses conceitos. Em primeiro lugar, sobre o conceito de texto ou, para propor ainda um sinônimo, de discurso. Alguém poderia dizer que é uma sequência de frases; e é aí que começa o primeiro mal-entendido.

Na maioria das vezes se esquece de uma verdade elementar em qualquer atividade de conhecimento, a saber, que o ponto de vista escolhido pelo observador recorta e redefine seu objeto. O mesmo ocorre com a linguagem: esquecemos que o ponto de vista do linguista desenha, no âmago da matéria linguageira, um objeto que lhe é próprio, objeto que não será mais o mesmo se mudarmos o ponto de vista, ainda que a matéria continue a mesma.

A frase é uma entidade de língua e de linguista. A frase é uma combinação de palavras possível e não tem uma enunciação concreta. A mesma frase pode ser enunciada em circunstâncias diferentes; para o linguista, ela não mudará de identidade mesmo que, devido a essa diferença nas circunstâncias, ela mude de sentido.

Um discurso não é feito de frases, mas de frases enunciadas ou, mais sucintamente, de enunciados. Ora, a interpretação do enunciado é determinada, por um lado, pela frase que se enuncia e, por outro, por sua própria enunciação. Essa enunciação inclui um locutor que enuncia, um receptor a quem se dirige, um tempo e um lugar, um discurso que precede e que se sucede; em suma, um contexto de enunciação. Ainda em outros termos, um discurso é sempre e necessariamente um ato de fala.[7]

---

7 Essa forma de apresentar o problema não é original (a diferença entre frase e enunciado remonta pelo menos àquela entre significação

*Tzvetan Todorov*

Examinemos agora outro termo da expressão "classe de textos": *classe*. Seu problema é a facilidade; podemos sempre encontrar uma propriedade comum a dois textos e então reuni--los em uma classe. Teríamos interesse em chamar o resultado de tal reunião de "gênero"? Penso que concordaríamos com o uso corrente da palavra e ao mesmo tempo disporíamos de uma noção cômoda e operante se conviéssemos chamar de gêneros apenas as classes de textos que foram percebidas como tais no decorrer da história.[8] Os testemunhos dessa percepção encontram-se antes de mais nada no discurso sobre os gêneros (discurso metadiscursivo) e, de modo esporádico e indireto, nos próprios textos.

---

gramatical e significação histórica, operada no início do século XIX por F. A. Wolf); só lembro aqui as evidências, mesmo que por vezes elas sejam ignoradas. Para exposições mais completas que utilizam uma terminologia atual, pode-se consultar os escritos de Austin, Strawson, Searle ou as apresentações que fiz dessa problemática em L'Enonciation (*Langages* 17) e, em colaboração com Oswald Ducrot, em nosso *Dictionnaire encyclopédique des sciences du langage*. Veja também, mais recentemente, Dan Sperber, Rudiments de rhétorique cognitive, *Poétique* 23.

8 Essa afirmação tem seu corolário, que é a importância diminuída que dou agora à noção de gênero teórico, ou tipo. De forma alguma renuncio à necessidade de analisar os gêneros em categorias abstratas. Entretanto, o estudo dos tipos possíveis parece-me hoje uma reformulação da teoria geral do discurso (ou da poética geral), sendo que esta contém integralmente aquela. Os gêneros históricos são gêneros teóricos, mas na medida em que a recíproca não é necessariamente verdadeira, a noção isolada de gênero teórico parece-me perder o interesse. A menos que seja no quadro de uma estratégia heurística, como nos exemplos estudados por Christine Brooke-Rose.

*Os gêneros do discurso*

A existência *histórica* dos gêneros é assinalada pelo discurso sobre os gêneros; contudo, isso não quer dizer que os gêneros sejam apenas noções metadiscursivas, e não mais discursivas. Para dar um exemplo, atestamos a existência histórica do gênero "tragédia" na França no século XVII graças ao discurso sobre a tragédia (que começa pela própria existência dessa palavra); mas isso não significa que as próprias tragédias não tenham traços comuns e que então só seria possível delas dar uma descrição histórica. Como sabemos, toda classe de objetos pode ser convertida, por meio de uma passagem da extensão à compreensão, em uma série de propriedades. O estudo dos gêneros, que tem como ponto de partida os testemunhos sobre a existência dos gêneros, deve ter como objetivo último precisamente o estabelecimento dessas propriedades.[9]

Portanto, os gêneros são unidades que podemos descrever a partir de dois pontos de vista diferentes, o da observação empírica e o da análise abstrata. Em uma sociedade, institucionaliza-se a recorrência de certas propriedades discursivas, e os textos individuais são produzidos e percebidos em relação à norma que constitui essa codificação. Um gênero, literário ou não, nada mais é do que essa codificação de propriedades discursivas.

---

9 Em suma, sou mais otimista do que os autores de dois estudos recentes, que aliás me levaram a precisar meus pontos de vista (Ben-Amos, Catégories analytiques et genres populaires, *Poétique* 19, p.265-86; e Lejeune, Autobiographie et histoire littéraire. In: _____, *Le Pacte autobiographique*, p.311-41). Lejeune e Ben-Amos estão prontos para ver um abismo inttransponível entre o abstrato e o concreto, entre os gêneros tais como existiram em termos históricos e a análise de categoria à qual podemos submetê-los hoje.

Tal definição demanda, por sua vez, ser explicitada por dois termos que a compõem: o de propriedade discursiva e o de codificação.

"Propriedade discursiva" é uma expressão que compreendo em um sentido inclusivo. Todos sabem que, mesmo que nos atenhamos apenas aos gêneros *literários*, qualquer aspecto do discurso pode se tornar obrigatório. A canção se opõe ao poema por traços fonéticos; o soneto é diferente da balada em sua fonologia; a tragédia se opõe à comédia por elementos temáticos; o conto de suspense difere do romance policial clássico pela organização de sua intriga; por fim, a autobiografia se distingue do romance porque o autor pretende contar fatos, e não construir ficções. Para reagrupar essas diferentes espécies de propriedades, poderíamos nos servir (mas essa classificação não tem importância para meus propósitos) da terminologia do semiótico Charles Morris, adaptando-a às nossas intenções. Essas intenções dizem respeito seja ao aspecto semântico do texto, seja ao seu aspecto sintático (a relação das partes entre si), seja ao pragmático (relação entre usuários), seja por fim ao verbal (termo ausente de Morris, que poderia nos servir para englobar tudo o que releva da própria materialidade dos signos).

A diferença de um ato de fala para outro, portanto também de um gênero para outro, pode se situar em qualquer um dos níveis do discurso.

No passado, buscamos distinguir, ou até mesmo opor, as formas "naturais" da poesia (por exemplo, o lírico, o épico, o dramático) e suas formas convencionais, tais como o soneto, a balada ou a ode. É preciso tentar examinar em que plano tal afirmação conserva um sentido. Ou bem o lírico, o épico etc.

*Os gêneros do discurso*

são categorias universais, portanto do discurso (o que não excluiria que fossem complexas, por exemplo, ao mesmo tempo semânticas, pragmáticas, verbais); mas então elas pertencem à poética geral, e não (em específico) à teoria dos gêneros: elas caracterizam as possibilidades *do* discurso, e não os reais *dos* discursos. Ou então se pensa em fenômenos históricos empregando tais termos; assim, a epopeia é o que a *Ilíada* de Homero encarna. Nesse caso, trata-se de gêneros, mas, no plano discursivo, estes não são qualitativamente diferentes de um gênero como o soneto – ele também fundado em restrições temáticas, verbais etc. Tudo o que se pode dizer é que certas propriedades discursivas são mais interessantes do que outras: pessoalmente, sou muito mais intrigado pelas restrições que dizem respeito ao aspecto pragmático dos textos do que sobre sua estrutura fonológica.

É porque os gêneros existem como uma instituição que eles funcionam como "horizontes de espera" para os leitores e "modelos de escritura" para os autores. De fato, aí estão as duas vertentes da existência histórica dos gêneros (ou, se preferirmos, desse discurso metadiscursivo que toma os gêneros como objeto). De um lado, os autores escrevem em função do (o que não quer dizer: de acordo com o) sistema genérico existente, do que podem dar provas tanto no texto como fora dele, ou mesmo, de alguma forma, entre os dois: sobre a capa do livro; essa prova evidentemente não é o único meio de constatar a existência dos modelos de escritura. De outra parte, os leitores leem em função do sistema genérico, que conhecem por meio da crítica, da escola, do sistema de difusão do livro ou ainda por "ouvir dizer". Entretanto, não é necessário que tenham consciência desse sistema.

Pelo viés da institucionalização, os gêneros se comunicam com a sociedade onde eles ocorrem. É também por esse aspecto que eles mais interessarão ao etnólogo e ao historiador. De fato, o primeiro reterá de um sistema dos gêneros, antes de mais nada, as categorias que o diferenciarão daquele dos povos vizinhos; essas categorias deverão ser correlacionadas com os outros elementos da mesma cultura. O mesmo ocorrerá para o historiador: cada época tem seu próprio sistema de gêneros, que está relacionado com a ideologia dominante etc. Assim como qualquer instituição, os gêneros realçam os traços constitutivos da sociedade à qual pertencem.

A necessidade da institucionalização permite responder a outra questão que ficamos tentados a expor: admitindo que todos os gêneros provêm de atos de fala, como explicar que os atos de fala não produzem gêneros literários? A resposta é: uma sociedade escolhe e codifica os atos que correspondem mais de perto à sua ideologia; por isso a existência de certos gêneros em uma sociedade e sua ausência em outra são reveladoras dessa ideologia e nos permitem estabelecê-la com aproximadamente grande certeza. Não é por acaso que a epopeia é possível em certa época e o romance em outra, o herói individual desta se opondo ao herói coletivo daquela: cada uma dessas escolhas depende do quadro ideológico dentro do qual ele opera.

Poderíamos precisar ainda o lugar da noção de gênero por meio de duas distinções simétricas. Dado que o gênero é a codificação histórica atestada de propriedades discursivas, é fácil conceber a ausência de cada um dos componentes dessa definição: a realidade histórica e a realidade discursiva. No primeiro caso, veríamos categorias da poética geral que, segundo os níveis do texto, chamamos de: modos, registros, estilos, ou

*Os gêneros do discurso*

mesmo de formas, maneiras etc. O "estilo nobre" ou a "narrativa na primeira pessoa" são bem realidades discursivas, mas não podemos fixá-las em um único momento do tempo: eles são sempre possíveis. Reciprocamente, no segundo caso, se trataria de noções que pertencem à história literária mundial no sentido amplo, tais como corrente, escola, movimento ou, em outro sentido da palavra, "estilo". É evidente que o movimento literário do simbolismo existiu em termos históricos, mas isso não prova que as obras dos autores que reclamavam esse rótulo tenham em comum propriedades discursivas (a não ser as banais); a unidade pode perfeitamente ter existido com base em amizades, em manifestações comuns etc. Admitamos que fosse esse o caso e teríamos aí um exemplo de fenômeno histórico que não tem uma realidade discursiva precisa – o que não o torna inapropriado para o estudo, mas o distingue dos gêneros e, com mais forte razão, dos modos etc. O gênero é o lugar de encontro da poética geral e da história literária factual. A esse título, ele é um objeto privilegiado, o que bem poderia lhe valer a honra de se tornar a personagem principal dos estudos literários.

Esse é o quadro geral de um estudo dos gêneros.[10] Talvez nossas descrições atuais de gênero sejam insuficientes; isso

---

10 A ideia de que os gêneros devem ser colocados em relação com os atos de fala está formulada por Stierle, L'Histoire comme exemple, l'exemple comme Histoire, *Poétique* 10, p.176-88; Lejeune, *Le Pacte autobiographique*, p.17-49; Bruss, L'autobiographie considérée comme acte littéraire, *Poétique* 17, p.14-26. Os gêneros são examinados de um ponto de vista etnológico no estudo de Smith, Des genres et des hommes, *Poétique* 19, p.294-312; e histórico, em Autobiographie et histoire littéraire, de Lejeune, capítulo de conclusão do

## Tzvetan Todorov

não prova a impossibilidade de uma teoria dos gêneros, e as proposições que precedem desejariam ser as preliminares de tal teoria. A esse propósito, gostaria de lembrar outro fragmento de Friedrich Schlegel, em que ele busca formular uma opinião equilibrada sobre a questão e se pergunta se a impressão negativa que aparece quando tomamos conhecimento das distinções genéricas não é devida apenas à imperfeição dos sistemas propostos pelo passado:

> Deve a poesia ser simplesmente subdividida? Ou deve permanecer única e indivisível? Ou alternar entre separação e união? A maioria das imagens do sistema universal poético é ainda tão grosseira e infantil quanto aquelas que os antigos, antes de Copérnico, tinham do sistema astronômico. As subdivisões habituais da poesia são apenas uma construção morta para um horizonte limitado. O que sabemos fazer ou o que tem algum valor é a terra imóvel no centro. Mas dentro do universo da própria poesia não há nada em repouso, tudo se torna e se transforma e se move em harmonia; e os cometas também têm leis de movimento imutáveis. Entretanto, antes que possamos calcular a trajetória desses astros, determinar antecipadamente seu retorno, o verdadeiro sistema universal da poesia ainda não está descoberto.[11]

---

livro citado (em que se encontrará outras referências sobre o mesmo tema). Em um estudo recente, leio esta lista e gêneros próprios da literatura árabe, lista que revela claramente suas relações com os atos de fala: "Temos a demanda de realização – por exemplo, de uma promessa –, a reprovação, a ameaça, a sátira, a desculpa etc." (Kilito, O gênero "sessão": uma introdução, *Studia Islamica* 43, p.27).

11 Schlegel, *Athenaeum*, p.434.

*Os gêneros do discurso*

Os cometas também obedecem a leis imutáveis... Os antigos sistemas só sabiam descrever o resultado morto; é preciso aprender a apresentar os gêneros como princípios de produção dinâmicos, sob pena de jamais apreender o verdadeiro sistema da poesia. Talvez tenha chegado o momento de pôr em ação o programa de Friedrich Schlegel.

Precisamos agora voltar à questão inicial, que concerne à origem sistemática dos gêneros. Em certo sentido, ela já recebeu sua resposta, pois, como dissemos, os gêneros provêm, como qualquer outro ato de fala, da codificação de propriedades discursivas. Seria então preciso reformular assim nossa questão: há qualquer diferença entre os gêneros (literários) e os outros atos de fala? Rezar é um ato de fala; a prece é um gênero (que pode ou não ser literário): a diferença é mínima. Mas, para tomar outro exemplo: contar é um ato de fala, e o romance, um gênero em que com certeza se conta algo; entretanto, a diferença é grande. Por fim, terceiro caso: o soneto é bem um gênero literário, mas não é a atividade verbal "sonetar"; há, então, gêneros que não derivam de um ato de fala mais simples. Em suma, três possibilidades podem ser entrevistas: ou o gênero, tal como o soneto, codifica propriedades discursivas como o faria qualquer outro ato de fala; ou o gênero coincide com um ato de fala que tem também uma existência não literária, como a prece; ou, enfim, ele deriva de um ato de fala por meio de certo número de transformações ou amplificações: seria o caso do romance, a partir da ação de contar. Apenas o terceiro caso apresenta de fato uma situação nova: nos dois primeiros, o gênero não é em nada diferente dos outros atos. Aqui, por outro lado, não se parte de propriedades discursivas, mas de outros atos de fala já constituídos; vai-se de um ato simples a um ato complexo. É também o único que merece um tratamento à parte das outras ações verbais. Nossa questão sobre a origem dos gêneros se torna então: quais são as transformações que certos atos de fala sofrem para produzir certos gêneros literários?

## III

Procurarei responder examinando alguns casos concretos. Essa escolha de procedimento já implica que, assim como o gênero não é em si mesmo um fato puramente discursivo nem puramente histórico, também a questão da origem sistemática dos gêneros não saberia se manter na pura abstração. Mesmo que a ordem da exposição nos leve, por razões de clareza, do simples ao complexo, a ordem da descoberta segue o caminho inverso – partindo dos gêneros observados, tenta-se encontrar o germe discursivo.

Meu primeiro exemplo será tomado em uma cultura diferente da nossa, aquela dos Lubas, habitantes do Zaire; eu o escolhi por causa de sua relativa simplicidade.[12] "Convidar" é um ato de fala dos mais comuns. Poderíamos restringir o número de fórmulas utilizadas e obter assim um convite ritual, como isso é praticado por nós em certos casos solenes. Mas entre os Lubas, existe também um gênero literário menor, derivado do convite, e que é praticado até mesmo fora de seu contexto de origem. Por exemplo, "eu" convida seu cunhado para entrar na casa. Essa fórmula explícita só aparece nos últimos versos do convite (29-33; trata-se de um texto ritmado). Os

---

12 Devo todas as informações relativas aos gêneros literários dos Lubas e seu contexto verbal à amabilidade da sra. Clémentine Faïk-Nzuji.

# Os gêneros do discurso

28 versos precedentes contêm uma narrativa, na qual é "eu" que vai até a casa de seu cunhado e é este que o convida. Eis o início dessa narrativa:

> *Fui para a casa de meu cunhado,*
> *Meu cunhado diz: bom dia,*
> *E eu respondo: bom dia para você também.*
> *Alguns instantes depois, ele diz:*
> 5 *Entre em casa etc.*

A narrativa não para por aí. Ela nos leva a um novo episódio, em que "eu" pede que alguém acompanhe sua refeição; o episódio se repete duas vezes:

> *Eu digo: meu cunhado,*
> 10 *Chame seus filhos,*
> *Que eles comam comigo essa massa.*
> *Cunhado diz: ora!*
> *As crianças já comeram,*
> *Elas já foram se deitar.*
> 15 *Eu digo: ora,*
> *Tu és então assim, cunhado!*
> *Chama teu grande cão.*
> *Cunhado diz: ora!*
> *O cão já comeu.*
> 20 *Ele já foi se deitar etc.*

Segue-se uma transição formada por alguns provérbios, e no fim chegamos ao convite direto, desta vez dirigido por "eu" ao seu cunhado.

Sem sequer entrar nos detalhes, podemos constatar que entre o ato verbal de convite e o gênero literário "convite", do qual o texto precedente é um exemplo, ocorrem várias transformações:

1. Uma *inversão* dos papéis de destinatário: "eu" convida o cunhado, o cunhado convida "eu";
2. Uma *narrativização* ou, mais exatamente, o encadeamento do ato verbal de convidar naquele de contar; obtemos, em vez de um convite, a narrativa de um convite;
3. Uma *especificação*: não apenas se é convidado, mas também a comer uma massa; não apenas se aceita o convite, mas se deseja ser acompanhado;
4. Uma *repetição* da mesma situação narrativa, mas que comporta
5. Uma *variação* nos atores que assumem o mesmo papel: uma vez as crianças, outra vez o cão.

É claro que essa enumeração não é exaustiva, mas já pode nos dar uma ideia da natureza das transformações que um ato de fala pode sofrer. Elas se dividem em dois grupos que poderíamos chamar de: *a)* internas, nas quais a derivação se dá no próprio interior do ato de fala inicial; é o caso das transformações 1 e 3 a 5; e *b)* externas, em que o primeiro ato de fala se combina com o segundo, a partir de uma ou outra relação hierárquica; é o caso da transformação 2, em que "convidar" está contido em "contar".

Tomemos agora um segundo exemplo da mesma cultura luba. Partiremos de um ato de fala mais essencial ainda que é nomear, atribuir um nome. Entre nós, na maior parte do tempo, a significação dos antropônimos é esquecida. Os nomes

*Os gêneros do discurso*

próprios significam por evocação de um contexto ou por associação, e não graças ao sentido dos morfemas que o compõem. Esse caso é possível entre os Lubas, mas ao lado desses nomes desprovidos de significado encontramos outros, cujo sentido é perfeitamente atual e cuja atribuição, aliás, é motivada por esse sentido. Por exemplo (não marco os tons):

*Lonji* significa "Ferocidade"
*Mukunza* significa "Claro de pele"
*Ngenyi* significa "Inteligência"

Além desses nomes que de alguma forma são oficiais, o indivíduo também pode receber apelidos, mais ou menos estáveis, cuja função pode ser um elogio ou simplesmente a identificação por meio de traços característicos, por exemplo sua profissão. A elaboração desses apelidos já os aproxima das formas literárias. Eis alguns exemplos de uma das formas desses apelidos, os *makumbu*, ou nomes de elogio:

*Cipanda wa nshindumeenu*, pilar contra o qual nos apoiamos
*Dileji dya kwikisha munnuya*, sombra sob a qual nos refugiamos
*Kasunyi kaciinyi nkelende*, machado que não teme os espinhos

Vemos que os apelidos podem ser considerados uma expansão dos nomes. Tanto em um caso quanto no outro, descrevemos os seres tais como são ou como devem ser. Do ponto de vista sintático, passamos do nome isolado (substantivo ou adjetivo substantivado) para o sintagma composto de um nome acrescido de um relativo que o qualifica. Em termos semânticos, deslizamos das palavras tomadas no sentido literal para as metáforas. Esses apelidos, assim como os próprios nomes, também podem fazer alusão a provérbios ou ditados correntes.

Por fim, existe entre os Lubas um gênero literário bem estabelecido – e bem estudado[13] – chamado *kasala*. São cantos de dimensões variadas (que podem ultrapassar oitocentos versos), que "evocam as diferentes pessoas e eventos de um clã, exaltam com grandes louvores seus membros mortos e/ou vivos e declamam seus grandes feitos e gestos".[14] Trata-se então mais uma vez de uma mescla de características e elogios; de um lado, indica-se a genealogia das personagens, situando-as umas em relação às outras; de outro, são atribuídas a elas qualidades notáveis; com frequência essas atribuições incluem apelidos, como aqueles que acabamos de observar. Além disso, o bardo interpela as personagens e as convoca a se comportar de maneira admirável. Cada um desses procedimentos é repetido inúmeras vezes. Observamos que todos os traços característicos da *kasala* estavam potencialmente contidos no nome próprio, e ainda mais nessa forma intermediária representada pelo apelido.

Voltemos agora para o terreno mais familiar dos gêneros da literatura ocidental para buscar saber se podemos observar nela transformações semelhantes às que caracterizam os gêneros lubas.

Como primeiro exemplo, tomarei aquele que descrevi em *Introdução à literatura fantástica*. Se minha descrição estiver correta, esse gênero se caracteriza pela hesitação que o leitor é convida-

---

13 Cf. Mufuta Kabemba, *Le Chant Kasala des Lubas*; Faïk-Nzuji, *Kasala, chant héroïque Luba*. Para fatos análogos em Ruanda, cf. Smith, artigo citado, esp. p.297-8.

14 Nzuji, op. cit., p.21.

*Os gêneros do discurso*

do a experimentar, quanto à explicação natural ou sobrenatural dos acontecimentos evocados. Mais exatamente, o mundo que descrevemos é bem o nosso, com suas leis naturais (não estamos no território do maravilhoso), mas no âmago desse universo é produzido um acontecimento para o qual temos dificuldade de encontrar uma explicação natural. O que codifica o gênero é então uma propriedade pragmática da situação discursiva: a atitude do leitor, tal como é prescrita pelo livro (e que o leitor individual pode ou não adotar). Na maior parte do tempo, esse papel do leitor não fica implícito, mas se encontra representado no próprio texto, sob os traços de uma personagem testemunha; a identificação de um a outro é facilitada pela atribuição a essa personagem da função de narrador: o emprego do pronome da primeira pessoa "eu" permite ao leitor identificar-se com o narrador e, portanto, também com essa personagem testemunha que hesita quanto à explicação a ser dada aos acontecimentos que ocorrem.

Deixemos de lado, para simplificar, essa tripla identificação entre leitor implícito, narrador e personagem testemunha e admitamos que se trate de uma atitude do narrador representado. Uma frase que encontramos em um dos romances fantásticos mais representativos, o *Manuscrito encontrado em Saragoça*, de Potocki, resume emblematicamente essa situação: "Quase acreditei que os demônios, para me enganar, haviam animado os corpos dos enforcados". Vemos a ambiguidade da situação: o acontecimento sobrenatural é designado pela proposição subordinada; a principal exprime a adesão do narrador, mas uma adesão modulada pela aproximação. Essa proposição principal implica então a não verossimilhança intrínseca daquilo que segue, e por isso mesmo constitui o quadro "natural" e "razoável" no qual o narrador quer se manter (e, é claro, *nos* manter).

79

O ato de fala que encontramos na base do fantástico é então, mesmo simplificando um pouco a situação, um ato complexo. Poderíamos reescrever assim a fórmula: "Eu" (pronome do qual já explicamos a função) + verbo de atitude (tal como "pensar", "crer" etc.) + modalização desse verbo no sentido da incerteza (modalização que segue duas vias principais: o tempo do verbo, que será o passado, permitindo assim a instauração de uma distância entre narrador e personagem; os advérbios de modo como "quase", "talvez", "sem dúvida" etc.) + proposição subordinada que descreve um acontecimento sobrenatural.

Sob essa forma abstrata e reduzida, o ato de fala "fantástico" pode, é claro, ser encontrado fora da literatura: será aquele de uma pessoa que conta um acontecimento que sai do quadro das explicações naturais, quando nem por isso essa pessoa deseja renunciar a esse quadro, e então nos avisa sobre sua incerteza (a situação talvez seja rara em nossos dias, mas em todo caso é perfeitamente real). A identidade do gênero é determinada pela identidade do ato de fala, mas isso não quer dizer que as duas sejam idênticas. Esse núcleo é enriquecido por uma série de amplificações, no sentido retórico: 1) uma narrativização: é preciso criar uma situação em que o narrador acabará por formular nossa frase emblema, ou um de seus sinônimos; 2) uma gradação, ou ao menos uma irreversibilidade na aparição do sobrenatural; 3) uma proliferação temática: certos temas, tais como as perversões sexuais ou os estados próximos da loucura, serão preferidos aos outros; 4) uma representação verbal que explorará, por exemplo, a incerteza que se pode ter na escolha entre o sentido literal e o sentido figurado de uma expressão; temas e procedimentos que busquei descrever em meu livro.

Não há então, do ponto de vista da origem, nenhuma diferença de natureza entre o gênero fantástico e aqueles que encontramos na literatura oral Iuba, mesmo que persistam diferenças de grau, isto é, de complexidade. O ato verbal que exprime a hesitação "fantástica" é menos comum do que aquele que consiste em nomear ou convidar; nem por isso é menos ato verbal do que os outros. As transformações que ele sofre para se tornar gênero literário talvez sejam mais numerosas e mais variadas do que aquelas com as quais a literatura Iuba nos familiarizava. Elas também continuam a ser de natureza idêntica. A autobiografia é também outro gênero próprio de nossa sociedade que descrevemos com precisão suficiente para que possamos interrogá-la em nossa perspectiva atual.[15] Para dizer de modo simples, a autobiografia se define por duas identidades: a do autor com o narrador e a do narrador com a personagem principal. Essa segunda identidade é evidente: é aquela resumida no prefixo "auto-", e que permite distinguir a autobiografia da biografia ou das memórias. A primeira é mais sutil: ela separa a autobiografia (assim como a biografia e as memórias) do romance, mesmo que este seja impregnado de elementos tirados da vida do autor. Essa identidade separa, em suma, todos os gêneros "referenciais" ou "históricos" de todos os gêneros "ficcionais". A realidade do referente é indicada com clareza, dado que se trata do próprio autor do livro, pessoa inscrita no estado civil de sua cidade natal.

Estamos então às voltas com um ato de fala que codifica ao mesmo tempo propriedades semânticas (é o que implica a identidade narrador-personagem, é preciso falar de si) e pro-

---

15 Penso em especial nos estudos precitados de Lejeune, Le pacte autobiographique, e Bruss, L'autobiographie considerée comme acte littéraire.

priedades pragmáticas (pela identidade autor-narrador, pretende-se dizer a verdade, e não uma ficção). Sob essa forma, esse ato de fala é extremamente difundido fora da literatura: nós o praticamos sempre que *nos* contamos. É curioso notar que os estudos de Lejeune e Bruss nos quais me baseio aqui, no aspecto de uma descrição do gênero, de fato estabeleceram a identidade do ato de fala, que é exatamente o núcleo. Essa evolução de objeto é reveladora: a identidade do gênero lhe vem do ato de fala que se encontra em sua base, *se contar*. Isso não impede que, para se tornar um gênero literário, esse contrato inicial deva sofrer inúmeras transformações (deixo aos especialistas do gênero o cuidado de estabelecê-las).

O que seria dos gêneros ainda mais complexos, tais como o romance? Não ouso me lançar na formulação da série de transformações que presidem ao seu nascimento, mas, dando sem dúvida prova de otimismo, diria que ainda aqui o processo não me parece ser qualitativamente diferente. A dificuldade do estudo da "origem do romance", entendida nesse sentido, viria apenas do infinito encadeamento dos atos de fala uns nos outros. Bem no alto da pirâmide haveria o contrato ficcional (portanto, a codificação de uma propriedade pragmática), que por sua vez exigiria a alternância de elementos descritivos e narrativos, isto é, que descrevessem estados imobilizados e ações que se desenvolveriam no tempo (a notar que esses dois atos de fala são coordenados entre si, e não encadeados, como nos casos precedentes). A isso se adicionariam restrições que diriam respeito ao aspecto verbal do texto (a alternância do discurso do narrador e aquele das personagens) e seu aspecto semântico (a vida pessoal, de preferência aos afrescos de época), e assim por diante.

*Os gêneros do discurso*

Aliás, a enumeração rápida que acabo de fazer em nada é diferente, salvo justamente por sua brevidade e seu esquematismo, dos estudos que já se pôde dedicar a esse gênero. Apesar disso, não bastava. Faltava essa perspectiva – deslocamento ínfimo, ilusão de ótica, talvez? – que permite ver que não há um abismo entre a literatura e aquilo que não é ela, que os gêneros literários encontram sua origem, simplesmente, no discurso humano.

*2*

## Os dois princípios da narrativa

Dado que será questão de narrativa, começarei contando uma história. Richard Minutolo está apaixonado por Catella, esposa de Filippe. Contudo esta não o retribui, apesar de todos os esforços de Richard. Ele fica sabendo que ela é extremamente ciumenta em relação ao marido e decide aproveitar-se dessa fraqueza, então mostra publicamente seu desinteresse por Catella. Um dia, ao encontrá-la, ele confirma o fato e ao mesmo tempo lhe diz que Filippe teria feito galanteios à mulher de Richard. Catella fica furiosa e quer saber de tudo. Nada mais fácil, responde Richard, e diz que Filippe marcou encontro com sua mulher no dia seguinte, em uma casa de banhos dos arredores; bastará que Catella vá em seu lugar e, assim, se persuadirá da perfídia de seu marido. É o que ela faz. Contudo, em vez de seu marido, ela encontra Richard sem, entretanto, reconhecê-lo, pois o quarto do encontro está mergulhado em uma obscuridade total. Catella se entrega ao desejo daquele que acredita ser seu marido. Em seguida, porém, começa a injuriá-lo, revelando-lhe que ela não é a mulher de Richard, mas sim Catella. É então que Richard esclarece que ele não é Filippe. Catella fica desesperada, mas Richard lhe demonstra que o escândalo não serviria a ninguém e que, por outro lado, "os beijos dos amantes têm mais sabor do que os beijos do marido".

Tudo então termina bem, e Boccaccio adiciona que é por um "concerto de louvores" que esse conto foi acolhido quando de sua primeira narrativa.[1]

Eis aqui uma sequência de frases que todo mundo concordará em reconhecer como uma narrativa. Mas o que *faz* a narrativa? Voltemos ao início da história. Primeiro, Boccaccio descreve Nápoles como o lugar da ação; em seguida, apresenta os três protagonistas; depois disso ele nos fala do amor que Richard tem por Catella. Seria isso uma narrativa? Acredito que, mais uma vez, concordaremos facilmente em responder: não. Não são as dimensões do texto que levam à decisão; este só ocupa dois parágrafos na obra de Boccaccio, mas sentimos perfeitamente que, se fosse cinco vezes mais extenso, as coisas não seriam diferentes. Por outro lado, quando Boccaccio diz: "Tal era seu estado de espírito quando…" (e em francês, passa-se aqui do imperfeito para o passado simples), a narrativa está encadeada. A explicação parece simples: assistimos, no início, à descrição de um estado; ora, a narrativa não se contenta com isso, mas exige o desenrolar de uma ação, isto é, a mudança, a diferença.

De fato, toda mudança constitui um novo elo da narrativa. Richard percebe o extremo ciúme de Catella – o que lhe per-

---

1 Boccaccio, *Decameron*, III, 6.

*Os gêneros do discurso*

mite conceber seu plano –, e na sequência ele pode aplicá-lo. Catella reage da maneira desejada; o encontro ocorre; Catella revela sua verdadeira identidade; Richard revela a sua; ambos descobrem a felicidade juntos. Cada uma das ações assim isoladas segue a precedente e, na maior parte do tempo, entra em uma relação de causalidade com ela. O ciúme de Catella é uma *condição* do plano que será concebido; o plano tem como *consequência* o encontro; a reprovação pública está *implicada* pelo adultério etc.

A descrição e a narrativa pressupõem a temporalidade, mas esta é de natureza diferente. A descrição inicial se situa no tempo, mas esse tempo era contínuo, sendo que as mudanças, próprias da narrativa, recortam o tempo em unidades descontínuas; o tempo puro de duração se opõe ao tempo dos acontecimentos. A descrição sozinha não basta para compor uma narrativa, mas a narrativa não exclui a descrição. Se devêssemos dispor de um termo genérico que inclua ao mesmo tempo narrativa e descrição (isto é, os textos que só contêm descrições), poderíamos usar a expressão, relativamente pouco utilizada em francês, *ficção*. A vantagem seria dupla: primeiro porque ficção inclui narrativa *e* descrição; em seguida, porque o termo invoca o uso transitivo e referencial que se faz das palavras em um caso e no outro (e um Raymond Roussel, que faz nascer a narrativa a partir da distância que há entre dois sentidos de uma mesma palavra, não nos oferece um contraexemplo), em oposição ao uso intransitivo, literal, que é feito da linguagem na poesia.

É claro que esse modo de ver a narrativa como o encadeamento cronológico e, por vezes, causal de unidades descontínuas não é novo: hoje conhecemos bem o trabalho de Propp

89

sobre o conto de fadas russo, que finaliza em uma apresentação semelhante. Ele chama de *função* cada uma das ações isoladas, quando esta é vista na perspectiva de sua utilidade para o conjunto do conto; e postula que há apenas 31 variedades de funções para todos os contos de fadas russos. "Se lermos em seguida todas as funções, vemos que uma decorre da outra por uma necessidade lógica e artística. Vemos que nenhuma função exclui a outra. Todas pertencem ao mesmo eixo, e não há uma multiplicidade deles." As funções se seguem e não se assemelham.

Propp analisa um conto integral, chamado de *Gansos-Cisnes*; vamos então lembrar aqui essa análise. É a história de uma garota que se esquece de vigiar seu irmão, então os gansos-cisnes raptam o pequenino. A garota sai em busca do menino e, judiciosamente aconselhada por um porco-espinho, consegue encontrá-lo. Ela o leva e os gansos começam a persegui-la, mas, auxiliada pelo rio, a macieira e a panela, ela consegue alcançar sua casa sã e salva, na companhia de seu irmão. Propp identifica nessa narrativa 27 elementos, dos quais 18 são funções (os outros elementos são descrições, transições etc.) que fazem parte da lista canônica das 31. Cada uma dessas funções está situada no mesmo plano; cada uma delas é absolutamente diferente das outras; a única relação que mantêm entre si é aquela da sucessão.

Podemos nos perguntar sobre a justeza dessa análise e, mais exatamente, sobre a questão de saber se Propp não confundiu necessidade genérica (e empírica) e necessidade teórica. Talvez todas as funções sejam necessárias ao conto de fadas russo, mas será que elas o seriam pelas mesmas razões? Façamos uma experiência. Ao relatar o conto russo, omiti algumas das funções

*Os gêneros do discurso*

iniciais: por exemplo, a de que os pais haviam proibido a garota de se afastar da casa; a de que a menina preferira ir brincar etc. O conto não deixa de ser uma narrativa, fundamentalmente idêntico a si mesmo. Por outro lado, se eu não houvesse dito que uma garota e um menino habitavam tranquilos sua casa, ou que os gansos haviam raptado o menino, ou que a garota saíra em busca de seu irmão etc., o conto não teria mais existido, ou então teria sido um outro conto. Por conseguinte, nem todas as funções são necessárias à narrativa da mesma maneira; precisamos introduzir aqui uma ordem hierárquica.

Analisando assim os *Cisnes-Gansos*, chegaremos ao seguinte resultado: esse conto comporta cinco elementos obrigatórios. 1. A situação de equilíbrio do início. 2. A degradação da situação devido ao rapto do menino. 3. O estado de desequilíbrio constatado pela garota. 4. A busca e a descoberta do menino. 5. O restabelecimento do equilíbrio inicial, a reintegração da casa dos pais. Nenhuma dessas cinco ações poderia ter sido obtida sem que o conto perdesse sua identidade. É claro que podemos imaginar um conto que imita os dois primeiros elementos e comece por uma situação já deficiente; ou que omita os dois últimos, terminando na infelicidade. Contudo, sentimos claramente que aí estariam as duas metades do ciclo, sendo que dispomos do ciclo completo. Pesquisas teóricas mostraram — e estudos empíricos confirmaram — que esse ciclo participa da própria definição da narrativa; não podemos imaginar uma narrativa que não contenha pelo menos uma parte dela.

Nem todas as outras ações isoladas por Propp têm o mesmo estatuto. Algumas dentre elas são facultativas, adicionadas ao esquema fundamental. Por exemplo, a ausência da garota no momento do rapto pode ser motivada ou não. Outras são alternativas: pelo menos uma dentre elas deve aparecer no conto; trata-se de uma concretização da ação prescrita pelo esquema. Por exemplo, a garota encontra seu irmão, mas como acontece isso? Graças à intervenção de um auxiliar. Ela poderia tê-lo encontrado graças à velocidade de suas pernas, ou ao seu poder de adivinhação etc. Sabemos que Claude Bremond assumiu a tarefa de coletar o catálogo das alternativas possíveis de que uma narrativa dispõe, qualquer que seja ela.

No entanto, se hierarquizarmos assim as ações elementares, perceberemos que entre elas se estabelecem novas relações, então não podemos mais nos contentar com a consecução ou com a consequência. É evidente que o primeiro elemento repete o quinto (o estado de equilíbrio), e que o terceiro é sua inversão. Além disso, o segundo e o quarto são simétricos e inversos: o garoto é raptado de sua casa ou é levado de volta para ela. Portanto, não é verdade que a única relação entre as unidades seja a de *sucessão*; podemos dizer que essas unidades também devem se encontrar em uma relação de *transformação*. Eis-nos aqui diante dos dois princípios da narrativa.

Uma narrativa pode abrir mão do segundo princípio, aquele das transformações? Ao discutir os problemas de definição e denominação, é preciso levar em conta certo arbitrário que acompanha necessariamente esses gestos. Estamos diante de um *continuum* de fatos e de relações; em seguida, fazemos passar um limite em algum lugar, chamando tudo o que está aquém dele de narrativa, e de não narrativa tudo o que está além. Mas as palavras da língua, das quais nos servimos, revelam nuanças diferentes para um ou outro sujeito falante. Um instante atrás eu opus narrativa e descrição pelos dois tipos de temporalidade que manifestam; mas há quem chame de "narrativa" um livro como *Dans le labyrinthe* [No labirinto], de Robbe-Grillet que, no entanto, suspende o tempo narrativo e apresenta como simultâneas as variações no comportamento das personagens. O mesmo ocorre para a presença ou a ausência de relações de transformação entre as ações individuais. Podemos construir artificialmente uma narração que seria desprovida delas; poderíamos mesmo encontrar, em certas crônicas, exemplos reais da pura lógica de sucessão. Entretanto, penso que poderíamos concordar sobre o fato de que nem essas crônicas nem o romance de Robbe-Grillet sejam representantes típicos da narrativa. Direi mais: esclarecer a diferença entre narrativa e descrição, ou princípio de sucessão e princípio de transformação, nos permitem compreender por que percebemos tais narrativas como sendo, em certo sentido do termo, marginais. Em geral, mesmo a narrativa mais simples, a menos elaborada, coloca ao mesmo tempo em ação os dois princípios; dá testemunho disso (anedótico) o título francês de um faroeste italiano recente, *Je vais, je tire, je reviens* [Eu vou, atiro, volto]. Por trás da aparente pureza da sucessão, dissimula-se uma relação de transformação entre "ir" e "voltar"!

Qual é a natureza dessas transformações? Aquela que observamos até agora consiste em mudar um termo em seu contrário ou seu contraditório; para simplificar, vamos chamá-la de *negação*. Lévi-Strauss e Greimas insistiram muito sobre essa transformação, estudando suas variedades particulares, até levar a crer que ela era a única possível. É verdade que essa transformação desfruta de um estatuto particular; sem dúvida, isso se deve ao lugar singular que a negação já ocupa em nosso sistema de pensamento. A passagem de A para não A é, de certa forma, o paradigma de toda mudança. Mas esse estatuto excepcional não deve ir até o ponto de ocultar a existência de outras transformações – e veremos que elas são inúmeras. No conto analisado por Propp, podemos notar, por exemplo, uma transformação de modo: é a interdição – isto é, uma obrigação negativa – imposta à garota por seus pais, a de não se afastar nem um instante de seu irmão. Ou, ainda, uma transformação de intenção: a jovem decide sair em busca de seu irmão e em seguida efetivamente sai; de um ao outro ato, a relação é aquela da intenção à sua realização.

Se voltarmos agora ao nosso conto do *Decameron*, podemos observar nele as mesmas relações. Richard está infeliz no início e feliz no fim: eis aqui a negação. Ele deseja possuir Catella e depois a possui: eis a transformação de modo. Contudo, outras relações parecem desempenhar aqui um papel mais importante. Uma mesma e única ação está presente três vezes: primeiro é o projeto que Richard tem de atrair Catella para a casa de banhos; em seguida, vem a percepção errônea dessa cena por Catella, que acredita se encontrar com seu marido; por fim, a verdadeira situação é revelada. A relação entre a primeira e a terceira proposições é aquela do projeto à sua realização; na relação entre a segunda e a terceira se opõem a percepção errônea de um acontecimento e sua percepção justa. É essa enganação que, evidentemente, constitui a trama da narrativa bocaciana. Uma diferença qualitativa separa o primeiro tipo de transformações do segundo. No primeiro caso, trata-se da modificação trazida a um predicado de base: ele estava tomado em sua forma positiva ou negativa, modalizada ou não. Aqui, o predicado inicial se vê acompanhado por um predicado segundo, tal como "projetar" ou "ficar sabendo" que, de modo paradoxal, designa uma ação autônoma, mas, ao mesmo

*Os gêneros do discurso*

tempo, jamais pode aparecer sozinha: sempre se projeta *outra* ação. Vemos que se esboça aqui uma oposição entre dois tipos de organização da narrativa: por um lado, aquele em que se combinam a lógica da sucessão e as transformações do primeiro tipo; estas serão, de alguma forma, as mais simples, e eu gostaria de reservar para esse tipo de organização o nome de *mitológica*. Por outro lado, o tipo de narrativa em que a lógica de sucessão é fecundada pelo segundo gênero de transformações, narrativas em que a importância do acontecimento é menor do que aquela da percepção que temos, do grau de conhecimento que possuímos, me faz propor o nome de *gnosiológica* para esse segundo tipo de organização narrativa (poderíamos também chamá-la de "epistêmica").

É óbvio que uma oposição desse gênero não visa distribuir todas as narrativas do mundo em duas pilhas: aqui as mitológicas, ali as gnosiológicas. Como em qualquer estudo tipológico, busco evidenciar as categorias abstratas que permitem dar conta das diferenças reais entre uma narrativa e outra. Aliás, isso não quer dizer que uma narrativa deve possuir exclusivamente um tipo de transformações, e não outro. Voltando ao conto dos *Gansos-Cisnes*, podemos nele igualmente observar traços de organização gnosiológica: por exemplo, o rapto do menino se dá na ausência da garota; em princípio, esta ignora quem é o responsável, e haveria aqui lugar para a busca do conhecimento. Mas o conto diz apenas: "A jovem adivinha que eles haviam sequestrado seu irmãozinho", sem se demorar sobre esse processo. Por outro lado, o conto de Boccaccio se baseia inteiramente na ignorância, seguida de reconhecimento. Ao querer ligar certo texto a determinado tipo de organização narrativa, devemos buscar a predominância, qualitativa

95

ou quantitativa, de algumas transformações, e não sua presença exclusiva.

Observemos agora alguns outros exemplos de organização gnosiológica. Uma obra como *A busca do Graal* habitualmente faz preceder as sequências que relatam acontecimentos materiais por outras, em que o mesmo acontecimento é evocado sob a forma de predição. Essas transformações de suposições têm, nesse texto, uma particularidade: sempre se realizam e até mesmo são percebidas como um imperativo moral pelas personagens. Também a resolução da intriga é contada desde as primeiras páginas pela tia de Percival:

> Pois bem sabemos, tanto nesse país como em outros lugares, que no final três cavaleiros terão, mais do que todos os outros, a glória da Busca: dois serão virgens, e o terceiro, casto. Dos dois virgens, um será o cavaleiro que buscais, e vós, o outro; o terceiro será Bohort de Gaunes. Estes três findarão a Busca.

Ou ainda a irmã de Percival, que prevê onde morrerão seu irmão e Galaaz: "Para minha honra, fazei que eu seja enterrada no Palácio Espiritual. Sabeis por que peço isso? Porque Percival nele repousará, e vós, ao seu lado". De modo geral, em toda a segunda parte do livro, as ações que advirão são primeiro anunciadas pela irmã de Percival, sob a mesma forma de predições imperativas.

Essas suposições, precedendo o acontecimento, são completadas por outras, das quais nos lembramos apenas no instante em que o acontecimento já ocorreu. Os acasos de seu caminho levam Galaaz a um monastério; a aventura do escudo tem início; no próprio momento em que ela termina, um cavaleiro

*Os gêneros do discurso*

celeste aparece e declara que tudo foi previsto antes. "Eis aqui o que fareis", diz Josèphe. "No lugar em que Nascien será enterrado, coloquem o escudo. É aí que Galaaz virá, cinco dias depois de ter recebido a ordem da cavalaria. Tudo é feito como ele anunciara, dado que no quinto dia chegastes nessa abadia em que jaz o corpo de Nascien." O mesmo ocorre com Gauvain; ele recebe um rude golpe da espada de Galaaz e imediatamente se lembra:

Eis aqui confirmada a fala que ouvi no dia de Pentecostes, a respeito da espada que portava nas mãos. Foi-me anunciado que antes de muito tempo eu receberia um golpe terrível, e é com a própria espada que esse cavaleiro acaba de me ferir. A coisa aconteceu tal como me fora predita.

Todavia, mais ainda do que por essa transformação particular de suposição que é o "anúncio", a *Busca do Graal* se caracteriza por outra transformação, dessa vez de conhecimento, que consiste em uma reinterpretação dos acontecimentos que já ocorreram. Em geral, todos os gestos efetuados sobre a terra recebem, por parte dos juízes e dos eremitas, uma interpretação na ordem celeste; com frequência, revelações puramente terrestres aí se adicionam. Assim, logo que se lê o início da *Busca*, acreditamos compreender tudo: aqui estão os nobres cavaleiros que decidem ir procurar o Graal etc. Mas a narrativa nos faz conhecer, pouco a pouco, outro sentido dessas mesmas cenas: Lancelote, que acreditávamos ser forte e perfeito, é um pecador incorrigível, que vive no adultério com a rainha Guinevere. Sir Galvain, o primeiro a fazer o voto de partir para a busca, jamais chegará ao fim, pois seu coração é duro e ele não pensa muito em Deus. Os cavaleiros que admirávamos no início são pecadores inveterados que serão punidos: há muitos anos não se confessavam. Os acontecimentos do início são evocados de novo, mas dessa vez conhecemos a verdade, e não nos confundimos com a aparência enganosa.

O interesse do leitor não vem aqui da questão "o que ocorre depois"?, o que nos leva à lógica de sucessão ou à narrativa mitológica. Sabe-se, desde o início, o que ocorrerá, quem encontrará o Graal, quem será punido e por quê. O interesse nasce de uma questão completamente diferente e que remete à organização gnosiológica: o que é o Graal? Essa narrativa conta, como tantas outras, uma busca; o que é buscado, contudo, não é um objeto, mas um sentido: aquele da palavra Graal; a narrativa principal é uma narrativa de conhecimento; idealmente, ela não cessa jamais.

A busca de conhecimento também domina outro tipo de narrativa, que talvez tivéssemos um pouco de escrúpulos em aproximar de *Em busca do Santo Graal*: é o romance policial de mistério. Sabe-se que este é constituído na relação problemática de duas histórias: aquela do crime, ausente; e a da busca, presente, cuja única justificativa é a de nos fazer descobrir a primeira história. De fato, um elemento dessa história nos é contado desde o início: um crime é cometido praticamente sob nossos olhos, mas não conhecemos os verdadeiros agentes nem os verdadeiros motivos. A busca consiste em voltar com insistência sobre os mesmos acontecimentos, em verificar e corrigir os mínimos detalhes, até que no fim se ilumine a verdade sobre essa mesma história inicial; é uma narrativa de conhecimento. Apesar disso, ao contrário do *Graal*, o conhecimento se caracteriza aqui porque possui apenas dois valores: verdadeiro ou

*Os gêneros do discurso*

falso. Sabemos ou não quem matou, enquanto a busca do sentido no *Graal* conhece uma infinidade de graus intermediários, e mesmo no final não podemos ter certeza de que ela acabou.

Se tomarmos agora como terceiro exemplo um conto de Henry James, veremos que a procura gnosiológica pode tomar formas ainda diferentes (*Coração das trevas*, de Conrad, apresenta ainda uma variante diversa, como veremos). Assim como no romance policial, busca-se aqui uma verdade sobre um acontecimento material, e não sobre uma entidade abstrata; mas, tal como no *Graal*, no final do livro não temos certeza de saber a verdade; passamos de uma primeira ignorância para uma ignorância menor. *Na gaiola* conta, por exemplo, a experiência de uma jovem telegrafista cuja atenção é inteiramente concentrada em duas pessoas que ela mal conhece, o capitão Everard e Lady Bradeen. Ela lê os telegramas que essas personagens enviam uma à outra, ouve fragmentos de frases, porém, apesar de sua aptidão para imaginar os elementos ausentes, não consegue reconstituir o retrato fiel dos dois desconhecidos. Diga-se de passagem, nem o encontro com o capitão em pessoa consegue ajeitar as coisas: ela pode ver como ele é, fisicamente, observar seus gestos, escutar sua voz, mas sua "essência" continua a ser tão intangível, se não ainda mais, do que quando a gaiola envidraçada os separava. Os sentidos só retêm as aparências e a verdade é inacessível.

A compreensão é tornada particularmente difícil devido ao fato de que a telegrafista simula saber muito mais do que realmente tem conhecimento quando, em determinadas circunstâncias, pode interrogar outras pessoas intermediárias. Assim, quando encontra uma amiga, Mrs. Jordan, esta lhe pergunta: "Como, você não conhece o escândalo? Ela (a telegrafista) toma por um instante posição sobre a seguinte observação: "Oh! Não houve nada público...".

James sempre se recusará a nomear de modo direto a "verdade" ou a "essência", que só existe sob a forma de múltiplas aparências. Essa decisão afetará profundamente a organização de suas obras e chamará sua atenção sobre as técnicas do "ponto de vista", sobre o que ele mesmo chama de "*that magnificent and masterly indirectness*": *Na gaiola* apresenta-nos a percepção da telegrafista sobre a da sra. Jordan, que conta que a pegou de seu noivo, Mr. Drake, que, por sua vez, só conhece de longe o capitão Everard e Lady Bradeen!

Mais uma vez, o processo de conhecimento é *dominante* no conto de James – e não está presente em detrimento de qualquer outro. *Na gaiola* se submete assim à organização mitológica: o equilíbrio inicial da telegrafista é perturbado pelo encontro com o capitão; no entanto, no final da narrativa, ela voltará ao seu projeto do início, que é casar-se com Mr. Mudge. Em contrapartida, ao lado das transformações de conhecimento propriamente ditas, há outras, que possuem as mesmas propriedades formais, sem secundar o mesmo processo (o termo "gnosiológico" não é mais apropriado aqui); assim ocorre, em particular, com o que poderíamos chamar de "subjetivação", a reação ou a tomada de posição pessoal diante de um acontecimento. *Em busca do tempo perdido* desenvolverá essa última transformação até a hipertrofia: o mais ínfimo incidente da vida, tal como um grão de areia em torno do qual cresce a pérola, servirá para longas descrições sobre o modo pelo qual o acontecimento é vivido por esta ou aquela personagem.

É preciso distinguir aqui duas maneiras de julgar as transformações: segundo sua potência *transformadora*, ou de acordo

*Os gêneros do discurso*

com sua potência *evocadora*. Por potência formadora compreendo a aptidão de uma transformação para formar, sozinha, uma sequência narrativa. Dificilmente se imagina (embora não seja impossível) uma narrativa que só comporte transformações de subjetivação ou, dizendo de outra forma, que se reduziria à descrição de um acontecimento e das reações que ele suscita em diferentes personagens. Mesmo o romance de Proust comporta elementos de uma narrativa mitológica: a incapacidade de escrever do narrador será ultrapassada; o lado de Swann e o lado dos Guermantes, inicialmente separados, se reunirão para o casamento de Gilberte com Saint-Loup. É evidente que a negação é uma transformação de grande poder formador, mas o casal ignorância (ou erro)-conhecimento também serve com muita frequência para enquadrar as narrativas. Os outros procedimentos da narrativa mitológica parecem menos aptos (pelo menos em nossa cultura) para formar sequências por si mesmos. Uma narrativa que só comportasse transformações modais se assemelharia mais a um livro didático e moral, em que as sequências seriam do tipo: "X deve se comportar como um bom cristão – X se comporta como um bom cristão". Uma narrativa que fosse formada apenas por transformações de intenção se aparentaria com certas passagens de *Robinson Crusoé*: Robinson decide construir uma casa para si – ele constrói uma casa; Robinson decide cercar seu jardim – ele cerca seu jardim etc.

Não obstante, essa potência formadora (ou, se preferirmos, sintática) de certas transformações não deve ser confundida com o que apreciamos particularmente em uma narrativa, ou com aquilo que o sentido é mais rico, ou ainda com o que permite distinguir com precisão uma narrativa de outra. Eu me lembro de que uma das cenas mais apaixonantes de um filme recente de espionagem, *Ipcress: Arquivo confidencial*, consistia em nos mostrar o herói principal fazendo uma omelete. É óbvio que a importância narrativa desse episódio era nula (ele poderia muito bem comer um sanduíche de presunto), mas essa preciosa cena se tornava um emblema de todo o filme. É o que chamo de potência evocadora de uma ação; parece-me que são sobretudo as transformações de maneira que caracterizam tal universo fictício, por oposição a outro; entretanto, sozinhas, dificilmente saberiam produzir uma sequência narrativa autônoma.

Agora que começamos a nos familiarizar com essa oposição entre princípio de sucessão e princípio de transformação (assim como com suas variantes), poderíamos nos perguntar se ela não reconduz àquela que Jakobson faz entre metonímia e metáfora. Essa aproximação é possível, mas não me parece necessária. É difícil comparar todas as transformações com relações de similitude, assim como, aliás, toda similitude com a metáfora. A sucessão também não ganha nada em ser chamada de metonímia, ou contiguidade, até porque uma é essencialmente temporal, e a outra, espacial. A aproximação seria tanto mais problemática dado que, segundo Jakobson, "o princípio de similaridade governa a poesia", e que "a prosa, ao contrário, se move essencialmente nas relações de contiguidade". Ora, de nosso ponto de vista, sucessão e transformação são igualmente necessárias à narrativa. Se fosse preciso opor narrativa e poesia (ou épico e lírico), poderíamos reter, em primeiro lugar (e nisso concordamos com Jakobson), o caráter transitivo ou intransitivo do signo; em segundo, a natureza da temporalidade representada, descontínua aqui, presente perpétuo ali (o

*Os gêneros do discurso*

que não quer dizer atemporalidade); em terceiro, a natureza dos nomes que ocupam o lugar do sujeito semântico, ou *tema*, aqui e ali: a narrativa só admite nomes particulares na posição do sujeito, e a poesia admite tanto nomes particulares quanto gerais. Quanto ao discurso filosófico, seria caracterizado ao mesmo tempo pela exclusão dos nomes particulares e pela atemporalidade; a poesia seria então uma forma intermediária entre discurso narrativo e discurso filosófico.

Voltemos à narrativa e nos perguntemos se todas as relações de uma ação com outra se deixam distribuir entre o tipo mitológico e o tipo gnosiológico. O conto analisado por Propp comportava um episódio sobre o qual me detive. Indo em busca de seu irmão, a garota encontrava alguns protetores possíveis. Primeiro uma caçarola, a quem pedia uma informação; a panela prometia lhe contar, com a condição de que a menina comesse de seu pão, mas ela, insolente, recusava. Em seguida, ela encontrava uma macieira e um rio: "proposições análogas e mesma insolência nas respostas". Propp designa esses três episódios pelo termo de "triplamento"; aí está um procedimento muito frequente no folclore.

Qual é a relação exata desses três episódios? Vimos que, nas transformações, duas proposições se viam aproximadas; a diferença residia em uma modificação trazida ao predicado. Contudo, agora, nas três ações descritas por Propp, é precisamente o predicado que continua idêntico: a cada vez, um oferece e a outra recusa com insolência. O que muda são os agentes (os sujeitos) de cada proposição, ou as circunstâncias. Mais do que serem transformações uma da outra, essas proposições aparecem como *variações* de uma só situação, ou como aplicações paralelas de uma mesma regra.

*103*

Poderíamos então conceber um terceiro tipo de organização da narrativa, não mitológica ou gnosiológica, mas digamos *ideológica*, na medida em que é uma regra abstrata, uma ideia que produz diferentes peripécias. A relação das proposições entre si não é mais direta, não se passa da forma negativa à forma positiva ou da ignorância ao conhecimento; as ações estão ligadas por intermédio de uma fórmula abstrata: a da ajuda oferecida e da recusa insolente, no caso dos *Gansos-Cisnes*. Com frequência, para encontrar a relação entre duas ações materialmente distintas, devemos buscá-la em uma abstração bem contraposta.

Tentei, a respeito de vários textos, descrever as regras lógicas, os imperativos ideológicos que regem os acontecimentos do universo narrativo (mas também poderíamos fazê-lo para cada uma das narrativas evocadas precedentemente). Assim, para as *Ligações perigosas*: todas as ações das personagens podem ser apresentadas como produto de algumas regras bem simples e abstratas; essas regras, por sua vez, remetem à ideologia organizadora do livro.

O mesmo acontece com *Adolphe*, de Constant. As regras que regem o comportamento das personagens são duas, essencialmente. A primeira decorre da lógica do desejo, tal como é afirmada por esse livro; poderíamos formulá-la assim: deseja-se o que não se tem, faz-se o que se tem. Por conseguinte, os obstáculos reforçam o desejo, e toda ajuda o enfraquece. Um primeiro golpe será dado ao amor de Adolphe quando Ellénore abandona o conde de P*** para vir morar com ele. Um segundo, quando ela se dedica a cuidar dele, depois do ferimento que recebeu. Cada sacrifício de Ellénore exaspera Adolphe, que lhe deixa ainda menos coisas a desejar. Por outro lado, quando o pai de Adolphe decide provocar a separação do casal, o efeito é

*Os gêneros do discurso*

inverso e Adolphe enuncia de modo explícito: "Acreditando me separar dela, poderíeis mesmo me ligar para sempre". A tragédia dessa situação deve-se ao fato de que o desejo, para obedecer a essa lógica particular, nem por isso deixa de ser desejo, isto é, de causar a infelicidade daquele que não sabe satisfazê-lo. A segunda lei desse universo, igualmente moral, será também formulada por Constant: "A grande questão na vida é a dor que causamos, e a metafísica mais engenhosa não justifica o homem que destruiu o coração que o amava". Não se pode pautar a vida na busca do bem, dado que a felicidade de um é sempre a infelicidade do outro. Mas podemos organizá-la a partir da exigência de fazer o menor mal possível: esse valor negativo será o único a ter aqui um estatuto absoluto. Os mandamentos dessa lei terão predominância sobre aqueles da primeira, quando os dois estiverem em contradição. É isso que causa a maior dificuldade que Adolphe terá em dizer a "verdade" a Ellénore: "Ao falar assim, vi seu rosto subitamente se cobrir de lágrimas: parei, voltei sobre meus passos, desmenti, expliquei" (Capítulo 4). No Capítulo 6, Ellénore ouve tudo até o fim; ela desfalece, e Adolphe só pode assegurá-la de seu amor. No Capítulo 8, ele tem um pretexto para deixá-la, mas não tira proveito disso: "Poderia eu puni-la pelas imprudências que a fazia cometer e, friamente hipócrita, buscar nelas um pretexto para abandoná-la sem piedade?". A piedade prima por sobre o desejo.

Assim, ações isoladas e independentes, muitas vezes levadas a cabo por diferentes personagens, revelam a mesma regra abstrata, a mesma organização ideológica.

A organização ideológica parece possuir um fraco poder formador: é raro observar uma narrativa que não enquadre as ações que são o produto de outra ordem, que não adicione uma segunda organização à primeira. Pois podemos ilustrar uma lógica ou uma ideologia ao infinito, e não há nenhuma razão para que tal ilustração preceda ou suceda tal outra. Assim, nas *Ligações perigosas*, as ações descritas são retomadas no interior de um quadro que diz respeito à organização mitológica: o estado excepcional que constitui o reino dos "debochados", Valmont e Merteuil, será substituído por um retorno à moral tradicional.

O caso é um pouco diferente para *Adolphe* e as *Memórias do subsolo*, outro texto que ilustra a organização ideológica, como veremos em detalhes no decorrer de um capítulo posterior. Outra ordem – que não é a simples ausência dos precedentes – aí se instaura, e é feita de relações que poderíamos chamar de "espaciais": repetições, antíteses e gradações. Assim, em *Adolphe*, a sucessão dos capítulos segue uma linha precisa: retrato de Adolphe no primeiro capítulo; intensificação dos sentimentos nos capítulos 2 e 3; sua lenta degradação do quarto ao décimo. Cada nova manifestação dos sentimentos de Adolphe deve ser superior à da precedente na parte ascendente, e inferior na outra. O fim se torna possível graças a um acontecimento que parece ter um estatuto narrativo excepcional, a morte. Nas *Memórias do subsolo*, a sucessão dos acontecimentos obedece ao mesmo tempo à gradação e à lei do contraste. A cena com o oficial apresenta resumidamente os dois papéis oferecidos ao narrador; em seguida ele é humilhado por Zverkov e, por sua vez, humilha Lisa; é de novo humilhado por seu serviçal Apollon e outra vez humilha Lisa, ainda de maneira mais grave. A narrativa se interrompe graças ao anúncio de uma ideologia diferente, de que Lisa é a portadora, e que consiste em recusar a lógica do mestre e do escravo, e amar os outros por eles mesmos.

*Os gêneros do discurso*

Vemos de novo: as narrativas individuais exemplificam mais de um tipo de organização narrativa (de fato, qualquer um deles teria podido servir de ilustração de todos os princípios organizadores); mas a análise de um desses tipos é mais esclarecedora para a compreensão de um texto particular.

Poderíamos fazer uma observação análoga mudando radicalmente de nível e dizer: uma análise narrativa será esclarecedora para o estudo de certos tipos de texto, e não para outros, pois o que examino aqui não é o *texto*, com suas variedades próprias, mas a *narrativa*, que pode desempenhar um papel importante ou nulo na estrutura de um texto e que, por outro lado, aparece tanto nos textos literários quanto em outros sistemas simbólicos. É fato sabido que atualmente não é mais a literatura que traz as narrativas de que toda sociedade parece precisar para viver, e sim o cinema: os cineastas nos contam histórias, enquanto os escritores fazem as palavras jogarem... As observações tipológicas que acabo de apresentar se relacionam então, em princípio, não apenas com as narrativas literárias, como foram todos os meus exemplos, mas com todas as espécies de narrativa; elas dizem menos respeito à *poética* do que a uma disciplina que me parece merecer o direito de existir, e que seria a *narratologia*.

*◡◈◡*

# O discurso psicótico

Minha hipótese tem sua origem em um lugar-comum da psiquiatria, ao qual tentarei dar um sentido preciso. A partir de Bleuler até Henri Ey, passando por Freud, dizemos que a psicose implica uma degradação na imagem que o indivíduo tem do mundo exterior.[1] Se a psicose em geral é

---

1 Bleuer, *Dementia Praecox oder Gruppe der Schizophrenien*, Leipzig e Viena, 1911 (resumo francês por H. Ey, Paris, Cercle s'études psychiatriques, 1964). "Uma alteração bem particular e característica da esquizofrenia que aquela que tange à relação da vida interior com o mundo exterior. [...] Essa evasão da realidade, e ao mesmo tempo a predominância relativa ou absouta da vida interior, é o que chamamos de *autismo* (nota: a palavra autismo designa essencialmente o lado positivo daquilo que Janet designa negativamente como 'perda do senso de realidade')" (p.55; p.53). Freud, *Névrose et psychose*, in: *Névrose, Psychose et Perversion*: "A psicose [seria o resultado de um conflito] das relações entre o eu e o mundo exterior. [...] Na [...] forma de psicose mais extrema e a mais impressionante, o mundo exterior não é percebido de todo, ou a percepção

uma perturbação na relação entre o eu e a realidade exterior, então o discurso psicótico será aquele que falha em seu trabalho de evocação dessa realidade ou, dito de outra forma, em seu trabalho de referência. Essa falha da referência pode tomar várias formas. Em primeiro lugar, no caso mais simples, e para nós marginal, o doente pode se refugiar no silêncio, na recusa em falar – e, com mais forte razão, em se referir a qualquer outra coisa.

Em segundo lugar, o processo de referência pode se dar normalmente, mas o mundo ao qual se refere não terá para nós, os não psicóticos, uma existência real, enquanto nenhum indício, no próprio discurso, permite deduzir que ocorra a mesma coisa para aquele que o profere. A referência é feita, mas a um mundo imaginário, ou melhor, a um mundo em que a diferença entre real e imaginário se encontra apagada.

Em terceiro lugar, um caso de certa forma intermediário é possível: o sujeito fala, mas não conseguimos, a partir de seu discurso, construir qualquer mundo de referência que seja.

No primeiro caso, a própria palavra é atacada; no segundo, são as coisas de que se fala; no terceiro, a capacidade das palavras de se referir às coisas, a possibilidade de passar de uma a outra. Esses três casos correspondem, *grosso modo*, a três es-

---

é completamenmte inoperante" (p.283-4). Delmond-Bébet, *Essai sur la schizophasie* (1935): "O emprego da linguagem para expressar qualquer coisa [...] não está presente em um conjunto de palavras. [...] Tudo isso [...] significa a perda da atividade representativa da linguagem" (p.67). H. Ey, Psychiatrie, I, in: *Encyclopédie médico-chirurgicale* (1955): "Os clínicos se põem facilmente de acordo sobre o pensamento esquizofrênico ser [...] caracterizado sobretudo pela alteração do sistema da realidade" (p.7) etc.

*Os gêneros do discurso*

pécies de psicoses reconhecidas pela nosografia atual e são, na ordem, a catatonia, a paranoia e a esquizofrenia.

Compreenderemos que, em uma exposição sobre o discurso psicótico, eu nada tenha a dizer sobre a catatonia, que é precisamente a recusa da linguagem. A paranoia também não é um problema, desse ponto de vista. O discurso do paranoico é muito semelhante, na qualidade de discurso, àquele dito normal; a única diferença importante reside no fato de que os referentes evocados não necessariamente têm para nós uma existência real. No entanto, bastaria que esse discurso seja apresentado como uma ficção, ou como uma maneira de dizer outra coisa, de modo indireto (por alusão, por tropo, por brincadeira), para que desaparecesse qualquer caráter patológico. É exatamente o que o paranoico jamais poderia fazer, pois ignora essa distinção. Vejamos um exemplo de discurso paranoico, produzido (por escrito) pela sra. N, que afirma conhecer Cristo sob a encarnação presente, e que se encontra internado no mesmo hospital que ela:

> Da penúltima vez, quando fui visitar Cristo-Rei na 11ª divisão, internado sob o pseudônimo de M. X., e em que duas pessoas me acompanhavam, me foi dada permissão apenas para vê-lo através das grades. Seu rosto mudara! Ele parecia o príncipe Sihanouk! Para mim, nada havia de surpreendente. Os seres imortais podem se transformar em qualquer outro ser para testar-nos! [...] Na última vez que eu quis ver o Cristo-Rei, ou Deus-Pai, curiosamente um enfermeiro me fez entrar muito rápido, sem causar dificuldades, na cura 11. Seguramente era um extraterrestre, por razões que compreendi depois de minha visita. Apressei-me em subir para a divisão 11 e, apesar de todas as mi-

nhas buscas, assim como as dos enfermeiros, ele não estava lá! É claro que saiu em uma missão, com seu corpo visível e invisível.

Compreendemos perfeitamente o que a sra. N. quer dizer, e podemos evocar, em nosso espírito, o universo que ela descreve; mas não acreditamos na existência de extraterrestres, seres imortais ou corpos humanos invisíveis. Se esse texto se apresentasse como um conto maravilhoso, jamais teríamos pensado na paranoia. Mas o conto maravilhoso está acompanhado por índices que nos fazem compreender que seu autor não "acredita" nos acontecimentos evocados. A diferença não está no próprio discurso, mas na atitude que o locutor toma em relação ao texto: ele o considera verdadeiro ou fictício, a ser tomado ao pé da letra ou a ser interpretado em um sentido indireto. Essa diferença de atitude pode ser traduzida no discurso pelo aparecimento de indícios apropriados, sejam lexicais (como o subtítulo "conto maravilhoso", ou o uso do convencional "era uma vez"), sejam fonéticos (entonação e expressividade sonora), sejam enfim não verbais (gestos ou situações que indiquem a qualidade do discurso que segue ou precede). O discurso paranoico é desprovido desses indícios (ou então, quando aparecem, são incoerentes).

Há outra diferença entre o discurso paranoico e aquele que não o é, mas ela se situa em um nível mais abstrato, e de fato separa os discursos que poderíamos chamar de "sobreorganizados" dos outros. Nada no mundo da sra. N. ocorre sem razão, e nada é desprovido de sentido. Antes eu propus, para designar esses fenômenos, os termos de "pandeterminismo" e "pansignificação". Esse traço é comum ao discurso paranoico

*Os gêneros do discurso*

e a todo discurso sistemático e interpretativo, portanto, daquele da filosofia, do erudito, do crítico. Estes últimos, como o paranoico, percebem tudo o que é apreendido pelo indivíduo comum, mas também outras coisas de que este não suspeita. A diferença entre os representantes dessas profissões e o paranoico é, por um lado, quantitativa: o desejo de tudo explicar, de tudo compreender, conhece diversos graus. Por outro lado, ela é qualitativa: é paranoico aquele que perde a possibilidade de distinguir entre ficção e verdade (e, portanto, de verificar suas interpretações); em outras palavras, aquele que perdeu o uso dos índices que servem para separar os dois.

Vamos então ao discurso esquizofrênico, o mais interessante do ponto de vista linguístico, pois é em si mesmo que porta suas particularidades. Citarei um curto enunciado, cujo autor é M. C.:

> Claro, o diretor enfrentou o delegado, como é seu papel, dado que ele é diretor administrativo, ele me disse, me joga o bisturi na cara e a camisola nos braços. O diretor me faz prendê-lo, eu fiz prender dois policiais, é claro, porque os dois estão de acordo para desfigurar, o interno me injeta a anestesia; agora que a investigação acabou, ele desfigurou, é tarde demais, agora ele desfigurou, a culpa é dele.

Vemos o quanto é forte o contraste com o discurso paranoico citado anteriormente: lá se construía com facilidade o referente; aqui não se sabe de que se trata, não se pode evocar os fatos que essas palavras pretendem relatar. Esse discurso não refere mais, então resta saber: por quê? Em que fatos linguísticos se encarna essa impossibilidade?

*Tzvetan Todorov*

Vimos que a perturbação paranoica se reduzia à ausência de índices de ficção (ou de sentido indireto), e sabemos que Bateson[2] quis encontrar, nessa perturbação do funcionamento metalinguístico da linguagem, o traço característico do discurso psicótico. Mas o que era verdade no caso da paranoia deixou de sê-lo naquele da esquizofrenia. É claro que, aqui ainda, há perturbações que podemos inscrever no quadro do funcionamento metalinguístico, mas já têm uma natureza diferente: eles não tocam nas etiquetas que permitem distinguir os modos da linguagem, mas nos elementos que asseguram a coerência de um discurso. Entretanto, essa coerência pode ser perturbada por outros meios que não os elementos metalinguísticos ausentes. Além disso, essa perturbação da coerência não é um fim último: a incoerência é uma das razões pelas quais a referência se tornou impossível. Poderíamos esquematizar assim a hierarquia dessas categorias:

$$
\text{perturbações da referência}
\begin{cases}
\text{por incoerência}
\begin{cases}
\text{por disfunção metalinguística (1)} \\
\text{por outras razões (2)}
\end{cases} \\
\text{por outras razões (3)}
\end{cases}
$$

Nós nos serviremos dessa repartição, por mais arbitrária que seja, para revisar os procedimentos linguísticos que tornam a referência impossível.

1. Comecemos pelos fatos que se referem ao processo metalinguístico em ação no discurso. Não se trata, eu repito, da ausência de termos que qualificam o estatuto do discurso que segue ou precede, mas de um funcionamento específico dos

---

2 Bateson, *Steps to an Ecology of Mind*, p. ex. p.190, 191, 205, 261 etc.

Os gêneros do discurso

elementos linguísticos que, em um discurso, remetem a outros segmentos do enunciado, assegurando assim a coerência do conjunto. O primeiro tipo desses elementos é a *anáfora*, sob todas as suas formas e, mais particularmente, pronominais: as anáforas abundam aqui, mas continuam a ser indeterminadas. Mantendo-nos às leis habituais do discurso, é impossível identificar os referentes (os antecedentes). O enunciado citado é característico em relação a isso. No início, fala-se do diretor, mas será que é ele, em seguida, que é evocado pelo "ele"? Ficamos surpresos de ver o bisturi ser atribuído a ele. Em seguida, "me faz prendê-*lo*": o quê? "Os dois" referem-se aos policiais? "Ele desfigurou": quem, o diretor, o interno ou um dos policiais? E quem é esse "ele" de quem é a falta? No resto do discurso do mesmo doente, encontramos continuamente "de", "lá", "isso" etc., dos quais é impossível encontrar os antecedentes.

Vemos que é um aspecto completamente diverso do funcionamento metalinguístico que é abordado aqui, em oposição à paranoia: as anáforas são metalinguísticas, na medida em que remetem a outras partes do discurso. O caso assemelha-se um pouco às *conjunções*, que expressam relações entre proposições. Duas proposições podem ter entre si relações de causalidade, ou de adversidade, ou de sucessão temporal, ou de inclusão etc.; essas relações podem ser nomeadas ou não, por partes do discurso apropriadas, tais como "por que", "mas", "em seguida", "por exemplo" etc. Essa nomeação, por sua vez, pode ser justificada ou não; Spitzer via o traço característico do estilo de Charles-Louis Philippe nas "motivações pseudo-objetivas", isto é, aquelas em que os "porque" não correspondem a nenhuma relação de causalidade. É um fenômeno do mesmo gênero que se observa nos enunciados dos esquizofrênicos. Tínhamos

# Tzvetan Todorov

um exemplo em nosso enunciado: "Eu fiz prender dois policiais, *é claro, porque* os dois estão de acordo para desfigurar".

É preciso observar aqui que o papel indicial, desempenhado pelas conjunções, pode ser igualmente assegurado pelos semas de outra palavra, semas que indicam também a relação entre proposições. O mesmo ocorre com os verbos causativos: dizer que uma coisa *impediu* a outra é colocar entre ambas uma relação de causalidade – que pode nos parecer justificada ou não.

Uma terceira propriedade desses discursos se liga às perturbações do funcionamento metalinguístico: é a ausência de uma hierarquia perceptível entre os segmentos que compõem o discurso. Essa estrutura hierárquica do discurso manifesta-se antes de mais nada por aquilo que poderíamos chamar de *balizadores*, que descrevem o resto do discurso, explicitando assim as relações de hierarquia. Ora, elas estão ausentes do discurso esquizofrênico; mesmo a simples lembrança de uma parte precedente é nele excepcional.

2. No discurso não esquizofrênico, esses aspectos do funcionamento metalinguístico servem para assegurar a coerência; as perturbações que eles sofrem tornam o estabelecimento impossível. Essa falta de coerência foi observada desde sempre como um dos traços característicos da fala dos esquizofrênicos. O que se sabe menos é, uma vez mais, quais são os meios linguísticos que habitualmente asseguram essa coerência, e em que consiste sua alteração. Já vimos o papel que certos elementos metalinguísticos do discurso desempenham, mas eles não são os únicos a ser postos ao serviço da coerência.

Primeiro, no nível da proposição, para atingir a coerência, é preciso que a proposição seja completa. Ora, as proposições *inacabadas* abundam no discurso esquizofrênico. Uma variante

*Os gêneros do discurso*

desse inacabamento é a perturbação das relações entre os membros da proposição, por exemplo, da relação de *transitividade* (sabemos da relação que há entre transitividade e causalidade). Assim, M. C. emprega os verbos transitivos de maneira absoluta, como no enunciado já citado ("para desfigurar", "ele desfigurou"), ou com um complemento de objeto indireto. No entanto, a incoerência revela-se antes de tudo na relação interproposicional. Aqui ainda podemos distinguir vários casos. Em primeiro lugar, observamos com frequência uma espécie de *assíndeto* semântico, proposições justapostas umas às outras, sem que tenham qualquer relação de conteúdo, nem conjunções indicando sua hierarquia. O caso será ainda mais claro quando a transição é observável, mas que diga respeito ao que Wundt chamava de associações *extrínsecas*. Estas são de duas espécies principais: as metonímias de coincidência, isto é, de tempo e lugar, e as associações a partir do significante. Muitas vezes o significante serve de condutor no discurso; é o que os psiquiatras chamam de "intoxicação verbal": uma palavra (ou uma sílaba, ou uma expressão) retorna várias vezes em seguida, mantendo ou mudando seu sentido; é o caso dos verbos "prender" e "desfigurar" em nosso exemplo. Por fim, a coerência interproposicional é particularmente fraca quando proposições que se seguem formam *contradições*.

3. Assim como a disfunção metalinguística, a incoerência não é um fato último; ela produz, por sua vez, um resultado, que é a impossibilidade de construir a referência. Essa relação de causa e efeito não é óbvia; apesar disso, assim que formulada, aparece com clareza. A referência é uma construção mental do alocutário: ouvindo X me contar da noitada de ontem, sou capaz de construir uma representação dos fatos evocados. Nem

todo fragmento linguístico é referencial, então nem toda proposição contribui na mesma medida para essa construção. Se X se contentar em enunciar sentenças gerais, terei de sua noitada uma representação mais imprecisa do que se ele enumerar os nomes dos presentes e descrever suas ações. Mas antes de examinar essa variedade referencial das proposições, é preciso destacar uma condição preliminar: é que todos os segmentos de um discurso devem se referir ao mesmo fato, e descrevê-lo de maneira constante. Ora, o inacabamento faz que não se refira a nada; a descontinuidade, que se refira a fatos diferentes; e a contradição, que não se refira àquilo da mesma maneira. A coerência é, portanto, uma condição necessária à referência.

Nem por isso ela é suficiente, sendo mesmo uma preliminar. A referência é fixada por uma série de indícios particulares (os *shifters*, os nomes próprios e as datas, os sintagmas nominais em certas condições); ela é alimentada por predicados, sobretudo porque estes são mais concretos, mais precisos, melhor determinados. Os predicados formam a carne da referência; os indícios lhe dão sua ossatura. Podemos então esperar perturbações, próprias dos esquizofrênicos, e dizendo respeito a cada um desses dois aspectos da referência. O que não deixa de se produzir.

Um discurso que não se refere, que não permite a construção de representações, é um discurso que não encontra sua justificativa fora de si mesmo, um discurso que é só discurso. Todos os que se interessaram pelos esquizofrênicos repetiram, depois de Bleuler: "O paciente tem a intenção de escrever, mas não de escrever *qualquer coisa*. [...] Inúmeros doentes [...] falam, mas não dizem nada (*reden aber sagen nichts*)". Escrever é, para o esquizofrênico, um verbo intransitivo, ele fala sem dizer. O que é, ao mesmo tempo, a apoteose e o fim da linguagem.

*Os gêneros do discurso*

Antes de terminar, gostaria de trazer uma questão que muitas vezes é debatida, aquela das relações entre loucura e literatura, entre discurso psicótico e poético. Muitas obras tentaram estabelecer paralelos entre os dois (quando não se trata, em termos mais brutais, de buscar a comprovação de que os poetas são loucos, ou inversamente). Dir-se-á, por exemplo, que cá e lá encontramos metáforas, que cá e lá se privilegia o significante, que cá e lá o texto é obscuro. Por vezes adicionam-se ao grupo assim constituído as crianças, os selvagens e nossos ancestrais, os hominídeos, para formar o bloco do "pré-lógico", do "paleológico" ou do "pré-edípico".

De meu ponto de vista, apresentada dessa forma, a comparação não tem nenhum interesse, na medida em que a "literatura" não é um tipo de discurso no mesmo sentido da fala psicótica. A literatura é uma instituição cujo conteúdo varia com as culturas e as épocas, e não se pode compará-la em bloco com nenhum discurso particular.

Todavia, a comparação se torna possível se manejarmos, no lugar da literatura, *a ideia* que dela fizemos em diferentes épocas, ou mesmo a ideia do que ela deveria ser. A recusa da linguagem na qualidade de evocação do mundo ou, como se diz na teoria estética, na qualidade de imitação, data, grosso modo, da época romântica (da segunda metade do século XVIII); poderíamos dizer agora que, a partir desse momento, a ideia de literatura começa a se "psicotizar"). K. Ph. Moritz exige, para a poesia, o direito de se tornar o que Bleuler acredita ser o discurso psicótico: uma linguagem que basta a si mesma, uma fala plena que não remete a nada que lhe seja exterior; falar por falar, como dizia Novalis em *les Disciples à Saïs*. Mesmo hoje em dia, continuamos a viver nessa ideia romântica da literatura, portanto não devemos nos surpreender se novas aproximações nos forem propostas.

O paralelo entre concepções literárias e discurso psicótico pode mesmo ser levado mais adiante. A reação contra a representação se dá no século XIX à maneira dos paranoicos: a analogia universal, o mundo das correspondências, caracterizam os românticos e os simbolistas, que são atraídos ao mesmo tempo pelo sobrenatural (muito parecido, afinal, com aquele da sra. N.). Por outro lado, em nossos dias, a reação é esquizofrênica: não é o mundo habitualmente representado que se deseja substituir por outro, é a própria representação que deve ceder lugar à não representação. E os procedimentos da literatura que mais se aproximam desse ideal não são muito diferentes daqueles que acabamos de visitar.

Poderemos esperar que o passo seguinte seja a catatonia, isto é, uma literatura do silêncio?[3]

---

3 Esta exposição é a versão resumida de um trabalho do qual não possuo mais a versão completa. O dr. Lantéri-Laura amavelmente me disponibilizou as transcrições de discursos psicóticos.

# A leitura como construção

Não se percebe o onipresente. Nada mais comum do que a experiência da leitura, e nada mais ignorado. Ler: isso é tão óbvio que parece, à primeira vista, que não há nada a dizer. Nos estudos sobre a literatura, por vezes (raras) se observou o problema da leitura de dois pontos de vista muito diferentes: um leva em conta os leitores, em sua diversidade histórica ou social, coletiva ou individual; o outro, a imagem do leitor, tal como se encontra representada em certos textos: o leitor como personagem, ou ainda como o "narratário". Mas há um campo inexplorado, o da lógica da leitura, que não é representado no texto e que, apesar disso, é anterior à diferença individual.

Há vários tipos de leitura. Eu me deterei aqui sobre apenas um deles, e que não é o menor: o leitor dos textos de ficção clássicos, ou, mais exatamente, dos textos ditos representativos. É essa leitura, e apenas ela, que se efetua como uma construção.

Apesar de termos deixado de considerar a arte e a literatura como uma imitação, temos dificuldade em nos livrar de uma maneira de ver, inscrita até mesmo em nossos hábitos linguísticos, que consiste em pensar o romance em termos de representação, de transposição de uma realidade – que lhe seria preexistente. Mesmo que só busque descrever o processo de criação, essa visão já constitui um problema; ela é francamente deformante caso se relacione com o próprio texto. O que existe, em primeiro lugar, é o texto, e nada mais. É apenas submetendo-o a certo tipo de leitura que construímos, a partir dele, um universo imaginário. O romance não imita a realidade, ele a cria: essa fórmula dos pré-românticos não é uma simples inovação terminológica; apenas a perspectiva de construção nos permite compreender de modo correto o funcionamento do texto dito representativo.

A questão da leitura se estreita então da seguinte maneira: como um texto nos leva à construção de um universo imaginário? Quais são os aspectos do texto que determinam a construção que produzimos no decorrer da leitura, e de que maneira? Comecemos pelo mais simples.

## O discurso referencial

Apenas as frases referenciais permitem a construção; ora, nem toda frase é referencial. Aí está um fato bem conhecido dos linguistas e dos lógicos; não será necessário nos determos mais longamente sobre isso.

A compreensão é um processo diferente da construção. Tomemos essas duas frases de *Adolphe*: "Eu a sentia melhor do que eu e me desprezava por ser indigno dela. É uma infelicidade

*Os gêneros do discurso*

horrível não ser amado quando se ama. Mas é um bem enorme ser amado com paixão quando não se ama mais". A primeira dessas duas frases é referencial: ela evoca um acontecimento (os sentimentos de Adolphe); a segunda não é: trata-se de uma sentença. A diferença das duas é assinalada por indícios gramaticais: a sentença exige o presente, a terceira pessoa do verbo, e não comporta anáforas.

Uma frase é referencial ou não – não há um grau intermediário. Entretanto, as palavras que a compõem não são todas semelhantes em relação a isso; a escolha que o autor fará no léxico provocará resultados muito diferentes. Duas oposições independentes parecem aqui particularmente diferentes: a do sensível e a do não sensível; e a do particular e do geral. Por exemplo, Adolphe se referirá assim ao seu passado: "no meio de uma vida muito dissipada"; essa expressão evoca acontecimentos perceptíveis, mas em um nível muito geral; imaginamos com facilidade centenas de páginas que descreveriam exatamente o mesmo fato. Mas nesta outra frase: "Eu via em meu pai não um censor, mas um observador frio e cáustico, que primeiro sorria de piedade, e que rapidamente acabava a conversação com impaciência", vemos uma justaposição de acontecimentos sensíveis e não sensíveis: o sorriso, o silêncio, são fatos observáveis; a piedade e a impaciência são suposições – sem dúvidas justificadas – sobre sentimentos aos quais não se tem nenhum acesso direto.

Muitas vezes, encontramos no mesmo texto de ficção amostras de todos esses registros da fala (mas sabemos que sua repartição varia segundo as épocas, as escolas, ou ainda em função da organização global do texto). As frases não referenciais não são retidas no momento da leitura como construção (elas participam de outra leitura). As frases referenciais levam a construções de qualidade diferente, segundo sejam mais ou menos gerais, segundo evoquem acontecimentos mais ou menos sensíveis.

## Os filtros narrativos

As qualidades do discurso evocadas até aqui podem ser identificadas fora de qualquer contexto: elas são inerentes às próprias frases. No entanto, lemos textos inteiros, e não apenas frases. Comparamos então as frases entre si do ponto de vista do universo imaginário que contribuem para construir; e descobrimos que elas diferem em vários aspectos ou, ainda, segundo vários parâmetros. O acordo parece ter sido feito, na análise narrativa, para reter três parâmetros: o tempo, a visão e o modo. Ainda aqui, encontramo-nos em um campo relativamente conhecido (sobre o qual tentei estabelecer um levantamento em minha obra *Poétique*); é preciso agora simplesmente presumi-lo do ponto de vista da leitura.

O modo: o estilo direto é o único meio de eliminar qualquer diferença entre o discurso narrativo e o universo que ele evoca – as palavras são idênticas às palavras, a construção é direta e imediata. Esse não é o caso para os acontecimentos não verbais nem para o discurso transposto. Uma frase de *Adolphe* diz: "Nosso anfitrião, que conversara com um doméstico napolitano, que servia a esse estrangeiro sem sequer saber seu nome, me disse que ele não viajava por curiosidade, dado que não visitava nem as ruínas, nem os monumentos, nem os homens". Podemos imaginar a conversa do narrador com o anfitrião, apesar de não ser provável que ele tenha empregado,

*Os gêneros do discurso*

mesmo que em italiano, uma frase idêntica àquela que diz a fórmula "me disse que". A construção da conversa entre o anfitrião e o doméstico, que também se menciona, é muito menos determinada; dispomos então de uma liberdade maior se quisermos reconstruí-la em seus detalhes. Por fim, as conversas e as outras atividades comuns do doméstico e de Adolphe são totalmente indeterminadas; apenas uma impressão global nos é transmitida.

A fala do narrador também pode ser considerada como sendo do estilo direto, apesar de ser de um grau superior; em particular se (como no caso de *Adolphe*, por exemplo) esse narrador for representado no texto. A sentença, anteriormente excluída da leitura como construção, será aqui recuperada – não mais como enunciado, mas como enunciação. O fato de Adolphe ter formulado tal máxima sobre a infelicidade de ser amado nos informa sobre seu caráter e, portanto, sobre o universo imaginário de que ele participa.

No plano temporal: o tempo do universo imaginário (o tempo da história) é cronologicamente ordenado; ora, as frases do texto não obedecem, e não podem obedecer, a essa ordem; então o leitor procede, de forma inconsciente, a um trabalho de reordenação. Assim, certas frases evocam vários acontecimentos distintos, mas comparáveis (narrativa iterativa); durante a construção, restabelecemos a pluralidade.

A "visão" que temos dos acontecimentos evocados é determinante para o trabalho de construção. Por exemplo, por conta de uma visão valorizadora, compartilhamos *a)* do acontecimento relatado; *b)* da atitude daquele que "vê" em relação a esse acontecimento. Ou, ainda, sabemos distinguir a informação que uma frase nos traz sobre seu objeto daquela que concerne ao seu sujeito; portanto, "o editor" de *Adolphe* pode pensar apenas na segunda, comentando assim a narrativa que acabamos de ler: "Odeio essa vaidade que se ocupa de si mesma, contando o mal que fez, que tem a pretensão de ser lamentada ao se descrever e que, planando indestrutível no meio das ruínas, se analisa em vez de se arrepender". Portanto, o editor constrói o sujeito da narrativa (Adolphe, o narrador), e não seu objeto (Adolphe, a personagem, e Ellénore).

Habitualmente, mal nos damos conta do quanto esse texto ficcional é repetitivo ou, se preferirmos, redundante; poderíamos avançar sem medo de nos enganar sobre o fato de que cada acontecimento da história é relatado pelo menos duas vezes. Essas repetições são moduladas, na maior parte do tempo, pelos filtros que acabamos de enumerar: uma conversa será uma vez reproduzida, outra vez evocada de modo sumário; um acontecimento será observado de vários pontos de vista; ele será lembrado no futuro, no presente e no passado. Todos esses parâmetros podem, além disso, ser combinados entre si.

A repetição joga fortemente no processo de construção, dado que de *várias* narrativas devemos construir *um* acontecimento. As relações entre as exposições repetitivas variam da identidade à contradição; e mesmo a identidade material não necessariamente conduz à identidade de sentido (encontramos um bom exemplo disso no filme de Coppola *A conversação*). Também diversas são as funções dessas repetições: elas contribuem para estabelecer os fatos (na investigação policial) ou para dissolvê-los: assim, em *Adolphe*, o fato de que a mesma personagem, em momentos bem próximos, pode ter visões contraditórias de um mesmo acontecimento nos leva a compreender que os estados psíquicos não existem em si mesmos, mas sempre em relação com um interlocutor, um parceiro.

Constant formulava a lei desse universo: "O objeto que nos escapa é necessariamente diferente daquele que nos persegue".

Portanto, para poder, na leitura de um texto, construir um universo imaginário, é preciso em primeiro lugar que esse texto seja em si mesmo referencial; nesse momento, tendo lido, deixamos nossa imaginação "trabalhar", filtrando a informação recebida graças a questões do gênero: em que medida a descrição desse universo é fiel (modo)? Em que ordem os acontecimentos ocorreram (tempo)? Em que medida se deve levar em conta as deformações trazidas pelo "refletor" do ocorrido (visão)? Com tudo isso, o trabalho de leitura apenas começou.

## Significação e simbolização

Como conhecemos o que se produziu com a leitura? Por introspecção — e, se buscamos confirmar uma impressão, recorremos às explanações que os outros podem nos dar sobre sua leitura; entretanto, duas exposições sobre o mesmo texto jamais serão idênticas. Como explicar essa diversidade? Isso ocorre porque essas explicações descrevem não o próprio universo do livro, mas o universo transformado, tal como se encontra na psiquê de cada indivíduo. Poderíamos esquematizar assim as fases desse percurso:

1. Narrativa do autor          4. Narrativa do leitor
    ↓                                ↑
2. Universo imaginário  →3. Universo imaginário
   evocado pelo autor          construído pelo leitor

Poderíamos nos perguntar se a diferença entre as fases 2 e 3, tal como aparece no esquema, existe realmente. Haveria outras construções, que não as individuais? É fácil demonstrar que a resposta a essa questão é positiva. Não há nenhuma dúvida, para todo leitor de *Adolphe*, que Ellénore inicialmente vive com o conde de P***, a quem em seguida ela abandona para viver com Adolphe; que eles se separam; que ela vai ao seu encontro em Paris etc. Por outro lado, não há nenhum meio de estabelecer com essa mesma certeza se Adolphe é fraco ou apenas sincero.

O motivo dessa dualidade é que o texto evoca os fatos a partir de dois modos, que propus chamar de significação e simbolização. A viagem de Ellénore a Paris é *significada* pelas palavras do texto. A fraqueza (eventual) de Adolphe será *simbolizada* por outros fatos do universo imaginário, que são significados pelas palavras. Por exemplo, o fato de que Adolphe não saiba defender Ellénore em seus discursos é significado; por sua vez, esse fato simboliza sua incapacidade de amar. Os fatos significados são *compreendidos*: para isso, basta que se conheça a língua na qual o texto é escrito. Os fatos simbolizados são *interpretados*, e as interpretações variam de um sujeito para outro.

A relação entre as fases 2 e 3 indicadas antes é, portanto, uma relação de simbolização (enquanto as de 1 a 2, ou de 3 a 4, é de significação). Aliás, não se trata de uma relação única, mas de um conjunto heterogêneo. Em primeiro lugar, resumimos: 4 é (quase) sempre mais curto do que 1, então 3 também é mais pobre do que 2. Em segundo lugar, nós nos enganamos. Tanto em um caso quanto no outro, o estudo da passagem da fase 2 à fase 3 nos leva à psicologia projetiva: as transformações operadas nos informam sobre o sujeito da leitura: por que retemos (ou mesmo adicionamos) tais fatos em vez de tais ou-

*Os gêneros do discurso*

tros? Contudo, há outras transformações que nos informam sobre o próprio processo de leitura, e são principalmente elas que irão nos preocupar aqui.

Para mim, é difícil dizer se o estado de coisas que observo nos exemplos mais diversos de ficção é um fato universal ou se estão histórica e culturalmente condicionados. Todavia, em todos os exemplos a simbolização e a interpretação (a passagem da fase 2 à fase 3) implicam a existência de um *determinismo* dos fatos. Talvez a leitura de outros textos, por exemplo, dos poemas líricos, exija um trabalho de simbolização que se baseia em outros pressupostos (a analogia universal)? Ignoro a resposta. Mas sempre, no texto de ficção, a simbolização repousa sobre a admissão, implícita ou explícita, de um princípio de causalidade. Então, as questões que colocamos aos acontecimentos que constituem a imagem mental da fase 2 são da ordem de: qual é a causa? E: qual é o efeito disso? São suas respostas que adicionaremos à imagem mental, tal como a encontramos na fase 3.

Admitamos que esse determinismo é universal – o que com certeza não é universal é a forma que ele tomará em um ou outro caso. A forma mais simples, porém pouco difundida em nossa cultura na qualidade de *norma* de leitura, consiste na construção de outro feito de mesma natureza. Um leitor pode dizer a si mesmo: se João matou Pedro (fato presente na ficção), é porque Pedro dormia com a mulher de João (fato ausente da ficção). Esse raciocínio, típico da investigação judiciária, não é aplicado com seriedade ao romance: admite-se tacitamente que o autor não nos engana e que nos transmitiu (significou) todos os acontecimentos pertinentes para a compreensão da história (o caso de *Armance* é excepcional). O mesmo acontece com as consequências: há livros que prolongam outros livros, que escrevem as consequências do universo imaginário representado pelo primeiro texto; mas o conteúdo do segundo livro habitualmente não é considerado como sendo *inerente* ao universo do primeiro. Ainda aqui, as práticas da leitura se separam daquelas da vida cotidiana.

Por ocasião de uma leitura-construção, procedemos segundo outra causalidade; as causas e as consequências do acontecimento devem ser procuradas em uma matéria que não lhe é homogênea. Dois casos parecem ser os mais frequentes (como Aristóteles também observava): o acontecimento é percebido como a consequência (e/ou a causa) seja de um traço de caráter, seja de uma lei impessoal. *Adolphe* contém inúmeros exemplos de uma e de outra interpretação, integrados no próprio texto. Veja-se como Adolphe descreve seu pai: "Não me lembro, durante meus primeiros dezoito anos, de jamais ter tido uma conversa de uma hora com ele... Eu não sabia então o que era a timidez". A primeira frase significa um fato (a ausência de uma conversa prolongada). A segunda nos leva a considerar esse fato como o simbolizante de um traço de caráter, que é a timidez; se o pai agia assim, é porque era tímido. O traço de caráter é a causa da ação. E temos também um exemplo do segundo caso:

> Eu digo a mim mesmo que não se deveria precipitar nada, que Ellénore estava pouco preparada para a confissão que eu meditava, e que era melhor esperar ainda. Quase sempre, para viver em paz conosco mesmos, escondemos em cálculos e em sistemas nossas impotências ou fraquezas: isso satisfaz essa nossa porção que é, por assim dizer, espectadora da outra.

*Os gêneros do discurso*

Aqui a primeira frase descreve o acontecimento, e a segunda fornece a razão, que é uma lei universal do comportamento humano, e não um traço de caráter individual. Acrescentemos que é o segundo tipo de causalidade que domina em *Adolphe*: esse romance ilustra as *leis* psicológicas, e não as psicologias individuais.

Depois de ter construído os acontecimentos que compõem uma história, nós nos entregamos então a um trabalho de reinterpretação, que nos permite construir, de um lado, os caracteres e, de outro, o sistema de ideias e valores subjacentes ao texto. Essa reinterpretação não é arbitrária; ela é controlada por duas séries de restrições. A primeira está contida no próprio texto: basta que o autor nos ensine, durante algum tempo, a interpretar os acontecimentos que ele menciona. É o caso do excerto de *Adolphe* que acabo de citar: depois de ter estabelecido algumas interpretações dominantes, Constant não pode mais nomear a causa de um acontecimento: já aprendemos a lição e continuaremos a interpretar como ele nos ensinou. Tal interpretação, presente no texto do livro, tem então uma dupla função: por um lado, nos dar a saber a causa desse fato particular (função exegética); por outro, nos iniciar ao sistema de interpretação que será aquele do autor ao longo de seu texto (função metaexegética). A segunda série de restrições vem do contexto cultural: se lemos que fulano esquartejou a mulher em pedacinhos, não temos necessidade de indicações no texto para concluir que ali está um ser cruel. Essas restrições culturais, que nada mais são do que os lugares-comuns de uma sociedade (seu verossimilhante), se modificam com o tempo, o que permite explicar a diferença de interpretação dada a alguns textos do passado. Por exemplo, dado que o amor extraconjugal não é mais considerado a prova de uma alma corrompida, às vezes temos dificuldades em compreender as condenações lançadas sobre tantas heroínas romanescas do passado.

Os caracteres, as ideias: entidades desse gênero são simbolizadas por meio de ações, mas também podem ser significadas. Este era o caso dos excertos de *Adolphe* que citei: a ação simbolizava a timidez do pai, mas em seguida Adolphe a significava para nós, ao dizer: meu pai era tímido; o mesmo ocorre para a máxima geral. Os caracteres e as ideias podem então ser evocados de duas maneiras, direta e indiretamente. As informações colhidas de uma e outra fontes serão confrontadas pelo leitor durante seu trabalho de construção; elas podem concordar ou não. No decorrer da literatura, é óbvio, a dosagem relativa dessas duas espécies de informação variou bastante: Hemingway não escreve como Constant.

O caráter assim constituído deve ser distinto da personagem: nem toda personagem é um caráter. A personagem é um segmento do universo espacial e temporal representado, sem mais; há personagens assim que uma forma linguística referente (nomes próprios, certos sintagmas nominais, pronomes pessoais) aparece no texto a respeito de um ser antropomórfico. Nessa qualidade, a personagem não tem conteúdo: alguém é identificado, sem ser descrito. Podemos imaginar textos – e eles existem – em que a personagem se limitaria a isto: ser o agente de uma série de ações. Contudo, assim que surge o determinismo psicológico, a personagem se transforma em caráter: ela age assim *porque* é tímida, fraca, corajosa etc. Sem determinismo (dessa espécie) não há caráter.

A construção do caráter é um compromisso entre a diferença e a repetição. De um lado, é preciso assegurar a continuida-

*Os gêneros do discurso*

de: o leitor deve construir o *mesmo* caráter. Essa continuidade já é dada pela identidade do nome (essa é sua função principal). A partir daí, todas as variações são possíveis: todas as ações podem ilustrar o mesmo traço de caráter, ou a personagem pode ter um comportamento contraditório, ou pode mudar o aspecto circunstancial de sua vida, ou pode sofrer uma modificação profunda de caráter etc. Os exemplos vêm muito facilmente ao espírito para que seja necessário relembrá-los. Aqui, ainda, as escolhas são ditadas mais pela história dos estilos do que pela idiossincrasia dos autores.

O caráter, então, pode ser um efeito da leitura; há uma leitura psicologizante à qual se poderia submeter todo texto. Não obstante, na realidade esse não é um efeito arbitrário; não é por acaso que encontramos caracteres nos romances dos séculos XVIII ou XIX, mas não nos deparamos com eles nas tragédias gregas, nem no conto popular. O texto sempre contém em si mesmo uma informação sobre seu modo de uso.

## A construção como tema

Uma das dificuldades do estudo da leitura advém do fato de que sua observação é desconfortável: a introspecção é incerta, a investigação psicossociológica, fastidiosa. É então com algum alívio que descobrimos o trabalho de construção representado no interior dos próprios textos ficcionais – onde é muito mais cômodo estudá-lo.

O texto ficcional toma a construção como tema simplesmente porque é impossível evocar a vida humana sem mencionar esse processo essencial. Cada personagem é obrigada, a partir das informações que recebe, a construir os fatos e as

*133*

personagens que a cercam; nisso ela é rigorosamente paralela ao leitor, que constrói o universo imaginário a partir de suas próprias informações (o texto, o verossimilhante); a leitura se torna assim (de modo inevitável) um dos temas do livro.

Todavia, essa temática pode ser mais ou menos valorizada, mais ou menos explicitada. Em *Adolphe*, por exemplo, ela o é de maneira bem parcial: apenas a indecidibilidade ética das ações é realçada. Se quisermos nos servir dos textos ficcionais como material de estudo sobre a construção, é preciso escolher aqueles em que ela se torna um dos temas principais. *Armance*, de Stendhal, é um tal exemplo.

De fato, toda a intriga desse romance é submetida à busca de conhecimento (narrativa gnosiológica). Uma construção errônea de Octave serve de ponto de partida: ele acredita que Armance aprecia demais o dinheiro, por causa de certo comportamento (interpretação que vai da ação ao traço de caráter); esse equívoco mal consegue ser dissipado e já é seguido por outro, simétrico e inverso: agora é Armance que pensa que Octave aprecia demais o dinheiro. Essa dupla troca inicial instaura a figura das construções que advirão. Armance, em seguida, constrói de forma correta seu sentimento por Octave, mas este demora dez capítulos para descobrir que aquilo que sente por Armance não se chama *amizade*, mas *amor*. Durante cinco capítulos, Armance pensa que Octave não a ama; Octave acha que Armance não o ama durante os quinze capítulos centrais do livro; o mesmo mal-entendido se repete perto do fim. A vida das personagens se passa na busca da verdade, isto é, na construção dos acontecimentos e dos fatos que os cercam. O desenlace trágico da relação amorosa não se deve, como foi dito muitas vezes, à impotência, mas ao desconhecimento. Octa-

Os gêneros do discurso

ve se suicida por causa de uma má construção: ele crê que Armance não o ama mais. Como Stendhal escreve, em uma frase emblemática: "Faltava-lhe penetração, e não caráter".

Desse rápido resumo já se evidencia que vários aspectos do processo de construção podem variar. Pode-se ser o agente ou o paciente, o emissor ou o receptor de uma informação; também é possível ser os dois. Octave é agente quando dissimula ou revela; paciente, quando fica sabendo ou se engana. Pode-se construir um fato (do "primeiro grau") ou a construção pode ser efetuada por outra pessoa a respeito desse fato (do segundo grau). Assim, Armance renuncia ao seu casamento com Octave porque imagina aquilo que os outros pensariam sobre esse caso. "Eu passaria no mundo por uma dama de companhia que seduziu o filho da casa. Ouço daqui o que diria a duquesa de Ancre e até mesmo as mulheres mais respeitáveis, por exemplo, a marquesa de Seyssis, que vê em Octave um marido para uma de suas filhas." Da mesma forma, Octave renuncia ao suicídio construindo as possíveis construções dos outros. "Se eu me matar, Armance ficará comprometida. A sociedade inteira procurará curiosamente, durante oito dias, as menores circunstâncias dessa noite. E cada um desses senhores que estiver presente será autorizado a fazer um relato diverso."

O que acima de tudo aprendemos em *Armance* é que a construção pode ser bem ou malsucedida; e se todos os êxitos se parecem (é a "verdade"), as falhas variam, como também o fazem suas causas: as falhas da informação transmitida. O caso mais simples é o da ignorância total: até certo momento da intriga, Octave dissimula a própria existência de um segredo que lhe concerne (papel ativo); Armance também ignora essa existência (papel passivo). Em seguida, a existência do se-

135

gredo pode ser conhecida, mas sem nenhuma informação suplementar; o receptor pode então reagir imaginando a verdade (Armance supõe que Octave assassinou alguém). Um grau ulterior é constituído pela ilusão: o agente não dissimula, porém mascara; o paciente não ignora, mas se engana. É o caso mais frequente no livro: Armance camufla seu amor por Octave pretendendo que ela se casará com outro; Octave acha que ela só sente amizade por ele. Pode-se agir ao mesmo tempo como o agente e o paciente do disfarce: assim, Octave esconde de si mesmo que ama Armance. Por fim, o agente pode revelar sua verdade, e o paciente, saber.

A ignorância, a imaginação, a ilusão, a verdade: o processo de conhecimento passa por pelo menos três graus antes de levar a personagem a uma construção definitiva. As mesmas fases são evidentemente possíveis no processo de leitura. Em geral, a construção representada no texto é isomorfa àquela que toma esse próprio texto como ponto de partida. O que as personagens ignoram, o leitor também ignora; é claro que outras combinações são igualmente possíveis. No romance policial, é Watson que constrói como leitor; mas Sherlock Holmes constrói melhor: são dois papéis igualmente necessários.

## As outras leituras

As falhas da leitura-construção de forma alguma questionam sua identidade: não deixamos de construir porque a informação é insuficiente ou errônea. Ao contrário, tais falhas só intensificam o processo de construção. Entretanto, é possível que a construção não se produza mais, e que outros tipos de leitura venham a substituí-la.

*Os gêneros do discurso*

As diferenças de uma leitura para outra não forçosamente estão onde esperamos encontrá-las. Por exemplo, não parece haver grande distância entre a construção a partir de um texto literário e a partir de outro texto, referencial, mas não literário. Essa proximidade estava subentendida na proposição feita no parágrafo precedente, a saber, que a construção das personagens (a partir de materiais não literários) era análoga à do leitor (a partir do texto do romance). Não construímos a "ficção" diversamente da "realidade". O historiador, a partir de documentos escritos, ou o juiz, ao se basear em testemunhos orais, reconstituem os "fatos", não procedem de maneira diversa, quanto ao princípio, do leitor de *Armance*, o que não quer dizer que não subsistam dessemelhanças de detalhe.

Uma questão mais difícil, e que ultrapassa o quadro deste estudo, concerne à relação entre a construção a partir de informações verbais e aquela que se faz com base em outras percepções. Depois de ter sentido o odor de um assado, construímos um assado; o mesmo ocorre a partir de uma audição, de uma visão etc. – é o que Piaget chama de "construção do real". Aqui, as diferenças correm o risco de ser maiores.

Mas não é necessário ir assim tão longe do romance para encontrar a matéria que nos constrange a um outro tipo de leitura. Há muitos textos literários que não nos levam a nenhuma construção, textos não representativos. Vários casos deveriam ser distinguidos aqui. O mais evidente é o de certa poesia, em geral dita lírica, que não descreve acontecimentos, que não evoca nada que lhe seja exterior. Por sua vez, o romance moderno nos obriga a uma leitura diversa: o texto é mesmo referencial, mas a construção não ocorre, pois é, de algum modo, indecidível. Esse efeito é obtido pela desregulagem de algum dos mecanismos necessários à construção, tais como os descrevemos nos parágrafos precedentes. Para tomar apenas um exemplo: vimos que a identidade da personagem se baseava na identidade e na não ambiguidade de sua forma de ser chamada. Imaginemos agora que, em um texto, a mesma personagem seja sucessivamente mencionada com a ajuda de vários nomes, uma vez "João", uma vez "Pedro", ou uma vez "o homem de cabelos pretos" e outra vez "o homem de olhos azuis", sem que nada nos assinale a correferência das duas expressões; ou imaginemos ainda que "João" designa não um, mas três ou quatro personagens; o resultado será sempre o mesmo: a construção não será mais possível, pois o texto será indecidível em termos representativos. Vemos a diferença com as falhas de construção evocadas nas páginas anteriores: passamos do desconhecido ao não conhecível. Essa prática literária moderna tem sua contrapartida fora da literatura: é o discurso esquizofrênico. Mesmo preservando sua intenção representativa, este torna a construção impossível, por meio de uma série de procedimentos apropriados (repertoriados no capítulo precedente).

Por enquanto, terá bastado marcar o lugar dessas outras leituras ao lado da leitura como construção. O reconhecimento dessa última variedade é bastante necessário, dado que o leitor individual, longe de suspeitar das nuanças teóricas que ele exemplifica, lê o mesmo texto de várias maneiras, simultânea ou sucessivamente. Sua atividade lhe é tão natural que permanece imperceptível. É preciso então aprender a construir a leitura – seja como construção, seja como desconstrução.

# Em torno da poesia

## I. Teorias da poesia

O discurso da poesia caracteriza-se, em primeiro lugar, e de maneira evidente, por sua natureza versificada. Todavia, o verso não basta para a definição da poesia. Eu poderia, por conseguinte, formular da seguinte maneira a questão que gostaria de debater nas próximas páginas: dado que a poesia é um discurso versificado, podemos descobrir-lhe novas características linguísticas, em outros níveis? Antes de propor uma resposta à minha própria questão, tentarei situar aqui as respostas que geralmente são dadas a essas questões, umas em relação às outras.

Para facilitar esse trabalho de implementação, partirei, como sempre, de uma imagem do texto que distingue os aspectos verbal, semântico, sintático e pragmático. As regras de versificação são um exemplo típico do "verbal". Deixo então antecipadamente de lado todas as respostas que se limitam a esse aspecto e me volto para os outros.

Curiosamente, hoje em dia são raros os estudos que dão uma definição pragmática da poesia — ou, para dizer em uma linguagem mais simples, que a definem pelo estado de espírito do autor, que precedeu seu aparecimento, ou por aquele do leitor, que a seguiu. O fato é curioso, pois dá indícios de uma repugnância que no passado era totalmente ausente, e continua a sê-lo, entre os que se embriagam de poesia, em vez de fazer dela um objeto de dissertação. Além disso, conhecemos as razões dessa renúncia: sob sua forma comum e ingênua, tal resposta não define verdadeiramente a poesia. Não é porque se sofreu um dia que se escreve automaticamente poesia; aliás, é a partir do poema que concluímos sobre o estado de seu autor. Esse é um efeito do texto, e não sua causa. A verdadeira questão seria: quais propriedades do texto nos levam a essa conclusão? O mesmo ocorre com os sentimentos do leitor; dizer que o discurso poético é aquele que provoca a emoção só retarda a questão essencial, que é: como? Mas poderíamos imaginar variantes refrescadas da resposta pragmática: por exemplo, que a versificação desempenha o papel de um sinal que introduz a um contrato particular entre emissor e receptor, um contrato que reza que a leitura poética deve seguir regras diferentes daquelas aplicadas para outros atos de fala etc. É a via que Jonathan Culler começou a explorar em *Structuralist Poetics* [Poéticas estruturalistas]; sem dúvida, ainda há muito a fazer.

A maior parte dos estudos atuais se dedica aos aspectos semântico e sintático. Tomemos inicialmente o primeiro. Operando alguns reagrupamentos e simplificações, poderíamos distinguir três respostas principais que se relacionam com o semantismo poético, às quais darei o nome de ornamental, afetiva e simbolista.

*Os gêneros do discurso*

A teoria *ornamental* da poesia é aquela da grande corrente da retórica clássica, e não conheço quem a defenda hoje em dia. Aliás, elas não nos interessam a não ser de maneira marginal, pois consistem em recusar à poesia qualquer especificidade semântica. Duas expressões têm o mesmo sentido, mas uma o formula de maneira mais bela, mais ornada – é esta que convém à poesia. Esses ornamentos poéticos servem ao "prazer", e não contribuem muito para o "instruir". É, portanto, uma teoria pragmática, que recusa explicitamente a diferença semântica.

Segundo a teoria *afetiva*, há uma diferença entre o que as palavras designam em poesia e fora dela: aqui elas têm um conteúdo intelectual, nocional, conceitual, e lá, emotivo, afetivo ou "patético". Encontramos várias versões dessa teoria em Condillac (e já antes dele, em Port-Royal), em I. A. Richards, nos positivistas lógicos, ou ainda em Jean Cohen. Como já observara Philip Wheelwright, "o positivismo conduz naturalmente à ênfase colocada sobre os efeitos emotivos do poema, e não a um exame do que ele significa, em seus próprios termos": essa teoria acompanha o ritmo de um quadro filosófico racionalista e positivista. De certa forma, leva-se muito a sério a significação (conceitual) para admitir que o poema possui uma também; mas, ao mesmo tempo, não se quer desvalorizar este último, e lhe será dado então um campo específico, uma parte da experiência que não é a mesma da linguagem comum, em que ele reencontra a pertinência que lhe faltava em outros lugares. A diferença entre poesia e não poesia está, em suma, no próprio conteúdo daquilo que é dito: lá os sentimentos, aqui as ideias.

Entretanto, em sua imensa maioria, nossos contemporâneos não concordam nem com a teoria ornamental nem com a teoria afetiva, mas com uma terceira, cuja origem é claramente romântica – uma maioria tão predominante que mal nos apercebemos de que só se trata, no final das contas, de uma teoria dentre outras (e não da verdade enfim revelada). Nesse caso, a diferença semântica entre poesia e não poesia não é mais buscada no conteúdo da significação, mas na maneira de significar: sem significar outra coisa, o poema significa de outra maneira. Um modo diferente de dizer a mesma coisa seria: as palavras são (apenas) signos na linguagem cotidiana, enquanto na poesia se tornam símbolos, de onde o nome *simbolista*, do qual me sirvo para designar essas teorias.

Lembrarei, em poucas palavras, em que consiste a teoria romântica do símbolo, noção na qual culmina toda a estética do Romantismo (compreendo por "romântico" a doutrina do círculo de Iena, do qual faziam parte, em primeiro lugar, os irmãos Schlegel, Novalis e Schelling; apesar disso, encontramos os ingredientes dessa teoria até em Kant, Goethe ou Solger). Poderíamos resumi-la em cinco pontos (ou cinco oposições entre símbolo e "alegoria"): 1) O símbolo mostra o devir do sentido, não seu ser, a produção, e não o produto acabado. 2) O símbolo é intransitivo, não serve apenas para transmitir a significação, mas deve ser percebido em si mesmo. 3) O símbolo é intrinsicamente coerente, o que significa, para um símbolo isolado, que é motivado (e não arbitrário). 4) O símbolo realiza a fusão dos contrários, e mais particularmente aquela do abstrato e do concreto, do ideal e do material, do geral e do particular. 5) O símbolo exprime o indizível, isto é, aquilo que os signos não simbólicos não conseguem transmitir; por conseguinte, ele é intraduzível e seu sentido é plural – inesgotável.

Um exemplo da influência romântica sobre a reflexão contemporânea nos é fornecido pela crítica americana a partir de cerca de quarenta anos atrás. Tomemos um brilhante ensaio de R. P. Blackmur, Le langage comme geste, retomado em seu livro *Language as Gesture* [A linguagem como gesto]. O discurso da poesia se distingue porque as palavras nela se tornaram gestos. Ora, "é pelo poder do gesto descoberto ou invocado que o simples substantivo se transforma em símbolo rico e complexo"; "os gestos são os primeiros passos na direção da produção dos símbolos". Mas o que é um gesto verbal? "É aquilo que chega a uma forma quando ela se identifica com seu sujeito": o gesto iguala a motivação. E um símbolo é "aquilo que usamos para exprimir de modo permanente um sentido que não pode ser expresso de maneira completa por palavras diretas ou combinações de palavras". As palavras se tornam gestos quando produzem um novo sentido em cada aparição nova. Para obter esses efeitos semânticos, recorremos àquilo que a retórica chamava de figuras: repetições, oposições ou outras disposições convencionais.

Em outra linguagem, Geoffrey Hartman participa, ao que me parece, do mesmo quadro conceitual: no poema, nunca se trata de outra coisa além da significação, mas aqui as palavras significam seja mais, seja menos do que na linguagem comum, têm uma precisão ao mesmo tempo ampliada e reduzida, são ao mesmo tempo redundantes e mais ambíguas. A figura exemplar da poesia consiste em uma superprecisão dos extremos, em uma indeterminação do meio. Vemos que outras pessoas exploraram bastante, em nossos dias, as relações de motivação entre significante e significado.

A sedução dos exemplos analisados por Blackmur ou Hartman, a própria beleza de suas análises nem sempre substituem a argumentação lógica (e não mais poética): seria este o único traço pertinente? Ele ocorre para toda poesia? A esse propósito, gostaria de lembrar um outro trabalho sobre a questão, aquele de Philip Wheelwright que, no capítulo Os traços da linguagem expressiva, de seu livro *The Burning Fountain* [A fonte ardente], enumera até *sete* virtudes cardinais daquilo que, em seu trabalho, ultrapassa de modo explícito a poesia, para incluir toda a literatura, a mitologia, a religião, mas que também se manifesta na poesia de modo exemplar. Essa enumeração, se tivesse sido melhor conhecida, sem dúvida teria nos poupado muitas discussões sobre a diferença entre a linguagem poética e a outra (a primeira versão desse texto data de 1942). São: 1) A motivação, que implica também a intraduzibilidade poética e a fusão entre significante e significado. 2) A inconstância do sentido das palavras, nos diferentes contextos em que são empregados. 3) A pluralidade de sentidos, mesmo dentro de um só contexto. 4) A expressão do inefável, do vago, do enevoado. 5) A formação de configurações semânticas novas. 6) A recusa da lei do terceiro excluído. 7) A recusa da lei da não contradição.

Qualquer que seja a justeza dessas oposições, elas não concernem apenas – ou mesmo não muito – ao discurso versificado; aliás, não vemos em que o verso seria necessário para que se produzam essas transformações na maneira de significar. Em relação a isso, agradecemos a Youri Tynianov, autor do *Problème de la langue du vers* [Problema da língua do verso]. Como os outros formalistas, Tynianov participa da corrente de ideias romântica e parte da ideia de intransitividade. Contudo, além disso há um duplo mérito: sendo o primeiro de todos os autores que acabamos de passar em revista, ele tenta deduzir características semânticas do discurso poético a partir de suas características "verbais", isto é, da versificação. Ademais, sem que por isso perca sua sensibilidade literária ou seu conhecimento da história, ele se propõe a dar desse fenômeno linguageiro uma descrição concreta e linguística (e não poética ou filosófica). Poderíamos resumir assim seu pensamento: o fechamento do verso dá o sentimento de uma necessidade da construção verbal (é um tema *valéryano*) e a um efeito de *contração*, na sequência do qual as palavras reforçam sua significação contextual, sintática ou, como diz Tynianov, *flutuante*, em detrimento do núcleo lexical. Na poesia, as palavras mantêm "um laço mais forte e estreito do que no discurso cotidiano; entre as palavras surge uma *correlação posicional*". As palavras, na poesia, se iluminam com fogos recíprocos.

Mas já é tempo de passar ao último grupo de teorias sobre o discurso da poesia, que chamei de "sintáticas" e que, todas, situam a especificidade poética na relação entre as partes do texto, e não mais entre seus níveis (forma e conteúdo, significante e significado etc.). Sobre o plano das ideias gerais, permanecemos em um terreno familiar: é outro formalista, amigo de Tynianov, Roman Jakobson, que aparentemente influenciou todos os autores que trabalham nessa perspectiva. Sob muitos aspectos, Jakobson só traduziu em uma terminologia linguística as ideias de August Wilhelm Schlegel e de Novalis. Sem dúvida, a razão desse sucesso reside, ao menos em parte, na simplicidade e na elegância da hipótese jakobsoniana. Como Tynianov, ele parte do fato da versificação, mas retém outro aspecto: não o fechamento, mas o princípio da similaridade, que governa o encadeamento das sequências fônicas (dito de outra forma, a repetição). A hipótese consistirá então em uma simples afirmação de coerência e de unidade entre os diferentes planos do texto: as similaridades métricas são secundadas por similaridades fônicas (paronomásias, aliterações, paragramas), gramaticais (paralelismos) e semânticas (metáforas).

Em um fragmento que lembra Tynianov em seu livro, Novalis já afirmava que a poesia se caracteriza pela natureza das associações (que não as causais) que ligam suas unidades. Em outro fragmento, ele substituía a motivação "vertical" por uma motivação "horizontal". A poesia intensifica cada elemento isolado por uma conexão particular com o resto do conjunto". A. W. Schlegel até estabelecera, em uma página da *Kunstlehre*, a transição que, como em Jakobson, faz da repetição na continuidade o melhor meio para tornar a linguagem intransitiva e autônoma (o que se presume que ela seja na poesia).

Não tenho outra teoria sintática para propor, e desejo apenas assinalar que a hipótese romântica, mais uma vez, é apenas uma hipótese dentre muitas outras possíveis. É chocante constatar a que ponto a doutrina romântica domina a produção atual dos "poéticos" (mesmo que o ponto de partida romântico seja esquecido). Outro signo dessa predominância (se não for o mesmo) é o papel desempenhado pelos poetas românticos (no sentido amplo) na elaboração de nossa imagem da poesia: pensar no lugar ocupado, na França, unicamente por Baudelaire nas análises contemporâneas da poesia! Ora, não se trata, afinal das contas, de uma doutrina historicamente determinada e limitada (como notou Gérard Genette em *Mimologiques*), e não (necessariamente) de uma evidência eterna ou objetiva. O "postulado da *correlação do plano da expressão e do plano do conteúdo* que define a especificidade da semiótica poética" (A. J. Greimas) se distingue de outros postulados possíveis por sua origem romântica e não por sua superioridade científica. Voltemos à hipótese segundo a qual apenas a similaridade governa a poesia. Essa hipótese já repousa sobre uma primeira ideia, a saber, que os diferentes planos do poema se assemelham em sua organização – trata-se

*Os gêneros do discurso*

mesmo de similaridade ao quadrado, da analogia baseada na analogia – e é exatamente seu postulado implícito de coerência, viés filosófico, que deveríamos começar questionando. E se o texto poético não fosse coerente, harmonioso, unificado e repetitivo? E se a relação entre as partes fosse outra, completamente diversa, não só uma similaridade imperfeita, apimentada por diferenças ou mesmo por contrastes, mas apenas outra? Fiquemos, no momento, com a questão colocada.

## II. Um romance poético

Por três vezes, em seu romance *Heinrich von Ofterdingen*, Novalis opõe duas espécies de homens.[1] Na primeira, é Heinrich quem faz isso, no decorrer de uma conversa com os mercadores que o acompanham em sua viagem. A oposição concerne, mais exatamente, a "duas vias para atingir o conhecimento da história humana".

Uma, difícil e sem fim, com inúmeros desvios, que é a via da experiência; a outra, em um único gesto, ou quase, que é a via da contemplação interior. Aquele que caminha pela primeira via está reduzido a deduzir uma coisa das outras, em uma contabilidade que não conhece fim. O outro, ao contrário, vê e conhece de partida, por intuição, a natureza de todas as coisas e de cada circunstância, e pode, desde então, examiná-las na viva diversidade de seus encadeamentos, e comparar uma com todas as outras tão fácil quanto podemos fazer ao examinar as figuras de um quadro.

---

1 Cito a tradução de Guerne (Novalis, *Œuvres complètes*), modificando-a às vezes.

Na segunda vez, é o próprio autor que toma a palavra, no início do Capítulo 6. Eis o retrato da primeira espécie de homens:

Os homens de ação, aqueles que nasceram para os negócios do mundo, começariam bem cedo a estudar tudo por si mesmos e a neles se colocar. [...] Não lhes é prazeroso se entregar às reflexões silenciosas nem ceder aos convites do pensamento meditativo. Seu espírito não pode, de modo algum, se lançar sobre si mesmo, e sua alma não saberia ser contemplativa. É-lhes preciso, ao contrário, abrir-se constantemente para o mundo exterior e pôr todo o seu zelo, sua prontidão e sua eficiência ao serviço da inteligência. São heróis em torno de quem afluem e se pressentem os acontecimentos que não esperam mais do que ser dirigidos e completados. Esses homens têm o poder de transformar em fatos históricos todos os caprichos do acaso, e sua vida é uma cadeia ininterrupta de acontecimentos ao mesmo tempo singulares e complexos, chocantes, resplendentes e memoráveis.

E agora temos a descrição dos segundos.

De forma alguma acontece o mesmo com esses seres recolhidos, tranquilos, desconhecidos, para quem o mundo é interior, a ação contemplativa, e a vida um secreto e discreto crescimento das forças de dentro. Nenhuma impaciência os empurra para o exterior. Possuir em silêncio lhes basta, e se a imensa cena do mundo exterior não lhes inspira nenhum desejo de nele se produzir, é porque acham o espetáculo suficientemente maravilhoso e instrutivo para passar o tempo a contemplá-lo [...]. Acontecimentos importantes demais ou muito diversos só perturbariam esses homens. Uma existência simples é seu prêmio, e basta-lhes

*Os gêneros do discurso*

narrativas e livros para ter conhecimento de tudo o que aparece no mundo e saber tudo o que ele contém. [...] É a cada passo que fazem, neles mesmos, as descobertas mais surpreendentes sobre a essência e a significação desse mundo. Estes são os poetas...

Por fim, na terceira vez, é Klingsohr que evoca o mesmo contraste e se contenta em marcar a perfeita simetria entre as duas espécies de homens: os heróis puros, ele diz, "são a mais nobre figura no oposto do poeta, a contraimagem e seu simétrico". Por ocasião de outra comparação, Novalis observa que, se a poesia pode revelar o heroísmo, o inverso jamais é verdadeiro. Poderíamos esquematizar assim essa oposição, para tê-la presente à memória:

| HERÓIS | POETAS |
| --- | --- |
| experiência | contemplação |
| ação | reflexão |
| negócios do mundo | essência e significação do mundo |
| acontecimentos chocantes e memoráveis | existência bem simples |
| investimento da própria pessoa | interesse pelo espetáculo do mundo |
| corpo | alma |
| aprendizado escalonado no tempo | conhecimento imediato |
| passagem de uma a outra coisa por dedução | apreensão intuitiva de cada coisa tomada isoladamente e em seguida sua comparação |
| cadeia ininterrupta de acontecimentos | crescimento das forças interiores |
| manutenção da diversidade e da singularidade | identidade secreta das coisas, do microcosmo e do macrocosmo |

Ora, Novalis pensa seu próprio romance como pertencendo a uma série, que também se define por oposição a outra. Percebemos isso por meio de algumas breves observações que figuram nos rascunhos e planos de *Heinrich von Ofterdingen*. "Não há transição propriamente histórica para passar à segunda parte", ele escreve, e ainda: "Agenciamento e coerência poética de *Heinrich*". Coerência e continuidade poéticas, não históricas. Seu amigo Tieck é mais explícito no *Prefácio*, em que apresenta a sequência do romance, tal como lhe descrevera Novalis:

> De fato, pouco lhe importava descrever um episódio ou outro, tomar a poesia [identificada como tema geral do livro] sob certo aspecto e ilustrá-la com histórias e personagens: ele pretendia, ao contrário, assim como indicou muito claramente no último [na verdade, penúltimo] capítulo da primeira parte, expressar a própria essência da poesia e realçar seu propósito mais profundo [...]. A natureza, a história, a guerra ou a vida ordinária, com todas as suas banalidades, se transformam e se convertem em poesia...

Um gênero histórico ou narrativo, mencionado por Tieck e Novalis, se opõe a outro gênero, o poético.

Evidentemente, é tentador assimilar as duas oposições. O próprio Novalis nos convidava a isso. Não só porque ele chama de "poetas" os homens, e de "poéticos" os textos, mas também porque a segunda (e a mais longa) evocação das duas espécies de homens finaliza na constatação: "Essencialmente e por natureza, Heinrich nascera para ser poeta". *Heinrich von Ofterdingen*, história da vida de um poeta, e não a de um herói, encarna ao mesmo tempo o gênero e o homem poéticos.

*Os gêneros do discurso*

O leitor atual não pode deixar de ficar surpreso com uma discordância entre o que ele vê no título do livro: *Heinrich von Ofterdingen, um romance*, e o caráter pouquíssimo romanesco das páginas que irá ler em seguida. Eu veria a explicação dessa impressão na oposição que Novalis fazia entre as duas espécies de textos: por um lado, o romance poético, do qual *Ofterdingen* seria um exemplo, e um romance que poderíamos chamar, para opô-lo ao primeiro, de narrativo. E ficaria tentado a atribuir a esses dois gêneros não apenas os traços laconicamente mencionados a propósito dos textos, mas também aqueles, muito mais abundantes, que caracterizam as duas espécies de homens. Veria mesmo, nos traços genéricos de *Ofterdingen*, certa forma de qualificar o discurso da poesia, tal como foi praticado na época romântica e desde então. Mas como passar das pessoas às classes de textos?

Em vez de seguir as intuições de Novalis, buscarei, mesmo guardando-as presentes ao espírito, explicitar as minhas próprias. Eu leio o livro; tiro a impressão de um "romance-não--exatamente-como-os-outros" e o qualificativo "poético" me vem de imediato ao espírito. Busco então os pontos que, no texto, me levaram a essa impressão.

Tomando-me como exemplo desse leitor contemporâneo, tento notar todos os detalhes que, desde o primeiro capítulo do "romance", me parecem pouco "romanescos". A primeira ação relatada (pela segunda frase do texto) é a de que o herói, adolescente, "pensa", ação pouco ativa. Aliás, ele não pensa em outra ação material, mas, nos dizeres de um Estrangeiro, reflete — e é tudo o que saberemos — sobre a paixão sentida por uma Flor Azul. Então, em vez de uma ação do tipo: "O adolescente fez tal coisa", temos "O adolescente pensa que o Es-

*151*

trangeiro disse que a Flor Azul suscitou uma paixão": a ação propriamente dita só vem no terceiro grau. O mesmo ocorre com a segunda ação, que mais uma vez é uma lembrança, relativa a casos ouvidos no passado.

A ação seguinte é: o adolescente sonha e apresenta a narrativa desse sonho. Lembrança e sonho têm em comum o fato de que deslocam a narrativa sobre outro nível, que abrem uma nova linha narrativa e devido a isso suspendem a narrativa inicial. Nesse sonho, dois elementos me intrigam. Heinrich sonha que sonha "indizíveis acontecimentos": dissociação que começa a nos ser familiar e que interrompe uma das narrativas, sem poder dizer a outra. O segundo elemento se encontra no final do sonho, e só é notável se nos esquecermos de que é um sonho: é a transformação da flor azul em um "doce rosto". Se não admitirmos o sobrenatural, devemos então buscar um sentido alegórico para essas palavras: será que a identidade entre a flor e a mulher não é metafórica?

Quando o sonho termina, chegamos a uma nova ação, porém o caráter também não é ativo: o adolescente (Heinrich) e seu pai se engajam em um debate abstrato sobre a natureza dos sonhos. Nem sua existência como ato nem o conteúdo dessa conversa influenciam o desenrolar da narrativa. O sonho é aí considerado um meio de comunicação: comunica-se dessa forma sobre a comunicação. E são mencionados os sonhos de outras pessoas, sem aliás precisar seu conteúdo: Heinrich conta que o capelão contou um sonho.

Por sua vez, o pai conta lembranças que se relacionam com um encontro entre ele e um velho homem, no decorrer do qual entabularam uma conversa cujo tema era a poesia. Então, o pai conta que o velhote lhe contou que os poetas contam... Em

*Os gêneros do discurso*

seguida, ele fala sobre um sonho ocorrido há mais de vinte anos. Dessa vez, fico perturbado à primeira leitura, assim como Heinrich, pela semelhança desse sonho com o seu: aqui, como lá, o sonhador penetra em uma caverna no meio da montanha e fica aturdido pela luz; ele sai para a planície e descobre uma flor extraordinária. Para mim, esse paralelismo enfraquece ainda a realidade, mesmo que fictícia, das ações mencionadas, realidade já obscurecida pelo fato de que se trata de sonhos. Em uma segunda leitura, descubro novos paralelos entre outra parte desse sonho e o desenvolvimento global da história; o mesmo ocorre para uma parte do sonho precedente de Heinrich (a morte da bem-amada). O capítulo acaba ao término dessa última narrativa de sonho.

Para resumir minha impressão: a narrativa principal se limita a pouca coisa, dado que é interrompida sem cessar por narrativas secundárias; poderíamos transcrevê-la sem resumir demais assim: Heinrich se lembra, sonha, acorda, fala do sonho em geral, ouve seu pai falar sobre o assunto. Essa brevidade não é compensada nas narrativas de segundo grau (que aliás, por sua vez, são interrompidas por narrativas de terceiro grau): as ações que a constituem, assim como aquelas da narrativa principal, são inicialmente internas e depois não causam nenhuma consequência na continuidade da história. O paralelismo e a tendência à alegoria acabam de criar essa impressão, diferente daquela que habitualmente um "romance" deixa.

Seria tedioso prosseguir essa leitura página por página. Penso que são os mesmos procedimentos que mantêm o clima "poético" ao longo desse romance. Tentarei então examiná-los um a um, levando em conta suas outras aparições. Quatro tipos de feitos chamam minha atenção: a natureza das ações; os encadeamentos das narrativas, ou narrativas de segundo grau; os paralelismos; e o alegorismo.

1. *Natureza das ações.* As ações perceptíveis da primeira parte de *Heinrich von Ofterdingen* que não são assumidas por um narrador secundário podem ser assim enumeradas: Heinrich parte em viagem e chega ao destino sem ter encontrado nenhum obstáculo; no local, ele se apaixona por Mathilde, que o ama de volta. Isso é tudo, e concordaremos em dizer que não é muita coisa para as 124 páginas de texto. Essas ações são em pequeno número e, além disso, nada têm de extraordinário, não constituem "acontecimentos chocantes e memoráveis", para falar como Novalis; a qualidade não compensa a quantidade.

Contudo, para chegar a essa conta, fiz diversas restrições: retive apenas as ações perceptíveis, que além disso foram contadas diretamente pelo autor. De fato, em algumas narrativas encadeadas, encontramos maior incidência de ações perceptíveis, como nos contos trazidos por mercadores, ou nas falas de Soulima, do mineiro e do eremita; deixemos de lado, no momento, o efeito exercido por seu encadeamento. Na narrativa assumida pelo autor, há muitas outras ações, mas ficaríamos tentados a qualificá-las, como sugeria Novalis, de "reflexões". São, à sua maneira, ações de segundo grau, não porque são contadas por um narrador secundário, mas porque só podem ocorrer em reação a outra ação, necessariamente anterior. Assim ocorre com "lembrar-se" ou "refletir sobre", ou "pensar"; ora, isso é nomear a principal atividade de Heinrich. O interesse que ele dedica ao "espetáculo do mundo" domina de longe sua própria participação no decorrer dos acontecimentos.

Outra atividade muito apreciada pelas personagens do livro é "falar" ("as narrativas e os livros" ocupam grande parte do

*Os gêneros do discurso*

tempo deles); ora, aí está uma ação perceptível. Ainda falta precisar a natureza das palavras enunciadas aqui e seu lugar dentro da variedade das conversas. É verdade que falar é uma atividade de primeiro grau, no sentido em que se emprega esse termo. Mas então se leva em conta o próprio ato de falar, e não aquilo que se comunica: para que Sherazade sobreviva é preciso que ela fale (bem), independentemente do que dirá. Esse aspecto da fala não é valorizado no romance de Novalis: nenhuma atenção particular é dedicada ao próprio fato de que as personagens falam.

Não obstante, uma fala puramente transitiva ainda não é contrária ao espírito romanesco. Basta pensar no procedimento familiar ao romance picaresco, em que as personagens encadeiam (ou embutem) história sobre história: se a própria fala não é uma ação, no sentido forte, seu conteúdo pode ser uma narrativa de ações. Entretanto, pondo-se à parte algumas exceções assinaladas, esse não é o caso das palavras que as personagens de *Heinrich von Ofterdingen* trocam. Seus propósitos se repartem de fato em duas categorias principais. Por um lado, são os poemas, ditos ou cantados. No Capítulo 3, o futuro poeta é inicialmente tomado por "um irresistível desejo de escrever algumas palavras sobre o papel"; mais tarde, diante de seu sogro, ele entoa um canto de 88 versos. No quarto capítulo, vemos primeiro o Canto dos Cruzados, e em seguida o "canto sutil e envolvente de uma voz de mulher". No capítulo seguinte, o mineiro canta duas vezes, e o eremita, uma. No Capítulo 6, em primeiro lugar é Schwaning que canta, depois Klingsohr. Em seus projetos para a segunda parte, Novalis notava: "Um poema de introdução e de conclusão e títulos em cada capítulo. Entre cada capítulo, a poesia fala".

Com frequência encontramos um segundo tipo de conversa em que o tema é geral; é esse o caso da maioria dos diálogos em *Ofterdingen*. Já vimos que pai e filho se entretinham com o sonho em geral; e Heinrich e os mercadores são vias pelas quais se acede ao conhecimento da história. Outra conversa dos mesmos protagonistas compara pintura, música e poesia, assim como uma entrevista entre Heinrich e Klingsohr. No Capítulo 4, fala-se de religião; no Capítulo 5, das riquezas enfiadas no coração da terra, e as vantagens e os inconvenientes da solidão. Mesmo entre Heinrich e Mathilde, a conversa gira em torno do amor em geral, e não do sentimento que os une: mais do que os "casos" do amor, é sua "essência" que lhes interessa.

Essas ações interiores (a reflexão) ou abstratas (os debates) neutralizam até mesmo os raros momentos de ação no sentido forte. Isso ocorre no encontro de Heinrich e Mathilde; ou ainda no do mineiro e seus companheiros com o eremita. Por uma vez, poder-se-ia acreditar, encontramo-nos em uma situação digna de um romance *noir* (*gothic*): visita noturna de cavernas, descoberta de ossos de origem desconhecida, canto subterrâneo. Descobre-se uma segunda caverna, na qual um homem está sentado. O que ocorre então? O mineiro e o eremita se engajam em um debate dos mais abstratos sobre o interesse da vida em sociedade. De outra forma, as reflexões abundantes que acompanham a menor das ações (por exemplo, a partida de Heinrich) desempenham o mesmo papel neutralizante.

Pouco "romanescas" em si mesmas, as ações em *Ofterdingen* produzem um efeito semelhante pela forma como se encadeiam entre si. Os sistemas de causas mais poderosas que se vê em ação em um romance são de duas espécies: ou bem um

Os *gêneros do discurso*

acontecimento provoca outro (é o caso da narrativa de aventuras clássica), ou então a nova ação contribui para a descoberta de uma verdade escondida. Nenhuma dessas duas formas de causalidade está representada em nosso livro. Não se vê nele nenhum segredo e a causalidade dos acontecimentos se limita a sequências do tipo: partida-viagem-chegada. Outra forma de causalidade é aquela do romance psicológico, em que todas as ações contribuem para a composição de um caráter (um tanto quanto no oposto de *Les Caractères* de La Bruyère, em que um caráter produz uma série de ações que o ilustram). Mas não se pode dizer que Heinrich seja um caráter, e a arte da motivação psicológica é totalmente estrangeira a Novalis. Por fim, também não encontramos em seu romance essa causalidade que chamei de "ideológica" e que consiste no fato de que todas as ações são engendradas por uma lei abstrata, por exemplo uma concepção da natureza moral do homem, como ocorreu mais ou menos na mesma época no *Adolphe*, de Constant.

Apesar disso, os diferentes acontecimentos relatados em *Ofterdingen* não são desprovidos de relações entre si. Um pouco como no romance psicológico, eles todos contribuem para a formação de Heinrich: não de seu caráter, mas de seu espírito. Cada encontro sucessivo lhe faz descobrir uma parte da humanidade ou do mundo e enriquece seu ser interior. Aliás, não saberíamos formular melhor do que o próprio Novalis: a vida de Heinrich é um "secreto e discreto crescimento das forças internas". "Tudo o que via, tudo o que ouvia era para, ao que parece, lhe retirar um novo ferrolho de dentro de si mesmo." Um *Fragmento* diz isso com mais força: "Em *Heinrich*, há finalmente uma descrição exaustiva da transfiguração interior do fundo da alma (*innern Verklärung des Gemüts*)". A transformação

*157*

constitutiva da narrativa está bem presente; mas o que se transforma é apenas *Gemüt*, e essa transformação se traduz inteiramente em acontecimentos interiores, dos quais Novalis faz, mais do que a narrativa, a descrição exaustiva.

2. *Encadeamentos*. É claro que os encadeamentos não têm a mesma função em Novalis e em *Dom Quixote*, por exemplo; se levarmos em conta seu conjunto, podemos dizer que eles só excepcionalmente são narrativos. Na maior parte do tempo, como vimos, são cantos ou reflexões abstratas que se encontram encadeados. Também com frequência, Novalis diz que houve narrativa, mas não precisa seu conteúdo: isso ocorre, no primeiro capítulo, com as palavras do Estrangeiro, ou com o sonho do capelão. Em outros lugares, ele se limita a frases do gênero: "Um dia, ouvi o que se conta sobre os tempos antigos"; "se ele tinha uma ideia do mundo, era apenas pelas narrativas que pudera ouvir"; "a mãe de Heinrich queria entretê-lo com a vida jovial que se levava na Suábia, e então lhe contava mil coisas sobre esse país"; "a conversa era sobre a guerra, evocando as lembranças de antigamente" etc. Novalis é mais atento à representação da enunciação do que à reprodução do enunciado. Tomemos ainda o exemplo da primeira história do poeta contada pelos mercadores. Estes dizem que, no decorrer de suas viagens passadas, alguém lhes contou o caso de um poeta, autor de magníficas histórias; apesar disso, elas, que são a finalização desse triplo encadeamento, não são relatadas.

No que concerne aos poucos encadeamentos propriamente narrativos (o segundo relato dos mercadores, as relações de Soulima, do mineiro, do eremita, o conto de Klingsohr), mesmo deixando de lado tudo aquilo que, no próprio interior destes, os distingue das narrativas tradicionais, não podemos nos

*Os gêneros do discurso*

impedir de constatar que seu distanciamento em relação à narrativa principal torna os acontecimentos relatados menos cativantes e introduz uma distância suplementar entre eles e o leitor.

3. *Paralelismo.* A tendência à similaridade ou à identificação rege as relações de inúmeros elementos do romance. Em seu *Prefácio*, Tieck resumia assim esse traço: "Todas as diferenças são aqui realçadas, pelas quais as épocas parecem se separar umas das outras, e os mundos se opõem com hostilidade". O principal paralelismo é o das duas partes. Dado que a segunda parte jamais foi escrita, é preciso ainda deixar a palavra a Tieck: "Essa segunda parte se intitula *A realização* – assim como a primeira recebera o nome de *A espera* –, dado que aí veríamos se desenredar e se realizar tudo aquilo que, na outra, se deixava pressentir e adivinhar". Heinrich teria, assim, "revivido, mas em um plano novo e muito mais amplo do que na primeira parte, sua experiência da natureza, da vida e da morte, da guerra, do Oriente, da história e da poesia".

Esse paralelismo geral é multiplicado de inúmeras maneiras. Vimos a similaridade dos sonhos do pai e do filho; Tieck também revela que, no início da segunda parte, "o jardineiro com quem Heinrich conversa é o mesmo velhote que em outros tempos acolhera seu pai". Encontrando Mathilde, Heinrich diz a si mesmo: "Será que isso não é a mesma coisa que apareceu em meu sonho, quando eu tive a visão da Flor Azul?". A identificação das personagens entre si é bem acentuada em Novalis, que nota em um plano destinado à segunda parte: "Klingsohr é o monarca da Atlântida. A mãe de Heinrich é a Imaginação; seu pai, o Sentido. Schwaning é Lune, o rei; e o colecionador de antiguidades é o Mineiro e também o Ferro.

[...]. O imperador Friedrich é Arctur". Mathilde é também Cyané, e ao mesmo tempo Soulima (e também a Poesia, a Flor Azul e Edda), e Novalis escreve: "A jovem é tri-una (*dreieiniges Mädchen*)". São, como ele dizia, "figuras de um quadro", as quais somos convidados a comparar e mesmo a intercambiar.

Quando uma narrativa encadeada se assemelha à narrativa que a recebe e, portanto, da parte ao todo ou, para falar como Novalis, quando encontramos "em resumo a imagem do grande mundo", vemo-nos diante do que atualmente se chama de narrativa em abismo. O que choca em *Ofterdingen* é a abundância dessas imagens. Elas são de duas espécies: umas falam da arte ou da poesia em geral (do código), outras desse livro particular (da mensagem). Não nos surpreendemos com as primeiras: Tieck relatava o projeto de Novalis de escrever outros romances para tratar de assuntos variados, "da mesma forma que, para a poesia, ele fizera em *Ofterdingen*"; a personagem principal do livro é mesmo um poeta. Os mercadores, o eremita, Heinrich e sobretudo Klingsohr mantêm conversas muito detalhadas sobre a poesia; vimos ainda que, mesmo falando de tipos de homens, não nos afastávamos do assunto. A *mise en abyme*[2] do próprio romance também se repete muitas vezes. Nós a havíamos encontrado, ao menos parcialmente, nos sonhos do início; as fusões das personagens nos revelam outras: o conto que preenche o terceiro capítulo é uma imagem reduzida do con-

---

2 Procedimento ou estrutura pelos quais, em uma obra, um elemento remete à totalidade, por sua natureza (quadro no quadro, conto no conto, espelho contra espelho etc.), sobretudo quando essa remissão é multiplicada indefinidamente ou quando inclui de modo fictício a própria obra. Também são conhecidos como estrutura em espelho ou estrutura especular. (N. T.)

*Os gêneros do discurso*

junto, pois Klingsohr é o rei da Atlântida, e Heinrich é o poeta que desposa sua filha. O mesmo acontece para o conto do próprio Klingsohr. Os *Fragmentos* que concernem ao livro anunciam outros reflexos não realizados: "A história do próprio *romance*", "Ela conta a Heinrich sua própria história (a dele)".

Porém, a *mise en abyme* mais perfeita e espetacular é aquela do quinto capítulo, em que Heinrich descobre sua própria história em um livro que pertence ao eremita. Ele não compreende a língua, é verdade, mas pode deduzir o teor pelas iluminuras; a similaridade é "completa, chocante"; ele chega a ver uma "miniatura em que reconhece a caverna e, ao lado dele, o velho mineiro e o eremita": ele quase se vê olhando a imagem mostrando-o enquanto olhava a imagem etc. A única diferença é o tempo: "todos tinham outros costumes, que pareciam ser de outra época". O eremita acrescenta que "é um romance sobre o destino fabuloso de um poeta, em que o gênio poético é apresentado na diversidade de suas formas e altamente louvado". O paralelo se torna propriamente surpreendente quando, conhecendo o destino de *Heinrich von Ofterdingen*, ficamos sabendo que "falta um fim a este manuscrito".

Ao lado dessas repetições e desdobramentos que o leitor descobre, há também aqueles, de outra espécie, que se devem simplesmente à maneira pela qual as personagens percebem o mundo que os cerca. Sua vida é cheia de pressentimentos: assim, a mãe prevê que Heinrich encontrará uma jovem na casa de Schwaning; Heinrich, no momento em que deixa sua cidade, tem o pressentimento do percurso inteiro que o espera; ele se sente "totalmente preenchido por deliciosas premonições" no encontro com Mathilde, a tal ponto que, qualquer que seja o acontecimento que ocorra, as personagens têm o sentimento de já tê-lo vivido. Nesse mundo em que o desenrolar temporal perdeu sua pertinência, não há mais experiência original, a repetição é inicial, o sentimento do "já conhecido" se generalizou. "Quando o velhote se calou, Heinrich experimentou o sentimento do 'já visto' e tinha a impressão de atravessar os pórticos do palácio interior e secreto da terra" (a tradução francesa força um pouco o sentido aqui). O mesmo sentimento em relação a Klingsohr se explica, ao menos parcialmente, pela familiaridade de Heinrich com o livro do eremita: as diversas formas de paralelismo se motivam umas às outras.

4. *Alegorismo*. A tendência à alegoria, isto é, a restrição exercida sobre o leitor para que ele não se ligue ao primeiro sentido das palavras que lê, mas que busque uma segunda significação, era consciente em Novalis, que falava, em seus rascunhos, sobre um "território alegórico", de "personagens alegóricas". Tieck, no *Prefácio*, mencionava a "natureza alegórica" e concluía: "Tudo converge e se funde em uma alegoria". A tal ponto que Novalis anotava, como precaução: "Mas não alegórico demais".

Subjacente em outros lugares, a alegoria se impõe em especial no conto de Klingsohr. Ela é marcada por vários índices. Um, evidente, é a escolha dos nomes próprios: como nas personificações alegóricas, as personagens se chamam Eros, Escriba, Fábula, Aurora, Sol, Lua, Ouro, Zinco, e assim por diante. O outro, mais difuso, é a própria dificuldade de compreender o encadeamento do conto se nos ativermos apenas ao sentido literal. O sobrenatural (incoerência paradigmática) e a esquisitice dos encadeamentos (incoerência sintagmática) desempenham aqui o papel de índices de alegoria e nos obrigam a partir sobre uma pista de interpretação independente da continuidade semântica principal.

*Os gêneros do discurso*

Parece-me que nesse ponto podemos considerar como estabelecida a continuidade das duas oposições, a dos gêneros e a dos homens. Resta se questionar se o termo "poético" é justo ou, de outro ponto de vista, qual é a razão textual da presença de todos esses procedimentos. Podemos dizer de imediato que nenhum deles, em si mesmo, é especificamente poético, se nos ativermos à sua descrição geral; os encadeamentos e o paralelismo, mais particularmente, podem ser bem observáveis nos romances mais romanescos (ou narrativos). A ação conjunta das quatro propriedades textuais (dentre outras) é a única a produzir essa impressão; elas se determinam mutuamente, nos levam a interpretá-las de uma forma e não de outra, se enredam graças à presença conjunta em uma mesma direção. Esses procedimentos só são poéticos por aquilo que os une. Além disso, não se deve esquecer que aquilo que analiso aqui é minha intuição do poético, e não a ideia que Novalis tinha (a menos que as duas coincidam, o que é provável).

Aliás, não encontro denominador comum único para todas as quatro, mas só dois. A primeira razão é a abolição do reino do encadeamento lógico-temporal dos fatos, sua substituição por uma ordem das "correspondências". Em *Heinrich von Ofterdingen* reina o contrário daquilo que Novalis chamava de "a difícil via sem fim, a via da experiência", ou ainda "a cadeia ininterrupta de acontecimentos" que governa o romance dos "heróis", o romance narrativo. Esse efeito é obtido, em particular (a) pelos paralelismos: a similaridade está do lado dos poetas, a diferença do lado dos heróis; (b) pelo modo de encadeamento das ações; (c) pelas digressões introduzidas por encadeamento. A segunda razão é a tendência à destruição de toda representação: enquanto uma descrição (imóvel) do mundo sensível esca-

*163*

paria dos golpes da primeira série de procedimentos, a presente descrição e narração, ou seja, toda ficção, ficam como que diluídas, se tornam transparentes. Para isso contribuem, antes de tudo, as passagens de discussões gerais (assumidas pelo autor ou pelas personagens), os poemas e, de outra maneira, a tendência à alegoria. A diferença se situa aqui no nível de contrato de leitura que liga o leitor ao texto: a leitura poética comporta suas próprias regras, que não implicam, como é o caso da ficção, a construção de um universo imaginário.

Klingsohr dizia: "A poesia é o próprio procedimento do espírito humano", não deixando, ao lado dela, lugar para nenhum outro gênero. Contudo, ele acrescentava: "Um poeta, e que ele seja ao mesmo tempo um herói, é de fato um enviado divino", o que era uma maneira de encontrar a diferença, os gêneros literários se revelando como a projeção textual da diversidade das atitudes tomadas pelos homens em relação à vida.

## III. A poesia sem o verso

Esse título deve ser lido como uma questão: se tirarmos o verso, o que resta da poesia? Todos sabem, desde a Antiguidade, que o verso não faz a poesia, como testemunham os tratados científicos em verso. A resposta é muito menos simples, entretanto, se desejarmos formulá-la em termos positivos: se não for o verso, o que será? Questão que se duplica em uma segunda, nascida da própria dificuldade de responder à primeira: existe uma "poeticidade" transcultural e trans-histórica, ou seremos capazes apenas de encontrar respostas locais, circunscritas no tempo e no espaço?

Para debater esse problema, gostaria de me voltar agora para o poema em prosa. É a prosa que se opõe ao verso; este sendo

*Os gêneros do discurso*

excluído, podemos nos perguntar ao que se opõe o poema e daí remontar à definição do poético. Teríamos assim condições experimentais perfeitas para buscar as respostas de nossas questões.

Se o poema em prosa é o lugar ideal para tentar encontrar uma resposta à questão sobre a natureza da "poesia sem verso", é aconselhável começar pelos estudos dedicados a esse gênero, e em particular pela impressionante história e enciclopédia do gênero que é *Le Poème en prose de Baudelaire à nos jours* [O poema de prosa de Baudelaire até nossos dias], de Suzanne Bernard (Paris, 1959), para ver se a resposta não está lá. O capítulo Estética do poema em prosa é, de fato, inteiramente dedicado a essa questão.

Bernard vê a essência do gênero perfeitamente representada por sua nomeação em oximoro.

Todo o complexo conjunto de leis que presidem à organização desse gênero original já se encontra em germe, em potência, na sua denominação: *poema em prosa*. [...] De fato, o poema em prosa, não apenas em sua forma, mas em sua essência, é fundamentado na união dos contrários: prosa e poesia, liberdade e rigor, anarquia destrutiva e arte organizadora.

O autor do poema em prosa "visa a uma perfeição estática, a um estado de ordem e de equilíbrio – ou mesmo a uma desorganização anárquica do universo, no seio da qual ele possa fazer surgir um outro universo, recriar um mundo".[3]

---

3 Bernard, *Le Poème en prose de Baudelaire à nos jours*, p.434-44.

*Tzvetan Todorov*

Ainda estamos na definição do poema em prosa, não na da poesia fora do verso. Entretanto, uma observação se impõe, dado que diz respeito a um traço característico do discurso de Bernard. Afirmar que esse gênero se qualifica pelo encontro dos contrários é uma coisa, e outra é afirmar que ele pode ser dirigido tanto por um princípio como por seu contrário (por exemplo, tendência à organização ou à desorganização). A primeira afirmação tem um conteúdo cognitivo preciso e pode ser confirmada ou invalidada pelo estudo dos exemplos, como veremos. Por outro lado, a segunda não tem nenhum: A e não A recortam o universo de maneira exaustiva, e dizer que um objeto é caracterizado seja por A, seja por não A não quer dizer absolutamente nada. Ora, Bernard passa sem transição de uma afirmação a outra, como pudemos notar nos dois grupos de frases citadas, que abrem e fecham a primeira parte de sua exposição.

Entretanto, voltemos ao assunto que nos interessa diretamente, a definição da poesia. Depois de ter explicado em que consiste a "prosa" (o realismo, a modernidade, o humor – deixemos ainda de lado essa identificação), Bernard se volta para a definição do poema. Seu primeiro e principal traço é a unidade: é uma "definição do poema como um *todo*, cujos caracteres essenciais são a unidade e a concentração"; "tudo 'trabalha' esteticamente, tudo concorre à impressão total, tudo se sustenta indissoluvelmente nesse universo poético ao mesmo tempo *um e muito complexo*"; é um "conjunto de relações, um universo fortemente organizado".[4]

Para o leitor atual, essas frases que descrevem a unidade, a totalidade e a coerência são familiares; em que pese tudo isso,

---

4 Ibid., p.439, 441.

*Os gêneros do discurso*

é mais habitual vê-las atribuídas a toda *estrutura*, e não apenas ao poema. Poderíamos acrescentar que se toda estrutura não é necessariamente poética, cada poema também não é necessariamente estruturado, nesse sentido da palavra: o ideal da unidade orgânica é o do Romantismo, mas será que podemos fazer entrar todo "poema" sem exercer violência seja ao texto, seja ao metatexto, isto é, ao vocabulário crítico? Voltarei em breve a esse assunto.

Bernard percebe que a definição pela unidade é geral demais (no fim das contas, o romance também não é "um universo fortemente organizado"?), e adiciona então um segundo traço do poema, especificação do primeiro, mas que permite distinguir o gênero poético dos outros gêneros literários: é uma certa relação com o tempo ou, mais exatamente, uma maneira de escapar ao seu controle.

O poema apresenta-se como um bloco, uma síntese indivisível [...]. Chegamos então a uma exigência essencial, fundamental do poema: ele só pode existir como poema sob a condição de conduzir ao 'presente eterno' da arte as durações mais longas, de coagular um devir movente em formas intemporais – encontrando assim as exigências da forma musical.[5]

Se as frases não são de uma transparência perfeita, se desejamos saber quais são as realidades linguageiras que elas recobrem, aprendemos que essa intemporalidade particular é o denominador comum de duas séries de procedimentos. No início da primeira, encontramos o princípio que também suporta

---

5 Ibid., p.442.

167

a rima e o ritmo, agora ausentes: é a repetição, que impõe "uma estrutura rítmica no *tempo real* da obra".[6] No segundo caso, mais do que suspender o tempo, ele é abolido, seja por colisão de momentos diferentes, seja pela destruição das categorias lógicas (distinção que, aliás, é rapidamente posta em questão, dado que Bernard acrescenta, sublinhando as palavras: "o que dá no mesmo".[7] Esta última (ou estas últimas) categoria(s) se traduz(em) devido ao fato de que se "salta brutalmente de uma ideia a outra", que "falta transição",[8] que se dispersam "os encadeamentos, as ligações de ideias, toda coerência na descrição, toda sequência na narrativa: os poetas modernos, na esteira de Rimbaud, se instalam no descontínuo para melhor negar o universo real".[9]

Deixemos passar o fato de que a incoerência aqui se apresenta como uma subdivisão, uma especificação da... coerência, unidade, totalidade (por meio do "presente eterno"). E deixemos para depois o exame empírico dessas afirmações. Fixando-nos no momento apenas na definição do poético, obtemos sua equivalência com o intemporal. Mas os diferentes "meios" de produzir esse estado intemporal – ou melhor, os diferentes processos que podem ter a intemporalidade como *consequência* (as repetições, as incoerências) – só hipoteticamente se reduzem a essa única consequência comum! A dedução que permite subsumir repetições e incoerência sob a noção de intemporalidade é tão frágil quanto os silogismos aos quais o "teatro do absurdo" nos habituou: os homens são mortais, os

---

6 Ibid., p.451.
7 Ibid., p.455.
8 Ibid.
9 Ibid., p.456.

Os gêneros do discurso

camundongos são mortais, portanto os homens são camundongos... Seria mais prudente e mais preciso, deixando de lado os grandes princípios de unidade e de intemporalidade, que nada nos ensinam, reformular assim a tese de Bernard: o poético se traduz tanto por repetições quanto por incoerências verbais. O que talvez seja justo – poderemos verificar –, mas não nos oferece *uma* definição da poesia.

Para escrutar a validade empírica dessas hipóteses, voltemo-nos agora à própria prática do poema em prosa, em que a ideia de poesia se encontra em ação. Dois exemplos, dentre os mais célebres autores de poemas em prosa, talvez nos ajudem nessa busca.

É mais do que natural começar por Baudelaire. Ele não é o "inventor" da forma, bem sabemos hoje (supondo que essa ideia de inventor tenha um sentido), mas é quem lhe confere o título de nobreza, quem a introduz no horizonte de seus contemporâneos e sucessores, quem faz dela um modelo de escritura: um gênero, no sentido histórico da palavra; também é ele que populariza a própria expressão de "poema em prosa", dado que a emprega para designar os primeiros conjuntos publicados. A esperança de encontrar uma resposta para nossa questão se enfraquece quando lemos, na dedicatória da coletânea, que ele sonhou "o milagre de uma prosa poética, musical sem ritmo e sem rima": essa música do significado que nos é prometida é apenas uma variante terminológica da "poesia sem o verso".

A questão se vê então bem colocada. Entretanto, a resposta que os textos da coletânea lhe dão é, em certa medida e ao menos à primeira vista, decepcionante. É que Baudelaire não escreve verdadeiramente sem verso, não busca apenas a música do sentido. Melhor, ele escreve poemas em prosa, isto é, textos que, em seu próprio princípio, exploram o encontro dos contrários (e podemos pensar, por esse motivo, que a coletânea, sob o título da qual Baudelaire hesita, merece mais o nome de *Pequenos poemas em prosa*, em vez de *Spleen de Paris*, mesmo que, em algum lugar, os dois títulos sejam sinônimos). Tudo ocorre como se Baudelaire houvesse tirado a temática e a estrutura de nove décimos desse texto do nome do gênero, poético-prosaico ou, se preferirmos uma visão menos nominalista, se ele só tivesse sido atraído pelo gênero na medida em que este lhe permitisse encontrar uma forma adequada (uma "correspondência") para uma temática da dualidade, do contraste, da oposição; ele ilustra então a definição dada ao gênero por Bernard.

Podemos sustentar essa afirmação lembrando, em primeiro lugar, as diferentes figuras que a exploração da dualidade toma. Elas são em número de três. A primeira merece o nome de *não verossimilhança* (o próprio Baudelaire fala de "bizarrice"): um único fato é descrito, mas ele se enquadra tão mal com os hábitos comuns que não podemos nos impedir de pô-lo em contraste com os fatos ou os acontecimentos "normais". A srta. Bistouri é a garota mais estranha do mundo, e o diabo é de uma generosidade que ultrapassa qualquer expectativa ("O jogador generoso"). O dom superior é recusado ("Os dons das fadas") e a perfeição de uma amante leva à sua morte ("Retratos de amantes"). Por vezes esse contraste permite opor o sujeito da enunciação a seus contemporâneos: estes professam o humanismo ingênuo, e ele crê que é preciso infligir a dor para despertar a dignidade ("Nocauteemos os coitados!").

A segunda figura é a da *ambivalência*. Os dois termos contrários estão presentes aqui, mas caracterizam um mesmo e único objeto. Por vezes, de modo racional, a ambivalência se explica

*Os gêneros do discurso*

como o contraste entre aquilo que as coisas são e o que parecem ser: um gesto que acreditamos nobre é mesquinho ("A falsa moeda", "A corda"), certa imagem da mulher é a verdade de outra imagem ("A mulher selvagem e a pequena amante"). Contudo, na maioria das vezes, é o próprio objeto que é duplo, tanto em sua aparência quanto em sua essência: uma mulher é ao mesmo tempo feia e atraente ("Um cavalo de raça"), ideal e histérica ("Qual é a verdadeira?"), um homem ama e simultaneamente quer matar ("O galante atirador") ou encarna ao mesmo tempo a crueldade e a aspiração à beleza ("O mau vidraceiro"), um quarto é simultaneamente sonho e realidade ("O quarto duplo"). Certos lugares ou momentos são valorizados só porque podem figurar a ambiguidade, como ocorre com o crepúsculo, lugar de encontro entre dia e noite ("O crepúsculo da tarde"), ou o porto, interpenetração da ação e da contemplação ("O porto").

A terceira e última figura da dualidade, de longe a mais representada, é a *antítese*, a justaposição de dois seres, feitos, ações ou reações, dotados de qualidades contrárias. Isso ocorre com o homem e a besta ("Um amável"), o homem e a natureza ("O bolo"), os ricos e os pobres ("As viúvas", "Os olhos dos pobres"), a alegria e a aflição ("O velho saltimbanco"), a multidão e a solidão ("As multidões", "A solidão"), a vida e a morte ("O tiro e o cemitério"), o tempo e a eternidade ("O relógio"), o terrestre e o celeste ("O estrangeiro"). Ou ainda, como para as não verossimilhanças, duas relações contrárias para um mesmo feito serão postas lado a lado, com frequência uma sendo aquela da multidão, e a outra, a do poeta: alegria e decepção ("Já!"), felicidade e tristeza ("O desejo de pintar"), o ódio e o amor ("Os olhos dos pobres"), a recusa e a aceitação ("As tentações"), a admiração e o temor ("O *mea culpa* do artista"), e assim por diante. Essa justaposição antitética pode, por sua vez, ser vivida de modo trágico ou feliz: mesmo aqueles que se assemelham vivem na recusa ("O desespero da velha"), mesmo uma segunda criança "tão perfeitamente semelhante ao primeiro que poderia ser tomada como seu irmão gêmeo" se engaja com o outro "numa guerra perfeitamente fraticida" ("O bolo"). Contudo, por outro lado, a criança rica e a criança pobre, apesar de separadas por "grades simbólicas", se encontram reunidas por seus dentes "de uma brancura *igual*" (O brinquedo do pobre"). Em seguida a um brutal ataque a um velho mendigo, que revida, o "eu" pode declarar: "Meu caro, o senhor *é meu igual!*" ("Nocauteemos os coitados!"). Apesar de o sonho se opor à realidade, ele pode se tornar tão real quanto ela ("Os projetos", "As janelas").

Não é apenas na composição geral ou na estrutura temática que encontramos essa constante dualidade. Já pudemos notar quantos títulos foram feitos de justaposições contrastantes: "O louco e a Vênus", "O cão e o frasco", "A mulher selvagem e a pequena amante", "A sopa e as nuvens", "O tiro e o cemitério". Outros se referem explicitamente à dualidade (sem falar daqueles que a descobrem em objetos como o porto ou o crepúsculo, como "O quarto duplo", "Qual é a verdadeira?", "O espelho". As próprias frases oscilam entre dois termos contrários, como "deliciosa e execrável mulher", "tantos prazeres, tantas dores" ("O atirador galante"), "pacote de excrementos" e "perfumes delicados" ("O cão e o frasco"). Ou essas frases que se seguem, no "Velho saltimbanco": "Em todo canto, a alegria, o ganho, o deboche; em todo canto, a certeza do pão

*Os gêneros do discurso*

para os dias seguintes. Em todo canto, a explosão frenética da vitalidade. Aqui, a miséria absoluta, a miséria fantasiada, para o cúmulo do horror, de andrajos cômicos...". Ou esses outros, em "As multidões": "Multidão, solidão: termos iguais e convertíveis para o poeta ativo e fecundo. Quem não sabe povoar sua solidão também não sabe ficar só em uma multidão atarefada". Textos inteiros são construídos sobre simetrias perfeitas, como "O quarto duplo", composto por dezenove parágrafos, nove para o sonho, nove para a realidade, separados por um parágrafo que começa por "mas"... O mesmo ocorre em "O louco e a Vênus", três parágrafos para a alegria, três para a aflição, e um sétimo no meio que diz: "Entretanto, nesse gozo universal, percebi um ser aflito". A própria dedicatória da coletânea ilustra, mais do que teoriza, esse encontro constante dos contrários, pelo deslizamento, no âmago de uma mesma frase, da forma poética ao tema da grande cidade, ambas consideradas por Baudelaire o traço constitutivo do poema em prosa.

A regularidade desses contrastes é tal que chegamos a nos esquecer de que se trata de contrastes, contradições, dilaceramentos que podem ser trágicos. Em Baudelaire, a antítese é coberta por um sistema de correspondências, e isso não apenas porque o poema em prosa oximorônico corresponde perfeitamente às contradições que ele deve evocar. Qualquer que seja o objeto ou o sentimento descrito, ele acaba por se integrar em uma pluralidade de ecos, tal como essa mulher, "alegórica dália", para quem, no "Convite à viagem", o poeta sonha encontrar um país-quadro que com ela se pareça: "Não serias enquadrada em tua analogia, e não poderias te mirar, para falar como os místicos, em tua própria *correspondência*?". Admiremos a multiplicação das semelhanças: a analogia de quatro termos (a mulher é para o país aquilo que o retrato é para sua moldura) se vê reforçada por uma similaridade entre os objetos contíguos: a moldura deve se parecer com o retrato, e o país, com a mulher. Não nos esqueçamos de que o retrato é o da mulher, que ele é sua imagem fiel (só falta a semelhança direta entre a moldura do quadro e o país). Tal "correspondência" superlativa não é excepcional no universo poético de Baudelaire, seja ele redigido em verso ou em prosa, e sem dúvida constitui uma boa ilustração daquilo que Bernard chamava de um "conjunto de relações, um universo fortemente organizado". É precisamente a confrontação dos contrários que faz a unidade da coletânea baudelairiana.

A relação entre poema em prosa, de um lado, e contraste temático, de outro, não se limita apenas a essa similaridade de estrutura. Sabemos quão numerosos são os poemas que tomam o trabalho do poeta como objeto, adicionando assim a relação de participação à similitude: "O *mea culpa* do artista", "O cão e o frasco", "As multidões", "O velho saltimbanco", "As tentações", "O desejo de pintar", "Perda da auréola", e muitos outros. Mas o que há de mais notável é que o contraste evocado é composto precisamente pelo "prosaico" e pelo "poético" – entendidos dessa vez não como categorias literárias, mas como dimensões da vida e do mundo. Não seria um poeta aquele que sonha com as nuvens, enquanto os outros buscam trazê-lo de volta para a terra, mais próximo da sopa prosaica ("A sopa e as nuvens", "O estrangeiro")? Viver como poeta não seria viver na ilusão ("Tão poeta que sou, não sou tão pateta quanto vocês gostariam de acreditar", em "A mulher selvagem e a pequena amante")? Viver como esses vagabundos despreocupados, livres de amarras sociais que o jovem garoto admira e cujo enunciador – o poeta – diz: "Por um momento tive a bizarra ideia de que eu poderia ter um irmão que me fosse desconhecido" ("As vocações")? O "horrível fardo" da vida não se opõe precisamente à embriaguez "de vinho, de poesia ou de virtude" ("Você se embriaga")? E não será à prosa da vida, à qual dedicamos todo o nosso dia, esperando, no meio da noite, poder equilibrá-la por uma atividade propriamente poética: "Senhor meu Deus! Conceda-me a graça de produzir alguns belos versos que provem a mim mesmo que não sou o último dos homens" ("A uma hora da manhã")?

Um poema em prosa afirma essa continuidade dos planos temático e formal com mais força do que os outros: é o "Thyrse". O *thyrse* [tirso] é um objeto, um bastão, usado nas cerimônias religiosas. Essa dualidade, apesar de bem conhecida, é o ponto de partida do texto, em que o tirso é inicialmente descrito "segundo o sentido moral e poético", e em seguida "fisicamente". O tirso é então um objeto ambivalente, como o porto, o crepúsculo, dado que é poético e espiritual por um lado, prosaico e material, por outro. Em seguida, uma segunda antítese é adicionada, aquela da reta e da curva. Depois, como se a relação com a poesia e a arte não estivesse muito clara, como se a analogia de estrutura não bastasse, segue-se uma formulação direta: o tirso é o trabalho do próprio artista. "O tirso é a representação de sua surpreendente dualidade, mestre poderoso e venerado" (o texto é dedicado a Liszt). "Linha reta e linha de arabesco, intenção e expressão, rigor da vontade, sinuosidade do verbo, unidade do fim, variedade dos meios, amálgama todo-poderoso e indivisível do gênio, qual analista terá a detestável coragem de dividir e separar?". Material e espiritual, o tirso participa uma primeira vez da prosa e da poesia; fusão da reta e das curvas, ele é agora o símbolo do conteúdo e da forma na arte – estes, por sua vez, se prolongam, idealmente, no prosaico e no poético. Podemos sonhar com um melhor símbolo do próprio poema em prosa do que o tirso?

Tal é a unidade dos *Pequenos poemas em prosa*, de Baudelaire, tal é também a ideia que estes nos transmitem sobre a poesia. Como vemos, essa ideia nada tem de surpreendente: o poético só é visto aqui em sua união contraditória com a prosa, e nada mais é do que um sinônimo do sonho, do ideal, do espiritual – temos vontade de dizer, sem tautologia: do poético. Se acreditarmos no próprio Baudelaire, então, o poético é uma pura categoria temática, à qual ele adiciona a exigência da brevidade. O texto que, aliás, pode tanto ser narrativo quanto descritivo, abstrato ou concreto, deve, para ser poético, permanecer curto. Essa regra de Poe era percebida por Baudelaire como um traço constitutivo do gênero ("podemos cortar onde quisermos: eu, os devaneios; você, o manuscrito; o leitor, sua leitura; pois não suspendo a vontade irrequieta deste no decorrer interminável de uma intriga supérflua", dizia a dedicatória da coletânea). O poema é breve; o poético é aéreo; isso seria tudo, se não fosse preciso adicionar o "trabalho" das correspondências já notado, e que está em ação tanto nos *Pequenos poemas em prosa* quanto em *Flores do mal*. Baudelaire ilustraria, por esse último traço, a primeira hipótese de Bernard, aquela que identifica o poético com uma submissão ao princípio da semelhança.

Tomemos um segundo exemplo, tão próximo quanto possível de Baudelaire, ao mesmo tempo historicamente e no plano estético: as *Iluminações*, de Rimbaud. Esses textos são bem escritos em prosa, e ao mesmo tempo ninguém contesta seu caráter poético. Mesmo que o próprio Rimbaud não os qualifique de "poemas em prosa", seus leitores o fazem, e isso nos basta para considerá-los pertinentes ao nosso debate.

Comecemos por uma constatação negativa: a escritura rimbaudiana não é regida pelo princípio de similitude, que podíamos observar em ação em Baudelaire. A metáfora, tropo mestre neste último, está quase ausente em Rimbaud. As comparações, quando existem, não realçam nenhuma semelhança: são as comparações propriamente imotivadas. "O mar da noite, tal como os seios de Amélie" ("Noites III"): mas ignoramos tudo de Amélie e jamais saberemos como é o mar da noite. "É tão simples quanto uma frase musical" ("Guerra"): mas a frase musical, ao que se saiba, não é uma encarnação da simplicidade, e aliás o texto que precede essa comparação e que se supõe que ela esclareça também está longe de ser simples. "Sabedoria tão desdenhada quanto o caos" ("Vidas I"): eis dois contrários unidos pelo desdenho que suscitam. "Orgulho mais benevolente que as caridades perdidas" ("Gênio"): ainda dois desconhecidos aproximados por intermédio de um terceiro... Longe de contribuir para o estabelecimento de um universo fundado sobre a analogia universal, essas comparações põem em evidência a incoerência do mundo evocado.

Se realmente quisermos encontrar tropos em Rimbaud, será nas metonímias; ora, estas não criam um mundo de correspondências. A coisa não é sequer certa, pois poderíamos argumentar que, assim como essas partes do corpo ou essas propriedades dos objetos que somos, em um primeiro tempo, tentados a interpretar como sinédoques, revelam-se finalmente serem partes e propriedades literais, não remetendo a nenhuma totalidade; da mesma maneira então, esse mundo desorganizado e contraído que as expressões de Rimbaud evocam literalmente não exige nenhuma substituição organizadora. Apesar disso, a tentação é grande de sentir um apelo à imaginação metonímica, mesmo que nem sempre se saiba identificar com certeza o ponto de chegada da metonímia. Quando lemos "nossa gíria sufoca o tambor" ("Democracia"), nossos hábitos linguísticos nos fazem transpor: a língua está aí para a fala, o instrumento, para o barulho que ele produz; em um segundo tempo, cada uma das ações evoca seu agente. Quando ouvimos "a areia... que lavou o céu" ("Metropolitano"), ou "o húmus da grama é pisoteado por todos os homicidas e por todas as batalhas" ("Místico"), novamente temos a impressão de que o uso da metonímia do tipo agente-ação ou agente-lugar da ação se encontra de fato na obscuridade da frase.

Uma característica estilística muito conhecida do texto de Rimbaud também se deixa ligar ao movimento metonímico: o poeta descreve ilusões de ótica como se fossem realidades: uma coisa que está no alto em um quadro, sobe; e se está embaixo, desce. Mas não seria uma metonímia essa passagem, por contiguidade e não por semelhança, da imagem ao objeto representado? É assim que, na floresta, "há uma catedral que desce e um lago que sobe" ("Infância III"), que "acima do nível das mais altas ondas um mar perturbado" aparece ("Cidade I") ou "que se jogam baralho no fundo do lago ("Noite histórica"); a metamorfose é motivada em "Depois do dilúvio": "o mar grimpava lá em cima como nas gravuras". Parece-me que é ainda a metonímia a responsável por expressões como "as ervas de aço" ("Místico"), "os olhos tricolor" ("Parada"), "as planícies apimentadas" ("Vidas I"), o "campo acerbo", "a infância mendicante" ("Vidas II"), "os olhares cheios de peregrinações" ("Infância I"), ou dessas frases estranhas, "os gentis-homens

*Os gêneros do discurso*

selvagens caçam suas crônicas" ("Cidades II"), "os Roland soam sua bravura" ("Cidade I"), "cenas líricas... se inclinam" ("Cenas"), "as lâmpadas e os tapetes da noite fazem o ruído das ondas" ("Noites III") ou "eu observo a história dos tesouros que encontrastes" ("Vidas I").

Se as *Iluminações* são poéticas, isso não lhes vem do fato de que sejam "fortemente organizadas", no sentido que essa expressão podia ter no contexto baudelairiano, nem de seu caráter metafórico (a metonímia é reputada prosaica). Também não é o que se atribui habitualmente a elas. Bernard, como vimos, iniciava a segunda tendência fundamental do poema em prosa de Rimbaud: a incoerência, a descontinuidade, a negação do universo real. Poderíamos dizer de forma resumida: o texto de Rimbaud recusa a representação, e é por isso que ele é poético. Contudo, tal afirmação demanda algumas explicações, sobretudo no que concerne ao caráter representativo dos textos literários.

Foi Étienne Souriau que, em sua *Correspondência das artes* (1947, segunda edição corrigida, que cito, de 1969), apresentou de maneira mais explícita o problema da representação na arte, fazendo um traço distintivo e tipológico. É que, de fato, ao lado das artes representativas, há outras que não o são, e aos quais Souriau dá o nome de "presentativas". "É a ser sonata ou a ser catedral que são inerentes, como a seu tema, todos os atributos, morfológicos ou outros, que contribuem para sua estrutura. Enquanto que, nas artes representativas, há uma espécie de desdobramento ontológico – uma pluralidade desses temas de inerência. [...] É essa dualidade dos temas ontológicos de inerência – de um lado a obra, de outro os objetos representados – que caracteriza as artes representativas. Nas artes presentativas, obra e objeto se confundem. A obra representativa suscita, por assim dizer, ao lado e fora dela (ou, pelo menos fora de seu corpo e além de seus fenômenos, apesar de dela saírem e ser suportados), um mundo de seres e coisas que não saberiam com ela se confundir".[10] Resulta dessa grande divisão das artes em "dois grupos distintos", "o grupo das artes em que o universo da obra coloca seres ontologicamente distintos da própria obra; e aquele das artes, em que a interpretação 'coisal' dos dados interpreta a obra sem nela supor outra coisa que não ela mesma".[11]

Entretanto, quando Souriau se volta para o campo literário, é obrigado a constatar uma assimetria em seu quadro da "correspondência das artes": não existe verdadeiramente literatura "presentativa" ou do primeiro grau. A forma primária da literatura seria "o arabesco das consoantes e vogais, sua 'melodia', [...] seu ritmo e, de modo mais amplo, o gesto geral da frase, do período, da sucessão dos períodos etc.".[12] Essa "casa primária (em que figuraria, em princípio, uma arte do acoplamento de certa forma musical das sílabas, sem nenhuma intenção de significação, portanto, de evocação representativa) é praticamente desocupada – exceto por uma 'prosódia pura', que não existe como arte autônoma: ela é implicada apenas na poesia, a título de forma primária de uma arte realmente do segundo grau".[13] Tal pertinência do significante permite opor a poesia à prosa (é assim que Souriau, na página 158, responde à questão que faço a mim mesmo nestas páginas), mas ela só desem-

---

10 Souriau, *Correspondência das artes*, p.89.
11 Ibid., p.90.
12 Ibid., p.154.
13 Ibid., p.132.

penha, com toda evidência, um papel bem marginal em relação ao conjunto literário: *Lautdichtung* dos dadaístas, neologismos futuristas, poesia letrista ou concreta. O motivo é, segundo Souriau, a pobreza musical dos sons da linguagem, comparados à música propriamente dita; e poderíamos adicionar a pobreza visual das letras, comparadas ao conjunto dos meios de que dispõe a pintura.

Tudo isso parece bem justo e, no entanto, nos lamentamos que a dicotomia presentação/representação, aplicada ao campo literário, dê resultados tão pobres, a ponto de podermos nos questionar se sua interpretação é mesmo aquela que convém ao campo literário, e se ela não se enquadra melhor com o que é só um material para a literatura, a saber, a linguagem. O próprio Souriau escreve: "A literatura… toma emprestado o conjunto de seus signos de um sistema inteiramente constituído fora dela: a linguagem".[14] A "forma primária" da literatura não são os sons, mas as palavras e as frases, e estas já têm um significante *e* um significado. A literatura "presentativa" seria não só aquela em que o significante deixa de ser transparente e transitivo, mas aquela, muito mais importante quantitativa e qualitativamente, em que o significado também deixa de sê-lo. Seria o caso, então, de pôr em questão o encadeamento automático sobre o qual eu falava há pouco ("sem nenhuma intenção de significação, *portanto*, de evocação representativa"), para investigar se não existe uma forma de escritura em que a significação está presente, mas não a representação. É essa literatura da presentação que as *Iluminações* de Rimbaud ilustram, e é nesse caráter presentativo que reside sua poesia.

---

14 Ibid., p.154.

Os meios que Rimbaud emprega para destruir a ilusão representativa são inúmeros. Eles vão do comentário metalinguístico explícito, como na célebre frase de "Bárbara": "O pavilhão em carne sangrenta sobre a seda dos mares e das flores árticas; (elas não existem)", até frases francamente agramaticais, das quais nunca se conhecerá o sentido, como aquela que fecha "Metropolitano": "A manhã em que, com Elle, *você* se debateu dentre os brilhos de neve, os lábios verdes, os gelos, as bandeiras negras e os raios azuis, e os perfumes púrpuras do sol dos polos – *tua* força". Entre os dois, uma série de procedimentos tornam a representação incerta e, em seguida, impossível.

Assim, as frases indeterminadas que preenchem a maior parte das *Iluminações* não interditam toda representação, mas as tornam extremamente imprecisas. Quando, ao final de "Depois do dilúvio", Rimbaud diz que "a Rainha, a Feiticeira que acende sua brasa no vaso de terra, jamais quererá nos contar o que ela sabe, e que ignoramos", vemos bem um gesto concreto realizado por uma personagem feminina, mas ignoramos tudo dessa personagem, ou de suas relações com o que precede (os dilúvios) e, é claro, ignoramos "o que ignoramos". Assim como jamais saberemos nada a respeito das "duas crianças fiéis", da "casa musical" ou do "velhote sozinho, calmo e belo" de que fala "Frases", bem como de outras personagens das *Iluminações*. Esses seres surgem e desaparecem como corpos celestes no meio da noite obscura, o tempo de uma iluminação. A descontinuidade tem um efeito semelhante: cada palavra pode evocar uma representação, mas seu conjunto não constitui um todo, e nos incita então a nos atermos às palavras. "Para a infância de Helena tiritaram as peles e as sombras – e o seio dos pobres, e as lendas do céu" ("Fairy"): é a própria pluralidade

*Os gêneros do discurso*

desses temas que constitui o problema, cada um contribuindo para tornar irreais seus predecessores. O mesmo ocorre para todos os complementos circunstanciais na frase citada de "Metropolitano", ou desta outra frase do mesmo texto, em que há "estradas bordadas de grades e de muros", "as atrozes flores", "albergues que para sempre já não abrem mais – há princesas, e se você não estiver acabado demais, o estudo dos astros – o céu". Talvez seja a razão pela qual sempre ficamos tentados a permutar as palavras nos textos de Rimbaud, na tentativa de lhes encontrar uma coerência.

Outros procedimentos tornam a representação não apenas incerta, mas realmente impossível. Isso ocorre com os oximoros e as frases contraditórias, e o quadro movente da enunciação, em que "eu" e "tu", "nós" e "vós" quase nunca se mantêm de uma ponta a outra do texto (por exemplo, em "Depois do dilúvio", "Parada", "Vidas I", "Manhã de embriaguez", "Metropolitano", "Aurora"); esse "Ser de Beleza" é exterior ou interior ao sujeito, que diz no fim: "nossos ossos são revestidos de um novo corpo amoroso" ("Being Beauteous")? O mesmo ocorre com o hábito de Rimbaud, já mencionado, que consiste em descrever as propriedades ou as partes dos objetos sem jamais nomeá-los, a ponto de não se saber realmente de que se trata. Isso é verdade não só para textos como "H", que se apresenta sob a forma de uma verdadeira adivinhação, mas para vários outros, como muitas vezes dão testemunho as hesitações dos críticos. É essa atenção às propriedades, às expensas dos objetos que estas caracterizam, que nos dá a impressão de que Rimbaud emprega sempre o termo genérico de preferência à palavra própria, e colore seus textos com uma forte abstração. O que é exatamente o "luxo noturno" de "Vagabundos", ou o "luxo extraordinário" de "Frases"? A "generosidade vulgar" ou as "revoluções do amor" de "Conto"? A "grama de verão" e o "vício sério" de "Devoção"? "Meus embaraços" e "esse vil desespero" de "Frases"? Os "brilhos preciosos" e a "influência fria" de "Fairy"? Os "horrores econômicos" e a "magia burguesa" de "Noite histórica"? Rimbaud cultiva também os quantificadores universais, como se fosse um legislador: "seres de todos os caracteres dentre todas as aparências" ("Noites II"), "todos os caracteres nuançaram minha fisionomia" ("Guerra") etc.

A essa análise do insucesso da representação em *Iluminações*, para o detalhe da qual nos reportaremos a um dos capítulos seguintes, poderíamos opor dois argumentos. Em primeiro lugar, não é verdade que todos os textos das *Iluminações* e, em cada texto, todas as suas frases, participam dessa mesma tendência: se a representação falha com frequência, também muitas vezes ela se realiza. Por outro lado, as mesmas características verbais que contribuem para esse insucesso podem ser encontradas fora da literatura, e com razão mais forte, fora da poesia: nos textos abstratos e principalmente gerais.

A resposta a essas duas objeções é, felizmente, a mesma. A oposição entre presentação e representação pela linguagem não se situa entre duas classes de enunciados, mas entre duas categorias. A linguagem pode ser transparente ou opaca, transitiva ou intransitiva; contudo, lá estão dois polos extremos, e os enunciados concretos se situam, por assim dizer, sempre em algum lugar entre os dois, só estão mais próximos de uma ou de outra extremidade. Ao mesmo tempo, nunca é uma categoria isolada, e é sua combinação com outras que faz da recusa da representação uma fonte de poesia em *Iluminações*: o texto filosófico, por exemplo, que não representa, mantém a coerência no nível de seu próprio sentido. É mesmo seu caráter "presentativo" que torna esses textos poéticos, e poderíamos figurar o sistema tipológico interiorizado pelos leitores de Rimbaud, mesmo que este nada soubesse, da seguinte maneira:

|  | Verso | Prosa |
| --- | --- | --- |
| *presentação* | poesia | poema em prosa |
| *representação* | epopeia, narração e descrição versificadas | ficção (romance, conto) |

O que nos leva ao nosso ponto de partida. A intemporalidade, da qual Bernard queria fazer a essência da poeticidade, é só uma consequência secundária da recusa da representação em Rimbaud, da ordem das correspondências em Baudelaire. Trata-se então mais de impingir uma verdadeira torção aos fatos que de querer resgatá-los. Porém, mesmo que os textos de dois poetas separados por apenas uma dezena de anos, escrevendo na mesma língua e no mesmo clima intelectual do pré-simbolismo, sejam qualificados (por eles mesmos ou por seus contemporâneos) de "poéticos" por razões tão diferentes, tão independentes, não devemos nos render à evidência: *a* poesia não existe, mas existe e existirão concepções variáveis da poesia, não só de uma época, ou de um país a outro, mas também de um texto ao outro? A oposição presentação/representação é universal e "natural" (é inscrita na linguagem); mas a identificação da poesia com o uso "presentativo" da linguagem é um fato historicamente circunscrito e culturalmente determinado: ela deixa Baudelaire fora da "poesia". Ainda devemos nos perguntar — mas vemos que a resposta implicaria um trabalho preliminar — se não há, todavia, uma afinidade entre todas as razões diferentes pelas quais pudemos, no passado, qualificar um texto de poético. Mostrar que essa afinidade não se encontra onde a acreditávamos e formular algumas dessas razões de maneira mais precisa é o objetivo limitado das páginas que precedem.

# 3

# Memórias do subsolo[1]

*Um achado fortuito em uma livraria:* Memórias do subsolo, *de
Dostoievski... A voz do sangue (como chamá-lo de outra forma?)
se fez imediatamente ouvir, e minha felicidade foi extrema.[2]
Creio que atingimos, com as* Memórias do subsolo, *os píncaros
da carreira de Dostoievski. Considero este livro (e não sou o único)
a pedra angular de toda a sua obra.[3]
As* Memórias do subsolo: *nenhum outro texto do romancista exerceu
mais influência sobre o pensamento e sobre a técnica romanesca do século XX.[4]*

Poderíamos alongar a lista de citações, mas não é necessário; atualmente todos conhecem o papel central desse

---

1 Cito a tradução de Lily Denis, publicada na edição bilíngue das *Memórias*, da editora Albin-Montaigne, 1972.
2 Nietzsche, *Lettre à Overbeck*.
3 Gide, *Dostoïevski*.
4 Steiner, *Tolstói ou Dostoïevski*.

*Tzvetan Todorov*

livro, tanto na obra de Dostoievski quanto no mito dostoievskiano, característico de nossa época.

Se a reputação de Dostoievski não precisa mais ser edificada, o mesmo não acontece em relação à exegese de sua obra. Os escritos críticos que lhe foram dedicados são, sem dúvida, inúmeros; o problema é que só excepcionalmente eles se ocupam das obras de Dostoievski. De fato, este teve a infelicidade de ter tido uma vida movimentada: qual biógrafo erudito teria resistido diante dessa conjunção de anos passados em colônias penais com a paixão pelo jogo, a epilepsia e as tumultuadas relações amorosas? Ultrapassado esse limiar, deparamo-nos com um segundo obstáculo: Dostoievski interessou-se apaixonadamente pelos problemas filosóficos e religiosos de seu tempo; transmitiu essa paixão para suas personagens e ela está presente em seus livros. Assim, é raro que os críticos falem sobre o "Dostoievski escritor", como se dizia antigamente: todos se apaixonam por suas ideias, esquecendo-se de que elas são encontradas no interior de romances. Aliás, supondo-se que mudem de perspectiva, o perigo não teria sido evitado, só teria sido invertido: podemos estudar a "técnica" em Dostoievski, abstraindo os grandes debates ideológicos que animam seus romances (Chklovski pretendia que *Crime e castigo* fosse um puro romance policial, apenas com a particularidade de que o efeito de "suspense" teria sido provocado pelos intermináveis debates filosóficos)? Propor atualmente uma leitura de Dostoievski é, de certa forma, fazer face a um desafio: devemos ver ao mesmo tempo as "ideias" de Dostoievski e sua "técnica", sem privilegiar indevidamente umas ou outra.

O erro comum da crítica de interpretação (como distinta da crítica de erudição) foi (e continua a ser) afirmar: I) que

*Os gêneros do discurso*

Dostoievski é um *filósofo*, abstraindo a "forma literária", e 2) que Dostoievski é *um* filósofo, enquanto mesmo o olhar menos prevenido é no mesmo instante impressionado pela diversidade das concepções filosóficas, morais, psicológicas que abundam em sua obra. Como Bakhtin escreve, no início de um estudo sobre o qual retornaremos:

> Quando abordamos a vasta literatura dedicada a Dostoievski, temos a impressão de nos depararmos não com *um único* autor-artista, que teria escrito romances e novelas, mas com toda uma série de filósofos, com *vários* autores-pensadores: Raskólnikov, Míchkin, Stravróguin, Ivan Karamázov, o Grande Inquisidor e outros...

As *Memórias do subsolo* são, mais do que qualquer outro escrito de Dostoievski – salvo talvez a "Lenda do Grande Inquisidor" –, responsáveis por essa situação. Lendo esse texto, temos a impressão de dispor de um testemunho direto de Dostoievski-o-ideólogo. É então por ele também que devemos começar, se quisermos ler Dostoievski hoje em dia ou, mais geralmente, se quisermos compreender em que consiste seu papel nesse conjunto em incessante transformação a que chamamos de *literatura*.

As *Memórias do subsolo* dividem-se em duas partes, intituladas "O subsolo" e "A respeito da neve fundida". O próprio Dostoievski assim as descreve:

> No presente fragmento, que chamo de "O subsolo", a personagem apresenta a si mesma, apresenta sua visão das coisas e busca, de certa forma, esclarecer as razões pelas quais apareceu, pelas quais deveria aparecer em nosso meio. O fragmento seguinte

oferecerá, dessa vez propriamente dizendo, as "Notas" dessa personagem sobre alguns acontecimentos de sua vida.

É na primeira parte, alegações do narrador, que sempre se encontrou a exposição das ideias mais "notáveis" *de* Dostoievski. Também será por aí que entraremos no labirinto desse texto – sem saber ainda por onde poderemos sair dele.

## A ideologia do narrador

O primeiro tema que o narrador ataca é o da consciência (*soznanie*). Esse termo deve ser tomado aqui não como oposição ao inconsciente, mas à inconsciência. O narrador esboça o retrato de dois tipos de homem: um é o homem simples e direto (*neposredstvennyj*), "*l' homme de la nature et de la vérité*" (em francês no texto) que, ao agir, não tem a imagem de sua ação; o outro, o homem consciente. Para este, toda ação é duplicada pela imagem dessa ação, que surge em sua consciência. Pior: essa imagem aparece antes que a ação tenha ocorrido e, por isso, a torna impossível. O homem de consciência não pode ser homem de ação. "Pois o fruto direto, legítimo, imediato da consciência é a inércia, é o cruzar de braços deliberado. Eu repito mil vezes: se todos os homens diretos e os homens de ação são ativos, é precisamente porque são obtusos e tacanhos."

Tomemos, por exemplo, o caso de um insulto que "normalmente" teria suscitado uma vingança. É bem assim que se comporta o homem de ação.

Admitamos que eles sejam tomados por um desejo de vingança: durante o tempo em que ele durar, nada mais neles subsistirá.

## Os gêneros do discurso

Um senhor dessa espécie investe diretamente no objetivo sem outra forma de processo, como um touro furioso, os chifres abaixados, e somente uma parede seria capaz de freá-lo.

Isso não ocorre com o homem de consciência.

Eu lhes disse: o homem busca se vingar porque acha isso justo... Ora, eu não vejo nisso nenhuma justiça, não encontro aí nenhuma virtude e, por conseguinte, se resolvesse me vingar, só poderia ser por maldade. Evidentemente, a maldade poderia ser mais forte que tudo, que minhas dúvidas e, por conseguinte, me servir com um sucesso certeiro de visão de mundo, precisamente porque esta não é uma causa de forma alguma. Mas o que fazer se não sou sequer maldoso? Meu mau humor — e mais uma vez na sequência dessas malditas leis da consciência — é suscetível de decomposição química. Puf! E eis o objeto volatilizado, as razões evaporadas, o culpado desaparecido; a ofensa deixa de ser uma ofensa para se tornar fatalidade, algo como um ranger de dentes pelo qual ninguém é responsável, o que faz que sempre me sobre a única e mesma saída: bater ainda mais dolorosamente contra a parede.

O narrador começa por deplorar esse excesso de consciência:

Senhores, eu lhes dou minha palavra: o excesso de consciência é uma doença, uma verdadeira e integral doença. Para os usos da vida corrente, precisaríamos somente de uma consciência humana ordinária, isto é, da metade, de um quarto da porção que é atribuída ao homem evoluído de nosso infeliz século XIX,

mas no final de seu raciocínio ele se apercebe que aí está um mal menor: "Apesar de, no início, eu trazer ao seu conheci-

*193*

mento que a consciência era, na minha opinião, a maior infelicidade para o homem, sei que ele se liga a ela e que não a abandonaria contra nenhuma satisfação". "O fim dos fins, senhores, é nada fazer. Mais vale a inação consciente!" Essa afirmação tem um correlato: a solidariedade entre consciência e sofrimento. A consciência provoca o sofrimento, condenando o homem à inação. Contudo, ao mesmo tempo, ela é seu resultado: "O sofrimento... mas vejamos, é o único motor da consciência!". Aqui intervém um terceiro termo, o gozo, e nos vemos diante de uma afirmação bem "dostoievskiana"; contentemo-nos, no momento, em expor, sem buscar explicar. Várias vezes o narrador afirma que no âmago do maior sofrimento, sob a condição de tomar consciência dele, encontrará uma fonte de gozo, "um gozo que por vezes atinge o máximo da volúpia". Vejamos um exemplo:

Eu chegava ao ponto de sentir um gozo secreto, anormal, um pequeno gozo ignóbil entrando pelo meu canto perdido, em uma dessas noites particularmente desagradáveis que se vê em Petersburgo, e a me sentir arquiconsciente de ter, naquele dia, cometido mais uma vez algo repugnante, que mais uma vez o que estava feito estava feito, e no fundo de mim mesmo, em segredo, a me consumir, me consumir ardentemente, a me transtornar, a me ferver o sangue, até o momento em que o amargor deixava enfim lugar a uma doçura infame, maldita, e finalmente a um definitivo e verdadeiro gozo. Sim, eu disse mesmo um gozo. [...] Explico: o gozo vinha justamente da consciência excessivamente clara que eu tinha de meu aviltamento, de que eu me sentia acuado na última parede; que é claro que isso era muito ruim, mas que não poderia ser de outra maneira...

*Os gêneros do discurso*

E ainda:

> Mas é precisamente nessa semiconfiança e nesse semidesespero odiosamente frios, na tristeza que nos leva, em total lucidez, a nos enterrar vivos em nossos subsolos, mergulhados, ao preço de grandes esforços, em uma situação sem saída e, entretanto, duvidosa, no veneno desses desejos insatisfeitos e contrariados, nessa febre de hesitações, de resoluções irrevogáveis, seguidas de lamentações quase imediatas, que reside a quintessência do estranho gozo de que falei.

Esse sofrimento que a tomada de consciência transforma em gozo também pode ser puramente físico, como ocorre na dor de dentes. Veja-se a descrição de um "homem culto" no terceiro dia de sua dor:

> Seus gemidos se tornam abomináveis, irritantes, infectos e duram dias e noites inteiras. Apesar de tudo, ele sabe que não tirará nenhuma vantagem disso; sabe melhor que ninguém que ele se maltrata e se enerva em pura perda de tempo, e os outros com ele; sabe que mesmo o público diante do qual se lamenta, e sua família inteira se habituaram, e não sem repulsa, aos seus gritos, que não lhe dão mais um pingo de confiança, e sem nada dizer se dão conta de que ele poderia gemer de outra forma, com mais simplicidade, sem ruídos nem contorções, e que se ele se diverte com isso, é apenas por maldade e hipocrisia. Ora, vejam, é justamente nesses estados de consciência e de vergonha que se esconde a volúpia.

É o que chamamos de *masoquismo* do homem do subsolo.

Sem ligação visível (mas talvez isso seja apenas uma aparência), o narrador passa ao seu segundo grande tema: o da razão, de sua parte no homem e do valor do comportamento que a ele quer se conformar com exclusividade. A argumentação pouco a pouco toma a seguinte forma: 1) A razão só conhecerá o "razoável", isto é, apenas uma "vigésima parte" do ser humano. 2) Ora, a parte essencial do ser é constituída pelo desejo, pelo querer, que não é razoável. "O que sabe a razão? A razão só conhece o que teve tempo de aprender (e creio que há coisas que ela jamais aprenderá; isso não é um consolo, mas por que não o dizer?), enquanto a natureza humana age em todo o seu conjunto, com tudo o que ela possui de consciente ou de inconsciente, e apesar de mentir, ela vive". "A razão é uma boa coisa, é indiscutível, mas é apenas a razão, e só satisfaz a faculdade de raciocínio do homem, enquanto o querer é a manifestação de toda a vida de um homem, inclusive de sua razão e de tudo o que o faz desejar." 3) É então absurdo querer fundar uma maneira de viver — e de impô-la aos outros — apenas pela razão.

Por exemplo, você quer livrar o homem de seus velhos hábitos e endireitar sua vontade em conformidade com as exigências da ciência e do bom senso. Mas o que lhe diz que isso é não só possível, mas *necessário*? O que lhe permite concluir que o querer do homem tem tanta *necessidade* de ser endireitado? Resumindo, de onde você tirou que esse endireitamento lhe trará uma vantagem real?

Dostoievski denuncia então esse determinismo totalitário em nome do qual se tenta explicar todas as ações humanas por referência às leis da razão.

*Os gêneros do discurso*

Esse raciocínio se baseia em alguns argumentos e, por sua vez, leva a certas conclusões. Vejamos, em primeiro lugar, os argumentos. Eles são de dois tipos, tirados de uma parte da experiência coletiva, da história da humanidade: a evolução da civilização não conduziu ao reino da razão, há tantos absurdos na sociedade antiga quanto no mundo moderno. "Mas olhem bem em torno de vocês! Correm rios de sangue e, além de tudo, tão alegremente, que diríamos ser de champanhe." Os outros argumentos vêm da experiência pessoal do narrador: que nem todos os desejos podem ser explicados pela razão; que, se pudessem, o homem teria agido de modo diverso – de propósito, para contradizê-la; que a teoria do determinismo é, então, falsa; e o narrador, diante dela, defende o direito ao capricho: eis o que Gide reterá de Dostoievski. Aliás, amar o sofrimento é contra a razão; ora, isso existe (como vimos antes e como ele nos lembra aqui: "É que por vezes o homem é terrivelmente ligado ao seu sofrimento, é uma verdadeira paixão e um fato indiscutível".). Há, enfim, outro argumento que deve responder a uma eventual objeção. De fato, poderíamos constatar que a maioria das ações humanas obedece, apesar de tudo, a finalidades racionais. Isso é verdade, mas não passa de uma aparência. De fato, mesmo nessas ações aparentemente racionais, o homem se submete a outro princípio: ele completa a ação por ela mesma e não para chegar a um resultado. "O essencial não é saber aonde ela vai [a via], mas somente que ela avança."

Mas o homem é um ser frívolo e desgracioso; talvez, assim como o jogador de xadrez, ele só se interesse pela busca do fim, e não ao fim em si mesmo. E quem sabe (não saberíamos jurar)? Talvez o único fim para o qual tende a humanidade sobre essa terra resida na permanência dessa busca ou, dito de outra forma, na vida mesmo, e não no fim propriamente dito.

As conclusões que tiramos dessa afirmação concernem a todos os reformadores sociais (inclusive os revolucionários), pois eles imaginam que conhecem o homem inteiro e deduziram, desses conhecimentos de fato parciais, a imagem de uma sociedade ideal, de um "palácio de cristal"; ora, suas deduções são falsas, porque eles não conhecem o homem. O que oferecem, por conseguinte, não é um palácio, mas um "imóvel para locatários pobres" ou ainda um galinheiro, ou ainda um formigueiro.

Vejam, se no lugar de um palácio fosse um galinheiro, e se começasse a chover, talvez eu me enfiasse no galinheiro para não ficar molhado, mas – por gratidão, porque ele me teria abrigado da chuva – sem tomá-lo por um palácio. Vocês riem e dizem mesmo que, nesse caso, galinheiro ou propriedade principesca, é tudo igual. Sim, eu responderia, se vivêssemos apenas para não nos deixarmos ficar molhados.

"Enquanto isso, continuarei a não tomar um galinheiro por um palácio." O determinismo totalitário não apenas é falso, mas perigoso: na contumácia de considerar os homens como uma peça na máquina, ou como "animais domésticos", acaba-se levando-os a serem. É o que chamamos de o *antissocialismo* (o conservadorismo) de Dostoievski.

## O drama da fala

Se as *Memórias do subsolo* se limitassem a essa primeira parte e às ideias que acabamos de expor, poderíamos ficar surpre-

*Os gêneros do discurso*

sos de ver esse livro desfrutar da reputação que tem. Não que as afirmações do narrador sejam inconsistentes. Também não se deve, por uma deformação de perspectiva, recusar-lhe qualquer originalidade: os cem anos que nos separam da publicação das *Memórias* (1864) talvez nos tenham habituado a pensar em termos próximos daqueles de Dostoievski. No entanto, o puro valor filosófico, ideológico, científico dessas afirmações com certeza não basta para distinguir esse livro dentre outros.

Todavia, não é isso que lemos quando abrimos as *Memórias do subsolo*. Não lemos uma coletânea de pensamentos, mas uma narrativa, um livro de ficção. No milagre dessa metamorfose consiste a primeira real inovação de Dostoievski. Não se trata aqui de opor a forma às ideias: forçar a incompatibilidade entre ficção e não ficção ou, se preferirmos, entre "mimética" e o "discursivo", é também uma "ideia", e de bom tamanho. É preciso recusar a redução da obra a frases isoladas, extraídas de seu contexto e atribuídas diretamente ao pensador Dostoievski. Então convém agora, dado que conhecemos a substância dos argumentos que serão apresentados, ver como esses argumentos nos chegam. Mais do que a uma exposição tranquila de uma ideia, assistimos à sua *mise en scène* (encenação). E dispomos, como se deve em uma situação dramática, de vários *papéis*.

Um primeiro papel é atribuído aos textos evocados ou citados. Desde sua publicação, as *Memórias do subsolo* foram percebidas pelo público como um escrito polêmico. V. Komarovitch, na década de 1920, explicitou a maioria das referências que nele se encontram dispersas ou dissimuladas. O texto refere-se a um conjunto ideológico que domina o pensamento liberal e radical russo dos anos 1840 a 1870. A expressão "o belo e o sublime", sempre entre aspas, remete a Kant, a Schiller e ao idealismo alemão; "o homem da natureza e da verdade", a Rousseau (veremos que o papel deste é mais complexo); o historiador positivista Buckle é citado pelo nome. Mas o adversário mais direto é um contemporâneo russo: Nicolai Tchernychevski, mentor da juventude radical da década de 1960, autor de um romance utópico e didático, *Que faire?* [O que fazer?], e de vários artigos teóricos, dentre os quais Do princípio antropológico em filosofia. É Tchernychevski que defende o determinismo totalitário, tanto no artigo citado quanto por intermédio das personagens de seu romance (em especial de Lopoukhov). Também é ele que faz outra personagem (Vera Pavlovna) sonhar com o palácio de cristal, o que indiretamente remete ao falanstério de Fourier e aos escritos de seus continuadores russos. Portanto, em nenhum momento o texto das *Memórias* é apenas a exposição imparcial de uma ideia; lemos um diálogo polêmico no qual o outro interlocutor estava bem presente ao espírito dos leitores contemporâneos.

Ao lado desse primeiro papel, que poderíamos chamar de *eles* (= os discursos anteriores), surge um segundo, o *você*, ou o interlocutor representado. Esse *você* aparece desde a primeira frase, mais exatamente nas reticências que separam "Eu sou um homem doente" de "Eu sou um homem maldoso": o tom muda da primeira para a segunda proposição porque o narrador ouve, prevê uma reação apiedada para a primeira, e que ele recusa pela segunda. Logo depois, o *você* aparece no texto. "E isso, tenho certeza de que você não me dá a honra de compreender." "Entretanto, vocês não creem, senhores, que manifesto meu remorso diante de vocês, que tenho o ar de me desculpar de não sei qual culpa?... É nisso que vocês creem, tenho certeza…" "Se, irritados por toda essa verborragia (e já sinto que ela os irrita), me façam saber" etc.

Essa interpelação do auditor imaginário, a formulação de suas supostas réplicas, se desdobram ao longo do livro; e a imagem do *você* não permanece idêntica. Nos seis primeiros capítulos da primeira parte, o *você* denota simplesmente uma reação média, a do sr. Todo-Mundo, que escuta essa confissão fervorosa, ri, desconfia, se deixa irritar etc. Apesar disso, no Capítulo VII, e até o X, esse papel se modifica: o *você* não se contenta mais com uma reação passiva, toma posição e suas réplicas se tornam tão longas quanto as do narrador. Conhecemos essa posição: é a do *eles* (digamos, para simplificar, aquela de Tchernychevski). Agora é a *eles* que se dirige o narrador ao afirmar: "Pois que seja de meu conhecimento, senhores, todo o seu repertório das vantagens humanas foi estabelecido segundo as cifras médias de dados estatísticos e de fórmulas de ciências econômicas". É esse segundo *vocês-eles* sobre os quais dirá: "Vocês acreditam em um palácio de cristal, para sempre indestrutível…". Enfim, no último (décimo primeiro) capítulo há um retorno ao *você* inicial, e este se torna, ao mesmo tempo, um dos temas do discurso: "Bem entendido, essas palavras que o faço dizer, fui eu quem acabei de inventar. Isso também é um produto do subsolo. Eu as espiei por uma pequena fenda durante quarenta anos em seguida. Fui eu quem as inventou, é tudo o que eu tinha para fazer…".

Enfim, o último papel nesse drama é desempenhado pelo *eu*: por um *eu* duplicado, é claro, pois sabemos que todo aparecimento do *eu*, todo chamamento daquele que fala, coloca um novo contexto de enunciação, em que é um outro *eu*, ainda não nomeado, que enuncia. Aí está o traço mais forte e ao mesmo tempo mais original desse discurso: sua aptidão para mesclar livremente o linguístico com o metalinguístico, a contradizer um pelo outro, a regressar infinitamente no metalinguístico. De fato, a representação explícita daquele que fala permite uma série de figuras. Veja-se a contradição: "Eu era um funcionário maldoso". Uma página adiante: "Dizendo há pouco que eu era um funcionário maldoso, contei-lhes asneiras". O comentário linguístico:

Eu era grosseiro e tirava prazer disso. É que eu não aceitava subornos, não! Então, eu tinha direito a essa compensação. (A pilhéria não é grande coisa, mas eu não perco a brincadeira. Escrevendo-a, achei que daria uma coisa picante. Agora, percebo que só queria parecer esperto, mas não a deixarei para lá! De propósito!).

Ou "Prossigo tranquilamente meu propósito sobre as pessoas com nervos sólidos...". Refutação de si mesmo: "Pois eu lhes juro, senhores, que não acredito em uma só, mas nenhuma mesmo, palavra do que acabo de rabiscar". A regressão infinita (exemplo da segunda parte):

De fato, vocês têm razão. É vulgar e ignóbil. E o mais ignóbil de tudo é que estou me justificando diante de vocês. E mais ignóbil ainda, que eu observe isso. Ah! E isso basta, no fundo, do contrário não acabaremos nunca: as coisas serão mais infames umas que as outras...

E todo o décimo primeiro capítulo da primeira parte é dedicado ao problema da escritura: por que se escreve? Para quem? A explicação que ele propõe (escreve para si mesmo, para se livrar de lembranças incômodas) é uma dentre outras, sugeridas em outros níveis de leitura.

O drama que Dostoievski encenou nas *Memórias* é o da fala, com seus protagonistas constantes: o discurso presente, o *isso*; os discursos ausentes dos outros, *eles*; o *vocês* ou *você* do alocutário, sempre pronto para se transformar em locutor; por fim, o *eu* do sujeito da enunciação – que só aparece quando uma enunciação o enuncia. O enunciado, tomado nesse jogo, perde qualquer estabilidade, objetividade, impessoalidade: não há mais ideias absolutas, cristalização intangível de um processo esquecido para sempre; elas se tornam tão frágeis quanto o mundo que as cerca.

O novo estatuto da ideia é precisamente um dos pontos que encontramos esclarecidos no estudo de Bakhtin sobre a poética de Dostoievski (e que retoma as observações de vários críticos russos anteriores: Viatcheslav Ivanov, Grossman, Askoldov, Engelgardt). No mundo romanesco não dostoievskiano, que Bakhtin chama de monológico, a ideia pode ter duas funções: expressar a opinião do autor (e só ser atribuído a uma personagem por comodidade); ou então, não sendo uma ideia à qual o autor empreste sua adesão, servir de característica psíquica ou social da personagem (por metonímia). Contudo, assim que a ideia é levada a sério, não pertence mais a ninguém.

Tudo aquilo que, nas consciências múltiplas, é essencial e verdadeiro, faz parte do contexto único da "consciência em geral", e é desprovido de individualidade. Por outro lado, tudo o que é individual, o que distingue uma consciência de outra e das outras, não tem nenhum valor para a cognição em geral e se limita à organização psicológica ou aos limites da pessoa humana. De fato, na verdade, não há consciências individuais. O único princípio de individualização cognitiva reconhecido pelo idealismo é o *erro*. Um julgamento verdadeiro jamais é ligado a uma pessoa, mas satisfaz apenas a um contexto único fundamentalmente monológico. Só o erro torna individual.

A "revolução copernicana" de Dostoievski consiste precisamente, segundo Bakhtin, em ter anulado essa impessoalidade e solidez da ideia. Aqui a ideia é sempre "interindividual e intersubjetiva", e "sua concepção criadora do mundo não conhece a *verdade impessoal*, e suas obras não comportam verdades suscetíveis de isolamento". Em outras palavras, as ideias perdem seu estatuto singular, privilegiado, deixam de ser essências imutáveis para se integrar em um circuito da significação mais vasto, em um imenso jogo simbólico. Para a literatura anterior (tal generalização evidentemente é abusiva), a ideia é um significado puro, ela *é significada* (pelas palavras ou pelos atos), mas *não significa* a si mesma (a menos que seja como uma característica psicológica). Para Dostoievski e, em graus diferenciados, para alguns de seus contemporâneos (tal como como o Nerval, de *Aurélia*), a ideia não é o *resultado* de um processo de representação simbólica, mas sim uma *parte* integrante dele. Dostoievski abole a oposição entre discursivo e mimético, dando às ideias um papel de *simbolizante*, e não apenas de *simbolizado*; transforma a ideia de representação, não a recusando ou a restringindo, mas bem ao contrário (mesmo que os resultados possam ser semelhantes), estendendo-a sobre campos que lhe eram até então estrangeiros. Podemos encontrar nos *Pensamentos* de Pascal afirmações sobre um coração que a razão desconhece, como nas *Memórias do subsolo*; mas não podemos imaginar os

*Os gêneros do discurso*

*Pensamentos* transformados em tal "diálogo interior", no qual aquele que enuncia ao mesmo tempo se denuncia, se contradiz, se acusa de mentiroso, se julga ironicamente, zomba de si mesmo – e de nós.

Quando Nietzsche diz: "Dostoievski é o único que me ensinou alguma coisa em psicologia", participa de uma tradição secular que, no literário, lê o psicológico, o filosófico, o social – mas não a própria literatura ou o discurso; que não se apercebe de que a inovação de Dostoievski é muito maior no plano simbólico do que no da Psicologia, que aqui é só um elemento dentre outros. Dostoievski muda nossa ideia de ideia e nossa representação da representação.

Mas haveria uma relação entre esse tema *do* diálogo e os temas evocados *no* diálogo? Sentimos que o labirinto ainda não nos revelou todos os seus segredos. Tomemos outra via, engajemo-nos em um setor ainda inexplorado: a segunda parte do livro. Como saber se o caminho indireto será o mais rápido?

Essa segunda parte é mais tradicionalmente narrativa, mas nem por isso exclui os elementos desse drama da fala que observamos na primeira. O *eu* e o *você* se comportam de maneira semelhante, mas o *eles* muda e aumenta sua importância. Mais do que entrar em diálogo com os textos anteriores, em polêmica – portanto, em uma relação sintagmática –, a narrativa desposa a forma da *paródia* (relação paradigmática), imitando e invertendo as situações das narrativas anteriores. Em certo sentido, as *Memórias do subsolo* carregam a mesma intenção que *Dom Quixote*: ridicularizar uma literatura contemporânea, atacando-a tanto pela paródia quanto pela polêmica aberta. O papel dos romances de cavalaria é mantido aqui pela literatura romântica, russa e ocidental. Mais exatamente, esse papel é dividido em dois: por um lado, o herói participa de situações que parodiam as peripécias do mesmo *Que faire?*, de Tchernychevski, como no encontro com o oficial ou com Lisa. Lopoukhov, no romance de Tchernychevski, tem por costume jamais ceder a passagem, exceto para mulheres e velhos; quando uma personagem grosseira também não dá a vez, Lopoukhov, homem de grande força física, simplesmente o joga na vala. Outra personagem, Kirsanov, encontra uma prostituta e, por seu amor, a retira de sua condição (ele é estudante de Medicina, assim como o pretendente de Lisa). Esse plano paródico jamais é nomeado no texto. Por outro lado, o homem do subsolo é sempre consciente de se comportar (de querer se comportar) como as personagens românticas do início do século; as obras e os heróis são nomeados aqui: Gogol (*Almas mortas, Diário de um louco, O capote* – este último sem menção explícita), Gontcharov (*Histoire ordinaire* [Uma história comum]), Nekrassov, Byron (*Manfred*), Pushkin (*Le Coup de feu* [O tiro]), Lermontov (*Mascarade*), George Sand, e até o próprio Dostoievski, indiretamente (*Humilhados e ofendidos*). Ou seja, a literatura liberal dos anos 1930 e 1940 é ridicularizada dentro de situações emprestadas dos escritores radicais dos anos 1960, o que já constitui uma acusação indireta de uns e outros.

Ao contrário da primeira parte, o papel principal pertence à literatura liberal e romântica. O herói-narrador é um adepto dessa literatura romântica e gostaria de pautar sobre ela seu comportamento. No entanto – e é aí que mora a paródia –, na verdade, esse comportamento é ditado por outra lógica, o que faz que os projetos românticos falhem um depois do outro. O contraste é completamente chocante, pois o narrador não se contenta com sonhos vagos e nebulosos, mas imagina nos

*Os gêneros do discurso*

menores detalhes cada cena a advir, com frequência várias vezes em seguida, e jamais suas previsões se mostram justas. Primeiro com o oficial: ele sonha (e veremos em que esse sonho é romântico) com uma briga ao final da qual ele seria jogado pela janela ("Meu Deus! O que eu teria dado por uma boa e mais justa disputa, uma disputa mais conveniente, mais *literária*, por assim dizer!"), mas de fato é tratado como alguém que não merece a briga e que nem mesmo existe. Em seguida, a respeito do mesmo oficial, ele sonha com uma conciliação no amor, mas só conseguirá colidir com ele "num pé de perfeita igualdade". No episódio com Zverkov, ele sonha com uma noitada em que todo mundo o admira e o ama, mas a viverá na maior humilhação. Com Lisa, por fim, ele se reveste do sonho mais tradicionalmente romântico: "Por exemplo: eu salvo Lisa justamente porque ela me visita e que lhe falo… Desenvolvo seu espírito, promovo sua educação. Acabo por perceber que ela me ama, me ama apaixonadamente. Faço de conta que não percebo" etc. No entanto, quando Lisa chega à sua casa, ele a trata como uma prostituta.

Seus sonhos são ainda mais românticos quando a eles não segue nenhuma ação precisa, tal como naquele, intemporal, que encontramos no Capítulo 2:

> Por exemplo, eu triunfo. Naturalmente, os outros são pulverizados e obrigados a reconhecer de boa vontade minhas inúmeras qualidades; e eu perdoo a todos. Poeta e cavalheiro da Câmara, eu me apaixono. Recebo muitos milhões, que imediatamente sacrifico em prol do gênero humano; em seguida confesso, diante do povo, todas as minhas infâmias ordinárias, mas conservando loucas quantidades de "belo" e de "sublime", no estilo de Manfred […]

Ou ainda, com Zverkov, quando prevê três versões sucessivas de uma cena que jamais acontecerá: na primeira, este lhe beija os pés; na segunda, eles duelam; na terceira o narrador morde a mão de Zverkov, vai para a prisão e, quinze anos mais tarde, volta a ver seu inimigo:

> Veja, monstro, veja meu rosto pálido e meus andrajos! Perdi tudo: carreira, felicidade, arte, ciência, *a mulher que eu amava*, e tudo isso por sua causa. Veja essas pistolas. Vim aqui para esvaziar minhas armas e... e eu o perdoo — nesse momento, atirarei para o ar, depois não mais se ouvirá falar de mim... — Eu estava à beira das lágrimas e, apesar disso, no mesmo momento, eu sabia — a dúvida não era mais permitida — que tudo isso, eu havia tirado de Sylvio e da *Mascarade* de Lermontov.

Todos esses devaneios ocorrem então explicitamente em nome da literatura, de uma certa literatura. Quando os acontecimentos correm o risco de se desenrolar de outra forma, o narrador os qualifica de não literários ("tudo isso seria miserável, não *literário*, banal!"). Assim, esboçam-se duas lógicas, ou duas concepções da vida: a vida *literária ou livresca* e a *realidade* ou a *vida vivente*. Assim fala o desiludido narrador ao fim das *Memórias*:

> Nós nos desabituamos de viver, tornamo-nos alijados, uns mais, outros, menos. Perdemos a tal ponto o hábito que, por vezes, sentimos uma espécie de repulsa diante da "vida vivente" e, por conseguinte, detestamos que nos lembrem de sua existência. É que chegamos ao ponto em que consideramos a "vida vivente" apenas como um labor, quase uma função pública, e que em nosso foro íntimo pensamos que o mundo dos livros é melhor

*Os gêneros do discurso*

[...]. Deixem-nos sós, sem livros, e imediatamente nos confundiremos, nos perderemos...

## Mestre e escravo

De fato, não assistimos apenas a uma rejeição dos devaneios. Os acontecimentos representados não se organizam tão só de modo a refutar a concepção romântica do homem, mas em função de uma lógica que lhes é própria. Essa lógica, jamais formulada, mas sempre articulada, explica todas as ações, aparentemente aberrantes, do narrador e daqueles que o cercam: é aquela do mestre e do escravo ou, como diz Dostoievski, a do "desprezo" e da "humilhação". Longe de ser a ilustração do capricho, do irracional e da espontaneidade, o comportamento do homem do subsolo obedece, como já foi assinalado por René Girard, a um esquema bem preciso.

O homem do subsolo vive em um mundo de três valores: inferior, igual e superior, mas é apenas na aparência que estes formam uma série homogênea. Em primeiro lugar, o termo "igual" só pode existir enquanto negado: é próprio da relação mestre-escravo ser exclusiva, não admitir nenhum terceiro termo. Aquele que aspira à igualdade prova com isso mesmo que não a possui, e a ele será atribuído o papel de escravo. Assim que alguém ocupa um dos polos da relação, seu parceiro se vê automaticamente ligado ao outro.

Apesar disso, ser mestre também não é mais fácil. De fato, assim que se vê confirmado em sua superioridade, esta desaparece, pois superioridade só existe, paradoxalmente, com a condição de se exercer sobre seus iguais; caso se acredite de verdade que o escravo é inferior, a superioridade perde o sentido.

Em termos mais exatos, ela o perde quando o mestre percebe não apenas sua relação com o escravo, mas também a imagem dessa relação ou, se preferirmos, que ele toma *consciência*. Aí está a diferença entre o narrador e as outras personagens das *Memórias*. À primeira vista, essa diferença pode parecer ilusória. Ele mesmo acredita nisso quando tem a idade de 24 anos: "Outra coisa me atormentava: justamente isto, que ninguém se parecia comigo, e que eu não me parecia com ninguém. 'É que eu sou só, mas eles, eles são *todos*', eu me dizia, perdendo-me em conjecturas". Contudo, dezesseis anos mais tarde, o narrador acrescenta: "Vê-se, com isso, que eu não passava de um garoto". De fato, a diferença só existe aos seus olhos, mas isso basta. O que o torna diferente dos outros é o desejo de deles não se distinguir; dito de outra forma, é sua consciência, aquela mesma que ele exaltava na primeira parte. Assim que se torna consciente do problema da igualdade, que declara querer se tornar igual, afirma, nesse mundo em que só há mestres e escravos, que não é igual e, portanto – como apenas os mestres são "iguais" –, que é inferior. O fracasso espreita o homem do subsolo de todos os lados: a igualdade é impossível; a superioridade, desprovida de sentido; a inferioridade, dolorosa.

Tomemos o primeiro episódio, o encontro com o oficial. Poderíamos achar estranho o desejo do narrador de se ver lançado pela janela ou, para explicá-lo, recorrer a esse "masoquismo" com o qual nos entreteve na primeira parte. Todavia, a explicação está em outro lugar, e se julgamos seu desejo absurdo, é porque só nos damos conta dos atos explicitamente colocados, e não daquilo que eles pressupõem. Ora, em regra, uma briga *implica* a igualdade dos participantes: só se luta entre iguais. (Nietzsche escrevia – e sem dúvida aí estava a lição que aprendera com Dostoievski: "Não odiamos um homem enquanto o acharmos inferior, mas apenas quando o julgamos igual ou superior"). Obedecendo à mesma lógica do mestre e do escravo, o oficial não pode aceitar essa proposta: demandar a igualdade implica que se é inferior, portanto, o oficial se comportará como superior. "Ele me pegou pelos ombros e, sem uma palavra de advertência ou explicação, me fez mudar de lugar e depois passou, como se nem sequer tivesse observado minha presença." E eis que nosso herói se vê no lugar do escravo.

Enclausurado em seu ressentimento, o homem do subsolo começa a sonhar – não exatamente com a vingança, mas ainda no estado de igualdade. Ele escreve uma carta para o oficial (que não enviará) e que deveria levar este último ou ao duelo, isto é, à igualdade dos adversários, ou para que ele "dê um pulo em minha casa para se lançar em torno do meu pescoço e me oferecer sua amizade. E como teria sido belo! Aí, começaríamos a viver!": em outros termos, na igualdade de amigos.

Depois, o narrador descobre o caminho da vingança. Ela consistirá em não ceder o caminho na Avenida Nevski, onde ambos frequentemente passeiam. Mais uma vez, aquilo com que sonha é a igualdade.

Por que você se afasta primeiro? Eu me perguntava, guerreando comigo mesmo, acordando às três horas da madrugada, em plena crise de nervos. – Por que deveria ser você, e não ele? Não há lei sobre esse evento, isso não está escrito em lugar nenhum, não é mesmo? Ponham-se cada um de seu lado, como de hábito ocorre quando pessoas delicadas se encontram: ele lhe deixa a metade da passagem, e você, a outra, e assim vocês se cruzarão, com respeito mútuo.

E quando o encontro ocorre, o narrador constata: "Eu me colocara publicamente em pé de igualdade social com ele". É o que, aliás, explica a nostalgia que ele sente agora por esse ser pouco atraente ("O que ele estará fazendo agora, meu doce amigo?..."). O incidente com Zverkov obedece exatamente à mesma lógica. O homem do subsolo entra em uma sala em que estão reunidos antigos colegas de escola. Estes também se comportam como se não o notassem, o que desperta nele o desejo obcecado de provar que é um seu igual. Quando fica sabendo que eles se preparam para celebrar um outro colega de classe (que, aliás, não lhe interessa de forma alguma), ele demanda participar da festa. Mil obstáculos aparecem em seu caminho, o que não o impede de ultrapassá-los e assistir ao jantar oferecido para Zverkov. Não obstante, em seus sonhos, o narrador não se ilude: ele se vê ou humilhado por Zverkov, ou, por sua vez, humilhando-o: só há escolha entre o rebaixamento de si e o desprezo pelo outro.

Zverkov chega e se comporta de maneira afável. Mas, ainda aqui, o homem do subsolo reage ao pressuposto, e não ao posto, e essa própria afabilidade o deixa em guarda:

> Assim, então, ele se acreditava incomensuravelmente superior sobre todas as relações? [...] E se a miserável ideia de que ele me era incomensuravelmente superior e de que só podia me considerar assim, com ares protetores — mesmo que verdadeira, e sem nenhum desejo de me ferir —, fosse se enfiar em sua cabeça oca?

A mesa em torno da qual se sentam é redonda, mas a igualdade acaba aí. Zverkov e seus camaradas fazem alusões à po-

*Os gêneros do discurso*

breza, às infelicidades do narrador ou, em uma palavra, à sua inferioridade – pois eles também obedecem à lógica do mestre e do escravo, e assim que alguém demanda igualdade, compreende-se de fato que ele se encontra em inferioridade. Apesar de todos os seus esforços, param de notá-lo. "Teria sido impossível humilhar-se ainda mais baixo, mais deliberadamente." Depois, na primeira ocasião, de novo ele demanda igualdade (ir com os outros ao bordel), que lhe é recusada; seguem-se novos sonhos de superioridade etc.

O outro papel não lhe é recusado: ele encontra seres mais fracos, dos quais é o mestre. Contudo, isso não lhe traz satisfação alguma, pois não pode ser senhor à moda do "homem de ação". Ele tem necessidade do processo de vir a ser mestre, não do estado de superioridade. Essa mecânica é evocada de forma resumida em uma lembrança da escola:

> Certa vez tive até mesmo um amigo. Mas eu já era um déspota na alma e queria reinar sobre a dele como mestre absoluto. Queria insuflar-lhe o desprezo pelos que o cercavam, e exigi dele uma ruptura arrogante e definitiva. Minha amizade apaixonada lhe deu medo: eu o levava às lágrimas e às convulsões; era uma alma ingênua e confiante, mas quando se entregou completamente a mim, passei a odiá-lo e o afastei, acreditando que só precisara dele para vencê-lo e vê-lo se submeter.

Consciente por um momento, o escravo, uma vez submetido, não apresenta mais nenhum interesse.

Entretanto, é sobretudo no episódio com Lisa que o homem do subsolo se encontra no outro polo da relação. Lisa é uma prostituta, está no nível mais baixo da escala social: é isso que permite ao homem do subsolo, por uma vez, agir segundo a lógica romântica que lhe é cara: ser magnânimo e generoso. Mas ele atribui tão pouca importância à sua vitória que está pronto a esquecê-la no dia seguinte, preocupado com a relação com seus próprios mestres. "Mas *com toda evidência*, o mais importante, o essencial, não estava aí: eu precisava me apressar em ir salvar minha reputação aos olhos de Zverkov e de Simonov. Aí estava o principal. No meio das preocupações dessa manhã, eu me esquecera de Lisa." Se a lembrança retorna, é porque o homem do subsolo teme que, em um próximo encontro, não possa mais se manter no nível superior em que se içara. "Ontem ela me tomou por um... herói... enquanto que, agora..., ãã ãm..." Ele teme que Lisa também se torne *desdenhosa* e que ele seja mais uma vez *humilhado*. Ora, para azar das coisas, Lisa entra em sua casa em um momento no qual ele está sendo humilhado por seu servo. Por isso, a primeira questão que ele lhe dirige é: "Lisa, você me despreza?". Depois de uma crise histérica, ele começa a acreditar "que agora os papéis estavam definitivamente invertidos, que agora ela era a heroína, e que eu era uma criatura tão humilhada, tão ridicularizada quanto ela havia sido aos meus olhos na outra noite – apenas quatro dias atrás...". O fato lhe provoca o desejo de ser novamente mestre, então a possui e lhe dá dinheiro, como faria com qualquer outra prostituta. Entretanto, esse estado de maestria não comporta nenhum prazer para ele, e seu único desejo é que Lisa desapareça. Quando ela sai, descobre que Lisa não levara o dinheiro. Então, ela não era inferior! Ela retoma todo o valor aos seus olhos, então ele se lança em sua busca. "Por quê? Cair de joelhos diante dela, beijar-lhe os pés, implorar seu perdão!" Lisa era inútil como escrava e torna a ser necessária na qualidade de mestre em potencial.

*Os gêneros do discurso*

Compreendemos agora que os devaneios românticos não são exteriores à lógica do mestre e do escravo: eles são a versão rosa daquilo que o comportamento do mestre é a versão negra. A relação romântica de igualdade ou generosidade pressupõe a superioridade, assim como a briga pressupõe a igualdade. Comentando diante de Lisa seu primeiro encontro, o narrador se dá plenamente conta disso. "Haviam escarnecido de mim; por minha vez, eu queria escarnecer; haviam me tratado de covarde, e quis então exercer meu império... Eis o que aconteceu. E você imaginou que vim expressamente para salvá-la, não foi?" "Era de poder que eu precisava naquele dia, precisava desempenhar um papel, precisava levá-la às lágrimas, rebaixá-la, provocar seus soluços – é disso que eu precisava naquele dia!" Então a lógica romântica não é só constantemente derrotada pela lógica do mestre e do escravo, mas sequer é diferente. Aliás, é por isso que os sonhos "rosa" podem se alternar livremente com os sonhos "negros".

Toda a intriga na segunda parte das *Memórias do subsolo* nada mais é do que uma exploração dessas duas figuras fundamentais no jogo do mestre e do escravo: a vã tentativa de aceder à igualdade que se salda pela humilhação; e o esforço também tão vão – pois os resultados são efêmeros – de se vingar, o que, no melhor dos casos, é apenas uma compensação: humilha-se e despreza-se por ter sido humilhado e desprezado. O primeiro episódio, com o oficial, apresenta um condensado das duas possibilidades; em seguida elas se alternam, obedecendo à regra do contraste: o homem do subsolo é humilhado por Zverkov e seus camaradas, ele humilha Lisa, em seguida é novamente humilhado por seu servidor Apollon, e se vinga uma vez mais em Lisa; a equivalência das situações é marcada seja pela identidade da personagem, seja por uma semelhança nos detalhes: assim, Apollon "cantava e murmurava sem cessar", enquanto Zverkov fala "sibilando, ciciando e esticando as palavras, o que não fazia antes". O episódio com Apollon, que encena uma relação concreta entre mestre e escravo, serve de emblema dessas peripécias tão pouco caprichosas.

## O ser e o outro

O homem do subsolo será permanentemente levado a assumir o papel de escravo, e por isso sofre de forma cruel; apesar de tudo, ao que parece, ele o busca. Por quê? Porque a própria lógica do mestre e do escravo não é uma verdade última, mas uma aparência colocada que dissimula um pressuposto essencial, ao qual é preciso agora aceder. Entretanto, esse centro, essa essência à qual chegamos nos reserva uma surpresa: ela consiste em afirmar o caráter primordial da relação com outrem, em colocar a essência do ser em outrem, em nos dizer que o simples é duplo, e que o último átomo, indiviso, é feito de dois. O homem do subsolo não existe fora da relação com outrem, sem o olhar do outro. Ora, não ser é um mal ainda mais angustiante do que ser um nada, do que ser escravo.

O homem não existe sem o olhar do outro. Poderíamos nos confundir, apesar disso, sobre o significado do olhar nas *Memórias do subsolo*. De fato, as indicações que lhe dizem respeito, muito abundantes, à primeira vista parecem se inscrever na lógica do mestre e do escravo. O narrador não quer olhar os outros pois, fazendo-o, reconheceria sua existência e, por isso mesmo, lhes concederia um privilégio que não está seguro de ter por si mesmo; em outras palavras, o olhar corre o risco de fazer dele um escravo. "Na chancelaria em que trabalhava, eu me esforçava para não olhar para ninguém." Por ocasião do encontro com os antigos colegas de escola, ele evita insistentemente olhá-los e permanece "com os olhos abaixados para o prato". "Acima de tudo, esforcei-me para não olhá-los." Quando olha para alguém, tenta colocar nesse olhar toda a sua dignidade – e, portanto, um desafio. "Eu os olhava com raiva, com ódio", ele diz do oficial e dos camaradas de escola: "Eu passeava insolentemente em torno meu olhar vago". Lembremo-nos de que as palavras russas *prezirat'* e *nenavidet'*, desprezar e odiar, bastante frequentes no texto para a descrição precisamente desse sentimento, contêm ambas a raiz *ver* ou *olhar*.

Os outros fazem exatamente a mesma coisa, com mais sucesso na maior parte do tempo. O oficial passa ao lado dele como se não o visse, Simonov "evita olhá-lo" e seus camaradas, uma vez bêbados, se recusam a notá-lo. Quando o olham, fazem-no com a mesma agressividade, lançando o mesmo desafio. Ferfitchkin "mergulhava em meus olhos um olhar furibundo", Troudoliubov "me olhava de soslaio, com desprezo", e Apollon, seu servo, se especializa nos olhares desdenhosos:

> Ele começava por fixar sobre nós um olhar extremamente severo, que não se desviava antes de alguns minutos, sobretudo quando vinha me abrir a porta, ou quando me acompanhava até a saída [...]. De repente, sem motivo aparente, entrava com um passo suave e macio em meu quarto, enquanto eu ali perambulava ou lia, parava perto da porta, passava uma mão por trás de suas costas, avançava a perna e lançava sobre mim um olhar em que a severidade havia dado lugar ao desprezo. Se eu lhe perguntava o que queria, em vez de responder, ele serpenteava com os olhos

# Tzvetan Todorov

alguns segundos a mais e depois, com um ricto particular dos lábios e um ar cheio de subentendidos, lentamente dava meia-volta e ia com o mesmo passo imponente para seu quarto.

É também nessa óptica que se deve analisar os raros momentos em que o homem do subsolo consegue realizar seus devaneios românticos: esse sucesso exige a total ausência de olhar. Não é por acaso que isso acontece por ocasião do encontro vitorioso com o oficial: "De repente, a três passos de meu inimigo, contra qualquer expectativa, eu me decidi, *entrecerrei as pálpebras* e... chocamos violentamente nossos ombros!". Nem, principalmente, se isso se repete durante o primeiro encontro com Lisa – no próprio início da conversa, o narrador nos diz: "A vela apagara, e eu não lhe via mais o rosto"; e é apenas no fim, seu discurso bem terminado, que ele encontra "uma caixa de fósforos e um castiçal com uma vela nova". Ora, é precisamente entre esses dois momentos de luz que o homem do subsolo pode enunciar seu propósito romântico, avesso rosa do rosto do mestre.

Mas aí está apenas a lógica do olhar "literal", concreto. De fato, em todas essas circunstâncias, a condição de inferioridade é aceita e mesmo buscada, pois permite frear sobre si o olhar dos outros, mesmo que fosse um olhar desdenhoso. O homem do subsolo sempre está consciente do sofrimento que o olhar depreciativo lhe causa, mas não deixa de buscá-lo. Ir à casa de seu chefe Anton Antonytch não lhe traz nenhum prazer e as conversas que ali escuta lhe são insípidas.

Falava-se de impostos indiretos, adjudicações no Senado, tratamentos, promoções, falava-se de Sua Excelência, dos meios de agradar, e assim por diante, e assim por diante. Eu tinha a paciência de permanecer, como um cretino, quatro horas em seguida junto a essas pessoas, escutando-as sem ousar, nem saber, falar de nada com eles. Eu me tornava um idiota, tinha suores quentes, a paralisia me espreitava, mas era bom, era útil.

Por quê? Porque anteriormente ele sentiu "uma necessidade insuperável de (se) precipitar na sociedade". Ele sabe que Simonov o despreza: "Eu suspeitava que ele sentia uma forte repulsa por mim. [...] Eu me dizia justamente que esse senhor achava minha presença incomodativa e que havia errado ao ir vê-lo". Porém, ele prossegue, "esse gênero de considerações só conseguia, como se de propósito, me encorajar a me enfiar em situações equívocas". Um olhar, mesmo um olhar de mestre, é melhor do que a ausência de olhar.

Toda a cena com Zverkov e os camaradas de escola se explica da mesma maneira. Ele precisa de seu olhar; se toma ares de menosprezo é porque espera "com impaciência que eles me dirijam a palavra *primeiro*". Em seguida, "eu queria por toda força mostrar-lhes que não precisava deles de forma alguma; entretanto, martelava de propósito o assoalho, fazendo meus saltos soarem". O mesmo ocorre com Apollon: ele não tira nenhum proveito desse servidor grosseiro e preguiçoso, mas também não pode se separar dele. "Não podia despedi-lo, acreditando que ele estava quimicamente ligado à minha existência. [...] Eu me pergunto por que, mas me parecia que Apollon fazia parte integrante desse apartamento do qual, durante sete anos em seguida, fui incapaz de mandá-lo embora". Eis a explicação do "masoquismo" irracional, relatado pelo narrador na primeira parte e que os críticos tanto amaram: ele aceita o sofrimento porque o estado de escravo é, finalmente, o único que assegura o olhar dos outros; ora, sem isso, o ser não existe.

De fato, a primeira parte já continha explicitamente essa afirmação, feita a partir de um postulado de fracasso: o homem do subsolo não é nada, não é sequer um escravo ou, como ele diz, nem sequer um inseto. "Não somente não soube me tornar perverso, mas não soube me tornar nada de nada: nem ruim, nem bom, nem herói, nem inseto." Ele sonha em poder se afirmar, ainda que fosse por uma qualidade negativa, assim como a preguiça, a ausência de ações e qualidades.

> Eu me respeitaria justamente porque seria capaz de abrigar ao menos a preguiça; possuiria ao menos um atributo, na aparência positivo, do qual eu também estaria seguro. Questão: quem é ele? Resposta: um preguiçoso; mas isso seria imensamente agradável de ouvir. Então, possuo uma definição positiva, ou seja, pode-se dizer alguma coisa sobre mim.

Então, agora não pode nem sequer dizer que ele não é nada (e circunscrever a negação no atributo); ele *não é*. É até o próprio verbo de existência que é negado. Ser só é não ser mais.

Há um grande debate, quase científico, que ocupa quase todas as páginas das *Memórias*, e que diz respeito sobre a própria concepção do homem, sobre sua estrutura psíquica. O homem do subsolo busca provar que a concepção adversa é não apenas amoral (ela o é de maneira secundária, derivada), mas também inexata, falsa. O homem da natureza e da verdade, o homem simples e imediato, imaginado por Rousseau, não é apenas inferior ao homem consciente e subterrâneo – ele nem sequer existe. O homem uno, simples e indivisível é uma ficção;

*Os gêneros do discurso*

o mais simples já é duplo; o ser não tem existência anterior ao outro ou independente dele; é bem por isso que os sonhos de "egoísmo racional" caros a Tchernychevski e seus amigos estão condenados ao fracasso, como também fracassará toda teoria que não se fundamente na dualidade do ser. Essa universalidade das conclusões é afirmada nas últimas páginas das *Memórias*: "Eu simplesmente levei ao extremo limite, em minha própria vida, o que vocês não ousaram sequer levar até a metade, tomando seu medo como se fosse raciocínio, o que lhes servia de consolo, enquanto na verdade se enganavam a si mesmos".

É então por um mesmo movimento que se veem rejeitadas uma concepção essencialista do homem e uma visão objetiva das ideias; não é por acaso que uma alusão aparece cá e lá. A confissão de Rousseau seria escrita *para os outros*, mas por um ser *autônomo*; a do homem do subsolo é escrita *para ele*, mas ele mesmo já é duplo, os outros estão nele, o exterior é interior. Assim como é impossível conceber o homem simples e autônomo, devemos ultrapassar a ideia do texto autônomo, expressão autêntica de um sujeito, em vez de reflexo de outros textos, jogo entre os interlocutores. Não há dois problemas, um que diga respeito à natureza do homem e o outro, à da linguagem; um situado nas "ideias" e o outro, na "forma". Trata-se realmente da mesma coisa.

## O jogo simbólico

Assim, os aspectos aparentemente caóticos e contraditórios das *Memórias do subsolo* encontram sua coesão. O masoquismo moral, a lógica do mestre e do escravo, o novo estatuto da ideia, participam em conjunto de uma mesma estrutura fundamental, mais semiótica do que psíquica, que é a estrutura da alteridade.

De todos os elementos essenciais que isolávamos no decorrer da análise, resta apenas um, cujo lugar no conjunto não apareceu: são as denúncias dos poderes da razão, na primeira parte. Seria isso um ataque gratuito de Dostoievski contra seus inimigos-amigos, os socialistas? Mas acabemos de ler as *Memórias* e também descobriremos seu lugar – e sua significação.

Com efeito, deixei de lado uma das personagens mais importantes da segunda parte: Lisa. Não foi por acaso: seu comportamento não obedece a nenhum dos mecanismos descritos até aqui. Observemos, por exemplo, seu olhar: ele não se parece nem com o do mestre nem com o do escravo. "Entrevi um rosto fresco, jovem, um tanto quanto pálido, com sobrancelhas negras e retas, e um olhar sério, ligeiramente surpreso." "De repente, ao meu lado percebi dois olhos amplamente abertos, que me fixavam com curiosidade. Seu olhar era frio, apático, escuro, totalmente estranho; deixava uma impressão incomodativa." No fim do encontro:

> Em geral, não era mais o mesmo rosto, o mesmo olhar de antes – moroso, desafiante, obstinado. Agora, nele se liam a prece, a doçura e também a confiança, a ternura, a timidez. É assim que as crianças olham a quem amam muito e a quem desejam pedir alguma coisa. Ela tinha olhos cor de avelã, belos olhos, olhos vivos, que sabiam refletir o amor e uma raiva sombria.

Na casa dele, depois de assistir a uma cena penosa, seu olhar guarda a singularidade: "Ela me olhava com inquietude". "Ela me olhou várias vezes com uma surpresa entristecida" etc.

O momento crucial na história relatada pelas *Memórias do subsolo* ocorre quando Lisa, injuriada pelo narrador, de repen-

## Os gêneros do discurso

te reage, e de uma maneira tal que o narrador não espera, que não pertence à lógica do mestre e do escravo. A surpresa é tal que o próprio narrador deve ponderar:

Foi então que ocorreu um fato estranho. Eu estava tão habituado a pensar em tudo e imaginar tudo como se isso saísse de um livro, e a me representar o mundo inteiro como se o tivesse previamente inventado em meus devaneios [sabemos agora que a lógica livresca dos românticos e aquela do mestre e do escravo de fato são uma só], que não compreendi de imediato esse fato estranho. Ora, o que aconteceu foi isto: essa Lisa de quem acabara de escarnecer compreendeu muito mais coisas do que eu pensara.

Como ela reagiu? "Subitamente, em um impulso incontrolável, ela se pôs de pé e, estendida para mim, mesmo intimidada e não ousando sair do lugar, abriu-me os braços... E meu coração derreteu. Então, ela se lançou para o meu peito, enroscou-se em meu pescoço e desmanchou-se em lágrimas." Lisa recusa tanto o papel do mestre quanto o do escravo, não deseja nem dominar nem se comprazer em seu sofrimento: ela ama o outro *por ele mesmo*. É essa erupção de luz que faz das *Memórias* uma obra muito mais clara do que estamos habituados a pensar; é essa mesma cena que justifica o fechamento da narrativa, enquanto na superfície esta se apresenta como um fragmento recortado pelo capricho do acaso: o livro não poderia ser terminado mais cedo, e não há razão para que continue; como diz "Dostoievski" nas últimas linhas, "podemos parar por aqui". Podemos compreender também um fato que com frequência inquietou os comentadores de Dostoievski: sabemos, por meio de uma carta do autor, contemporânea do livro, que no final da primeira parte o manuscrito comportava a introdução de um princípio positivo — o narrador indicava que a solução estava em Cristo. Os censores suprimiram essa passagem por ocasião da primeira publicação. Curiosamente, Dostoievski jamais o restabeleceu nas edições posteriores. Vemos agora a razão: o livro contaria com dois finais, em vez de um, e o propósito de Dostoievski teria perdido muito de sua força ao ser colocado na boca do narrador, e não no gesto de Lisa.

Vários críticos (Skaftymov, Frank) já observaram que, ao contrário de uma opinião difundida, Dostoievski não defende os pontos de vista do homem do subsolo, mas luta contra eles. Se o mal-entendido pôde ocorrer, é porque assistimos a dois diálogos simultâneos. O primeiro se dá entre o homem do subsolo e o defensor do egoísmo racional (pouco importa se lhe associamos o nome de Tchernychevski ou o de Rousseau, ou ainda um outro qualquer); esse debate é sobre a natureza do homem e opõe duas imagens, uma autônoma, outra dual; é evidente que Dostoievski aceita a segunda como verdadeira. Mas esse primeiro diálogo de fato só serve para varrer o mal-entendido que ocultava o verdadeiro debate; é aí que se instaura o segundo diálogo, dessa vez entre o homem do subsolo, por um lado, e Lisa, ou, se preferirmos, "Dostoievski", por outro. A dificuldade maior na interpretação das *Memórias* reside na impossibilidade de conciliar a aparência de verdade, concedida aos argumentos do homem do subsolo, com a posição de Dostoievski, tal como a conhecemos em outros lugares. Entretanto, essa dificuldade vem da colisão dos dois debates em um. O homem do subsolo não é o representante da posição moral, inscrita por Dostoievski no texto em seu próprio nome. Ele apenas desenvolve até suas consequências extremas a posição dos

*Os gêneros do discurso*

adversários de Dostoievski, os radicais dos anos 1960. Porém, uma vez que essas posições estejam logicamente apresentadas, engaja-se o processo essencial – se bem que ocupe uma pequena parte do texto – em que Dostoievski, colocando-se no quadro da alteridade, opõe a lógica do mestre e do escravo àquela do amor dos outros pelos outros, tal como é encarnada no comportamento de Lisa. Se no primeiro debate confrontavam-se, no plano da *verdade*, duas descrições do homem, no segundo, já considerando esse problema como resolvido, o autor opõe, no plano da *moral*, duas concepções do comportamento justo.

Nas *Memórias do subsolo*, essa segunda solução aparece apenas por um breve momento, quando Lisa de repente estende seus braços para envolver aquele que a injuria. Mas a partir desse livro, ela se afirmará com cada vez maior força na obra de Dostoievski, mesmo que compareça mais como a marca de um limite do que como o tema central de uma narração. Em *Crime e castigo*, é com o mesmo amor que a prostituta Sonia ouvirá as confissões de Raskólnikov. O mesmo acontecerá com o príncipe Míchkin, em *O idiota*, e com Tikhone, que recebe a confissão de Stravróguin em *Os demônios*. Nos *Irmãos Karamázov*, esse gesto se repetirá, simbolicamente, três vezes: bem no início do livro, o *starets* Zossima se aproxima do grande pecador Mitia e se inclina em silêncio diante dele, até o chão. Cristo, que ouve o discurso do Grande Inquisidor ameaçando-o com a fogueira, aproxima-se do ancião e beija-o em silêncio com seus lábios exangues. E Aliocha, depois de ter escutado a "revolta" de Ivan, encontra em si a mesma resposta: aproxima-se de Ivan e sem uma palavra sequer beija-o na boca. Esse gesto, variado e repetido ao longo da obra de Dostoievski, toma nela um valor preciso. O abraço sem palavras, o beijo silencioso: é uma ultrapassagem da linguagem, mas não uma renúncia ao sentido.

A linguagem verbal, a consciência de si, a lógica do mestre e do escravo: os três se encontram do mesmo lado, permanecem o apanágio do homem do subsolo. Pois a linguagem, como dito na primeira parte das *Memórias*, só conhece o linguageiro – a razão só conhece o razoável –, isto é, a vigésima parte do ser humano. Essa boca que não *fala*, mas que *beija*, introduz o gesto e o corpo (como dizia o narrador das *Memórias*, todos nós perdemos nosso "corpo próprio"); ela interrompe a linguagem, mas instaura, com ainda mais força, o circuito simbólico. A linguagem será ultrapassada não pelo silêncio altaneiro que encarna "o homem da natureza e da verdade", o homem de ação, mas por esse jogo simbólico superior que comanda o gesto puro de Lisa.

Depois da morte de sua primeira mulher, nos próprios dias em que ele trabalha nas *Memórias do subsolo*, Dostoievski escreve em seu carnê (nota de 16 de abril de 1864):

> Amar o homem *como a si mesmo* é impossível, segundo o mandamento de Cristo. A lei da personalidade sobre a terra liga, o eu impede... Apesar disso, depois do aparecimento de Cristo *como o ideal do homem em carne*, tornou-se claro como o dia que o desenvolvimento superior e último da personalidade deve precisamente atingir esse grau (bem no final do desenvolvimento, no ponto mesmo em que atinge o fim), em que o homem encontra, toma consciência e, com toda a força de sua natureza, se convence de que o uso superior que pode fazer de sua personalidade, da plenitude do desenvolvimento de seu eu, é de certa forma aniquilar esse eu, doá-lo inteiramente a todos e a cada um sem divisão e sem reserva. E é a felicidade suprema.

Penso que, desta vez, podemos deixar a última palavra ao autor.

# Os limites de Edgar Allan Poe

Se lermos pela primeira vez os três volumes de contos de Edgar Poe traduzidos por Baudelaire – as *Histórias extraordinárias*, as *Novas histórias extraordinárias* e as *Histórias grotescas e sérias* –, não podemos deixar de nos surpreender com sua extrema variedade. Ao lado dos contos fantásticos, célebres, como o "O gato negro" ou "Metzengerstein", encontramos narrativas que parecem proceder de um movimento contrário, e que o próprio Poe qualificava de "raciocinantes", tais como "O escaravelho de ouro" ou "A carta roubada". Na mesma coletânea são vizinhas as histórias que prefiguram o gênero "horror": "Hop-Frog", "A máscara da morte escarlate" e outras que pertencem ao "grotesco" (para empregar ainda o vocabulário da época): "O rei peste", "O Diabo no campanário", *Lionizing (Contos)*. Poe também se distingue tanto na pura narrativa de aventuras ("O poço e o pêndulo", "Uma descida ao Maelström") quanto em um gênero descritivo e estático: "A ilha da fada", "As terras de Arnheim". Isso não é tudo: é preciso acrescentar os diálogos filosóficos ("O poder da palavra", "A conversa de Monos e Una") e os contos alegóricos ("O retrato oval", "William Wilson"). Outros veem em sua obra o nascimento do romance policial ("Assassinatos na rua Morgue") ou o da ficção científica ("A aventura sem paralelo de um tal Hans Pfaall"). É para desnortear qualquer adepto de classificações!

Em extensão a essa primeira variedade adiciona-se outra, que pode se manifestar em um mesmo conto. Poe desfrutou (e continua a desfrutar) da atenção dos críticos, que viram em sua obra a mais perfeita manifestação de certo ideal – que, entretanto, se mostra sempre diferente. Em seu prefácio às *Novas histórias extraordinárias*, Baudelaire faz de Poe o exemplo do espírito decadente, o modelo a ser seguido pelos partidários da Arte pela Arte: vê, nele, aquilo que lhe interessa pessoalmente. Para Valéry, Poe encarnava com perfeição a tendência que consiste em dominar o processo de criação, reduzindo-o a um jogo de regras, em vez de deixar à inspiração cega o poder das iniciativas. Marie Bonaparte dedicou a Poe um dos estudos mais célebres (e mais contestados) da crítica psicanalítica: essa obra ilustraria bem todos os grandes complexos psíquicos recentemente descobertos. Bachelard leu Poe como um mestre da imaginação material. Jean Ricardou, como o adepto de um jogo de anagrama… E a lista não termina! Será que de fato se trata do mesmo autor? Como pode ser que as mesmas obras se tornem o exemplo – além de tudo, privilegiado – de tendências críticas tão distantes umas das outras?

Como para qualquer autor, então, mas aqui de uma maneira particularmente penetrante, a obra de Poe lança um desafio ao comentarista: existe, sim ou não, um princípio gerador comum para escritos tão diversos? Os contos de Poe desenham essa

*Os gêneros do discurso*

"imagem sobre o tapete" da qual Henry James formula a parábola? Tentemos enxergar com mais clareza, mesmo que para isso seja preciso renunciar a algumas certezas estabelecidas.

Esse princípio gerador havia sido nomeado pelos primeiros grandes admiradores de Poe (e se o valor de um poeta fosse proporcional ao número de seus admiradores, Poe estaria entre os maiores): Baudelaire e Dostoievski. Contudo, ao que parece, eles não haviam apreciado toda a importância, percebendo-o em uma de suas realizações concretas, e não como um movimento fundamental. Baudelaire usa a palavra: *a exceção*, mas logo depois acrescenta: *na ordem moral*, e afirma: "Nenhum homem contou com maior magia as *exceções* da vida humana e da natureza", mas se contenta em enumerar a seguir alguns elementos temáticos. Do mesmo modo, Dostoievski: "Ele escolhe quase sempre a realidade mais rara e coloca seu herói na situação objetiva ou psicológica menos usual".

Ora, mais do que possuir um denominador comum temático, esses contos fazem parte de um princípio abstrato que engendra tanto o que se chama de as "ideias" quanto a "técnica", o "estilo" ou a "narrativa". Poe é o autor do extremo, do excessivo, do superlativo; ele leva tudo ao seu limite – e além dele, se possível. Só se interessa pelo maior ou pelo menor: o ponto em que uma qualidade atinge seu grau superior, ou bem (o que muitas vezes dá no mesmo) aquele em que corre o risco de se transformar em seu contrário. Um mesmo princípio que determina os aspectos mais variados de sua obra. O que talvez Baudelaire melhor resumisse no título que inventou para esta obra: *Histórias extraordinárias*.

Para começar pelo mais evidente: isso ocorre com seus temas. Já mencionamos a presença de alguns contos fantásticos; mas o fantástico nada mais é que uma hesitação prolongada entre uma explicação natural e outra, sobrenatural, dizendo respeito aos mesmos acontecimentos. Nada além de um jogo sobre esse limite natural-sobrenatural. Poe diz isso de maneira muito explícita nas primeiras linhas de suas novelas fantásticas, apresentando a alternativa: loucura (ou sonho) e, portanto, explicação natural. Ou então intervenção sobrenatural, tal como ocorre em "O gato negro":

> De verdade, eu seria louco em esperar [a crença dos leitores] em um caso em que meus próprios sentidos rejeitam seu próprio testemunho. Todavia, não sou louco – e certamente não sonho... Talvez mais tarde se encontre uma inteligência que reduzirá meu fantasma ao estado de lugar-comum – alguma inteligência mais calma, mais lógica e muito menos excitável que a minha, que só encontrará nas circunstâncias que conto com terror uma sucessão ordinária de causas e efeitos bem naturais.

Ou em "O coração revelador": "Sou muito nervoso, terrivelmente nervoso – e sempre o fui; mas por que vocês acham que sou louco?".

O tom dessas explorações dos limites nem sempre é assim tão solene; é de um modo bem agradável que hesitamos entre humano e animal em "Quatro bestas em uma", narrativa de um rei cameleopardo; ou, nesse mesmo limite loucura-razão, em "O sistema do Doutor Alcatrão e do Professor Pena". Contudo, no plano temático, um limite atrai Poe mais do que qualquer outro – e compreenderemos isso com muita facilidade, dado que se trata do limite por excelência: o da morte. A morte assombra quase todas as páginas de Poe.

Os gêneros do discurso

Assombração que se alia aos pontos de vista mais diversos, que ilumina aspectos bem variados da não vida. Como podemos supor, o assassinato desempenha um papel central e aparece sob todas as suas formas: o instrumento cortante ("O gato negro"), o sufocamento ("O coração revelador"), o veneno ("O demônio da perversidade"), o emparedamento ("O barril de Amontillado"), o fogo ("Hop-Frog") ou a água ("O mistério de Marie Roget"). A fatalidade da morte "natural" também é um tema recorrente, seja ela coletiva ("A máscara da morte escarlate", "Sombra") ou individual ("As lembranças de M. Auguste Bedloe"); o mesmo ocorre para a ameaça de morte iminente ("O poço e o pêndulo", "Uma descida ao Maelström"). As alegorias de Poe muitas vezes versam sobre a morte ("A ilha da fada", "O retrato oval") e seus diálogos filosóficos têm por tema a vida após a morte, por exemplo, "A conversa de Manos e Una", ou "A conversa de Eiros e Charmion". A vida após a morte, eis o que ilumina singularmente o limite que separa as duas, e daí surgem as inúmeras incursões nesse campo: sobrevivência da múmia ("Pequena conversa com uma múmia"), sobrevida pelo magnetismo ("A verdade no caso do sr. Valdemar"), ressurreição no amor ("Morella", "Ligeia", "Eleonora").

Há ainda uma face da morte que fascina particularmente Poe: é o enterro de um ser vivo, enterro que tem por motivo o desejo de matar ("O barril de Amontillado") ou de esconder o cadáver ("O coração revelador", "O gato negro"). No caso mais chocante, o enterro procede de um erro: enterra-se vivo tomando-se por morto. É o caso de Berenice e o de Madeline Usher. Poe descreveu os estados catalépticos que provocam essa confusão:

Dentre a numerosa série de doenças causadas por esse fatal e principal ataque, que opera uma tão horrível revolução no ser físico e moral de minha prima, é preciso mencionar, como sendo a mais aflitiva e tenaz, uma espécie de epilepsia que frequentemente acabava em catalepsia. A catalepsia assemelhava-se perfeitamente à morte, da qual ela acordava, em alguns casos, de maneira completamente brusca e repentina. ("Berenice")

A catalepsia eleva o jogo dos limites a uma potência superior: não somente morte na vida (como toda morte), mas vida na morte. O enterro é a via da morte, mas o enterro prematuro é a negação da negação.

Mas o que importa compreender é que esse fascínio pela morte não resulta diretamente de uma pulsão mórbida; ele é produto de uma tendência global, a exploração sistemática dos limites a que Poe se entrega (o que poderíamos chamar de seu "superlativismo"). A prova dessa generalidade maior do princípio gerador é que podemos observar sua ação sobre fatos muito menos macabros, tais como características quase gramaticais do estilo de Poe, que abunda em superlativos. O leitor encontrará isso em cada página. Citemos algumas ao acaso: "É impossível que uma ação jamais tenha sido tramada com mais perfeita deliberação". "Será que os ventos indignados não difundiram até nas mais longínquas regiões do globo sua incomparável infâmia?" "A sala de estudos era a mais vasta de toda a casa – e até mesmo do mundo inteiro." "Não há no país um castelo mais carregado de glória e de anos que meu melancólico e velho palacete hereditário." "Seguramente, nunca um homem havia mudado tão terrivelmente, e em tão pouco tempo, quanto Roderick Usher!" "Oh, os mais impiedosos, oh, os mais

*Os gêneros do discurso*

demoníacos dos homens!..." Suas comparações, ou mesmo suas descrições participam sempre do excessivo: "Um grito estridente, metade horror, metade triunfo, como pode subir somente do Inferno", "de repente, uma ideia terrível afugenta torrentes de sangue para meu coração", "um poderoso rugido, como aquele de um milhão de trovões" etc.

O superlativo, a hipérbole, a antítese: tais são os termos dessa retórica um tanto fácil. É, sem dúvida, o que há de mais datado na obra de Poe para um leitor contemporâneo, habituado a descrições mais discretas. Poe consome tantos sentimentos excessivos em suas frases que não resta nenhum para o leitor; a palavra "terror" deixa-o indiferente (sendo que teríamos ficado aterrorizados por uma evocação que não nomeia, mas se contenta em sugerir). Quando ele exclama: "Oh, lúgubre e terrível máquina de Horror e de Crime, de Agonia e de Morte!", ou então "Oh, gigantesco paradoxo, cuja monstruosidade exclui qualquer solução!", o narrador lança tanta emoção que seu parceiro, o leitor, não sabe o que fazer com a sua própria. No entanto, erraríamos em nos ater a essa constatação do "mau gosto" em Poe, assim como ver em sua obra a expressão imediata (e preciosa) de fantasmas mórbidos. Os superlativos de Poe decorrem do mesmo princípio gerador que seu fascínio pela morte.

Não acabamos de enumerar as consequências desse fascínio, dado que Poe é sensível a todos os limites, inclusive aquele que dá um estatuto de literatura, de ficção a seus próprios escritos. Sabemos que ele é o autor de inúmeros ensaios (dentre os quais alguns traduzidos por Baudelaire), mas ao lado deles, quantos textos de estatuto incerto, que os editores hesitam em incluir em um rótulo ou em outro! "Revelação magnética" figura tanto entre os ensaios quando dentre as "histórias"; o mesmo acontece com "O jogador de xadrez de Maelzel". Textos como "Silêncio", "Sombra", "O poder da palavra", "A conversa entre Monos e Una", "A conversa de Eiros e Charmion" só mantêm fracos traços (mas apesar disso os mantêm) de seu estatuto ficcional. O caso mais contundente é o de "O demônio da perversidade", que Baudelaire colocou à frente das *Novas histórias extraordinárias*: durante os primeiros dois terços do texto acreditamos estar às voltas com um "estudo teórico", com uma exposição das ideias de Poe; depois, de repente, a narrativa faz sua entrada, transformando profundamente o que precede, levando-nos a corrigir nossa primeira impressão: a iminência da morte dá um novo brilho às frias reflexões que antecedem. O limite entre ficção e não ficção é posto em evidência – e pulverizado.

Ainda aí são traços de superfície da obra de Poe, que se entregam à observação imediata. Mas o princípio dos limites o determina ainda mais essencialmente, por meio de uma escolha estética fundamental, à qual todo escritor se vê confrontado e diante da qual Poe mais uma vez opta por uma solução extrema. Uma obra de ficção clássica é simultânea e necessariamente imitação, isto é, relação com o mundo e a memória, e jogo, portanto, regra, e agendamento de seus próprios elementos. Um elemento da obra – uma cena, um contexto, uma personagem – é sempre o resultado de uma dupla determinação: a que lhe vem dos outros elementos, ao mesmo tempo presentes no texto, e aquela imposta pela "verossimilhança", pelo "realismo", por nosso conhecimento do mundo. O equilíbrio que se estabelece entre essas duas espécies de fatores pode ser bem variável, segundo se passe dos "formalistas" aos "naturalistas". No entanto, raras

*Os gêneros do discurso*

vezes a desproporção dos fatores atingirá um grau tão elevado quanto em Poe. Aqui, nada é imitação, tudo é construção e jogo.

Seria vão buscar nos contos de Poe um quadro da vida americana da primeira metade do século XIX. Sua ação se situa habitualmente em velhos palácios, em castelos macabros, em países longínquos e desconhecidos. O cenário em Poe é inteiramente convencional: é que o desenvolvimento da ação exige. Há um lago perto da casa dos Usher para que ela possa nele desmoronar, e não porque o local seja célebre por seus lagos. Vimos que suas narrativas abundam não apenas em expressões, mas também em personagens superlativas: são os habitantes dos contos de Poe, e não da América contemporânea. Algumas poucas exceções a essa regra só demonstram ainda mais o vigor: talvez a descrição da escola, em "William Wilson", seja baseada na experiência pessoal de Poe na Inglaterra; talvez a mulher que ressuscita, Ligeia ou Eleonora, evoque sua esposa, que morreu jovem. Mas como é grande a distância entre as experiências reais e tais ações, essas personagens sobrenaturais, excessivas! O próprio Baudelaire, sucumbindo à ilusão realista e expressiva, acreditava que Poe viajara por longos períodos; na verdade, era o irmão de Poe que viajava, e Edgar que contava as viagens. Poe é um aventureiro, mas não no sentido banal do termo: ele explora as possibilidades do espírito, os mistérios da criação artística, os segredos da página em branco.

Ele, aliás, se explicou longamente em textos sobre a arte e a literatura, dos quais um foi traduzido por Baudelaire: *A filosofia da composição* (que em francês recebeu o nome de *Genèse d'un poème* [Gênese de um poema]); contudo, este duvidava um pouco da sinceridade de Poe. De fato, Poe conta sobre a produção e seu poema célebre, "O corvo": nenhum verso, nenhuma palavra é devida ao acaso (isso também quer dizer a uma relação com o "real"); ele aí se encontra pela força de suas relações com outras palavras, outros versos (já mencionei esse texto em outra ocasião).

Fiz a noite tempestuosa, primeiro para explicar esse corvo buscando hospitalidade, e em seguida para criar o efeito de contraste com a tranquilidade material do quarto. Da mesma forma, fiz o pássaro pousar sobre o busto de Palas para criar o contraste entre o mármore e a plumagem: a ideia do busto foi sugerida unicamente pelo pássaro; o busto de Palas foi escolhido em primeiro lugar graças à sua relação íntima com a erudição do amante e em seguida por causa da própria sonoridade de Palas.

Em outros lugares, ele afirma abertamente sua repugnância pelo princípio de imitação: "Todas as artes avançaram rapidamente, cada uma delas quase em razão direta do que era menos imitativo", ou ainda: "A simples imitação do que existe na natureza, por mais simples que seja, não autoriza ninguém a tomar o título sagrado de artista".

Portanto, Poe não é um "pintor da vida", mas um construtor, um inventor de formas, e daí decorre a exploração já mencionada dos gêneros mais diversos (quando não se trata de sua própria invenção). O ordenamento dos elementos de um conto lhe importa muito mais do que sua concordância com nosso saber sobre o mundo. Poe atinge, mais uma vez, um limite, o do apagamento da imitação, da valorização excepcional da construção.

Essa escolha fundamental tem inúmeras consequências, que contam dentre os traços mais característicos dos escritos de Poe. Enumeremos alguns.

*Os gêneros do discurso*

Em primeiro lugar, os contos de Poe (assim como suas outras obras) são sempre construídos com um rigor extremo. Em sua teoria do conto (desenvolvida em um relatório das narrativas de Hawthorne), Poe já afirma essa necessidade.

> Um escritor hábil construiu um conto. Se ele conhece seu *métier*, não modelou seus pensamentos nos incidentes, mas, depois de ter concebido com cuidado e reflexão certo efeito único, ele se propõe a produzi-lo e então inventa esses incidentes – combinando acontecimentos – que lhe permitem obter a excelência do efeito preconcebido. Se sua primeira frase não tende a produzir esse efeito, então ele fracassou desde o primeiro passo. Em toda obra, não deveria haver uma só palavra escrita que não tenda, direta ou indiretamente, a realizar essa finalidade preestabelecida.

Pudemos identificar na citação anterior, tirada da *Gênese de um poema*, dois tipos de restrições internas, uma que diz respeito à causalidade, à coerência lógica, e outra à simetria, ao contraste e à gradação, dando assim à obra uma coerência que poderíamos chamar de espacial. O rigor da causalidade finaliza em contos que são construídos no espírito do método dedutivo, caro a Poe, tais como "O escaravelho de ouro", "A carta roubada" ou o "Assassinatos na rua Morgue". Mas ele também tem consequências menos imediatas, e podemos nos perguntar se a descoberta, feita por Poe, do "demônio da perversidade" não participa disso. Esse estado de espírito particular consiste em agir "pela razão que não deveríamos", mas em vez de permanecer em tal constatação negativa, Poe constrói uma faculdade do espírito humano cuja propriedade é determinar tais atos. Assim, o gesto mais absurdo na aparência não é deixado sem explicação, mas também participa do determinismo geral (agindo assim, Poe descobre o papel de certas motivações inconscientes). De maneira mais geral, podemos pensar que o gênero fantástico atrai mais Poe precisamente por causa de seu racionalismo (e não apesar dele). Se nos ativermos às explicações naturais, é preciso aceitar o acaso, as coincidências na organização da vida; se quisermos que tudo seja determinado, devemos admitir também as causas sobrenaturais. Dostoievski afirmava a mesma coisa sobre Poe, à sua maneira: "Se ele é fantástico, o é apenas superficialmente". Poe é fantástico porque é sobrerracional e não porque é irracional, e não há contradição entre os contos fantásticos e os contos de raciocínio.

O rigor causal é acompanhado por um rigor espacial, formal. A gradação é a lei de muitos contos. Poe começa captando a atenção do leitor com um anúncio geral dos acontecimentos extraordinários que deseja contar. Em seguida, apresenta, com muitos detalhes, todos os bastidores da ação. Depois, o ritmo se acelera até chegar, com frequência, a uma frase última, carregada da maior significação, que ao mesmo tempo esclarece o mistério sabiamente sustentado e anuncia um fato, em geral horrível. Isso ocorre em "O gato negro", cuja última frase é: "Eu havia emparedado o monstro na tumba!", em "O coração revelador": "É o batimento de seu abominável coração!", e em "A queda da casa de Usher", também, quase a mesma frase: "Nós o pusemos vivo na tumba!".

Esse determinismo formal se exerce em diferentes níveis. Um dos mais eloquentes é o dos próprios sons, e muitos contos funcionam à maneira dos jogos de palavras, em particular vários contos grotescos, tais como "Lionizing", "O rei peste", "Pequena conversa com uma múmia" (o herói desta última história se chama *Allamistakeo*, isto é, "tudo isso é um erro"). Porém, amiúde, isso acontece com outros contos, em que as determinações formais são menos evidentes. Jean Ricardou pôde demonstrar o papel que certas correspondências verbais desempenham nas novelas, como "O escaravelho de ouro" ou "As lembranças de M. Auguste Bedloe". Por fim, a construção em abismo, segundo a qual o conto mostrado no interior de outro é, em todos os pontos, semelhante a este, é frequente em Poe, e bem evidente em "A queda da casa de Usher", no qual a narrativa-quadro imita ao mesmo tempo um quadro e um livro que ele nos dá a conhecer.

Cada nível de organização do texto obedece a uma lógica rigorosa; além disso, esses níveis são estritamente coordenados entre si. Retenhamos um único exemplo: os contos fantásticos e "sérios" são sempre contados na primeira pessoa, de preferência pela personagem principal, sem distância entre o narrador e sua história (as circunstâncias da narração aí desempenham um papel importante), como em "O demônio de perversidade", "O gato negro", "William Wilson", "O coração revelador", "Berenice" etc. Por outro lado, os contos "grotescos", como "O rei peste", "O diabo no campanário", "Lionizing", "Quatro bestas em uma", "Pequena conversa com uma múmia", ou os contos de horror, como "Hop-Frog" e "A máscara da morte escarlate", são contados na terceira pessoa ou por um narrador testemunha, e não ator; os acontecimentos são distanciados, o tom é estilizado. Nenhuma sobreposição é possível.

Uma segunda consequência da escolha extrema operada por Poe (contra a imitação, pela construção) é o desaparecimento da narrativa ou, pelo menos, de sua forma simples e fundamental. Poderíamos nos surpreender com tal afirmação, dado que Poe é tido como o narrador por excelência, mas uma leitura atenta nos convencerá de que quase nunca há nele um encadeamento simples de acontecimentos sucessivos. Mesmo nas histórias de aventuras que mais se aproximam disso, como "Manuscrito encontrado numa garrafa" ou "Arthur Gordon Pym", o texto, iniciado por uma simples série de aventuras, lança-se no mistério e nos obriga a um novo exame, a uma releitura mais atenta de seus enigmas. O mesmo acontece com os contos de raciocínio que, nesse sentido, estão longe das formas atuais do romance policial: a lógica da ação é substituída pela da busca de conhecimento, e nunca assistimos ao encadeamento das causas e efeitos, mas apenas à sua dedução *a posteriori*.

Ausência de narrativa tradicional, ausência também da psicologia comum na qualidade de meio de construção do conto. O determinismo dos fatos ocupa o lugar da motivação psicológica, como foi muitas vezes notado, e as personagens de Poe, vítimas de uma causalidade que as ultrapassa, sempre carecem de espessura. Poe é incapaz de construir uma verdadeira alteridade; o monólogo é seu estilo preferido e mesmo seus diálogos (*Colóquio…*, *Conversa…*) são monólogos disfarçados. A psicologia só pode interessá-lo como um problema dentre outros, um mistério a ser rompido, como um objeto, e não como método de construção. A prova disso é um conto como "A carta roubada", em que Dupin, personagem fantoche desprovida de qualquer "psicologia" no sentido romanesco, formula com lucidez as leis da vida psíquica humana.

O conto é por essência imitativo, repetindo na sucessão dos acontecimentos que evoca as páginas viradas pelo leitor. Poe encontrará então os meios para se livrar disso. E primeiro, o mais evidente: ele substituirá a narrativa pela descrição,

Os gêneros do discurso

em que ao movimento das palavras se opõe a imobilidade dos fatos descritos. Isso resulta em estranhos contos descritivos, tais como "A ilha da fada" ou "As terras de Arnheim", ou ainda em "Landor's Cottage", em que Poe introduz uma sucessão *a posteriori*, mas esta pertence ao processo de observação, e não ao fato observado. Mais importante ainda, essa mesma tendência transforma contos "narrativos" em uma justaposição descontínua de momentos imóveis. O que é "A máscara da morte escarlate" senão uma disposição estática de três quadros: o baile, a máscara inquietante e o espetáculo da morte? Ou "William Wilson", em que uma vida inteira é reduzida a alguns momentos descritos com a maior precisão? Ou ainda "Berenice", em que uma longa narrativa no imperfeito (portanto, de ações repetitivas, não únicas) é seguida da imagem da defunta e, em seguida, separada por uma linha de reticências, por uma descrição do quarto do narrador? Na pausa – no branco da página – aconteceu o essencial: a violação da sepultura, o despertar de Berenice, o gesto louco que levou seus dentes em uma caixa de ébano, que repousa na mesa de Egæus. Só está presente a imobilidade, que deixa adivinhar o turbilhão das ações.

Poe descreve fragmentos de uma totalidade e, no interior deles, escolhe ainda o detalhe; ele pratica então, em termos de retórica, uma dupla sinédoque. Dostoievski observara esse traço: "Há, em sua faculdade de imaginação, uma particularidade que não existe em nenhum outro: é o poder dos detalhes". Em particular, o corpo humano se vê reduzido a um de seus componentes, por exemplo, os dentes de Berenice: "Eles estavam ali – e depois lá –, e em todos os lugares, visíveis, palpáveis, diante de mim, longos, estreitos e excessivamente brancos, com os lábios pálidos se torcendo em torno, terrivelmente distendidos como eram no passado". Ou o olho do velho em "O coração revelador": "Um de seus olhos parecia com o de um abutre, um olho azul pálido, com uma mancha em cima... Eu o vi com perfeita clareza, inteirinho de um azul desbotado e recoberto por um véu repugnante que congelava a medula em meus ossos" (esse velho é composto por um olho e um coração que bate – e nada mais). Como esquecer também o olho que falta ao gato negro?

Recebendo tal carga, o detalhe deixa de ser um meio para criar o sentimento de realidade (como ocorrerá em Flaubert ou Tolstoi, por exemplo) e se torna alegoria. A alegoria concilia bem com o desaparecimento da narrativa, característico de Poe: desdobramento em profundeza e não em extensão; ela tem afinidades com a imobilidade e, portanto, a descrição. Toda a obra de Poe é atraída por essa tendência à alegoria (o que, de passagem, explica a mania da crítica psicanalítica, principal forma moderna da crítica alegórica). Certos contos são alegorias declaradas (um tem o subtítulo: "História contendo uma alegoria"), tais como "Silêncio", "O retrato oval", "Pequena conversa com uma múmia" ou "William Wilson". Outros, de modo mais sutil, se abrem para a interpretação alegórica sem necessariamente exigi-la (como "Ligeia" ou mesmo "A carta roubada").

Terceira (e não última) consequência da escolha essencial de Poe: seus contos têm tendência a tomar a literatura como objeto – são contos metaliterários. Uma atenção tão suportada pela lógica da narrativa o leva a narrar até mesmo um de seus temas. Já observamos a existência de contos construídos sobre uma "imagem em abismo"; mais importante ainda, muitas novelas adotam o tom paródico, sendo dirigidas tanto ao

*Os gêneros do discurso*

seu objeto aparente quanto a um texto, ou gênero, anterior: são, novamente, os textos grotescos, dos quais apenas alguns foram traduzidos por Baudelaire. Seu conhecimento pelo público visivelmente padeceu devido ao fato de suporem a familiaridade com certa tradição literária.

Poe é então, em todos os sentidos, um escritor dos limites, o que é ao mesmo tempo seu principal mérito e, se é possível dizer, seu limite. Criador de formas novas, explorador de espaços desconhecidos, é claro; mas sua produção é necessariamente marginal. Felizmente, em todas as épocas, há leitores que preferem as margens ao centro.

# Coração das trevas[1]

*oração das trevas*, de Joseph Conrad, superficialmente se parece com uma narrativa de aventuras. Um garotinho sonha sobre os espaços brancos do mapa; quando cresce, Marlow decide explorar um deles, o mais extenso: o coração do continente negro que atinge um rio sinuoso. Uma tarefa é colocada: juntar-se a um dos agentes da sociedade que se dedica à coleta de marfim, Kurtz; perigos são anunciados. Apesar disso, mesmo essa isca convencional não mantém suas promessas, pois os riscos que o doutor da sociedade parece profetizar são de ordem interior. Ele mede o crânio daqueles que partem em viagem e os interroga sobre a presença ou ausência de loucura na família. Da mesma forma, o capitão sueco que leva Marlow ao primeiro posto é pessimista sobre o futuro, mas a experiência que ele menciona é a de um homem que se enforcou —

---

1 Cito, modificando-a por vezes, a tradução de André Ruyters, de 1948.

sozinho. O perigo vem do interior, as aventuras ocorrem no espírito do explorador, e não nas situações que ele atravessa.

A sequência da história só confirma essa impressão. No posto central, em que Marlow acaba por chegar, ele é condenado à inação, devido ao naufrágio do barco a vapor do qual deveria assumir o comando. Longos meses se arrastam, durante os quais a única ação de Marlow é esperar os rebites que faltam. Nada acontece, e quando algo se produz, a narrativa nos omite o fato. Isso ocorre no momento da partida para o posto de Kurtz, no encontro deste último com o Diretor do posto central, no retorno de Marlow e em suas relações com os "peregrinos", depois da morte de Kurtz. Durante a cena decisiva do contato com Kurtz, Marlow permanece a bordo do barco e conversa com um russo insignificante. Nunca ficamos sabendo o que aconteceu em terra.

Ou então tomemos esse momento tradicionalmente culminante na narrativa de aventuras: a batalha, que aqui se dá entre Brancos e Negros. O único morto julgado digno de ser mencionado é o timoneiro, e Marlow só fala dele porque o sangue do morto enche seus sapatos, o que o leva a jogá-los fora. O desenlace da batalha é irrisório: os tiros dos Brancos não atingem ninguém e só criam fumaça ("Percebi, pelo modo como a parte de cima dos matagais se mexia e voava, que quase todos os tiros haviam mirado alto demais"). Quanto aos Negros, fugiam só de ouvir o apito do barco: "As vociferações furiosas e guerreiras pararam na hora... A debandada era devida unicamente ao barulho estridente do silvo a vapor".

O mesmo acontece no momento em que culmina a intensidade da história, a imagem inesquecível da mulher negra que sai da selva, enquanto Kurtz sobe ao barco: "Repentinamente ela abre

*Os gêneros do discurso*

seus braços nus e os eleva, bem retos, acima de sua cabeça, como em um irresistível desejo de tocar o céu...". Gesto poderoso, mas que é, afinal, apenas um signo enigmático, e não uma ação.

Se há aventura, ela não está onde se esperava encontrá-la, não está na ação, mas na interpretação que se adquirirá de certos dados colocados desde o início. As aventuras que deveriam ter captado nossa atenção não cumprem esse papel pois, contrariando todas as leis do suspense, seu desenlace está anunciado previamente há muito tempo, e repetidas vezes. No início mesmo da viagem, Marlow previne seus auditores: "Tive o pressentimento de que, sob o sol ofuscante desse país, eu iria aprender a conhecer o demônio, flácido, hipócrita, de olhares evasivos, o demônio de uma loucura voraz e sem misericórdia". Não só a morte de Kurtz, mas também o destino de Marlow a seguir são relembrados várias vezes ("coube-me a tarefa de cuidar de sua memória").

A chegada dos fatos não tem importância, pois só contará sua interpretação. A viagem de Marlow tinha um único objetivo: "A viagem só havia me atraído para me permitir conversar com o sr. Kurtz... Eu me dei conta de que aí estava justamente o que eu me prometera: uma conversa com Kurtz". Falar: para compreender, e não para agir. Sem dúvida, é por esse motivo que Marlow irá procurar Kurtz depois da fuga deste último, ainda que desaprove seu sequestro efetuado pelos peregrinos: é que assim Kurtz teria escapado ao seu olhar, ao seu ouvido, e não teria permitido ser conhecido. A subida do rio é então um acesso à verdade, o espaço simboliza o tempo, e as aventuras servem para compreender. "Subir o rio era, por assim dizer, relembrar as primeiras idades do mundo." "Viajávamos na noite das primeiras ligas."

A narrativa de ação ("mitológica") só está presente para permitir o desenvolvimento de uma narrativa de conhecimento ("gnosiológica"). A *ação* é insignificante, porque todos os esforços se dirigiram para a busca do *ser*. (Conrad escreveu em outro lugar: "Nada mais fútil sob o sol do que um puro aventureiro".) O aventureiro de Conrad – se ainda se deseja chamá-lo assim – transformou a direção de sua busca: ele não mais deseja vencer, mas saber.

Muitos detalhes, disseminados ao longo da história, confirmam a predominância do conhecer sobre o fazer, pois o plano global repercute sobre uma infinidade de gestos pontuais que caminham todos para a mesma direção. As personagens não cessam de refletir sobre o sentido oculto das palavras que ouvem, a significação impenetrável dos sinais que percebem. O Diretor termina todas as suas frases com um sorriso que "tinha o ar de um sinete aposto sobre suas palavras, a fim de tornar absolutamente indecifrável o sentido da frase mais trivial". A mensagem do russo que deve ajudar os viajantes está, sabe-se lá por quê, escrita em um estilo telegráfico, que a torna incompreensível. Kurtz conhece a língua dos Negros, mas quando perguntado "Você entende isso?", ele só deixa transparecer "um sorriso de sentido indefinível", sorriso tão enigmático quanto as palavras pronunciadas em uma língua ignorada.

As palavras exigem interpretação; com mais forte razão, os símbolos não verbais que os homens trocam também a demandam. O barco sobre o rio: "Algumas vezes, à noite, um bater de tambores, por trás da cortina de árvores, chegava ao rio e aí persistia languidamente, como se rodasse no ar, sobre nossas cabeças, até o despontar do dia. Impossível dizer se ele significava a guerra, a paz ou a prece". Também acontece isso com outros

*Os gêneros do discurso*

fatos simbólicos, não intencionais: acontecimentos, comportamentos, situações. O barco encalhou no fundo do rio: "Não apreendi na hora a significação desse naufrágio". Os peregrinos permanecem inativos no posto central: "Por vezes eu me perguntava o que tudo aquilo queria dizer". Aliás, a profissão de Marlow – conduzir um barco – nada mais é que interpretar sinais:

> Era preciso que eu adivinhasse o canal e percebesse claramente – sobretudo por inspiração – os sinais de um fundo escondido. Precisava espiar as rochas descobertas [...]. E precisava manter o olho sobre os sinais de madeira morta, que cortaríamos durante a noite, para assegurar o vapor do dia seguinte. Quando você deve se aplicar inteiramente a esse tipo de coisas, somente aos incidentes de superfície, a realidade – sim, a própria realidade – empalidece. A verdade profunda permanece oculta... Graças a Deus!

A verdade, a realidade e a essência continuam intangíveis; a vida se esgota em uma interpretação de sinais.

As relações humanas nada mais são do que uma busca hermenêutica. O russo é, para Marlow, "inexplicável", "um desses problemas que não se resolve". Contudo, o próprio Marlow se torna objeto de interpretação por parte do mestre de obras. O russo, por sua vez, deve reconhecer, ao falar das relações entre Kurtz e sua mulher: "Eu não compreendo". A própria selva se apresenta a Marlow "tão sombria, tão impenetrável para o pensamento humano" (notemos: para o pensamento, e não para o corpo) que acredita nela perceber a presença de um "encantamento mudo".

Vários episódios emblemáticos também indicam que se trata de uma história em que predomina a interpretação dos símbolos. No início, na porta da sociedade, em uma cidade europeia, encontramos duas mulheres.

Frequentemente, quando estive lá, revi essas duas criaturas, guardiãs da porta das Trevas, tricotando sua lã negra, como para fazer dela uma quente mortalha. Uma abrindo, introduzindo sem cessar no desconhecido, a outra esquadrinhando os rostos alegres e despreocupados com seus velhos olhos impassíveis.

Uma busca (passivamente) conhecer, a outra conduz a um saber que lhe escapa: aqui estão duas figuras do conhecimento que anunciam o desenrolar da história a acontecer. Bem no final da história, encontramos outra imagem simbólica: a Noiva de Kurtz sonha com o que teria podido fazer, se estivesse perto dele: "Eu teria ciumentamente recolhido o menor de seus suspiros, suas menores palavras, cada um de seus movimentos, cada um de seus olhares". Ela teria feito uma coleção de sinais. A narrativa de Marlow se abre sobre uma parábola, na qual ainda não se trata de Kurtz nem do continente negro, mas de um romano imaginário, conquistando a Inglaterra no ano zero. Este teria se confrontado com a mesma selvageria, com o mesmo mistério — com o incompreensível. "É-lhe necessário viver no seio do incompreensível, o que em si já é detestável... E apesar de tudo, há nisso uma espécie de fascinação que se põe a trabalhá-lo." A narrativa que seguirá, que ilustrará esse caso geral, é a do aprendizado de uma arte da interpretação.

A abundante metafórica do branco e do negro, do claro e do escuro, facilmente observável nesse texto, não é estranha ao problema do conhecimento. Em princípio, e em acordo com as metáforas da língua, a obscuridade equivale à ignorância, e a

*Os gêneros do discurso*

luz, ao conhecimento. A Inglaterra obscura do início é descrita por um nome: trevas. O sorriso enigmático do Diretor produz o mesmo efeito: "Ele põe fim a essa exclamação com seu singular sorriso, como se tivesse, por um instante, entreaberto a porta para as trevas, das quais tinha a guarda". Reciprocamente, a história de Kurtz ilumina a existência de Marlow:

> Ele me parecia disseminar uma espécie de luz sobre todas as coisas em torno de mim e sobre os meus pensamentos. Entretanto, era suficientemente sombrio – lamentavelmente –, extraordinário em qualquer coisa que fosse; e também não muito claro… Não, não muito claro… – E, todavia, parecia disseminar uma espécie de luz…

É também a isso que se refere o título da história, *Coração das trevas*. A expressão retorna várias vezes no decorrer do texto, para designar o interior do continente desconhecido para o qual se dirige o barco ("Penetrávamos cada vez mais profundamente no coração das trevas") ou de onde ele retorna ("A sombria corrente se afastava com rapidez do coração das trevas"). Ela designa também, por restrição, aquele que encarna esse coração intocável, Kurtz, tal como vive na lembrança de Marlow, atravessando a soleira da casa em que a Noiva habita; ou, por generalização, na última frase do texto, o lugar do desconhecimento para onde fugiam as ondas de outro rio, "para o próprio coração de infinitas trevas". Por concomitância, a obscuridade simbolizará também o perigo ou o desespero.

De fato, o estatuto da obscuridade é mais ambíguo, pois ela se torna objeto de desejo. A luz, por sua vez, se identifica com a presença, em tudo o que esta tem de frustrante. Kurtz, objeto de desejo da história inteira, é também feito de "trevas impenetráveis". Ele se identifica a tal ponto com a obscuridade que, quando há uma luz ao seu lado, ele não se apercebe. "Eu estou estendido na escuridão esperando a morte…" "A luz brilhava a menos de um pé de seu rosto." E quando, na noite, fazem a luz, Kurtz não pode estar presente: "Uma luz brilhava no interior, mas o sr. Kurtz não estava lá". Essa ambiguidade da luz é melhor traduzida na cena da morte de Kurtz – vendo-o morrer, Marlow apaga as velas: Kurtz pertence à obscuridade. Porém, logo depois, Marlow se refugia na cabine iluminada e se recusa a deixá-la, mesmo que isso leve os outros a acusá-lo de insensibilidade: "Havia uma lâmpada ali – a luz, você compreende – e lá fora tudo estava assustadoramente escuro!". A luz é tranquilizadora, quando a obscuridade lhe escapa.

A mesma ambiguidade caracteriza a repartição do negro e do branco. De acordo, mais uma vez, com as metáforas da língua, é o desconhecido que é descrito como negro: vimos que tal era a cor da lã que as duas mulheres tricotavam na entrada da sociedade; tal é a cor do continente desconhecido ("a borda de uma selva colossal, de um verde tão escuro que era quase negro"), e tal é também a cor da pele de seus habitantes. Significativamente, aqueles dentre os Negros que entram em contato com os Brancos são contaminados e terão necessariamente uma mancha branca qualquer. Isso acontece com os canoístas que transitam em embarcações do continente até o barco: as pirogas são "levadas por canoeiros negros. Podíamos ver de longe o branco de seus olhos, que brilhavam". Ou aqueles que trabalham para os Brancos: "Ele tinha um ar comovedor sobre esse pescoço negro, esse pedaço de cordão branco vindo de além-mar". O perigo será então, também ele, negro, e isso até

*Os gêneros do discurso*

o cômico: um capitão dinamarquês é morto por causa de duas galinhas, "sim, duas galinhas negras".

Apesar disso, o branco, assim como a luz, não é um valor simplesmente desejado: deseja-se o negro, e o branco é apenas o resultado decepcionante de um desejo que se diz satisfeito. O branco será repudiado, quer a verdade seja enganosa (como os espaços brancos no mapa, que escondem o continente negro), quer seja ilusória: os Brancos creem que o marfim, branco, é a verdade última; mas, exclama Marlow, "em toda a minha vida, nunca vi algo assim tão pouco real...". O branco pode impedir o conhecimento, tal como esse nevoeiro branco, "mais ofuscante que a própria noite", que impede de se aproximar de Kurtz. O branco é, por fim, o homem branco diante do Negro; e todo o etnocentrismo paternalista de Conrad (que podia passar por anticolonialismo no século XIX) não pode nos impedir de ver que sua simpatia se dirige aos habitantes indígenas do continente negro; o Branco é cruel e estúpido. Kurtz, ambíguo sob a relação claro-escuro, também o será quanto ao branco e ao negro. De um lado, acreditando possuir a verdade, preconiza em sua relação a dominação dos Negros pelos Brancos; e caçador infatigável de marfim, sua própria cabeça se tornou "uma bola de marfim"; mas, por outro lado, foge dos Brancos e vai ficar com os Negros; isso não é um acaso e Marlow evoca, a respeito de seu encontro com ele, "a negritude particular dessa provação".

A história se encontra, então, impregnada de negro e de branco, de obscuridade e claridade, pois esses tons estão coordenados ao processo de conhecimento — e ao seu inverso, a ignorância, com todas as nuanças que esses dois termos podem comportar. Até as cores e as sombras, tudo tem a ver com o conhecimento.

Porém, nada faz ver mais a dominação do conhecimento com tanta evidência do que o papel desempenhado por Kurtz na história. Pois esse texto é, de fato, a narrativa da busca de Kurtz: é o que apreendemos pouco a pouco, e em retrospectiva. A gradação seguida é bem aquela do conhecimento de Kurtz: passa-se do primeiro ao segundo capítulo por ocasião de um episódio em que Marlow se diz: "Para mim, pareceu-me que eu deslindava Kurtz pela primeira vez"; e do segundo ao terceiro, quando ocorre o encontro com o russo, aquele que, dentre as personagens do livro, o terá conhecido de mais perto. Aliás, Kurtz está longe de ser o único tema do primeiro capítulo, embora domine o segundo; no terceiro, por fim, encontramos episódios que não estão ligados à viagem sobre o rio, mas que contribuem para o conhecimento de Kurtz, como acontece nos encontros posteriores com seus próximos, ou nas buscas de todos aqueles que querem saber quem ele era. Kurtz é o polo de atração da história inteira, mas é somente *a posteriori* que descobrimos quais são as linhas de força que seduzem. Kurtz representa as trevas, o objeto do desejo da narrativa; o coração das trevas são "as trevas áridas de seu coração". E, como poderíamos adivinhar, quando ele se faz de pintor, traça a obscuridade e a luz: "um pequeno esboço a óleo representando, sobre uma madeira, uma mulher drapeada e com os olhos vendados, carregando uma tocha acesa. O fundo era escuro, quase negro".

Kurtz é realmente o centro da narrativa, e seu conhecimento é a força motriz da intriga. Ora, o estatuto de Kurtz na história é completamente particular e não temos dele, por assim dizer, nenhuma percepção direta. Durante a maior parte do texto, ele é anunciado no futuro, como um ser que se deseja atingir, mas que ainda não se vê, como nos primeiros anúncios de Marlow

*Os gêneros do discurso*

e nos relatos sucessivos que o descrevem: o do contador, o do Diretor, o do mestre de obras. Esses relatos nos fazem desejar conhecer Kurtz, procedam eles da admiração ou do medo, mas eles não nos ensinam grande coisa fora do fato de que há alguma coisa para ser aprendida. Depois vem a viagem a montante do rio, que se supõe nos levará ao verdadeiro Kurtz. Apesar disso, os obstáculos se multiplicarão: primeiro a obscuridade, o ataque dos Negros, o espesso nevoeiro que impede qualquer percepção. Nesse ponto do texto, os obstáculos propriamente narrativos se adicionam àqueles impostos pela selva: em vez de prosseguir seu relato de conhecimento progressivo de Kurtz, Marlow se interrompe bruscamente e esboça um retrato retrospectivo de seu herói, como se Kurtz só pudesse estar presente nos tempos da ausência, o passado e o futuro. Aliás, é isso que o Diretor enuncia explicitamente quando, depois da observação de Marlow, que acaba de encontrar Kurtz e diz "Estimo que o senhor Kurtz é um homem notável", ele responde: "*Era* um homem notável". Em seguida, volta-se do retrato ao relato, mas novas decepções nos aguardam: no lugar de Kurtz, encontramos o russo, autor de uma nova relação sobre o herói ausente. Por fim Kurtz aparece, mas nem por isso ficamos sabendo grande coisa. Primeiro ele está morrendo, já participando mais da ausência do que da presença; aliás, só o vemos de longe, e de modo fugidio. Quando enfim nos vemos em sua presença, Kurtz está reduzido a uma pura voz, portanto, a palavras, as quais se encontram tão sujeitas à interpretação quanto estavam os relatos que lhe diziam respeito, feitos pelos outros. Uma nova parede está erguida entre Kurtz e nós ("Kurtz discorria. Que voz! Que voz! Ela conservava sua profunda sonoridade até o fim"). Não há nada de extraordinário em que essa voz seja particularmente impressionante: "O volume do som que ele emitia sem esforço, quase sem se dar ao trabalho de mexer os lábios, me deixava pasmo. Que voz! Que voz! Ela era grave, profunda, vibrante e, no entanto, poderíamos jurar que esse homem não era sequer capaz de um murmúrio". Mas mesmo essa presença enigmática não dura, e em breve um "véu" se abate sobre seu rosto, tornando-o impenetrável. A morte não muda quase nada, de tanto que o conhecimento se confessava impossível enquanto ele era vivo. Passa-se simplesmente das suposições para as lembranças.

Portanto, não apenas o processo de conhecimento de Kurtz preenche o relato de Marlow, mas ainda esse conhecimento é impossível. Kurtz se tornou familiar para nós, porém não o conhecemos e ignoramos seu segredo. Essa frustração é dita por Conrad de mil maneiras. No final das contas, Marlow só pôde perseguir uma sombra, "a sombra do sr. Kurtz", que só tornam mais espessas as palavras por ele enunciadas: "Sombra mais negra que a sombra da noite e nobremente drapeada nas pregas de sua penetrante eloquência". O coração das trevas está "em lugar algum" e não podemos atingi-lo. Kurtz sai de cena antes que tenhamos podido conhecê-lo ("Tudo o que havia pertencido a Kurtz me havia passado pelas mãos: sua alma, seu corpo, seu posto, seus projetos, seu marfim, sua carreira. E agora só restava sua lembrança..."). Seu nome, Kurtz, curto, só é enganador na aparência. Marlow nota isso quando o vê pela primeira vez: "Kurtz, Kurtz, isso significa curto em alemão, não é? Pois bem, o nome era tão verídico quanto o resto de sua vida e sua própria morte. Ele parecia ter ao menos sete pés de altura". Kurtz não é pequeno como seu nome indica, mas o conhecimento que temos dele continua a ser curto,

Os *gêneros do discurso*

para sempre insuficiente, e não é por acaso que ele resiste ao esforço dos Brancos para arrancá-lo de sua obscuridade. Marlow não compreendeu Kurtz, mesmo que no fim tenha se tornado seu confidente ("ele me honrou com uma confiança surpreendente"). Do mesmo modo, depois de sua morte, os esforços que faz para compreendê-lo permanecem vãos: "o próprio primo não esteve em condições de me indicar o que Kurtz havia sido, exatamente".

Kurtz é o coração das trevas, mas esse coração é vazio. Só se pode sonhar no último momento, no limiar da morte, em que se adquire o conhecimento absoluto ("este supremo instante de perfeito conhecimento"). O que Kurtz realmente diz nesse momento são palavras que enunciam o vazio, que anulam o conhecimento: "O horror! O horror!". Um horror absoluto, do qual jamais conheceremos o objeto.

Nada prova melhor a zombaria do conhecimento do que a cena final da história, o encontro com a Noiva, que enuncia: "Era eu quem o conhecia melhor" – e apesar disso vemos o quanto o conhecimento é imperfeito e mesmo ilusório. Nada restou de Kurtz, a não ser sua lembrança, mas esta é falsa. Quando ela diz: "Como é verdade! Como é verdade", é que uma mentira acaba de ser proferida; "Suas palavras, ao menos, não estão mortas", ela se consola. Um instante depois, ela arranca de Marlow uma mentira sobre as últimas palavras de Kurtz; "A última palavra que ele pronunciou foi o seu nome. – Eu sabia, eu tinha certeza!", replica a Noiva. Seria por isso que, no decorrer da conversa entre ela e Marlow, "a cada palavra que era pronunciada, o cômodo se fazia mais escuro"?

Que o conhecimento seja impossível, que o coração das trevas seja ele mesmo tenebroso, o texto inteiro nos diz. Essa viagem vai bem ao centro ("exatamente no centro"), no interior, no fundo: "Pareceu-me que, em vez de partir para o coração de um continente, eu estava a ponto de me enfiar no centro da terra". Até o posto de Kurtz se chama Posto Interior; Kurtz está bem "lá no fundo". No entanto, esse centro está vazio: "Um rio deserto, um grande silêncio, uma floresta impenetrável". Segundo o Diretor, "as pessoas que vêm aqui não deveriam ter entranhas"; essa regra se mostra ser estritamente seguida. Vendo o mestre de obras, Marlow diz a si mesmo: "Se eu houvesse tentado, poderia tê-lo perfurado com meu dedo indicador, sem nada encontrar lá dentro". O próprio Diretor, podemos lembrar, imprime a tudo um sorriso enigmático, mas talvez seu segredo seja impenetrável por ser inexistente: "Ele jamais me entregou seu segredo. Talvez, depois de tudo, nada houvesse nele".

O interior não existe, assim como não existe um sentido último, e as experiências de Marlow são todas "inconclusivas". Sendo assim, é o próprio ato de conhecimento que se encontra questionado.

> Que coisa barroca é a vida: essa misteriosa implementação de impiedosa lógica, por quais finalidades irrisórias!... O máximo que poderíamos esperar seria alguma luz sobre nós mesmos, adquirida quando é tarde demais e, em seguida, só resta ruminar as lamentações que não morrem.

A máquina gira perfeitamente bem – mas no vazio, e o melhor conhecimento de outrem só informa sobre si mesmo. Que o processo de conhecimento se desenvolva de maneira irrepreensível não prova de forma alguma que se possa atingir

*Os gêneros do discurso*

o objeto desse conhecimento, e seríamos mesmo tentados a dizer: bem ao contrário. É isso que E. M. Forster não conseguia compreender, ao observar a respeito de Conrad, perplexo:

> O que há de particularmente fugitivo, em seu caso, é que ele está sempre nos prometendo algumas declarações filosóficas gerais sobre o mundo, e que em seguida se refugie em uma declamação taciturna... Há nele uma obscuridade central – algo de nobre, heroico, inspirador, uma meia dúzia de grandes livros – mas obscuros! Obscuros!

Já sabemos o que considerar naquilo que concerne à obscuridade. E Conrad escrevia em outro lugar: "A finalidade da arte não está na clara lógica de uma conclusão triunfante; também não está no desvelamento de um desses segredos sem coração a que damos o nome de Leis da Natureza".

A palavra, como vimos, desempenha um papel decisivo no processo de conhecimento, ela é a luz que deveria dissipar as trevas, mas que finalmente não consegue. É o que o exemplo de Kurtz nos ensinou.

Entre todos os seus dons, aquele que ultrapassava os outros e de certa forma impunha a impressão de uma presença real, era seu talento da palavra, sua palavra! – esse dom perturbador e inspirador da expressão, o mais desprezível e o mais nobre dos dons, corrente de luz tremulante ou fluxo ilusório jorrado do coração de impenetráveis trevas.

Contudo, este é apenas um exemplo de algo muito mais geral, que é a possibilidade de construir uma realidade, de dizer uma verdade com a ajuda das palavras; a aventura de Kurtz é, ao mesmo tempo, uma parábola da narrativa. Não é de forma alguma um acaso que Kurtz seja, em alguns momentos, poeta – como também é pintor e músico. Também não é por acaso que inúmeras analogias se estabeleçam entre as duas narrativas, enquadrante e enquadrado, entre os dois rios cá e lá, enfim, entre Kurtz e Marlow, o narrador (os dois únicos a ter um nome próprio nessa história. Todos os outros se reduzem à sua função: o Diretor, o contador – que, aliás, também encontramos tanto na história enquadrada quanto no quadro) e, correlativamente, entre Marlow, a personagem, e seus auditores (de quem nós, os leitores, desempenhamos o papel). Kurtz é uma voz. "Fiz uma estranha descoberta, de que jamais o representei agindo, mas discorrendo. Não me digo: 'Não o verei mais', ou: 'Nunca apertarei sua mão', mas sim: 'Jamais o ouvirei!'. O homem se oferecia a mim como uma voz." Mas isso também não acontece com Marlow, o narrador? "Para nós, já há muito tempo, sentado afastado, ele nada mais era senão uma voz." O que é também uma definição do escritor: "O artista é, nesse ponto, uma voz para quem o silêncio é como a morte", escreveu Conrad em um artigo. Marlow é quem se encarregará de explicitar a relação entre as duas séries quando de uma interrupção de sua história. "Kurtz… era apenas um nome para mim. Eu não via o homem por trás desse nome, assim como vocês também não o enxergam. Pois vocês o veem? Veem a história?… Vocês veem o que quer que seja?". Tanto um como o outro, tanto o explorador como o leitor, só percebem signos, a partir dos quais devem construir, um o referente (a realidade que o cerca), o outro, a referência (aquilo de que se trata na narrativa). O lei-

*Os gêneros do discurso*

tor (todo leitor) deseja conhecer o objeto da história, assim como Marlow deseja conhecer Kurtz.

E assim como será frustrado esse último desejo, o mesmo acontecerá para o leitor ou o auditor, que jamais poderá atingir, como teria desejado, a referência da história: seu coração está igualmente ausente. Não é revelador que a narrativa, que começa no pôr do sol, coincida em seu desenrolar com o espessamento das trevas? "A obscuridade havia se tornado tão profunda que nós, os auditores, mal podíamos nos distinguir uns dos outros." E assim como é impossível o conhecimento de Kurtz na história de Marlow, também é impossível qualquer construção a partir das palavras, qualquer tentativa de apreender as coisas pelas palavras. "Não, é impossível. É impossível dar a sensação de vida de uma dada época da existência, aquilo que faz dela a realidade, a significação, a essência sutil e penetrante. É impossível." A essência, a verdade – o coração da narrativa – é inacessível, o leitor não a atingirá jamais. "Vocês não podem compreender." As palavras nem sequer permitem transmitir as palavras.

Eu lhes contei as palavras que trocamos, repetindo as próprias frases que pronunciamos – mas o que é isso? Vocês só veem aí as palavras banais, esses sons familiares e indefinidos que servem cotidianamente... Para mim, elas revelavam o caráter de aterradora sugestão das palavras ouvidas em sonho, frases pronunciadas em um pesadelo.

Não saberíamos reproduzir esse aspecto das palavras.

É impossível atingir a referência. O coração da narrativa está vazio, assim como estavam os homens. Para Marlow, não era no interior que seria preciso buscar o sentido de um episódio, como se fosse um ponto essencial, mas externamente, naquilo que, envelopando a história, só a havia manifestado, assim como o calor suscita a bruma, à maneira desses halos de nevoeiro que, por vezes, tornam visíveis a iluminação espectral do luar.

A luz da narrativa é aquela, hesitante, da lua.

Assim, a história de Kurtz simboliza o feito da ficção, a construção a partir de um centro ausente. Não devemos nos enganar: a escritura de Conrad é bem alegórica, como dão testemunho múltiplos fatos (ainda que fosse a ausência de nomes próprios, meio de generalização), mas nem todas as interpretações alegóricas de *Coração das trevas* são bem-vindas. Reduzir a viagem no rio a uma descida aos infernos ou à descoberta do inconsciente é uma afirmação cuja inteira responsabilidade incumbe ao crítico que a enuncia. O alegorismo de Conrad é intratextual: se a busca da identidade de Kurtz é uma alegoria da leitura, esta, por sua vez, simboliza todo o processo de conhecimento – do qual o conhecimento de Kurtz era um exemplo. Por sua vez, o simbolizado se torna o simbolizante daquilo que antes era simbolizante; a simbolização é recíproca. O sentido último, a verdade última, não estão em lugar algum, pois não há interior, e o coração está vazio: o que era verdade para as coisas continua a sê-lo, com mais forte razão, para os signos. Só há a remissão, circular e apesar disso necessária, de uma superfície para a outra, das palavras para as palavras.

# The Awkward Age[1]

De que fala *The Awkward Age*? Temos dificuldade em responder a essa questão, que na aparência é elementar. O leitor não sabe bem, e seu único consolo é que as próprias personagens também parecem ter muita dificuldade em compreender os propósitos que lhe são dirigidos.

De fato, grande parte das réplicas que lemos nesse romance, que em todo caso é composto quase exclusivamente por conversas, consiste em demandas de explicação. Essas questões podem, aliás, concernir a diferentes aspectos do discurso e evidenciar várias razões de obscuridade. A primeira, mais simples e menos frequente, reside na incerteza em que nos

---

[1] Uso, modificando-a frequentemente, a tradução francesa de M. Sacher, 1956, salvo para o prefácio, jamais traduzido em francês. *The awkward age* é uma locução que se traduz por "idade ingrata", mas James também explora o sentido literal dos termos, isto é, "idade do mal-estar". *L'âge difficile* [A idade difícil] é um compromisso possível entre esses dois sentidos, idiomático e literal.

encontramos quanto ao próprio sentido das palavras; é aquela que normalmente um estrangeiro, que conhece a língua de modo imperfeito, sentiria; as questões aqui dizem respeito ao vocabulário. Em *The Awkward Age* não há um estrangeiro falando mal o inglês, mas uma das personagens, Mr. Longdon, viveu muito tempo longe da cidade; de retorno, ele tem a impressão de não compreender mais o sentido das palavras e, no decorrer de suas primeiras conversas, pelo menos, lança questões do gênero: "O que você entende por cedo?", "O que você compreende por tensão?". Essas questões, por mais inocentes que pareçam ser, não deixam de obrigar os interlocutores a explicitar e, ao mesmo tempo, a assumir plenamente o sentido das palavras, e é por isso que elas por vezes provocam vivas reações de recusa. "O que quer dizer com rápido?", demanda ainda Mr. Longdon, mas a resposta da Duquesa é cortante: "Quero dizer o que disse". Entretanto, veremos que a própria sobrinha da Duquesa sofre do mesmo mal, que é não compreender o sentido das palavras.

Muito mais difundida, e em si mesma muito complexa, é uma segunda situação verbal, na qual as explicações que se demanda não concernem ao sentido das palavras, mas à sua aplicação a uma situação concreta: não se ignora o vocabulário, mas o referente. No caso mais elementar, essa ignorância é devida ao caráter por demais elíptico do enunciado inicial: falta nele um complemento que permitiria determinar o campo de sua aplicação. Veja-se alguns exemplos de tais trocas: "– Ah, mas com suas ideias isso não impede. – Não impede o quê? – Ora, o que você chama, suponho, as *negociações*. – Pela mão de Aggie?", "– É gentil, da parte dela, de nos poupar. – Você quer dizer de falar diante dela?", "– Devo demandar, *eu*? – Mas Van-

*Os gêneros do discurso*

derbank havia perdido o fio. – Demandar o quê? – Mas se ela recebe alguma coisa... – Se não sou *suficientemente* gentil: – Van havia se recuperado".

Por vezes, o enunciado não é, propriamente falando, elíptico, mas se encontra recheado de pronomes anafóricos e dêiticos, dos quais ignoramos o antecedente ou o referente. A questão "O que você quer dizer" evidentemente não interroga o sentido do pronome, mas requer ao que ele se aplica. "– Ele tem um grande fraco por ele. – O velho, por Van? – Van por Mr. Longdon", "O que há entre ela e ele? – Mitchy pensava em dois outros. – Entre Edward e a jovem? – Não diga besteiras. Entre Petherton e Jane", "Mas o que ela está preparando? – Aparentemente, para Mrs. Brook, era uma questão de tal variedade de aplicação, que ela fala, para tentar: – Jane? – Oh, meu Deus! Não". A distância entre o referente presente ao espírito de um e de outro interlocutores pode ser considerável: "– Você gostaria de sabê-lo? – Você quer dizer: quem vem jantar? – Não, isso não tem importância. Mas se Mitchy se deixou enganar". Mitchy, bastante experiente na arte da elipse, começa assim uma conversa: "E então, ele fez?".

Os pronomes anafóricos só constituem o exemplo mais eloquente dessa indeterminação referencial, da qual também são afetadas outras variedades de expressão. A questão metalinguística que elas suscitam não consiste mais em propor nomes próprios, porém, de modo mais vago, em demandar: "– O que você chama de ...?". "– Eu o deixo à sua sorte. – O que você chama de minha sorte? – Oh, alguma coisa tenebrosa...", "– Quero que faça comigo exatamente o que faz com ele. – Ah, bem depressa, responde a jovem com um tom estranho. O que você quer dizer com 'fazer'?". Ainda aqui, a Duquesa se recusa a esclarecer Mr. Longdon: "– Ela favorece Mr. Mitchett porque deseja 'o velho Van' para si mesma. – Em que sentido, para si mesma? – Ah, você deveria fornecer o sentido, só posso lhe contar o fato". Naturalmente, na maior parte do tempo, essas diferentes formas de indeterminação referencial se somam umas às outras e se apresentam dentro de uma mesma frase. "– Você quer dizer que não sabe *de verdade* se ela o terá? – O dinheiro, se ele não funcionar?", "Ele deve aceitar a consequência. – Ele? – Mr. Longdon. – E o que você quer dizer com consequência?" Não há certeza de que a descoberta do referente sempre possa ser possível. De que se trata nessas palavras que Nanda dirige a Vanderbank: "– É o tom, e o corrente, e o efeito de todos os outros que o levam [mas onde?]. Se tais coisas [quais?] são contagiosas, como todo mundo diz, você talvez o prove tanto quanto qualquer outro [o quê?]. Mas você não começa ou, ao menos, você não pode ter estado na origem, ter começado?". Ou nestas outras, de Mitchy: "– É mesmo o que eu achava, mas há muito mais. Veio mais disso, e ainda virá. Veja, quando no início não havia nada, tudo veio tão rápido". Em vão esperamos um elemento qualquer que permita ancorar essas frases aéreas no mundo.

Há também uma situação simétrica e inversa, na qual não se parte mais de uma expressão para buscar o referente, mas de uma coisa, à procura de seu nome. "– Eu pensava que ele tinha uma espécie de qualquer coisa. – Uma espécie de modernidade mórbida? – É assim que se chama? Um nome muito bom." Ou ainda se opõem duas formas de chamar um mesmo objeto: "– Você chama Tishy Grendon de mulher? – E você, como a chama? – Mas de a melhor amiga de Nanda…". Por vezes, a aproximação brutal do nome corrente da coisa e de sua denominação pontual (um tropo) produz um efeito divertido: "– Não podemos ser gregos, se quisermos. – Você chama a vovó de grega?", "– Quando você pensa que uma mulher é 'mesmo' pobre, não lhe dá um pedaço de pão? – Está chamando Nanda de um pedaço de pão, Duquesa?". Um dos traços característicos de Nanda ou, o que dá no mesmo, uma das características de sua conversa, é certa indiferença em relação às palavras empregadas, desde que as coisas permaneçam idênticas. "– Ah, eu não sabia que isso tinha tanta importância, a maneira como isso se chama", diz à sua mãe, e a Mr. Longdon: "– Sou feliz em ser qualquer coisa – qualquer nome que vocês lhe deem, se bem que eu não possa lhe dar o mesmo – que seja bom para *vocês*".

Então, da primeira vez nos perguntamos qual é o sentido das palavras, e permanecemos no nível da língua; na segunda, na perspectiva do discurso, interrogamos a relação entre as palavras e as coisas que estas designam. Mas há um terceiro caso que é, ao mesmo tempo, o mais comum e o mais interessante: compreendemos o sentido das palavras, conhecemos o referente, mas nos perguntamos se as palavras querem mesmo dizer o que parecem dizer ou se não são empregadas para evocar, de maneira indireta, uma coisa completamente diferente. A sociedade representada em *The Awkward Age* cultiva a expressão indireta, e Mrs. Brook qualifica um de seus amigos de "camarada em obliquidade". Nanda, sabendo da capacidade das palavras em adquirir novos sentidos, solicita essa atitude para com seu próprio discurso: "– É preciso deixar o sentido de tudo que falo... vir".

O uso indireto ou simbólico do discurso é próprio de uma grande variedade de casos, mas podemos começar por separar duas espécies, o simbolismo lexical e o simbolismo proposicional, dependendo de que a asserção inicial esteja abolida ou mantida. O primeiro caso é o dos tropos, e ficamos surpresos ao encontrar tão poucos exemplos (seria uma característica de qualquer conversa, ou apenas daquela que se pratica em torno de Mrs. Brook?), em que, além de tudo, o tropo está sempre acompanhado por sua tradução. É ainda Mr. Longdon quem se obstina em não compreender os tropos. Por exemplo, Mitchy lhe diz: "– Deixe-me pôr o dedo nisso" e, diante da perplexidade do outro, explica: "– Quero dizer, deixe-me participar disso". Ou em outra conversa: "– O nariz partido de Mrs. Grendon – explica Vanderbank a Mr. Longdon – é a maneira amável que têm essas damas para designar o coração partido de Mrs. Grendon". Explica-se aqui a metáfora de invenção por uma metonímia de uso; mas é o próprio Mr. Longdon quem fornecerá a expressão literal em sua réplica: "– Mr. Grendon não a ama". Quando o tropo não é seguido por sua tradução, o narrador pelo menos se dá ao trabalho de o assinalar por um termo retórico: "a imagem da Duquesa", "ela fala sem notar sua hipérbole", "Mrs. Brook, depois de um rápido exame, escolhe a ironia".

O único tropo a ser utilizado com frequência na conversa mundana é o eufemismo. Mais exatamente para não ferir os sentimentos de alguém, mas também para dar provas de reserva ou de discrição, desliza-se do nome da coisa, o qual porta em si mesmo uma apreciação, para o nome do gênero próximo, que não é valorizado nem positiva nem negativamente. Vejamos um primeiro caso positivo: "– Ele me falou muito de sua mãe. – Oh, coisas gentis, é claro, ou você não me diria isso. – É o que quero dizer". Quanto à situação negativa, é ilustrada, em particular, pelo sentido que a palavra "diferente", ou um de seus análogos, toma nessa sociedade. Dizer que alguém é diferente sugere que ele está longe de ser perfeito. "– Nada poderia lhe assemelhar menos que suas maneiras e sua conversa – diz Mr. Longdon a Nanda, que interpreta: – Você deve pensar que elas não são tão boas." "– É claro que não posso ser *você*, Van. – Eu sei o que você quer dizer com isso. Você quer dizer que sou hipócrita." De tal forma que, caso se deseje ainda empregar a palavra "diferente" sem nuança pejorativa, é preciso especificar: "– A maneira de lisonjeá-lo – declara Mitchy – é deixá-lo perceber que você sente a que ponto ele pode suportar julgá-la diferente. É claro que quero dizer: sem odiá-la".

É o simbolismo proposicional que domina a conversação. A asserção enunciada não quer ser rejeitada, mas se revela ser, em suma, apenas o ponto de partida de associações que conduzem a um novo enunciado. No romance, designa-se essa maneira de falar por termos como "alusão", "insinuação", "sugestão", por exemplo, quando Mitchy pergunta à Duquesa os motivos de suas opiniões sobre Nanda. Em vez de responder, a Duquesa retruca com outro questionamento: "– Eu lhe pergunto, com que direito, em tal conexão, você faz o que dessa forma?". Mitchy, que bem compreendeu o sentido das palavras que compõem a frase, que soube identificar o referente do enunciado, acredita perceber nele uma terceira dimensão, que é justamente um subentendido, e que ele explicita sob a forma de uma nova questão: "– Você quer dizer que, se uma jovem amada por alguém o ama assim tão pouco em retorno?...". Essa demanda de explicação também é elíptica, mas não temos nenhuma dificuldade em terminar a frase: "essa pessoa não tem nenhum direito de colocar esse gênero de questões?". Em retrospectiva, graças à interpretação de Mitchy, descobrimos que o enunciado da Duquesa era portador de um subentendido. Analisemos as fases que o estabelecimento desse sentido segundo atravessa. A fórmula da Duquesa é uma questão retórica, que poderíamos explicitar convertendo-a em uma asserção negativa: "– Você não tem o direito de agir assim, de me colocar esse gênero de questões". Será que podemos, sem a ajuda de Mitchy, reconhecer que essa frase está carregada de um subentendido e explicitá-lo? Duvido. Porém Mitchy julga que o sentido literal desse enunciado não possui uma pertinência suficiente para justificar sua existência. Essa falta às regras da comunicação o incita a buscar um sentido segundo (é então a interpretação que suscita a simbolicidade do texto, a resposta que faz surgir a questão). A partir daí, é necessário identificar o subentendido de que se reconheceu a existência. Para fazê-lo, Mitchy recorre a um lugar-comum, próprio da sociedade descrita (e também do leitor contemporâneo), que toma a forma de uma implicação, alguma coisa como: se você defende em público os interesses de uma jovem, é porque é íntimo dela. Esse lugar-comum não precisa estar presente de maneira ativa na memória dos interlocutores; ele permanece inteiramente implícito até que sua presença se torne necessária para interpretar um enunciado que, de outra forma, parecerá injustificado. Bastará, então, enunciar a primeira proposição dessa implicação, concretizando-a com a ajuda de um pronome pessoal ou de um nome próprio, para que a segunda surja no espírito do interlocutor sob a forma de subentendido.

Para que haja alusão, basta que três condições estejam reunidas: alguma coisa deve nos induzir a procurá-la; uma implicação deve estar presente ao espírito dos dois interlocutores; por fim, um enunciado deve introduzi-la. Mas essas condições

*Os gêneros do discurso*

podem ser satisfeitas de maneiras muito variáveis. Para iniciar pela primeira condição, evidentemente não é necessário que o índice de alusão figure no próprio enunciado (apesar de que também possa fazê-lo). Cada sociedade, ou microssociedade como o salão de Mrs. Brook, parece possuir o que podemos chamar de um limiar de pertinência mínima, abaixo do qual todos os enunciados são reinterpretados como alusões (do contrário não teriam sido formulados). A falta ao princípio de pertinência às vezes é evidente, como quando Mitchy pergunta a Mrs. Brook: "– E onde está a criança, desta vez?", e sua interlocutora tem razão de questionar: "– Por que você diz 'desta vez' – como se esta fosse diferente das outras!". No entanto, o salão de Mrs. Brook elevou a barra de pertinência muito mais do que é de uso geral; por exemplo, quando Mrs. Brook diz a respeito da Duquesa: "– Mas ela nunca precisou pagar por *nada!*", Nanda interpreta: "– Você quer dizer que você teve que pagar?". Aparentemente não se pode dizer "*X é a*", a menos que aquele que diz isso não queira sugerir: mas eu, eu não sou; a implicação comum aos membros desse círculo é que não se afirma alguma coisa de alguém a menos que o contrário não seja verdadeiro sobre si mesmo. Basta que uma palavra seja sublinhada, acentuada na resposta, para que fique evidente que as implicações foram reconhecidas; ora, essa maneira de notar as palavras de outrem é das mais frequentes no salão. Por exemplo, Mrs. Brook diz a Mitchy: "– O milagre, em você, é que você jamais seja vulgar. – Obrigado por tudo. Obrigado sobretudo por 'milagre' – diz Mitchy com um sorriso. – Oh, eu sei o que digo – ela responde sem ruborizar-se", "– Você tem certamente, falando de 'advertência', as expressões mais felizes". "Lealdade também é deliciosa", "'Acessível' é bom." Mais geralmente mesmo: nesse universo, nenhuma palavra é óbvia. O discurso é *willkürlich*, arbitrário e, portanto, deliberado. Todos os nomes, todas as maneiras de falar, são sempre possíveis (ou, como diz Vanderbank: "Chamamos tudo de qualquer coisa") e, por conseguinte, sempre sugestivas: as coisas não justificam as palavras, é preciso (ou, pelo menos, se pode) buscar a razão alhures e, notadamente, em *outro* sentido.

O lugar-comum aos interlocutores também pode variar – o essencial é que ele esteja presente. É a esse fato, em si mesmo banal, mas cuja notação tem algo de paradoxal, que se referem as frases do gênero: "– Sua vinda aqui, mesmo quando ela sabe que eu sei que *ela* sabe…", "– Eu sei que você sabe que eu soube" (esse saber pletórico vem como que para equilibrar a ignorância, na qual estão mergulhadas as personagens, quanto à interpretação de cada palavra enunciada). Não é necessário que o lugar seja próprio a uma sociedade, presente em sua memória passiva; basta que seja enunciado ao mesmo tempo por um dos interlocutores para que se torne imediatamente comum aos dois; e todos os casos intermediários são possíveis, entre o lugar verdadeiramente comum, por exemplo, codificado por um provérbio, e o saber compartilhado, tirado do contexto imediato. Mr. Longdon diz a Vanderbank: Sua mãe consolou-me mais do que as outras. Aparentemente, esse enunciado não se inscreve no paradigma de nenhuma implicação comum à sociedade. Mas as frases precedentes do mesmo Mr. Longdon nos entregam a chave: se uma pessoa me consolasse, diz ele em substância, era porque não me amava. Então Vanderbank interpreta sem dificuldade: "– Você quer dizer que isso foi questão?". Nanda diz a Vanderbank: "– Ele amou você de imediato", e este interpreta: "– Você quer dizer que o manobrei assim tão bem?". A frase de Nanda também não parece remeter a nenhuma implicação comum, e nada no contexto imediato permite a Vanderbank propor essa interpretação audaciosa. Aqui, a formulação do subentendido (decerto imaginário) serve de ponto de partida para a investigação de uma implicação que justificasse a interpretação. O primeiro diz: $p$; o segundo responde: então $q$?, o que leva o primeiro, por sua vez, a descobrir que lhe foi imputado o encadeamento "se $p$ então $q$". O verdadeiro subentendido aqui é a implicação subjacente; esta é, por sua vez, o ponto de partida de outra implicação, que qualifica (falsamente) a atitude de Nanda.

Essas implicações do enunciado (ou subentendidos, alusões ou sugestões), desejadas pelo locutor ou impostas por seu parceiro, mas ocorrendo sempre dentro de um contexto discursivo particular, ocupam um lugar intermediário entre dois fenômenos, dos quais um é mais estrito e o outro, quase ilimitado. O primeiro é representado pelas implicações da frase, ou pressuposições: elas pertencem à língua e poderiam ser previamente enumeradas, sem que se tenha necessidade de recorrer a um contexto qualquer. Por exemplo, quando Mr. Longdon diz: "– Felizmente, as damas ainda não chegaram", Mitchy pode replicar, sem dar provas de nenhuma cumplicidade ou refinamento particular: "– Oh, *devem* chegar damas?". O caráter incontestável das pressuposições faz delas uma arma eficaz para as necessidades da argumentação; é buscada até mesmo a camuflagem do que é apenas implicação do enunciado em implicação da frase. Mrs. Brook diz: "– Você nega que declinou, o que quer dizer que deu esperanças ao nosso amigo". Mrs. Brook confunde aqui, sem dúvida voluntariamente, os contrários e os contraditórios; a frase que ela interpreta diz que seu sujeito não foi recusado, mas "aceitar" ou "dar esperanças" são apenas algumas das instâncias possíveis da não recusa. Não é em nome da lógica da linguagem que Mrs. Brook interpreta, mas de acordo com uma implicação social que diz: se não recusamos, é porque estamos prontos para aceitar.

Do outro lado, situam-se as implicações não mais do enunciado, mas da enunciação, isto é, do acontecimento constituído pela pronúncia de certas palavras. Levado pela conversa que tem com Mr. Longdon, Vanderbank chama Mrs. Brook de "Fernanda", sendo que ele nunca a chama por seu prenome. Mr. Longdon interpreta esse fato como, digamos, o índice de certa vulgaridade de Vanderbank. Evidentemente, essa não é uma implicação do enunciado "Fernanda", mas apenas do fato de que esse nome tenha sido articulado em certas circunstâncias. Outro exemplo: na mesma conversa, Vanderbank diz que, há algum tempo, Mrs. Brook rejuvenesce sua filha. Esse enunciado é uma implicação que Mr. Longdon compreende muito bem: que a própria Mrs. Brook procura rejuvenescer. Entretanto, o que ele retém, sobretudo, é ainda outra coisa, que é uma implicação da enunciação: é que falar assim *mostra* (e não mais: quer dizer) uma falta de lealdade em relação aos seus amigos.

As implicações da enunciação são difíceis de delimitar, pois a natureza verbal dos acontecimentos é contingente: os acontecimentos verbais, ou enunciação, significam exatamente como o fazem todos os outros acontecimentos, situações ou fatos. Por exemplo, quando Nanda entra na casa de Vanderbank e lá só encontra Mitchy e Mr. Longdon, interpreta assim a situação (se bem que nenhuma palavra tenha sido pronunciada): "– Vocês querem dizer que Van não está aqui?". Mr. Longdon conta particularmente com a perspicácia de seus amigos

*Os gêneros do discurso*

para que interpretem as situações antes que as palavras sejam pronunciadas, evitando-lhe assim o incômodo que sente ao fazê-lo. Mitchy consegue fazer isso bem rápido, enquanto Vanderbank, em outra ocasião, é mais lento. Seu parceiro insiste:

> Mr. Longdon ergue outro cinzeiro, mas com o ar de fazê-lo em consequência direta do tom de Vanderbank. Quando o pousa, coloca seus óculos e depois, fixando seu companheiro, lhe pergunta: – Você não tem a menor ideia? – Do que está em sua mente? Como eu teria ideia, caro Mr. Longdon? – Bem, eu me pergunto se não teria uma, em seu lugar. Em tal circunstância, você não vê nada que eu possa provavelmente querer dizer?

A entonação, o tom, os gestos que acompanham a fala, asseguram a continuidade entre o verbal e o não verbal, são como uma orquestração não verbal das palavras: "... respondeu Nanda, com um tom que marcava bem a que ponto ele lhe havia dado prazer". "Sua entonação fazia maravilhosamente a diferença."

Assim, por sua vez, para resumir tudo o que precede, para melhor compreender, o interlocutor aponta as seguintes questões: o que isso quer dizer? O que você entende por isso? O que você chama assim? Em busca de luzes complementares, ele pode também interrogar a própria enunciação, demandar que lhe sejam explicitadas as condições que levaram à formulação desse enunciado. É, ao mesmo tempo, uma excelente maneira de não responder às questões que lhe são dirigidas (como se fosse preciso evidenciar a ambivalência desse gesto, destinado a completar a comunicação, ao mesmo tempo em que a bloqueia). Já vimos uma troca entre Mitchy e a Duquesa ilustrando essa possibilidade, e eis aqui outro exemplo, quando pergunta: "Posso transmitir-lhe uma mensagem de sua parte?", e cabe a Mitchy interrogá-la, em resposta, sobre os motivos de sua questão: "Por que você imagina que ela esperaria uma?". A recusa em responder é ainda mais clara nesta troca: "– Por que você arranjou o retorno de Nanda? – Que ideia, me perguntar isso a essa hora do dia!".

Pode-se também desviar a conversa comentando a própria palavra, para decidir sobre seu valor particular, mesmo que em seguida se tire conclusões sobre aquele que a assume. É assim que Vanderbank comenta continuamente os propósitos de Mrs. Brook: "– Adoro tanto suas expressões!", "– Como gosto de suas expressões!". Esse gênero de comentário se torna um realce daquilo que cada personagem possui quanto a uma maneira de falar e de compreender que, por sua vez, é percebida e comentada pelos outros. A Duquesa diz de Mitchy: "– Ele vai bem na conversação, mas isso depende das pessoas com quem ele fala", enquanto Mrs. Brook o caracteriza assim: "– Sua conversa, na metade do tempo, é impossível [...]. E não há ninguém que, na conversa, eu tenha tão frequentemente vontade de parar na hora". A respeito de Tishy, a Duquesa é ainda mais severa: "– Sua conversa não tem nenhum limite, ela diz tudo o que lhe vem à cabeça…". Por outro lado, Vanderbank "desenvolveu a arte da conversação, ao ponto em que poderia entreter uma dama". Mrs. Brook, por seu lado, teria adorado jamais *nomear* uma coisa. Ter de fazê-lo a leva a infinitos lamentos: "– Eu realmente falo coisas horrorosas. Mas já dissemos coisas piores, não é mesmo? [...] – Você pensa no dinheiro? – Sim, isso não é horrível? – O que você iria pensar? – Que eu falo assim".

*Os gêneros do discurso*

Mesmo que as características discursivas dos indivíduos não sejam comentadas por outras personagens, elas não deixam de ser realçadas e às vezes assinaladas pelo narrador. São todas confrontadas com uma escala das capacidades de compreensão. Já vimos vários traços de Mr. Longdon; ele não se permite dizer qualquer coisa de uma pessoa em sua ausência que não gostaria de repetir diante dela; isso que o narrador chama de "seu hábito de não depreciar em privado as pessoas com as quais era amável em público"; sua maneira de se servir dos nomes próprios é um caso particular disso. Outro traço já mencionado é sua recusa de compreender os subentendidos ou os tropos. É que, como vimos, toda interpretação desse gênero implica um saber comum aos interlocutores e, portanto, uma cumplicidade. Ao não compreender, é precisamente essa cumplicidade que ele recusa. Uma de suas conversas com a Duquesa, por exemplo, é pontuada por: "Temo não compreendê-la", "Sua compreensão talvez fosse imperfeita, mas ela o fez ficar bem vermelho", "Ele continuava em pé, o rosto cheio de percepções forçadas e esparsas". É essa recusa de compreender que a Duquesa lhe reprova: "– Não tente criar obscuridades inúteis sendo inutilmente modesto".

Várias outras personagens, como Mr. Longdon, escapam à norma de compreensão perfeita, representada nesse romance pelo círculo de Mrs. Brook. O traço comum de todos os excluídos é que compreendem mal, mas essa incompreensão não é necessariamente devida a uma recusa de compartilhar certos postulados. Mais do que outros, quatro personagens sofrem de surdez simbólica: Tishy Grendon, a pequena Aggie, Mr. Cashmore e Edward. O caso mais grave é o da pequena Aggie: maravilhosamente protegida por sua tia, a Duquesa, de qualquer contato que poderia corrompê-la, ela tem dificuldades, não no nível das alusões ou na busca do referente, mas apenas porque não compreende o sentido das palavras. Podemos constatar isso em uma conversa com Mr. Longdon que, apesar de tudo, tem uma linguagem reservada. Ela diz: "– Nanda é minha melhor amiga, depois de três ou quatro outras" e Mr. Longdon comenta:

> – Você não pensa que isso é menosprezo, como se diz, para uma melhor amiga? – Menosprezo? – pergunta ela com inocência. – Se você não compreende – diz seu companheiro –, só tenho o que mereço, pois sua tia não me deixou com você para que eu ensinasse a gíria do dia. – "Gíria"? – ela se surpreende novamente, imaculada. – Você nunca sequer escutou a expressão? Eu pensaria que é um grande cumprimento de nosso tempo, se não temesse que só o nome tenha sido afastado de você. – A luz da ignorância no sorriso da criança era positivamente de ouro. – O nome? – repetiu ainda. – Ela não compreendia o suficiente, então ele renuncia.

Tishy Gordon só compreende uma coisa de cada vez, mas dos discursos e seus companheiros parte para várias direções ao mesmo tempo; portanto, ela está sempre atrasada em várias réplicas. Sua amiga Nanda é seu único recurso: "– Ele está dizendo alguma coisa malcriada? Não posso compreendê-lo se Nanda não me explicar – diz a Harold. – De fato, não compreendo nada, a não ser quando Nanda explica". Mr. Cashmore é ao mesmo tempo literal e explícito demais em sua expressão e, reciprocamente, lento demais na compreensão, em particular se sua interlocutora é Mrs. Brook. "Mr. Cashmore a seguia pesadamente

*Os gêneros do discurso*

demais", "Mr. Cashmore se maravilha – era quase místico. – Não a compreendo", "– Misericórdia, do que você fala, então? É o que desejo saber – declarou Mr. Cashmore com vivacidade." A variante mais sutil de surdez simbólica é representada por Edward Brookenham. Ele não entende muito mais do que Mr. Cashmore o tecido de alusões de que envolve sua mulher. Ela lhe dirige uma réplica: "Depois, como o rosto de Edward dizia que era um mistério, – Você não tem necessidade de compreender, mas pode acreditar em mim – adiciona. [...] Era uma declaração que não diminuía sua incompreensão [...]. As trevas de Edward não estavam mais absolutas, mas eram densas". Entretanto, seu papel de senhor da casa, que é também o coração do círculo, o leva a ter uma atitude que não trai sua incompreensão. Essa atitude é evidentemente o silêncio que, todavia, não é desprovido de suas próprias ambiguidades. "Uma de suas maneiras, por exemplo, era de ser o mais silencioso quando tinha mais o que dizer e, quando não tinha nada para dizer, de ser sempre igualmente silencioso; particularidade desconcertante..." Isso faz com que, nessa outra conversa, nada traia sua incompreensão – nem, aliás, sua eventual intelecção. "Oh!, ele diz simplesmente. [...] Oh!, se contenta em repetir. [...] Oh!, observa Brookenham. [...] Oh!, responde Brookenham. [...] Oh!, responde seu marido. [...] Oh!, repete seu companheiro. [...] Oh!, fez novamente seu marido" etc.

Diante desses inválidos da conversação, há o círculo de Mrs. Brook, no qual não somente tudo é compreendido, mas também tudo pode ser dito. De fato, as duas regras fundamentais e complementares que regem o uso da palavra neste salão são: pode-se dizer tudo; e não se deve dizer nada de forma direta. A Duquesa chama isso, com uma nuance pejorativa, de "suas surpreendentes lavagens periódicas de roupa suja em público", e Nanda, benevolente como uma neófita: "— Discutimos tudo, e todo mundo; estamos sempre discutindo a nós mesmos [...]. Mas vocês não acham que é o gênero de conversação mais interessante?". Ao mesmo tempo (um permite o outro), essas exibições de roupa suja só podem acontecer porque as coisas jamais são chamadas por seu nome, mas apenas evocadas ou sugeridas. Daí surge, portanto, essa frase com valor de lei, saída da boca de Mrs. Brook: "— Afinal, as explicações danificam as coisas"; daí surge também sua desolação, quando deve formular explicitamente um julgamento ("— É terrivelmente vulgar falar disso, mas..."). Por sua vez, Mitchy constata que quanto mais um objeto é difícil de nomear, mais a conversa se torna refinada. "As piores coisas parecem ser seguramente as melhores para desenvolver o sentido da linguagem." A linguagem por excelência é como a do oráculo de Delfos, que não diz nem se cala, mas sugere. Essa exigência constante está, portanto, em contradição com o objetivo da atividade principal de todas essas personagens que, como vimos, é pedir explicações. Tudo se passa como se estivessem animados por duas forças contrárias e participassem simultaneamente de dois processos com valores opostos: de um lado, movidos pela nostalgia de um acesso direto sobre as coisas, tentam escrutinar as palavras claramente, atravessá-las para se apoderar da verdade; porém, de outro lado, o fracasso possível dessa busca parece neutralizado pelo prazer que eles sentem em não nomear a verdade, a condená-la, para todo o sempre, à indecisão.

Um dos principais acontecimentos relatados em *The Awkward Age* é justamente o mal-estar criado nesse salão pela intervenção, perturbadora, mas inevitável, de Nanda, filha de Mrs. Brook,

Os gêneros do discurso

que ultrapassou a idade da infância e tem, portanto, o direito de descer ao salão, mas ainda não atingiu a idade da mulher, e não deve compreender tudo. No início, Nanda percebe apenas os aspectos positivos do acontecimento. "Agora eu descerei. Sempre verei todas as pessoas que vêm. Será uma grande coisa para mim. Quero escutar toda a conversa. Mr. Michett diz que eu deveria, que isso ajuda a formar os jovens espíritos." Contudo, sua mãe só vê o inverso dessa intrusão: ela trará uma perda da liberdade de linguagem, aniquilará sua conversação; ora, o que há de mais precioso? É este o sentimento que ela expressa de modo um tanto tortuoso diante de Mr. Cashmore: "– Ela [Nanda] sente que sua presença põe um freio à nossa liberdade de linguagem" e, mais cruamente diante de Vanderbank:

> – Eu falava da mudança de minha vida, é claro. Ocorre que sou assim feita, que minha vida tem alguma coisa a ver com meu espírito, e meu espírito com minha conversação. Uma boa conversa, você sabe... que papel isso tem para mim. Também, quando devemos deliberadamente tornar a conversa ruim... quero dizer, estúpida, rasa, de quinta ordem; quando precisamos erguer o véu a esse ponto, e por uma razão completamente exterior, nada há de estranho em por vezes colocar um amigo na confidência de sua irritação.

Depois disso, Nanda julga a situação com outros olhos: "– Será que não nos tornamos um pequeno esgoto para onde tudo escorre? – Por que – demanda Mitchy – você não diz mais graciosamente uma harpa eólica suspensa na janela do salão e vibrando ao vento da conversação?". E em linguagem mais direta com Vanderbank: sua mãe, ela diz, temia "o que poderiamos apreender entre todos vocês que não seria bom para nós", "o perigo em apreender demais".

Henry James contou, no prefácio desse livro, redigido dez anos depois, que o conflito e essa tensão eram o próprio germe do romance. *"The Awkward Age"*, escreve, "é precisamente o estudo de um desses períodos, limitados ou estendidos, de tensão e de apreensão, um relatório da maneira pela qual, em um caso particular, se tratou a interferência ressentida com antigas liberdades", do modo como, "num círculo de livre conversação, se deve levar em conta uma presença nova e inocente, inteiramente não aclimatada", é a narrativa de uma "liberdade ameaçada pela irrupção inevitável do espírito engenhoso". No entanto, esse germe, reconhece ele no mesmo prefácio, foi obscurecido – a ponto de passar despercebido – por aquilo que inicialmente era destinado a ser apenas uma forma carregando esse tema, uma maneira de tratá-lo e de elaborá-lo. Porém, ele observa ao mesmo tempo, "é provável que meu tema estivesse previamente condenado a uma sobre-elaboração apreciável". A menos que – e é o que James chama de uma "verdade artística importante", que decorre finalmente de sua experiência – a sobre-elaboração jamais seja, por princípio, possível.

A principal lição de meu exame retrospectivo seria, verdadeiramente, uma revisão suprema desta questão: o que é sofrer, para um objeto, se podemos chamar isso de sofrer, de sobre-elaboração? Minha consciência artística encontra o alívio de não reconhecer aqui nenhum traço de sofrimento...

Será que, talvez, a elaboração possa se tornar tema, e o tema, uma outra maneira de elaborar?

Essa forma, essa maneira de tratar o tema, que é a tensão criada na conversa, nada mais é do que uma série de conversas. *The Awkward Age* tem a característica completamente particular no seio da enorme família dos romances de ser escrito, digamos assim, apenas em diálogos. Dito de outra forma, esse romance tem tendência a se confundir com o drama, gênero que desde sempre fascinou Henry James. Aliás, ele bem explicou, no mesmo prefácio, o uso que desejou fazer do diálogo. O ideal a ser atingido seria "fazer de modo que o encontro representado conte ele mesmo toda a sua história, permaneça fechado em sua própria presença e, todavia, nesse pedaço de terreno balizado, se torne perfeitamente interessante e permaneça perfeitamente claro…". Ora, não é isso que a forma dramática oferece?

A distinção divina dos atos de uma peça estava, eu me dizia, em sua objetividade especial e preservada. Por sua vez, quando atingia seu ideal, essa objetividade vinha da ausência imposta de qualquer olhar "por trás", destinada a fazer o giro das explicações e das amplificações, arrancando fragmentos e pedaços da grande loja de remédios de ilusão do "simples" narrador…

O que atrai James na forma dialogada é sua objetividade, a possibilidade de prescindir de qualquer narrador, ou ao menos de um narrador que sabe e explica. Poderíamos objetar que *The Awkward Age* tem um narrador. Ele nos lembra de sua existência mais ou menos a cada dez páginas: é um "espectador", "observador" ou "auditor", qualificado, dependendo da ocasião, como "prevenido", "iniciado" ou "atento". Às vezes, esse espectador é mencionado de maneira mais detalhada: "um observador disposto a interpretar a cena" que se torna "o observador engenhoso que sugerimos há pouco", ou ainda "nosso observador perspicaz". Ou então se supõe o que "uma pessoa que o conhecia bem teria achado dessa cena, se a ela houvesse assistido…". Ou se imagina "uma rápida virada do espelho que reflete toda a cena". Outras vezes, o narrador aceita desempenhar provisoriamente o papel dessa testemunha: "Sem dúvida teríamos adivinhado isso, caso tivéssemos visto…", ou ainda de forma mais explícita, embora negativa:

> Como Mr. Van teria podido expressar mais tarde a um amigo curioso, o efeito produzido nele pelo tom dessas palavras foi – e seu cronista toma a vantagem desse feito para não pretender a uma maior compreensão, e para se limitar, ao contrário, à simples constatação que produziram sobre a face de Mr. Van – um rubor quase imperceptível.

Por fim, em outras vezes, o narrador deplora a ausência de tal testemunha: "Quem estava lá para testemunhar se a jovem o notava?", "a história jamais saberá". Em todos os casos, mesmo que não esteja continuamente mencionada, essa testemunha permanente continua a ser indispensável e implicada na apresentação dos acontecimentos relatados. O narrador bem sabe disso: "o observador perspicaz que supomos *constantemente*", "a testemunha *contínua* desses episódios" (eu sublinho).

Entretanto, essa testemunha que é preciso imaginar (essa presença suposta fazia Dostoievski dizer que tal narrativa é "fantástica", dado que ela admite a existência de seres invisíveis) não se torna uma instância narrativa unificadora; o narrador vê, mas não sabe. Podemos notar que as próprias personagens já têm um hábito curioso (que, aliás, contribui para

## Os gêneros do discurso

a dificuldade de compreender seus dizeres e provoca demandas de explicação): não se referem aos outros por um nome constante e conhecido de todos, mas os chamam por locuções que variam de uma circunstância a outra, como se nada quisessem presumir quanto à existência de uma identidade imutável no âmago de cada ser, mas se contentam em registrar suas percepções, a cada vez pontuais e sujeitas a mudanças. Assim, falando a Mitchy sobre Carrie Donner, suposta amante de Mr. Cashmore, a Duquesa a chama uma vez de "essa absurda pequena pessoa", outra de "a charmosa amostra de bom gosto de Mr. Cashmore que temos sob os olhos", e uma terceira de "essa vítima de injustas calúnias", mas nunca a chama por seu nome: a pobre Mrs. Donner mal consegue existir como uma entidade. Como ficamos então instáveis ao passar não só de um instante a outro, mas dos olhos de uma pessoa aos de outra! É isso que faz Nanda dizer "Somos, em parte, o resultado de outras pessoas", e Vanderbank, "Nós nos vemos refletidos". Ora, o próprio narrador adotou uma postura idêntica, e não chama as personagens de modo uniforme: uma vez será Vanderbank, outra o velho Van, uma terceira Mr. Van, dependendo de quem for a pessoa que o percebe e das circunstâncias. Aliás, o narrador também não possui uma percepção da personagem que lhe seja própria. De fato, são ainda as personagens que o percebem, mesmo quando é o narrador que fala. Mrs. Brook se torna "o sujeito desse elogio", na sequência de uma réplica de Vanderbank, e "a companheira de Nanda", no decorrer de um colóquio com sua filha. Mr. Cashmore é visto certa vez em relação à sua mulher e é chamado de "o marido de Vossa Senhoria", outra vez em relação à sua hospedeira, e ele é "o visitante e Mrs. Brook". No decorrer das réplicas que Mitchy dirige a

Mr. Longdon (de quem lembramos a atenção que dispensa aos apelativos), este é "o sujeito da informação de Vanderbank", depois "o possível confidente do velho Van"; ao conversar com Vanderbank, ele se torna "o apaixonado de Lady Julia"; com Mr. Brookenham, "O mais velho de seus visitantes".

Dessa forma, podemos admitir que cada "encontro representado conta toda a sua história". Contudo, mesmo que ela continue a ser "perfeitamente interessante", não há certeza de que seja, ao mesmo tempo, "perfeitamente clara". Para voltar ao ponto de partida, temos dificuldade, mesmo na releitura, de construir fielmente essa história, mesmo que fosse para enumerar os acontecimentos principais. Não há dúvida de que não existe ninguém que possa dizer a exata natureza das relações que unem (para ficar nas personagens mais importantes) Vanderbank e Mrs. Brook, Vanderbank e Nanda, Nanda e Mr. Longdon.

Há nele um problema que é o ponto nevrálgico desse romance. O leitor de todo texto de ficção busca construir a história que esse texto conta. Para isso, ele dispõe de dois tipos de informação. A primeira deve ser inferida a partir dos comportamentos descritos; estes simbolizam, mas não significam, a realidade na ficção. A segunda lhe é dada de modo direto por um narrador (ou vários). Contudo, sabemos que esse narrador, por sua vez, pode se revelar "indigno de confiança" e, por conseguinte, obrigar o leitor a inferir a verdade, em vez de recebê-la tal qual. Como *The Awkward Age* não comporta, por assim dizer, o discurso do narrador, podemos considerar todas as personagens como narradoras e ficar prontos para restabelecer a verdade, mesmo que elas a deformem. Ora, é precisamente nessa tarefa que o leitor fracassa. Por quê?

*Os gêneros do discurso*

Afastemos primeiro uma resposta fácil, mas inaplicável aqui, segundo a qual apenas palavras nos seriam dadas, enquanto a ação aconteceria fora delas. Pelo que podemos julgar, nenhum acontecimento importante ocorre nos lapsos de tempo em que o livro passa sob silêncio, nem no decorrer desses lapsos, mas fora da linguagem, em ações não verbais: são os discursos que constituem os principais acontecimentos da vida dessas personagens, e seu mundo é mesmo verbal. James afirma, em *The Question of our Speech* [A questão do nosso discurso]: "É falando amplamente que vivemos e desempenhamos nossos papéis". Então, é preciso primeiro acrescentar que nenhuma personagem também aceita, nem sequer de maneira provisória, desempenhar o papel de narrador e de sintetizar o que acaba de acontecer. Não somente o romance é feito de conversas, mas estas são bem particulares: só mencionam acontecimentos que lhes seriam exteriores e contentam-se em ser acontecimentos. É como se a fala-narrativa e a fala-ação não fossem mais aspectos complementares de uma atividade única: esta fala aqui não conta nada. As conversações formam a história, mas não a relatam.

Mas isso ainda não basta. O que adivinhamos ser a intriga última dessa história – Nanda e Mrs. Brook apaixonadas por Vanderbank, este sendo pobre e desejando casar-se com uma mulher rica, mas que ele amasse; a evolução dos sentimentos de Mr. Longdon por Nanda, que acontece diante de nossos olhos, e apesar disso temos o sentimento de só ter de tudo uma visão indireta. Isso não é só porque, como vimos abundantemente, seja de regra nessa sociedade jamais nomear as coisas, mas apenas sugeri-las. A dificuldade é mais essencial, e é o que justifica que ela seja ao mesmo tempo o tema das conversações e o princípio construtivo do romance. Fomos levados passo a passo, dos casos mais simples, em que podíamos sem dificuldades encontrar, para além da expressão indireta, o sentido firme e direto, até essas palavras indeterminadas, das quais sabemos o que significam, mas também que jamais conseguiremos interpretá-las com certeza. Reciprocamente, há nesse romance fatos e ações que podemos reconstituir sem hesitar um instante sequer, mas outros — e talvez apenas por essa razão nos pareçam ser os mais importantes — jamais serão *estabelecidos*. A obliquidade atingiu tal grau que não é mais obliquidade: as amarras entre as palavras e as coisas não somente são relaxadas ou enredadas, mas cortadas. A linguagem funciona em um espaço que permanecerá para todo o sempre linguístico.

Não significa que as personagens não sejam sinceras ou que não tentem formular nenhuma opinião sobre nada nem sobre ninguém. Elas o fazem e, apesar disso, não podemos nos fiar às suas palavras, pois fomos sub-repticiamente privados de critérios de verdade. "A verdade, para Mr. Longdon, era difícil de dizer", e ele não é o único a sentir isso. Os propósitos indiretos trocados pelas personagens nos levaram a um movimento cuja violência deixa bem para trás as alusões que lhes serviram de ponto de partida. Toda fala está como que marcada por uma suspeita ontológica, e simplesmente não sabemos mais se ela conduz a uma realidade, e se sim, à qual. A simbolização e a inferência poderiam ser portadoras de informação segura em um mundo em que elas se encontram enquadradas pela fala direta ou, ao menos, por instrumentos que permitam orientar e verificar a interpretação. Ora, e aí está a proeza técnica de James em *The Awkward Age*, a informação indireta não é simplesmente predominante nesse livro, mas é a única presente. Ao atingir seu

Os gêneros do discurso

grau extremo, ela muda de natureza e não é mais informação. O leitor é então implicado mais do que nunca na construção da ficção, e apesar disso ele descobre, em certo momento, que essa construção não saberia ser completada.

A relação da linguagem com o mundo é ambígua, e tal é também a posição de Henry James quanto a essa relação. Em algum lugar em sua própria obra, escreve – ele jamais fez outra coisa – um romance social e realista, sobre o amor e o dinheiro, portanto sobre o casamento. Mas as palavras não apreendem as coisas. Longe de sofrer com isso, entretanto – e nisso ele se parece bastante com suas personagens, sendo que *The Awkward Age* inteira se torna uma alegoria da criação de ficções –, James se deixa pouco a pouco levar pelo prazer que descobre nessas frases que suscitam, infinitamente, outras frases; por essas personagens que provocam, como que por si mesmas, a aparição de seus duplos ou contrários; por essas ações, filhas da simetria e da proporção. Quem maneja as palavras só terá palavras: essa constatação se colore com dois sentimentos opostos em James, o remorso de ter perdido o mundo e a alegria diante da proliferação autônoma da linguagem. E seus romances são a encarnação dessa ambiguidade.

Proust também conta, na obra *Em busca do tempo perdido*, como as personagens descobrem que as palavras não dizem necessariamente a verdade. Porém, essa descoberta (que a linguagem direta das palavras é insuficiente) só está lá para conduzir a uma consciência feliz do poder expressivo da linguagem do corpo ou daquilo que ocupa esse lugar no verbal: a linguagem figurada e indireta. A decepção da superfície é compensada em Proust pela felicidade oferecida pelo acesso à profundeza.

A linguagem indireta é a única a ser verídica, mas já é muito, pois ao menos a verdade existe. A semelhança com James é então enganadora – bem sabemos que a fala das personagens em *The Awkward Age* é indireta, mas jamais atingiremos a verdade profunda. Aqui, a superfície enganosa remete mesmo a outra coisa (é nisso que a linguagem é indireta), mas essa outra coisa é ainda uma superfície, ela própria sujeita à interpretação. Não é para uma nova interioridade que James nos leva, como farão depois dele Proust ou Joyce, mas para a ausência de qualquer interioridade, portanto para a abolição das próprias oposições entre interior e exterior, entre verdade e aparência.

Toda a construção de *The Awkward Age* (e não apenas a das personagens) repousa sobre a obliquidade, sobre a *indirectness*, como se esta encarnasse aquilo que não é mais a regra *tout court*: já estamos sempre na indireta. Em seu prefácio, James conta assim o projeto:

> Tracei sobre uma folha de papel o elegante desenho de um círculo que consistia de uma série, e pequenos círculos dispostos em igual distância em torno de um objeto central. O objeto central era a situação, meu tema em si mesmo; a coisa lhe deveria seu título, e os pequenos círculos representariam lâmpadas separadas, como eu gostava de chamá-las, em que cada uma teria por função iluminar com toda a intensidade desejada um dos aspectos desse objeto. Pois eu os havia dividido, não é, em aspectos [...]. Cada uma de minhas "lâmpadas" seria a luz de um "encontro mundano" sobre a história e as relações das personagens envolvidas manifestaria em sua plenitude as cores latentes da cena em questão, e a levaria a ilustrar, até a última gota, sua contribuição para meu tema.

*Os gêneros do discurso*

Na realidade, as coisas são um pouco mais complicadas. O romance é dividido em 38 capítulos, e cada um corresponde a uma cena teatral: as mesmas personagens nela conversam do início ao fim. Contudo, por cima dessa divisão, uma outra vem se enxertar, em dez livros; estes, semelhantes aos atos de uma peça, caracterizam-se pela unidade de lugar, de modo um pouco mais frouxo no tempo e, sobretudo, portam títulos (unidade de ação). Esses títulos são nomes de personagens, não necessariamente dentre aqueles que participam da conversação (dessa forma, o primeiro livro se chama "Lady Julia", personagem que está ausente do livro), mas aqueles que se encontram, de maneira indireta, iluminados pela conversação e que, por sua vez, a determinam. Esses dez livros-personagens iluminam, por fim, o tema central que dá nome ao título, a idade do mal-estar. Estamos então em presença de um perfeito sistema solar (James fala mesmo de luz): um centro, dez grandes corpos em torno dele, cada um sendo ladeado por quatro satélites-capítulos. Mas esse sistema solar tem uma perturbadora particularidade, que transtorna o sentido da comparação: em vez de ir do centro para a periferia, a luz segue o caminho inverso. São os satélites que esclarecem os planetas, e estes remetem a luz, já indireta, para o sol. Esse sol permanece então bem negro, e o "sujeito em si mesmo", impalpável.

Poderíamos admirar a infinita interpenetração de todos os elementos que formam o sistema do romance; e o próprio James, representante fiel, ainda que tardio, da estética romântica, descrevia assim, no prefácio, os resultados de seu trabalho:

Assim fazendo, ele nos ajuda felizmente a ver que a pesada distinção entre substância e forma, em uma obra de arte realmente trabalhada, desmorona notavelmente [...]. Elas são separadas antes do ato, mas o sacramento da execução as casa indissoluvelmente [...]. A coisa feita é artisticamente uma fusão, ou então ela não foi feita [...]. Provem que tal valor, tal efeito, à luz do resultado global, faz parte de meu tema, e que tal outro valor, tal outro efeito, pertence à minha elaboração, provem que não as agitei juntas, como o prestidigitador que pretendo ser deve fazê-lo, com uma arte consumada, e admitirei que sou como o fanfarrão que grita diante de uma barraca de feira.

De fato, o que imaginar de mais harmonioso que esse estudo da fala feita por meio do próprio uso da palavra, essa maneira alusiva de evocar a alusão, esse livro oblíquo sobre o oblíquo?

Creio que *The Awkward Age* é um dos mais importantes romances de nossa "época", e um livro exemplar, mas não apenas isso, não pela perfeita fusão de "forma" e "conteúdo", que outras obras também realizam, e não sabemos bem por que devemos admirá-lo. Eu o compararei mais aos grandes romances que o seguiram e que nossa modernidade venera ainda mais, dado que ele explora a fundo uma via aberta pela linguagem, mas desconhecida da literatura, que ele leva essa exploração do que jamais havia sido feito, e que não se fez desde então. *The Awkward Age* é um livro exemplar naquilo que ele figura, mais do que diz, a obliquidade da linguagem e a indecidibilidade do mundo. Poderíamos responder assim à questão inicialmente colocada — de que fala *A idade difícil*: daquilo que é falar, e falar sobre qualquer coisa.

# *As* Iluminações

*Minha sabedoria é tão desdenhada quanto o caos. O que é meu
aniquilamento diante do estupor que vos espera?*

Rimbaud, "Vidas I"

O verdadeiro problema das *Iluminações* evidentemente
não é cronológico, mas semântico. De que falam esses
textos enigmáticos? E o que querem dizer? Dado que a literatura sobre Rimbaud é abundante, não podemos deixar de nos
voltar para ela a fim de encontrar uma resposta e, ainda que a
maior parte dos autores tenham se interessado muito mais pelas
viagens para a Inglaterra ou para o Harrar, pelas experiências
homossexuais ou de drogas do que pelo sentido desses textos,
há, entretanto, um bom número de estudos dedicados à interpretação das *Iluminações*. Lendo-os, contudo, tenho a impressão
de que em geral ficam aquém, ou que imediatamente vão além
do problema real que esse conjunto de "poemas em prosa" colo-

ca. Para situar minha própria reação diante do texto, devo então resumir rapidamente as diferentes atitudes que ele suscitou no passado e explicar em que elas me deixam insatisfeito.

Chamarei de *crítica évhémerista* a uma primeira forma de reação ao texto de Rimbaud, que a meu ver não podemos realmente qualificar de "interpretação". Évhémère, autor da época da Antiguidade, lia Homero como uma fonte de informação sobre as pessoas e os lugares descritos na epopeia como se fosse uma narrativa verídica (e não imaginária); a leitura évhémerista atravessa imediatamente o texto em busca de indícios de um mundo real. Por mais surpreendente que seja, o texto de Rimbaud, que apesar disso parece tão pouco referencial em sua própria intenção, foi muitas vezes lido como uma fonte de informações sobre a vida do poeta. O empreendimento é bem arriscado, pelo fato de que essa vida seja tão mal conhecida e que os textos poéticos sejam amiúde a única fonte de que se dispõe: a biografia é construída a partir da obra e, apesar disso, dá a impressão de explicar a obra pela vida!

É possível julgar o exemplo de um dos textos das *Iluminações* mais fáceis de compreender, "Operários". A expressão "essa quente manhã de fevereiro" e a indicação de que o lugar da ação não é no Sul conduzem o comentário de Antoine Adam: "Estamos em um país do Norte, em fevereiro, e a temperatura é clemente. Ora, de 1872 a 1878, a temperatura foi particularmente suave (média em Oslo: -7°C). Fala-se de uma viagem de Rimbaud para Hamburgo na primavera de 1878, e essa indicação vaga, ligeiramente modificada, poderia combinar com o poema 'Operários'". Chadwick retruca que o poema data de fevereiro de 1873, pois o *Times* menciona as inundações que ocorreram em Londres em janeiro, e o texto fala também da

*Os gêneros do discurso*

água "deixada pela inundação do mês precedente". Os críticos devem dar prova de uma engenhosidade digna de Sherlock Holmes, consultando o calendário dos acontecimentos meteorológicos durante uma dezena de anos e, apesar disso, não estão em condições de certificar suas hipóteses, tamanha é a pobreza da informação inicial (mesmo quando ela é "ligeiramente modificada").

Entretanto, o problema não se encontra aí. Mesmo que as indicações do texto fossem corroboradas pela história da meteorologia, a passagem de umas à outra continuaria a ser das mais perigosas, pois implica o esquecimento da distinção mais elementar, aquela que se dá entre história e ficção, entre documentos e poesia. E se Rimbaud não falasse de uma inundação real, de um inverno quente que realmente aconteceu? O fato de que se possa formular essa questão, e a ela responder de forma positiva, torna toda a erudição de Adam ou de Chadwick não pertinente. Bastaria, para sabê-lo, ler o que o próprio Rimbaud escreveu: "Tua memória e teus sentidos serão o alimento de teu impulso criativo" ("Juventude IV").

Suponhamos, entretanto, que o texto descreva mesmo a vida de Rimbaud. Hesito em dar o nome de interpretação a tal constatação porque ela é, em rigor, uma contribuição ao conhecimento da biografia do poeta e em nada contribui para dar uma explicação de seu texto. O "satânico doutor" de "Vagabundos" talvez vise Verlaine, como repetiram uns após outros todos os comentadores, na esteira do próprio Verlaine, e a água "vasta como um braço de mar" em "Pontes" talvez seja uma descrição do Tâmisa, como disse, por exemplo, Suzanne Bernard; mas não se explica o sentido do texto identificando (supondo que isso seja feito) a origem de seus elementos. O sentido de cada palavra e de cada frase só se determina em relação com as outras palavras, as outras frases do mesmo texto; fico confuso por ter a necessidade de enunciar tal evidência, e apesar disso, ela não parece existir para os comentadores de Rimbaud. Quando Bernard observa, a respeito de "Realeza", outro texto particularmente claro das *Iluminações*: "O texto, no estado atual de nossos conhecimentos, permanece obscuro", sua observação me parece totalmente deslocada, dado que nenhuma descoberta fortuita, nenhuma chave bibliográfica tornará esse texto mais claro (aliás, não há necessidade disso), pois o pretexto que alimentou a "memória" e os "sentidos" não contribui para o estabelecimento do sentido.

A *crítica etiológica* representa uma segunda atitude diante do texto de Rimbaud. Ainda aqui, não se pode falar de interpretação, pois mais do que buscar o sentido do texto, pergunta-se sobre os motivos que levaram Rimbaud a se expressar dessa maneira. A transparência referencial dá aqui lugar a uma transparência orientada para o autor, cujo texto não é, propriamente falando, a expressão, mas de alguma forma o sintoma. A explicação mais corriqueira é: se Rimbaud escreveu esses textos incoerentes é porque usava drogas, ou Rimbaud escreveu sob o efeito do haxixe. É verdade que certos poemas, por exemplo "Manhã de embriaguez", podem dar a impressão de ser a descrição de uma experiência de droga. A coisa não é evidente, mas, ainda que o fosse, em nada acrescentaria à nossa interpretação do texto. Dizer que Rimbaud usara haxixe quando escreveu este ou aquele poema é uma informação tão pouco pertinente para a interpretação desse texto quanto a de que ele escrevia em sua banheira, ou usando uma camisa rosa, ou com a janela aberta. No máximo, ela contribui para uma fisiologia da cria-

*Os gêneros do discurso*

ção literária. A pergunta que devemos fazer, ao ler "Manhã de embriaguez" e outros textos comparáveis, não é se seu autor estaria ou não drogado, mas: como ler esse texto se não renunciamos à busca do sentido? Como reagir diante dessa incoerência, ou dessa aparente incoerência?

Também pertencem à crítica etiológica os comentários que dizem que se esse texto é estranho, é porque descreve um espetáculo de ópera, ou um quadro, ou uma gravura; ou, como diz Delahaye para "Flores", que Rimbaud está deitado na relva à beira de um lago, e olha as plantas bem de perto; Thibaudet, por sua vez, imagina, em "Mística", um caminhante esgotado, deitado no chão e olhando o céu, com a cabeça caída. Ainda aqui, a crítica contenta-se em identificar (e de uma forma bastante problemática) a experiência que teria levado Rimbaud a escrever esse texto, mas não se pergunta o que este significa. Tal afirmação, no entanto, pode se transformar na perspectiva da interpretação, sob a condição de que se fale não do quadro que Rimbaud teria visto, mas daquele que seu texto pinta; sob a condição, então, de falar do efeito (e não do pretexto) pictural.

As duas outras atitudes críticas que eu gostaria de distinguir aqui dizem respeito à interpretação: elas consistem em explicar o sentido ou a organização do texto. Não obstante, elas o fazem de uma maneira que me parece apagar aquilo que as *Iluminações* têm de mais característico e esquecer então a parte mais importante de sua mensagem. O caso é relativamente simples com a *crítica esotérica*. Como todo texto obscuro, as *Iluminações* receberam inúmeras interpretações esotéricas, que tornam tudo claro: cada elemento do texto, ou pelo menos cada elemento problemático, se vê substituído por outro, tirado de uma variante qualquer do simbolismo universal, da psicanálise à alquimia. O estranho "filho do Sol" de "Vagabundos" seria a unidade, ou o amor, ou o faraó; o arco-íris de "Depois do dilúvio", o cordão umbilical; e as "Flores", a mais pura substância contida no metal. Essas interpretações jamais podem ser confirmadas nem, aliás, invalidadas, de onde seu pouco interesse; a isso se adiciona que elas traduzem o texto pedaço por pedaço, sem levar em conta sua composição, e que o resultado final, perfeitamente claro, não permite explicar a obscuridade inicial: por que Rimbaud se daria ao trabalho de cifrar pensamentos assim tão rasos?

A quarta e última atitude diante do texto de Rimbaud mereceria o nome de *crítica paradigmática*. Parte-se aqui do postulado, explícito ou implícito, de que a continuidade é desprovida de significação; de que a tarefa do crítico consiste em aproximar elementos mais ou menos afastados no texto, para mostrar sua similaridade, oposição ou parentesco; em suma, de que o paradigma é pertinente, mas o sintagma, não. O texto de Rimbaud, como qualquer outro, se presta a essas operações, ocorram elas sobre o plano temático, ou semântico-estrutural, ou gramatical e formal. Sendo assim, não haverá mais nenhuma diferença de estatuto entre as *Iluminações* e qualquer outro texto. É porque o crítico paradigmático trata todos os textos como se fossem as *Iluminações*, desprovidas de ordem, coerência e continuidade, dado que, acha ele, não levaria isso em conta, e que em seu lugar erigiria a ordem paradigmática, por ele descoberta. Porém, aquilo que já poderia parecer contestável na análise de outros textos (o postulado da não pertinência da dimensão sintagmática, da continuidade discursiva e narrativa) produz um resultado inadmissível no caso das *Iluminações*, dado que não se dispõe mais de nenhum meio para dizer o traço notá-

*Os gêneros do discurso*

vel desse texto, a saber, sua incoerência de superfície. De tanto tratar todos os textos como se fossem as *Iluminações*, o crítico paradigmático não pode mais dizer em que as próprias *Iluminações* são diferentes dos outros textos.

Diante dessas diversas estratégias críticas, eu queria formular outra posição, que o texto das *Iluminações* me parece reclamar de modo imperioso. Ela consiste em levar a sério a dificuldade de leitura; em não considerá-la um acidente de percurso, falha fortuita dos meios que deveriam nos levar ao sentido-fim, mas a fazer dela o próprio objeto de nosso exame; em nos perguntar se a principal mensagem das *Iluminações*, antes de estar em um conteúdo estabelecido por decomposições temáticas ou sêmicas, se encontra no próprio meio de aparecimento (ou talvez de desaparecimento) do sentido. Se, para se colocar em um outro plano, a explicação do texto não deva ceder o lugar, no caso das *Iluminações*, a uma *complicação do texto*, que realçaria a impossibilidade de princípio de qualquer "explicação".

Quando o texto de Rimbaud evoca um mundo, o autor ao mesmo tempo toma todos os cuidados necessários para nos fazer compreender que esse mundo não é *verdadeiro*. Serão os seres ou os acontecimentos sobrenaturais ou mitológicos, como a tripla metamorfose em "Bottom", a deusa em "Aurora", os anjos em "Mística", ou o ser de dois sexos em "Antigo"; objetos e lugares que atingem dimensões jamais vistas: "Este domo é uma armadura de aço artística, de aproximadamente quinze mil pés de diâmetro" ("Cidades II"), "Os cem mil altares da catedral" ("Depois do dilúvio"), a cidade e suas dependências, que formam um promontório tão extenso quanto a Arábia" ("Promontório"), ou as inúmeras pontes de estilos variados ("As pontes"). Ou apenas objetos fisicamente possíveis, mas a tal ponto não verossimilhantes que renunciamos a acreditar em sua existência, como os bulevares de cristal de "Metropolitano" e os bulevares de andaimes de "Cenas", a catedral no meio do bosque ("Infância III") e os "chalés de cristal e de madeira que se movem sobre trilhos e polias invisíveis" ("Cidade I"), o piano nos Alpes e o Hotel Esplêndido no polo ("Depois do dilúvio").

Quando vêm indicações geográficas para, ao que parece, saciar a paixão de Évhémère e permitir a identificação dos lugares de que fala, Rimbaud, como que por zombaria, mistura à vontade os países e os continentes. O promontório fabuloso lembra Epiro e o Peloponeso, o Japão e a Arábia, Cartago e Veneza, o Etna e a Alemanha, Scarbro' e o Brooklyn e, como se isso não bastasse, "a Itália, a América e a Ásia" ("Promontório"). O ídolo é ao mesmo tempo "mexicano e flamengo", os barcos têm nomes "gregos, eslavos, celtas" ("Infância I"); os aristocratas são alemães, japoneses e guaranis ("Metropolitano"); a Alemanha, os desertos tártaros, o Celeste Império, a África e até mesmo os "Ocidentes" se encontram em "Noite histórica". Onde está o país que esses textos descrevem? É isso que jamais será esclarecido pela erudita disputa entre os partidários de Java e os especialistas da Inglaterra.

Muitas vezes, uma frase ou palavra do texto diz abertamente que a coisa descrita é apenas uma imagem, uma ilusão, um sonho. Os pontos não verossimilhantes desaparecem à luz do sol: "Um raio branco, caindo do alto do céu, aniquila essa comédia" ("As pontes"); e as coordenadas das cidades fabulosas são bem dadas: "Que bons braços, que bela hora me darão essa região de onde vêm meus menores movimentos?" ("Cidade I"). Os seres evocados em "Metropolitano" são "fantasmagorias".

*Os gêneros do discurso*

O sonho não é mais, para Rimbaud, como o era, por exemplo, para Baudelaire, um elemento temático, mas um operador de leitura, uma indicação sobre a maneira que devemos interpretar o texto que temos sob os olhos. As personagens de "Parada" se vestem "com o gosto dos sonhos maus", e as montanhas de "Cidade I" também são "de sonho"; "postilhões e bestas de sonho" atravessam "Noturno vulgar" e é o sonho que as "Vigílias" contam. Por outro lado, notamos há muito o vocabulário teatral, "operístico" das *Iluminações*; antes de ver nisso a prova de que Rimbaud, durante sua estadia em Londres, frequenta o teatro, não deveríamos notar o indício do caráter fictício, ilusório, do objeto de que se fala? Não é a inexistência que caracteriza tantos outros objetos mencionados, das "melodias impossíveis" de "Noite histórica" aos "albergues que para sempre não mais se abrem" ("Metropolitano") e aos parques de castelos invisíveis – "aliás, não há nada para ser visto lá dentro" ("Infância II")? Todos os lugares das *Iluminações*, e não apenas as flores árticas de que fala "Bárbaro", merecem este comentário incisivo: "Eles não existem".

A indicação do caráter fictício do referente é apenas a maneira mais convencional de pôr em questão a capacidade do texto de evocar um mundo. Ao lado dessa desqualificação do referente, observamos de fato uma ação, muito mais insidiosa, sobre as aptidões referenciais do próprio discurso. Os seres designados pelo texto das *Iluminações* são essencialmente indeterminados. Não sabemos de onde vêm nem para onde vão, e o choque é ainda maior devido ao fato de que Rimbaud nem sequer parece perceber essa indeterminação e continua a empregar o artigo definido para introduzi-los, como se nada houvesse acontecido. *As* pedras preciosas, *as* flores, *a* grande rua, *as* barracas, *o* sangue, *os* circos, *o* leite, *os* castores, *os* mazagrãs,[1] *a* grande casa, *as* crianças em luto, *as* maravilhosas imagens, *as* caravanas: tantos objetos e seres que surgem (em "Depois do dilúvio") uns ao lado dos outros, sem que nada saibamos sobre eles, e sem que o poeta, ao mesmo tempo, se aperceba dessa ignorância, dado que fala sobre eles como se soubéssemos de que se trata. Como saber, sem mais detalhes, sem outra indicação, o que é uma "fenda operádica"? O que é "assoviar para a tempestade"? Quais são esses "sufocantes bosques"? E o que é "andar sobre o berro das drogas" ("Noturno vulgar")? "A jovem com lábio de laranja" ("Infância I"), "as bestas pacíficas" ("Infância IV"), "o velhote só, calmo e belo" ("Frases"), "a música dos antigos" ("Metropolitano"), "as seivas ornamentais" ("Fairy") e tantos outros parecem evocar um objeto preciso, mas, por falta de informação suplementar, ignoramos tudo e temos a maior dificuldade de imaginar: esses objetos são percebidos no tempo infinitesimal de uma iluminação.

Tomados por si sós, cada um desses objetos evocados é indeterminado, de tanto que essa menção é breve, fulgurante. Então nos pomos em busca de uma determinação relacional dos objetos, uns em relação aos outros ou, o que dá no mesmo, das partes do texto entre si. É aqui que o choque é mais violento: as *Iluminações* erigiram a descontinuidade como regra fundamental. Rimbaud fez da ausência de organização o princípio de organização desses textos, e esse princípio funciona em todos os níveis, desde o poema inteiro até a combinação de

---

1 Café gelado ligeiramente doce e acrescido de rum, originário da Argélia. Na versão portuguesa, é serviço com café espresso (espremido, feito sob pressão), suco de limão e rum. (N. T.)

*Os gêneros do discurso*

duas palavras. Isso é evidente, por exemplo, nas relações entre parágrafos: elas não existem. Supondo que cada parágrafo de "Metropolitano", por exemplo, seja resumido pelo substantivo que o fecha – o que não cessa de apresentar problemas –, qual é a relação que une, dentro de um mesmo texto, "a cidade", "a batalha", "o campo", "o céu", "tua força"? Ou, em "Infância I", o que justifica a passagem do ídolo à jovem, às danças e às princesas? Todos os textos das *Iluminações*, e não somente um dentre eles, poderiam portar este título significativo: "Frases".

Poderíamos dizer que a passagem para outra linha ao menos assinala a mudança de tema e justifica a ausência de continuidade. Mas as proposições, dentro de um parágrafo, ou mesmo de uma frase, acumulam-se da mesma maneira desorganizada. Leiamos o terceiro parágrafo de "Metropolitano", já tão isolado de seus vizinhos:

Erga a cabeça: essa ponte de madeira, arqueada; as últimas hortas de Samarie; essas máscaras iluminadas sob a lanterna castigada pela noite fria; a deusa simplória de vestido farfalhante, na parte de baixo do rio; esses crânios luminosos nos planos sarapintados – e as outras fantasmagorias – o campo.

O que une todas essas "fantasmagorias" dentro de uma mesma frase? O que permite encadear dentro do mesmo parágrafo "Os castores construíram. Os 'mazagrãs' fumegaram nas estalagens" ("Depois do dilúvio")? E não se sabe mais se devemos nos surpreender com maior intensidade com a incoerência da cidade descrita ("Cidade I") ou com aquela do texto que a descreve, que justapõe, no mesmo parágrafo, chalés, crateras, canais, desfiladeiros, abismos, albergues, avalanches, o mar, flores, uma cascata, a periferia, as cavernas, os castelos, os burgos, o bulevar de Bagdá – e fico por aqui. Os instrumentos do discurso destinados a assegurar a coerência – os pronomes anafóricos e dêiticos – funcionam aqui a contratempo: "Flores mágicas zumbiam. Os taludes o embalavam" ("Infância II"): mas embalavam quem? "Como isso lhe é indiferente, essas infelizes e essas manobras" ("Frases"): mas quais? Ou "essa atmosfera pessoal", "o embaraço dos pobres e dos fracos nesses planos estúpidos!" ("Noite histórica"): mas não se tratou de planos e de atmosfera anteriormente.

As conjunções que expressam as relações lógicas (por exemplo, de causalidade) são raras no texto das *Iluminações*, mas lamentaremos pouco se nos dermos conta de que, quando elas aparecem, temos uma enorme dificuldade para justificá-las – e, portanto, para compreendê-las. Ao contrário do "sintaxiador" Mallarmé, Rimbaud é um poeta lexical: ele justapõe as palavras que, longe de qualquer articulação, guardam individualmente sua insistência própria. As únicas relações entre acontecimentos ou entre frases que Rimbaud cultiva são de copresença. Assim, todas as ações heteróclitas relatadas por "Depois do dilúvio" são unificadas no tempo, dado que ocorrem "assim que a ideia do Dilúvio se aquietara"; as de "Noite histórica" acontecem "em qualquer noite"; de "Bárbaro", "bem depois dos dias e das estações". Mais ainda, de copresença no espaço: o exemplo mais puro seria "Infância III", em que o complemento circunstancial de lugar pelo qual o texto se inicia, "no bosque", permite encadear em seguida: um pássaro, um relógio, um buraco, uma catedral, um lago, um pequeno veículo e uma trupe de pequenos comediantes!

# Os gêneros do discurso

Com frequência, a copresença espacial é sublinhada por referências explícitas ao observador, cuja posição imóvel é implicada por advérbios relativos como: "à esquerda", "à direita", "em cima", "embaixo". "À direita a aurora de verão desperta... e os taludes da esquerda..." ("Sulcos"). "À esquerda o humo de aresta... Por trás da aresta da direita... E enquanto a banda em cima... lá em cima..." ("Mística"). "Numa falha em cima do vidro da direita..." ("Noturno vulgar"). "A muralha em frente..." ("Vigílias II"). Temos então a impressão da descrição de um quadro, feita por um observador imóvel que o examina, e a palavra "quadro" surge em "Mística", e como "imagem" em "Noturno vulgar"; mas estas são imagens produzidas pelos textos: a imobilidade descritiva evoca inevitavelmente a pintura. As frases nominais produzem o mesmo efeito de imobilização, de pura copresença espacial e temporal; ora, elas são abundantes nas *Iluminações*, seja ocupando posições estratégicas particularmente importantes nos textos, como em "Being Beauteous", "Vigílias II", "Festa de inverno", "Noite histórica", "Angústia", "Fairy", "Noturno vulgar", "Infância II", "Manhã de embriaguez", "Cenas", seja invadindo o texto inteiro, como em "Bárbaro", "Devoção", "Sulcos", "Partida", "Vigílias III".

Não ficaremos então surpresos pelo fato de que esses textos se prestem tão bem à abordagem "paradigmática": na ausência de ligações explícitas, apenas deixamos a questão de lado; na ausência de sintaxe, nos voltamos para as palavras e buscamos suas relações – como poderíamos fazer a partir de um simples léxico. Suzanne Bernard também evoca com razão a forma musical ao falar desse texto ininteligível que é "Bárbaro" (os poemas de Rimbaud convocam o vocabulário da pintura e da música – como se eles não fossem linguagem!): a mesma frase se repete três vezes, no início e no fim; os substantivos que guarnecem cada parágrafo se veem reunidos em uma exclamação comum: "Ó doçuras, ó mundo, ó música!". Não ficamos imunes às retomadas moduladas em "Noturno vulgar", em "Gênio" ou em "A uma razão", pelo paralelismo gramatical rígido que domina textos como "Devoção", "Infância III", "Partida", "Vigílias I", "Gênio". O mesmo acontece no plano semântico: podemos ter uma enorme dificuldade para saber o que quer dizer o texto de "Flores", mas não podemos ignorar suas séries tão homogêneas de termos, que correspondem à quase totalidade do texto: as matérias preciosas (ouro, cristal, bronze, prata, ágata, acaju, esmeraldas, rubis, mármore), os tecidos (seda, gazes, veludos, cetim, tapetes), as cores (cinza, verde, preto, amarelo, branco, azul). Não se sabe o que une no plano referencial essas pessoas, mas elas nos impressionam como a enumeração de um paradigma feminino: uma "ídola", uma jovem, damas, meninas, gigantas, negras, jovens mães, irmãs mais velhas, princesas, pequenas estrangeiras... ("Infância I"). Mas é um pouco simples demais alegrar-se diante da coincidência entre um método que negligencia a continuidade e um texto que a ignora: tanta felicidade deveria inquietar.

O ataque contra a sintaxe se torna particularmente ostentatório quando atinge a oração. A aliança audaciosa que Rimbaud pratica entre o concreto e o abstrato é bem conhecida (do gênero "águas e tristezas", "Depois do dilúvio"). Os gêneros literários nele se combinam com objetos ou seres materiais. "Todas as lendas evoluem e os clãs corcoveiam nos burgos" ("Cidade I"). "O peito dos pobres e as lendas do céu" ("Fairy"). "Talvez seja nesse plano que se encontrem luas e cometas, mares e fábulas" ("Infância V"). Ou ainda, em "Depois do dilúvio", "as éclogas em tamancos rugindo no pomar". Mesmo que não se passe do abstrato ao concreto, a distância continua grande, e a coordenação, problemática: "À venda... o movimento e o futuro..." ("Saldo"), "temos as santas, os véus, e os filhos da harmonia, e os cromatismos lendários", "em seguida um balé de mares e de noites conhecidas, uma química sem valor, e melodias impossíveis" ("Noite histórica"), "a afeição e o presente", "por trás dessas superstições, esses antigos corpos, esses lares e essas idades" ("Gênio") etc. O arremate perfeito desse abandono da sintaxe é a pura enumeração, seja de sintagmas, como em "Juventude III", ou em uma das "Frases":

Uma manhã coberta, em julho. Um gosto de cinzas voa no ar; um odor de madeira suando no átrio — as flores maceradas — a deterioração dos passeios — a garoa dos canais pelos campos — por que não já os brinquedos e o incenso?

seja de palavras isoladas, como no segundo parágrafo de *Angústia*:

(Oh palmas! diamante! — Amor! força! — mais alto que todas as alegrias e glórias! — de todas as formas, em todos os lugares, — Demônio, deus — Juventude deste ser aqui; eu!)

Vemos como cresce o papel da descontinuidade, descendo das grandes unidades para as pequenas: o fato de que os parágrafos não tenham sequência não impede cada um deles de ter sua referência; o problema só se coloca em saber se devemos buscar uma unidade na referência do texto inteiro. Aqui, a inexistência da predicação – essas palavras ou sintagmas enumerados, acumulados – não permite mais nenhuma construção, ainda que parcial: a descontinuidade entre frases danifica o referente; aquela entre sintagmas destrói o próprio sentido. Nós nos contentamos em compreender as palavras, depois do que a via está aberta para qualquer suposição vinda do leitor e visando suplementar a falta de articulação.

A referência é abalada pela indeterminação; é tornada problemática à medida que aumenta a descontinuidade. É definitivamente assassinada pelas afirmações contraditórias. Rimbaud aprecia o oximoro. As velhas crateras "rugem melodiosamente", e "o desmoronamento das apoteoses alcança os campos das alturas onde os centauros seráficos evoluem por entre as avalanches" ("Cidade I"), as torturas "riem, em seu silêncio atrozmente turbulento" ("Angústia"), os anjos são "de chama e de gelo" ("Manhã de embriaguez"), há uma "inflexão eterna dos momentos" ("Guerra"), e "desertos de tomilho" ("Depois do dilúvio"). Mais característico, Rimbaud por vezes propõe dois termos bem diferentes, como se não soubesse qual aplicar, ou como se isso não tivesse importância: "um minuto ou meses inteiros" ("Parada"), "há uma pequena carruagem abandonada nas moitas, ou que desce a trilha correndo" ("Infância III"), "a lama é vermelha ou negra" ("Infância V"), "na cama ou na pradaria" ("Vigílias I"), "salões de clubes modernos ou salas do Oriente antigo" ("Cenas"), "aqui, em qualquer lugar" ("Democracia").

Outros textos são construídos abertamente na contradição, por exemplo "Conto". O Príncipe mata as mulheres; as mulheres continuam vivas. Ele executa seus próximos; estes permanecem em torno dele. Ele destrói animais, palácios e homens: "A

Os gêneros do discurso

multidão, os tetos de ouro, os belos animais existiam ainda". Em seguida o Príncipe morre, mas continua vivo. Certa noite ele encontra um Gênio, mas o Gênio é ele mesmo. O fato volta a acontecer em "Infância II": a pequena morta está viva, "a jovem mamãe falecida desce do vestíbulo", o irmão ausente está presente. Ou se dá a vida inteira, e apesar disso se recomeça todos os dias ("Manhã de embriaguez"). Como construir a referência dessas expressões, o que é um silêncio turbulento, um deserto de plantas, uma morte que não é uma, uma ausência que está presente?

Mesmo quando se compreende o sentido das palavras, é impossível construir sua referência: compreende-se o que é dito, ignora-se de que se fala. Os textos das *Iluminações* são percorridos por essas expressões enigmáticas, ambíguas: o campo é "atravessado por bandas de música rara", mas o que é uma banda de música rara? Ou "os fantasmas do futuro luxo noturno" ("Vagabundos")? Ou "a árvore de construção", as "bandas atmosféricas", os "acidentes geológicos" ("Vigílias II")? "Os achados e os termos insuspeitados" ("Soldo")? Ou "a aresta das culturas" ("Cenas")? "O momento do estudo", "o ser sério" ("Noite histórica")?

Poderíamos falar, como antes, de indeterminação, mas temos o sentimento de que, além de tudo, a coisa não é verdadeiramente chamada por seu nome. As *Iluminações* comportam pouquíssimas metáforas que se possa identificar sem hesitação (mesmo que se tenha dúvidas sobre o objeto mencionado): "o sinete de Deus", em "Depois do dilúvio", "o cravo [musical] das pradarias", em "Noite histórica", a "lixívia de ouro do poente", em "Infância IV", e várias outras. Por outro lado, sentimo-nos continuamente tentados de ler aí metonímias e sinédoques. Muitas expressões lembram as sinédoques do tipo "a parte pelo todo". Rimbaud apenas retém, do objeto, o aspecto ou a parte que está em contato com o sujeito, ou com outro objeto, não se preocupando em nomear as totalidades. "Caminhei, despertando os hálitos vivos e quentes... e essas asas se levantaram sem ruído" ("Aurora"), mas a quem pertencem esses hálitos, essas asas? Não se vê um ser em "Bárbaro", mas: "E lá, as formas, os suores, as cabeleiras e os olhos, flutuando" (e, em "Flores", um tapete "de olhos e de cabeleiras"). E este Ser de Beleza em "Being Beauteous": "Oh, a face acinzentada, o troféu de crina, os braços de cristal!". O deserto de breu é evitado pelos "cascos, rodas, barcas, traseiros" ("Metropolitano"), mas de que ser eles participam? E o gênio jamais será nomeado de outra forma, a não ser por seus elementos: seus sopros, suas cabeças, suas corridas, seu corpo, sua vista, seu passo etc. ("Gênio").

Não obstante, podemos nos perguntar se temos mesmo o direito de falar de sinédoque em todos esses casos e ainda em outros. O corpo é fragmentado, as totalidades são decompostas, mas será que realmente nos demandam deixar a parte para encontrar o todo, como a verdadeira sinédoque teria permitido? Eu diria antes que a linguagem das *Iluminações* é essencialmente literal e não exige, ou mesmo admite, a transposição por tropos. O texto nomeia as partes, mas elas não se encontram lá "para o todo"; são, antes, "partes sem o todo".

O mesmo acontece com outra espécie de sinédoque, ainda mais maciçamente presente nesses textos, a do gênero pela espécie ou, dito de outra forma, a evocação do particular e do concreto por termos abstratos e gerais. Para um poeta, que tradicionalmente imaginamos banhados no concreto e no sensível, Rimbaud tem uma tendência muito pronunciada para a

*Os gêneros do discurso*

abstração, que se encontra escancarada desde a primeira frase do primeiro poema: "Assim que a ideia do Dilúvio se aquietou...": não é o dilúvio, mas a ideia do dilúvio que se aquietou. E no decorrer todo das *Iluminações*, Rimbaud preferirá os substantivos abstratos aos outros. Ele não diz "monstros", ou "ações monstruosas", mas "Todas as monstruosidades violam os gestos...". Não é uma criança que vigia, mas se está "sob a vigilância de uma criança"; o mesmo texto fala ainda de "solidão", "tédio", "mecânica" (substantivo), "dinâmica" (substantivo), "higiene", "miséria", "mortalidade", "ação", "paixão"... ("H"). O mar não é feito de lágrimas, mas "de uma eternidade de quentes lágrimas" ("Infância II"). Não se eleva a fortuna (o que já seria bem abstrato), mas "a substância de nossas fortunas" ("Para uma razão"). Mesmo as exclamações que pontuam um texto são muitas vezes feitas exclusivamente de substantivos abstratos: "A elegância, a ciência, a violência!" ("Manhã de embriaguez"). Na imensa venda pública anunciada em "Saldo", a abstração também domina: serão vendidas "a imensa opulência inquestionável", "as aplicações de cálculos e os saltos de harmonia extraordinários", as "migrações" e o "movimento", a "anarquia" e a "satisfação irreprimível". Será ainda vendido "aquilo que o amor maldito e a probidade infernal das massas ignora": admiraremos aqui o número de etapas que nos separam do objeto designado – se é que existe um. "O amor maldito" é uma perífrase da qual ignoramos o termo próprio, as "massas", um termo genérico, mas nem sequer são mesmo as massas que ignoram algo, é sua probidade. E não nos esqueçamos de que essa qualificação, que já é bem tênue, só tem uma função negativa: é o que se *ignora*. Será que podemos tentar representar o que a probidade das massas ignora?

*311*

Ou tomemos um texto com "Gênio", em que vemos a prática tão abundante da "sinédoque" material. O ser não nomeado descrito é "a afeição e o presente": coordenação problemática, mas com certeza muito abstrata. Qual é a ação a que se refere a frase: "Todos tivemos a consternação de sua sucessão"? Rimbaud multiplica à vontade os termos mediadores que nos lançam de uma palavra à outra: "a terrível celeridade da perfeição das formas e da ação"; estamos prontos para imaginar a celeridade da ação ou a perfeição das formas (Rimbaud jamais dirá: as ações são rápidas, as formas são perfeitas), mas a "celeridade da perfeição"? Todo o vocabulário do poema se mantém nesse alto nível de abstração: sentimentos, forças, infelicidades, caridades, sofrimentos, violência, imensidade, fecundidade, pecado, alegria, qualidades, eternidade, razão, medida, amor... Uma frase de "Guerra" tem até mesmo "os Fenômenos" como sujeito.

O mesmo efeito de abstração (e também de imobilização) é obtido pelo aparecimento sistemático de nomes de ação deverbativos, no lugar dos verbos. "Gênio" não emprega os verbos abolir, ajoelhar-se, romper, desobstruir, mas evoca "a desobstrução sonhada, o rompimento da graça", "as genuflexões antigas", "a abolição de todos os sofrimentos". "Noturno vulgar" fala da "rotação dos tetos" e de "desatrelamento". As pombas não voam, mas "um revoar de pombas escarlate troveja em torno do pensamento" ("Vidas I"), "Elevações harmônicas se juntam" em "Vigílias II". "A inflexão eterna dos momentos... me enxota" ("Guerra").

Diferentemente do que se pode imaginar ao ler essas listas de palavras, essa abundância de vocabulário abstrato não leva, em Rimbaud, a um tema metafísico: se Rimbaud tivesse for-

*Os gêneros do discurso*

mulado uma filosofia, esta já seria conhecida após um século de estudos sobre sua obra. Mas os termos genéricos ou abstratos produzem o mesmo efeito que as partes do corpo que aparecem sem que se nomeie a totalidade: é preciso se dar conta, depois de um tempo, que estas não são sinédoques, mas partes ou propriedades que devem ser tomadas como tais; portanto, não é mais possível representar o ser do qual se fala, e nos contentamos, então, em entender os atributos que lhe são conferidos. Como representar monstruosidades? Ou a infância? Ou a substância? Os fenômenos? Ou, ainda, a velocidade da perfeição? Aí está um dos grandes problemas que desde sempre se impuseram para os comentadores de Rimbaud: para cada texto particular, mesmo que se compreenda o sentido das frases que o compõem, temos a maior dificuldade para saber qual é exatamente o ser que essas frases caracterizam. Quem é o Príncipe de "Contos", Verlaine ou Rimbaud? De que fala "Desfile", de militares, religiosos ou saltimbancos? A personagem de "Antigo" é um centauro, um fauno ou um sátiro? Qual é o Ser da Beleza de "Being Beauteous"? A razão de que se trata em "Para uma razão" é o logos platônico ou aquele dos alquimistas? "Manhã de embriaguez" fala de haxixe ou de homossexualidade? Quem é "Ela" em "Angústia", a Mulher, a Virgem Mãe, a Feiticeira, o vampiro-cristianismo ou simplesmente a própria angústia? Quem é Helena em "Fairy", a Mulher, a Poesia, ou Rimbaud? Qual é a resposta da adivinhação feita por "H", a cortesã, a masturbação ou a pederastia? E quem é enfim o Gênio: Cristo, o novo amor social, o próprio Rimbaud? Quanto a Antoine Adam, ele identifica em toda parte as dançarinas asiáticas: deliciosa visão nascida da aridez das bibliotecas.

Mesmo que afastemos a ilusão évhémerista, a própria abundância dessas questões continua a ser perturbadora. Podemos nos perguntar se não é mais importante manter a própria questão do que nos apressarmos em encontrar uma resposta a ela. Assim como ocorre no detalhe das frases, Rimbaud não nos incita, nos textos inteiros, a passar dos atributos aos seres. Em sua obra, a totalidade está ausente, e talvez nos enganemos ao querer supri-la a qualquer preço. Quando um texto como *Desfile* acaba pela frase: "Somente eu tenho a chave desse desfile selvagem", não somos obrigados a ver nela a afirmação de um sentido secreto detido por Rimbaud, de um ser do qual bastaria conhecer a identidade para que o texto inteiro subitamente se ilumine; a "chave" também pode ser a maneira pela qual é preciso ler o texto: justamente, sem buscar do que ele fala, pois não fala *de* qualquer coisa. Muitos dos títulos dos textos, que sempre compreendemos como substantivos que descrevem o ser referente, também poderiam ser lidos como adjetivos que qualificam o tom, o estilo, a própria natureza do texto: não será um texto *bárbaro* aquele que porta esse título, um exercício no gênero bárbaro? E também para "Mística", "Antigo", "Metropolitano", "Fairy" (= fadas, obra de arte)?

Quando a indeterminação, a descontinuidade, a fragmentação dos seres e a abstração se conjugam, resultam frases sobre as quais temos vontade de dizer que, além de não sabermos do que elas falam, também não sabemos o que querem dizer. Vemos uma subordinada em "Juventude II": "conquanto de um duplo acontecimento de invenção e de sucesso uma estação — na humanidade fraternal e discreta pelo universo sem imagens"; uma frase de "Fairy" diz: "O ardor do verão foi confiado a pássaros mudos e a indolência requerida a uma barca de lutos sem preço por enseadas de amores mortos e de perfumes desfalecidos". As palavras são familiares e os sintagmas que elas formam, tomados dois a dois, são compreensíveis – mas para além disso reina a incerteza. As ilhas de palavras não se comunicam de verdade entre si, por falta de percursos sintáticos claros. Quando uma tal frase aparece no fim do texto, lança como que uma obscuridade retrospectiva sobre tudo aquilo que a precede, como ocorre em "A música erudita fracassa ao nosso desejo" ("Conto"), ou "Porém, mais então", que fecha "Devoção".

Essa impressão se acusa ainda quando a sintaxe não é identificável ou francamente diferente daquela da língua francesa. O que quer dizer "rolar nas feridas" ("Angústia")? Ou "a visão se reencontrou em todos os ares" ("Partida")? Como interpretar uma sequência como "o mundo sua fortuna e seu risco" ("Juventude II")? E quem saberá algum dia desenhar a "árvore" sintática da última frase de "Cidade"?

> Assim como, de minha janela, veja espectros novos rolando por entre a espessa e eterna fumaça de carvão – nossa sombra das florestas, nossa noite de verão – Erínias novas, diante de meu chalé que é minha pátria e todo o meu coração, dado que tudo aqui se parece a isto – a Morte sem prantos, nossa ativa filha e serva, e um Amor desesperado, e um belo Crime chilreando na lama da rua.

Ficamos sempre tentados a imaginar erros de escrita ou de impressão no texto de Rimbaud, para poder retorná-lo à norma, por uma transformação seja sintática, seja lexical. Assim, desejou-se adicionar várias vírgulas, ou subtrair certas palavras, a esta frase de "Fairy": "Depois do momento do ar dos lenhadores ao rumor da tormenta sob a ruína das florestas, das sinetas dos animais no eco dos vales, e dos gritos das estepes". E esta outra, de "Vidas I" – "Eu me lembro das horas de prata e de sol na direção dos rios, a mão da campanha em meu ombro, e de nossos carinhos em pé nas planícies apimentadas" –, não ficaria imediatamente transparente se lêssemos "companhia"?

As diferentes formas de negação do referente e de destruição do sentido se transformam uma na outra, e apesar disso a distância que separa a primeira da última é considerável. Do referente claro, mas do qual se diz que não existe, passam-se aos objetos indeterminados, isolados uns dos outros a ponto de parecerem irreais; da afirmação simultânea, portanto irrepresentável, de "ele está morto, ele está vivo", ou "ele está presente, ele está ausente", chega-se a essa decomposição e abstração que, não nos permitindo alcançar o ser total e unificado, interdita ainda a representação; até, por fim, essas frases agramaticais e enigmáticas, das quais se ignorará para todo o sempre, e não só "no estado atual de nossos conhecimentos", o referente *e* o sentido.

Por isso me parecem engajados em uma direção errada os críticos, animados por boa vontade, que se propõem a reconstituir o sentido das *Iluminações*. Se pudéssemos reduzir esses textos a uma mensagem filosófica ou a uma configuração substancial ou formal, eles não teriam tido mais ressonância do que qualquer outro texto, e talvez menos. Ora, nenhuma obra particular determinou mais do que as *Iluminações* a história da literatura moderna. De modo paradoxal, é ao querer restituir o sentido desses textos que o exegeta o priva dele – pois seu sentido, paradoxo inverso, é de não ter sentido. Rimbaud elevou ao estatuto de literatura textos que não falam de nada, dos

*Os gêneros do discurso*

quais se ignorará o sentido – o que lhes dá um sentido histórico enorme. Querer descobrir o que eles pretendem dizer é despojá-los de sua mensagem essencial, que é precisamente a afirmação de uma impossibilidade de identificar o referente e compreender o sentido; que é maneira, e não matéria – ou melhor, maneira feita matéria. Rimbaud descobriu a linguagem em seu (dis)funcionamento autônomo, liberado de suas obrigações expressiva e representativa, em que a iniciativa é realmente cedida às palavras. Ele encontrou, isto é, inventou, uma língua e, na esteira de Hölderlin, legou o discurso esquizofrênico como modelo para a poesia do século XX.

É assim que compreendo as frases de Rimbaud que me serviram de epígrafe: dentro daquilo que é sua sabedoria, só vemos o caos. Mas o poeta se consola previamente: o que chamaremos de seu aniquilamento não é mesmo nada quando comparado à perplexidade em que ele nos terá mergulhado, a nós, seus leitores.[2]

---

2 Cito o texto da edição estabelecida por A. Py (*Textes littéraires français*). As notas que Suzanne Bernard inseriu em sua edição de Rimbaud são uma preciosa fonte de informações. O estudo de Jean-Louis Baudry, Le texte de Rimbaud (*Tel Quel* 35 e 36), se situa em uma perspectiva parcialmente semelhante à minha.

# 4

# A adivinhação[1]

## Recordação dos trabalhos anteriores

Desde o início do século XX, as adivinhações foram estudadas por muitos pesquisadores. Atualmente dispomos não só de boas descrições feitas por folcloristas clássicos, mas também de tentativas de análise estrutural, entre as quais, de meu conhecimento, as mais importantes são as de Georges e Dundes, e a da sra. Köngäs-Maranda.[2] Recordemos brevemente seus resultados principais.

---

1 Ou charadas, ou ainda enigmas, rébus. (N. T.)

2 Georges; Dundes, Toward a structural definition of the riddle, *Journal of American Folklore*, p.111-8; Köngäs-Maranda, Structure des énigmes, *L'Homme* IX, p.5-49. Mesmo que situada em uma perspectiva diferente, minha análise do trabalho de Georges e Dundes se filia a várias críticas formuladas por Scott, On defining the riddle: The problem of a structural unit, *Genre* II, p.129-42. Para uma visão de conjunto sobre a literatura dedicada à adivinhação, veja Abrahams; Dundes, Riddles. In: Dorson (org.), *Folklore and folklife*, p.129-43.

Georges e Dundes partem do postulado de uma relativa independência das estruturas discursivas em relação às estruturas linguísticas:

Dado que as definições baseadas no conteúdo e no estilo se mostraram inadequadas, o melhor caminho para chegar a uma definição da adivinhação passará pela análise estrutural. Podemos estudar o estilo das adivinhações, mas não devemos confundi-lo com sua estrutura.[3]

Contudo, eles não vão tão longe no sentido que desejaram. Decompõem a adivinhação da seguinte maneira: em primeiro lugar, ela é dividida em elementos descritivos (a parte presente) e referentes (a parte ausente). Os elementos descritivos, por sua vez, subdividem-se em tema (*tópico*) e propósito (*como*): uma palavra que visa ao objeto a ser encontrado e à asserção que o concerne. Os elementos descritivos podem estar ou não em oposição, o que resulta em dois grandes tipos de adivinhações: oposicionistas e não oposicionistas. Estes últimos podem ser literais ou metafóricos. Os literais caracterizam-se pelo fato de que o tema coincide com o referente (isto é, está também ausente). Por exemplo:

(1) O que vive no rio? – O peixe. (Taylor, 98)[4]

(2) Conheço um deles que dorme de dia e anda à noite. (Taylor, 255)

---

3 Georges; Dundes, op. cit., p.113.

4 Referências das coletâneas de adivinhações citadas: Taylor, *English Riddles from Oral Tradition* (citado: Taylor); Haavio; Hautala, *Suomen kansan arvoituskirja* (citado: Haavio); Walter; Morel; Ferran, *Le Livre*

*Os gêneros do discurso*

Nas adivinhações não oposicionistas metafóricas, o tema não coincide com o referente. Por exemplo:

(3) Duas fileiras de cavalos brancos sobre uma colina vermelha.
– Os dentes. (Taylor, 505 *a*)
("cavalos brancos" é o tema, metáfora do referente "dentes")

Por sua vez, as adivinhações de oposição são subdivididas em várias categorias, segundo a classificação das oposições proposta por Aristóteles. Temos, então, oposições antitéticas, privativas e causais.

Essa descrição com certeza representa um grande passo adiante na identificação da estrutura da adivinhação. Apesar disso, várias das categorias usadas permanecem discutíveis, dado que são por demais linguísticas (ou simplesmente mal definidas). Por exemplo, o "referente" é, na linguística, aquilo que é exterior à linguagem; ora, aqui ele é apenas uma palavra: será que o termo ainda guarda seu sentido? "Tema" e "propósito" (o decalque semântico da dupla sujeito-predicado): será que temos certeza de encontrá-los aqui automaticamente? Metafórico-literal permanece uma divisão sumária e perigosa: o que se tornaram outros tropos que não a metáfora? E na mesma oposição: não seria atribuir importância demais à

---

*des devinettes* (citado: Walter); Stojkova, *Bâlgarski narodni gatanki* (citado: Stojkova); Faïk-Nzuji, *Enigmes lubo-nshinga* (citado: Nzuji); Das, *Khusro ki Hindi Kavitã* (citado: Khusro); Sadovnikov, *Zagadki russkogo naroda* (citado: Sadovnikov); Tabourot, *Les Bigarrures du Seigneur des Accords* (citado: Tabourot). Salvo indicação contrária, o número que se segue ao nome da coletânea corresponde àquele da adivinhação, e não da página.

presença de uma *palavra* (o tema, precisamente) para fundamentar uma oposição que se quer, nos próprios termos dos autores, estrutural, e não textual? Não é concebível que a função dessa palavra seja assumida por um *sema* ou *elemento* do sentido e um termo? Será que a dicotomia entre presença e ausência de oposição se situa no mesmo nível (ou em um nível superior, ou inferior) que aquela entre adivinhação metafórica e literal?

E. Köngäs-Maranda parte do mesmo princípio que Georges e Dundes: "Quando estudamos os enigmas, encaramos as unidades da frase não do ponto de vista sintático, mas do ponto de vista da estrutura do *discurso folclórico*. [...] A imagem é sempre uma questão, seja ou não do ponto de vista sintático".[5] Contudo, mesmo aqui desejaríamos que ela fosse levada ainda mais longe nessa via. Sua análise pode ser resumida, na parte que nos concerne, da maneira que segue. O enigma comporta cinco elementos, a saber: 1) o termo dado, o *significante*; 2) uma *premissa constante*, verdadeira tanto para o significante quanto para o significado; 3) uma *variável oculta*, jamais explicitada, que caracteriza o significado; é um lugar comum, uma evidência; 4) uma *variável dada*, que caracteriza o significado, mas não o significante, apesar de lhe ser atribuída; 5) o *significado*, a resposta. Por exemplo:

(4) Um leitão, dois focinhos. – A charrua. (Haavio, p.227)

Os elementos dessa adivinhação são identificados da seguinte maneira: 1º) *significante*: um leitão; 2º) *premissa constante*:

---

5 Köngäs-Maranda, op. cit., p.10-1.

*Os gêneros do discurso*

há focinhos; 3º) *variável oculta*: o leitão tem um focinho; 4º) *variável dada*: este tem dois focinhos; 5º) *significado*: a charrua.

Todavia, essa é apenas uma das espécies da adivinhação, a *metáfora*. A outra é o *paradoxo*, ilustrado pelo exemplo seguinte:

(5) Dá conselho aos outros, mas ela mesma não sabe nada. – As placas das estradas. (Haavio, p.295)

E. Köngäs-Maranda nos informa que a metáfora é a união de dois conjuntos, enquanto o paradoxo é sua interseção,[6] mas é preciso reconhecer que a relação de ambos nunca é inteiramente explicitada; são duas espécies do mesmo gênero ou um gênero e duas de suas espécies?

Aqui ainda podemos notar o uso discutível dos termos linguísticos "significante" e "significado". Poderíamos nos perguntar se seria justificável que "significante" recubra apenas uma palavra da questão (é o "tema" de Georges e Dundes) e não a questão inteira.

Quanto à presença obrigatória de uma premissa constante (verdadeira para o significante e o significado) e de uma variável (verdadeira apenas para o significado), parece ser contradita por vários dos exemplos de Georges e Dundes (que se contentavam em falar de "elementos descritivos", sem precisar suas relações). Por exemplo, todas as adivinhações que não comportam "temas" (1, 2) por isso mesmo não se prestam a essa distinção, o que mais uma vez nos leva ao papel abusivo concedido à presença ou ausência de uma *palavra* que realize essa função.

---

6 Ibid., p.31.

Quanto à oposição entre metáfora e paradoxo, equivale a opor o pão branco ao pão quente: compara-se o incomparável. De fato, a metáfora se realiza entre a questão e a resposta, enquanto o paradoxo toma lugar no interior da questão. Aliás, não seria paradoxal, e não somente metafórico, um leitão com dois focinhos, como o deseja E. Köngäs-Maranda? E não haveria uma relação trópica (mesmo que não metafórica) entre a questão 5 e sua resposta?

A influência das categorias linguísticas é difícil de ser evitada. Para neutralizá-la ao máximo, distinguiremos duas fases no trabalho de descrição de um discurso. Em um primeiro tempo, nós o consideraremos como inteiramente simbólico, irredutível ao sistema da língua. Apenas em um segundo tempo observaremos de que maneira essa estrutura abstrata se manifesta por meio das palavras ou, se preferirmos, como se efetua a passagem do simbolizante (discursivo) ao significante (linguístico).

Os trabalhos mencionados nos levam também a formular uma segunda distinção. Seus autores têm razão em levantar o problema da metaforicidade da adivinhação e a questão de seu caráter paradoxal; eles erram quando põem esses dois problemas no mesmo plano. Não seria a própria evidência de que o lugar em que se estabelece a relação metafórica não é o mesmo em que se efetua a do paradoxo? Em um dos casos, trata-se de uma relação de equivalência ("metafórica") e de um trabalho de interpretação: a partir do primeiro sentido das palavras descobre-se um segundo. No outro, deparamo-nos com a disposição das palavras em relação às outras. Chamemos esses dois casos por seu nome: uma relação *simbólica* liga a questão à resposta (uma simboliza a outra); como a asserção inicial é abolida, encontramos no subconjunto dos tropos (a metáfora é um deles; o caso seria diferente para as implicações, alusões etc., em que a asserção inicial seria mantida). O paradoxo, por outro lado, na mesma terminologia retórica, é uma figura (a relação se estabelece entre dois termos presentes, e não entre um presente e um ausente); ele faz parte da organização *figural* da adivinhação.

Todo discurso, assim como todo sistema simbólico, obedece a essa dupla organização, figural e simbólica; a primeira diz respeito à *percepção* dos discursos; a segunda torna possível sua *interpretação*, graças aos percursos estabelecidos pelos tropos (ou as implicações). Essas duas funções (distinguindo-se cuidadosamente funções próprias à adivinhação tomada como um todo) são inerentes a qualquer produção simbólica e, por conseguinte, essa dupla organização está presente em qualquer discurso. Não obstante, enquanto em geral as organizações simbólica e figural são inextricavelmente fusionadas, as adivinhações nos oferecem o raro exemplo de uma dissociação material das duas, dado que a primeira se realiza entre as duas réplicas, e a segunda o faz apenas no interior da questão.

Meu trabalho seguirá então, a partir de agora, essa subdivisão na análise do discurso.

## Organização simbólica

O primeiro traço constitutivo desse tipo de discurso particular que é a adivinhação é de ser um diálogo: duas réplicas se seguem, enunciadas por interlocutores diferentes. A essa característica genérica adiciona-se uma segunda, que permite situar a adivinhação dentre outros gêneros dialógicos: suas duas partes têm um referente comum ou, dito de outra forma, elas são sinônimas. É uma sinonímia um tanto particular, é verdade, pois não só não é institucionalizada na língua, mas ainda as duas réplicas não pertencem ao mesmo tipo de unidades linguísticas: com frequência, a uma frase da primeira réplica responde uma palavra isolada da segunda. Não é menos verdade que a adivinhação não existiria se não houvesse essa sinonímia.

Sendo a *questão* a forma dialógica mais típica, muitas vezes damos ao enunciado inicial uma forma interrogativa para marcar que ela deve suscitar uma segunda. Tendo em conta esses traços característicos (diálogo, sinonímia não institucional, oposição dos dois enunciados como frase e palavra), podemos propor uma forma canônica da primeira réplica: esta será "Qual é o nome dessa coisa (desse ser) que…?". Isso não quer dizer que essa forma seja encontrada com frequência; de fato, a questão essencialista ("Que é que..?") é mais comum do que a questão metalinguística e, aliás, ambas podem estar ausentes do enunciado verbal. Todavia, sempre será possível levar a primeira réplica à forma canônica. No caso contrário, não se trata de adivinhações, no sentido em que tomamos essa palavra aqui.

Em outras palavras, aos meus olhos, certo número de questões classificadas como adivinhações não o são realmente, e justificariam a introdução de um novo termo na taxinomia dos folcloristas. Um exemplo contundente nos é fornecido por uma série de "enigmas" védicos,[7] em que se formulam questões, vez por vez, pelos diversos oficiantes de um sacrifício; aquele que sabe responder sai do teste "impregnado de santa

---

7 O torneio de enigmas da *Vǎjasameyi samhita*, traduzido por Renou em Sur la notation de bráhaman, *Journal asiatique* 237, p.7-46.

*Os gêneros do discurso*

energia". Ao lado de questões assimiláveis às adivinhações, encontramos outras, do tipo:

(6) Eu o interrogo a fim de compreender a ti, de quem os deuses são amigos: foi Visnu que penetrou o mundo inteiro com três passos nos quais recebe a oblação?
(7) Quantas estruturas desse sacrifício existem? Quantas sílabas têm? Quantas oblações? Quantas vezes o fogo é aceso?

Aqui a questão e a resposta não são sinônimas, então é impossível encaminhar a questão à forma canônica de "Qual é o nome de...?". Por outro lado, esse segundo tipo de questão se aproxima das fórmulas que utilizaríamos em um exame (ou em um catecismo). A ruptura entre as duas formas é realçada em outra série clássica de adivinhações, aquelas que Odin faz ao rei Hendrek. Este responde a todas, antes que Odin lhe pergunte:

(8) O que disse Odin na orelha de Baldr, antes que fosse posto na fogueira?

O rei fica indignado e quer punir o deus trapaceiro: essa questão não é mais uma adivinhação.[8]

Se juntássemos as duas réplicas em uma única frase afirmativa, fazendo da primeira seu predicado e da segunda seu sujeito, obteríamos uma *definição* (por meio, às vezes, de outras transformações linguísticas menores). De fato, a definição repousa sobre a sinonímia de uma palavra e de uma frase, assim como a adivinhação; a adivinhação é uma definição dialoga-

---

8 Caillois, *Art poétique*, p.188.

da. Tanto uma quanto outra excluem a chamada de um saber subjetivo e individual, apesar de admitirem dois tipos de proposições, analíticas e sintéticas (definições "lexicográficas" e "enciclopédicas"). Podemos então eliminar aqui do gênero das adivinhações propriamente ditas toda troca de réplicas, mesmo sinonímicas, se a resposta implica tal saber individual, pois nesse caso não se traz à luz a adivinhação, a menos que a conheçamos previamente. Um exemplo célebre deste último tipo é dado por Sansão na Bíblia:

(9) Daquele que come saiu aquilo que se come, e do forte saiu o suave. (Alusão a uma experiência de Sansão, que encontrou um enxame de abelhas e seu mel no cadáver de um leão.)

A natureza da questão determina aqui a atitude dos interlocutores: em vez de procurar a resposta, eles demandam a Dalila que suborne seu marido.[9] Notemos que apenas a primeira réplica não nos permitia decidir sobre a ausência da adivinhação: se a resposta tivesse sido "o leite da leoa", teríamos uma adivinhação.

---

9 É assim que eu interpretaria a seguinte observação de Jolles: "Podemos aqui dizer que o questionador — a quem chamamos de *sábio* — não está sozinho, não é independente, e encarna um saber, uma sabedoria, ou ainda um grupo ligado pelo saber. O adivinhador, por sua vez, não é um indivíduo que responderia à questão de um outro, mas aquele que busca aceder a esse saber, a ser admitido nesse grupo, e que por sua resposta prova que está maduro para essa admissão" (La devinette. In: Jolles, *Formes simples*, p.109-10). De minha parte, não seguirei Jolles em sua aproximação entre adivinhações, por um lado, e exames e catecismos, de outro.

## Os gêneros do discurso

Será que a única diferença entre adivinhação e definição é de natureza sintática? Não. Elas também diferem no plano semântico. Em primeiro lugar, a equivalência das duas partes (sujeito e predicado) é institucional na definição; o que, como vimos, nunca é o caso da sinonímia entre as duas réplicas na adivinhação. Por outro lado (isso explica aquilo), a escolha dos traços característicos não é a mesma em cada caso. Comparemos alguns exemplos que dizem respeito ao mesmo termo:

(10) O que está sempre coberta e sempre molhada? – A língua. (Walter, p.273)

(11) O que é que está em constante movimento? – A língua. (Nzuji, 57)

e essa definição do dicionário Larousse:

(12) Língua, subst. fem. Corpo carnudo, móvel, situado na boca. Serve à degustação, à deglutição e à fala.

O traço mencionado pela adivinhação luba ("sempre em movimento") é visto na definição da palavra ("móvel"), mas é o único. É porque a definição contém as características julgadas cientificamente essenciais à identificação de um objeto, enquanto a adivinhação repousa antes de tudo sobre o conhecimento perceptivo das aparências. Ora, o que é importante para os sentidos (que a língua está sempre molhada) pode não ser do ponto de vista científico. Os dois se opõem, portanto (não obrigatoriamente, mas amiúde), como o ser ao parecer; além disso, sua oposição é tão frágil quanto a dessas duas categorias.

Deixando provisoriamente o nível de organização simbólica, podemos também notar várias diferenças entre adivinhação e definição no plano de sua realização verbal. A primeira concerne ao emprego de um termo genérico: obrigatório aqui, não desempenha nenhum papel ali. Ou bem a adivinhação não comporta nenhum (como em 1, 2, 5, 10), ou bem ele está presente, mas não é o bom (por exemplo, 3, 4); ou ainda sua generalidade é tal que ele não nos ensina nada (como em 11). Como nota C. Faïk-Nzuji,[10] nas adivinhações luba, quatro substantivos aparecem em 85% das charadas, a saber, "senhor" (ou "meu senhor"), "coisa", "besta" e "homem" (ou "pessoa"). Por outro lado, a palavra a ser definida ocupa regularmente o lugar do sujeito na definição, enquanto a palavra a ser adivinhada pode também ocupar outras funções, por exemplo, aquela de objeto direto. Assim ocorre em (2), ou em:

(13) Estendi uma pele de búfalo e pus sobre ela grãos para secar,
Amarrei nela uma galinha para guardá-los.
– O céu, as estrelas, a lua. (Stojkova, 20)

As diferenças existem, então, e não se pode ignorá-las. Entretanto, elas passam para o segundo plano diante da notável similitude estrutural entre definição e adivinhação.

O deslocamento da definição em duas réplicas, aproximativamente questão e resposta, esclarece a relação semântica que une o termo a ser definido (ou adivinhado) com sua definição. É apenas seguindo essa relação que o adivinhador pode ter sucesso. Qual é sua natureza? Vimos que, segundo os autores revisa-

---

10 Faïk-Nzuji, op. cit.

*Os gêneros do discurso*

dos, poderia ser metafórica ou não metafórica. Contudo, propor tal alternativa significa que a metáfora é facultativa e que então, em termos estruturais, nenhuma relação é *necessária*. Nossa hipótese será diferente: as duas réplicas estão sempre ligadas por uma relação simbólica: a primeira será identificada, desse ponto de vista, como um *simbolizante*, e a segunda como um *simbolizado*. Como vimos, essa relação é, mais especificamente, *trópica*, e podemos esperar que as adivinhações ditas "não metafóricas" simplesmente realizem um outro tropo, que não a metáfora.

Dado que se trata de relações trópicas, devemos apelar para a terminologia retórica. Designar um termo por uma de suas partes ou uma de suas propriedades é realizar uma *sinédoque*. A maior parte das adivinhações pretensamente "literais" de fato se organizam em torno de uma sinédoque. Podemos observar isso em 1, 2, 5 ou ainda:

(14) Entra através do vidro e não o quebra. – A luz. (Stojkova, 181)

(15) Não tem braços nem pernas, mas abre a porta. – O vento. (Stojkova, 219)

Se pudemos aceitar que essas adivinhações eram "literais" (sem relação trópica entre as duas réplicas), foi porque intuitivamente sentimos seu parentesco com as definições. Estas também se organizam a partir de uma relação de sinédoque (a parte pelo todo): por mais elevado que seja o número de propriedades enumeradas, sempre se trata de uma escolha dentre todos os traços que caracterizam um objeto. A diferença está em outra parte: pois a definição justapõe dois elementos que, na adivinhação, entram em relação de substituição.

A frequência das sinédoques é enorme, mas nem por isso os outros tropos estão ausentes. Há muito já sublinhamos a metáfora. Essa relação, porém, não se estabelece entre um termo do simbolizante (o "tema", o "significante") e o simbolizado, mas entre este e o simbolizante inteiro. Do contrário, não poderíamos dar conta de casos como o seguinte:

(16) Ela tem as costas pela frente e o ventre por trás. – A barriga da perna. (Walter, p.269)

Nenhuma *palavra* do simbolizante desempenha aqui o papel de metáfora, mas o simbolizante inteiro o faz, dado que comporta ao mesmo tempo semas comuns com o simbolizado (como ter uma parte na frente e uma atrás; ser liso na frente e arredondado atrás) e semas específicos (ter "costas" e" ventre"). É então mesmo uma metáfora, e não uma sinédoque, como se poderia crer. Não teremos trabalho algum em identificar as outras relações trópicas, tais como a antífrase, a hipérbole e a lítotes.[11]

O caso é um pouco mais particular com a metonímia. Esse tropo realiza uma relação simbólica relativamente fraca, dado que o simbolizante e o simbolizado não têm nenhum elemento em comum, mas ambos pertencem a um conjunto mais amplo. Raras vezes ele estará sozinho na base de uma adivinhação. Em revanche, a metonímia pura servirá a esse tipo de adivinhações que marca o limite do gênero: as adivinhações absurdas (nos

---

11 Encontraremos exemplos na tese de terceiro cliclo de Alain Boucharlat, *Le Commencement de la sagesse. Structures et fonctions des devinettes au Rwanda*, E.P.H.E., 1972.

*Os gêneros do discurso*

países eslavos, chamadas de "armenianas"). Jakobson cita o seguinte exemplo:[12]

(17) O que é verde e está pendurado na sala? – Bem, é um arenque. – Por que na sala? – Porque não havia lugar na cozinha. – Por que verde? – Porque foi pintado. – Mas por quê? – Para que seja mais difícil de adivinhar.

O que prova que podemos explicar pela metonímia (aqui, de causa e efeito) o arbitrário à primeira vista mais irredutível. Estamos de volta ao exemplo de Sansão (9).

Há uma exceção aparente a essa regra segundo a qual as duas réplicas são sempre ligadas por uma relação simbólica: quando os significados aqui e ali não mantêm nenhuma relação e a adivinhação se dá graças à proximidade dos significantes. Por exemplo:

(18) *Dva Petra v izbe? Vedra.*
[Dois Pedros na casa? – Baldes.] (Sadovnikov, 441)
(19) *Samsonica v izbe ? – Solonica.*
[A sra. Sansão está em casa? O saleiro.] (Sadovnikov, 462)

Como bem vemos aqui, a relação simbólica das duas réplicas não está ausente, mas apenas mudou de nível: *Samsonica* e *solonica* formam o que poderíamos chamar de metáfora fônica, e *dva Petra* e *vedra*, uma sinédoque do significante.

---

12 Jakobson, Du réalisme em art. In: _____, *Théorie de la littérature*, p.106.

*Tzvetan Todorov*

# Organização figural

A descrição da adivinhação pode parar aqui? Não, se crermos nos trabalhos precedentes que lhe foram consagrados. Robert Petsch[13] e, em sua esteira, quase todos os outros especialistas da adivinhação afirmaram, como vimos, a existência de relações obrigatórias no próprio interior da primeira réplica (do simbolizante). Nos trabalhos recentes, distinguimos duas classes de adivinhações: com e sem oposição (Georges e Dundes), com e sem paradoxo (Köngäs-Maranda). Entretanto, observamos a insuficiência de tal descrição, pois se nem um nem outro caso são possíveis, não se trata mais de um traço obrigatório da adivinhação, mas de um traço facultativo (que, portanto, não tem interesse para sua definição).

Da mesma forma que a metáfora não é o único tropo, também o paradoxo não é a única figura. Avançaremos aqui uma hipótese mais forte, segundo a qual a adivinhação exige a presença não só de uma organização simbólica, mas também de uma organização figural dentro do simbolizante.

Tomemos inicialmente os exemplos oferecidos por Georges e Dundes sobre a estrutura não figural (por exemplo, 1, 2, 3) e também:

(20) O que voa no céu e desce para comer os frangos das pessoas? – O falcão. (Taylor, 360)

(21) Vermelho por fora, branco por dentro. – A maçã. (Taylor, 1512)

---

13 Petsch, Neue Beiträge zur Kenntnis des Volkrätsels, *Palaestra* IV.

*Os gêneros do discurso*

Como notam Georges e Dundes, nenhuma dessas adivinhações comporta em si mesma um paradoxo. O caso não é diferente para (2) e (21), em que os atributos, apesar de opostos, remetem a momentos ou lugares diferentes.

Retomemos a análise. Contrariamente ao que pensam Georges e Dundes, (1) e (20) comportam uma oposição. No entanto, seus dois termos não estão igualmente presentes: o segundo não se encontra na adivinhação, mas na consciência coletiva dos usuários da língua (as adivinhações); é um lugar-comum, uma "variável oculta verdadeira", nos termos de Köngäs-Maranda, mas então compreendida em um sentido muito mais amplo. Georges e Dundes não observam que o simples fato de viver no rio, isto é, *dentro d'água*, é em certo sentido paradoxal: na água, os seres vivos se afogam e morrem. Tal é o *lugar-comum* sobre o qual repousa a adivinhação que, negando-a, compõe a figura da *não verossimilhança*. O mesmo ocorre com (20): quem vive no ar deve nele encontrar seu alimento: eis o lugar-comum cuja negação dá ensejo a uma adivinhação. Isso também acontece com (11): como é possível que uma coisa esteja sempre em movimento?

A percepção das figuras não ocorre de forma natural e automática, mas em função de certo número de esquemas que controlam nossos processos psíquicos e que fazem que dentre todas as relações possíveis de um termo qualquer (aqui, um significado), por definição inúmeros, só retenhamos determinados deles. A instituição das figuras tem então origem em uma psicologia social. Devido a isso, esta é realçada por aquelas. Para um público francês contemporâneo, por exemplo, (1) não comporta nenhuma figura e, graças a esse fato, não será espontaneamente incluído no conjunto das adivinhações. Isso nos informa sobre certos esquemas de percepção atualmente correntes. O contexto cultural faz parte da adivinhação, antes mesmo que esta, por sua vez, venha a ser integrada.

Constataremos toda a distância que separa essas inverossimilhanças daquilo que chamaremos propriamente os *paradoxos*, dos quais (16) já era um exemplo: as costas são, por definição, aquilo que está na parte de trás; afirmar que está na frente contradiz o próprio sentido da palavra.

Eis dois outros exemplos de paradoxo:

(22) Qual é o ser
  Que desde seu nascimento está sempre prenhe
  Sem jamais engendrar,
  E que morre, se engendrar? – A barriga da perna.
  (Nzuji, 17)
(23) Dois amigos juntos viveram. Eles tinham 14 anos quando nasceram. – Os seios da adolescente. (Walter, p.268)

Ter 14 anos quando se nasce é impossível, não porque jamais se tenha observado tal fato, mas porque isso contradiz o sentido das palavras: ter 14 anos equivale a ter nascido há catorze anos. Além disso, a definição do termo "prenhe" implica que ele não seja aplicável a algo que acaba de nascer, dado que previamente pressupõe a realização de certos atos; ademais, não é possível permanecer "sempre prenhe".

A oposição entre os dois grupos que acabamos de distinguir (Georges e Dundes chamam o segundo de "oposições antitéticas") é clara: no primeiro caso, contradiz-se uma verdade sintética (o que causa inverossimilhança); no segundo, refuta-se uma verdade analítica, inerente à linguagem e não ti-

*Os gêneros do discurso*

rada da experiência ou, dito de outra maneira, uma tautologia (o que causa o paradoxo). A diferença entre esses dois tipos de adivinhações é paralela, de fato, àquela entre os lugares--comuns (por exemplo, em nosso caso, "Para viver precisamos de ar", "O movimento sempre é seguido pelo repouso" etc.) e as tautologias do gênero "Não se pode comer sem comer", "O que está atrás está atrás", "Aquele que tem 14 anos nasceu há catorze anos" etc.

Contudo, deixamos de lado algumas das adivinhações que Georges e Dundes citavam como simplesmente "não oposicionistas", tais como (2) e (21). Segundo esses autores, elas não comportam oposições porque as ações contraditórias estão situadas em diferentes momentos do tempo (em (2): o dia e a noite), ou em diferentes pontos do espaço (em (21): dentro e fora). De fato, a situação é diferente em um e outro casos. Na sequência de (2) ("dorme o dia, anda a noite"), podemos enumerar as seguintes adivinhações:[14]

(24) Degelado no inverno, gelado no verão. – O nariz. (Stojkova, 1658)
(25) Infla no frio, treme no fogo. – A neve. (Stojkova, 1658)

Essas adivinhações (e inúmeras outras) possuem uma estrutura formal e linguística rigorosamente idêntica. Dois versos paralelos, na maioria das vezes ritmados, são compostos por dois complementos circunstanciais em oposição (inverno--verão, frio-fogo, dia-noite) e dois verbos antitéticos, mas que,

---

14 Esse tipo de adivinhação é descrito por Faïk-Nzuji na rubrica "Estrutura I, Tipo I".

no sentido comum, deveriam estar em distribuição inversa. De fato, voltaremos aos lugares-comuns se permutarmos os verbos:

— o dia anda, dorme a noite.
— degelado no verão, gelado no inverno
— inflado ao fogo, tremulante ao frio.

Portanto, ainda estamos às voltas com inverossimilhanças, como precedentemente (inversões de proposições banais). A figura mínima é atestada, mas além disso ela se duplica em outra, dado que à primeira inverossimilhança ("dorme de dia"), que teria sido suficiente em si mesma, se adiciona uma segunda, simétrica e inversa ("anda à noite"). É uma figura típica de absurdo, ou ainda do "mundo ao inverso", que conheceu grande sucesso, como sabemos, na literatura europeia. No lugar em que Georges e Dundes não viam nenhuma figura, de fato há duas.

Voltemos agora ao último exemplo não explicado, (21), em que a maçã é descrita como sendo vermelha por fora e branca por dentro. Georges e Dundes têm razão em dizer que não há aí nenhuma contradição, no sentido lógico. Entretanto, o que as adivinhações invertem não é a implicação lógica, o silogismo rigoroso, mas um raciocínio aproximativo, uma inferência probabilística, que na retórica clássica era chamada de um *entimema*. Não se trata de "se $p$ então $q$", mas "há $p$ tais que se $p$, então frequentemente $q$". À diferença dos dois primeiros casos, o paradoxo e a inverossimilhança, não se trata mais aqui de proposições singulares, e sim de uma relação entre proposições. É preciso então dar um novo nome a esse entimema às avessas. Nesse caso, chamemo-lo de *contradição*. As espécies da contradição não serão fáceis de distinguir, pois o próprio entimema é proteiforme, nebuloso, impreciso. Em todo caso, é aqui

Os gêneros do discurso

que encontraremos não apenas as oposições *causais* e *privativas* de Georges e Dundes, mas muitas outras variedades. Assim, o entimema pode ser baseado na co-ocorrência frequente, ou na relação entre um ato e as condições de sua realização (a ser distinta de suas causas) etc. Poderíamos assim resumir, em um quadro, as figuras observadas até aqui:

| *Truísmos subjacentes* | lugares-comuns | tautologias | entimemas |
|---|---|---|---|
| *Adivinhações invertidas* | inverossimilhanças | paradoxos | contradições |

Deveríamos nos perguntar agora se essa interpretação mais ampla da "oposição" permite dar conta de todas as adivinhações existentes ou, em outras palavras, se essas três figuras são as únicas cuja presença torna possível a constituição de uma adivinhação. Certos exemplos poderiam nos deixar perplexos, tais como (3) e também:

(26) Um prato cheio de avelãs, no meio somente uma noz. – O céu, as estrelas, a lua. (Stojkova, 25)
(27) Um campo cheio de relva. – A cabeça e os cabelos. (Stojkova, 1548)

Se ainda houvesse algo estranho em (3), os vinte cavalos brancos sobre uma colina vermelha (mas podemos realmente falar de inverossimilhança?), o mesmo não ocorre com os outros exemplos. Ao contrário, é perfeitamente natural que um prato esteja cheio de nozes e avelãs, e um campo seja repleto de relva. Também não há paradoxo nem contradição.

Todavia, se observarmos essas adivinhações por inteiro (com sua resposta), não deixaremos de ficar surpresos com um traço que elas têm em comum: trata-se sempre de adivinhar não apenas um único, mas vários objetos que mantêm uma relação fixa. Os dentes e as gengivas (os maxilares), os dez dedos, o céu, as estrelas e a lua, a cabeça e os cabelos. Dito de outra forma, simbolizante e simbolizado não formam, nessas adivinhações, uma relação trópica simples (de metáfora, de sinédoque etc.), mas designam uma relação entre dois ou mais termos, por outra relação: é descrever, como sabemos, a analogia aristotélica ou o *diagrama* peirceano. Quando no nível trópico a adivinhação realiza uma relação diagramática, e não apenas "icônica", ela não tem necessidade de uma figura de oposição: essa é a hipótese que fomos levados a formular. A metade de um diagrama, isto é, a simples relação é, portanto, uma figura suficiente para que a adivinhação exista.[15] Adicionemos que, em um caso de diagrama, em regra geral, simbolizante e simbolizado estão mais em interseção do que um englobando o outro.

Ao menos uma dessas figuras deve estar presente, mas várias também podem estar, ao mesmo tempo. Por exemplo:

(28) Quem é o senhor
Que habita uma montanha [e]
Que não come nada
Mas que apesar disso defeca? – Uma orelha.
(Nzuji, 36)

---

15 Contrariamente ao que afirma E. Köngäs-Maranda, isso não é uma metonímia, dado que não há relação simbólica: a noz não simboliza as avelãs nem o campo simboliza a erva.

Identificaremos aqui uma parte do diagrama (homem = montanha; orelha = cabeça), uma inverossimilhança (um homem que não come nada) e uma "contradição" (ele defeca sem comer).

Todavia, há um grupo bem homogêneo de adivinhações em que é impossível descobrir qualquer uma das figuras identificadas até aqui. Eis um exemplo:

(29) O que é que desce a rua, volta para casa, se senta no canto e espera um osso? – O sapato. (Taylor, 4536)

Nada na primeira réplica nos indica que se trata de outra coisa que não... um cão. Onde está a figura? Só podemos descobri-la conhecendo a resposta. O que a retórica descreve de mais próximo desse fenômeno é a figura da *silepse*, na qual uma palavra deve ser simultaneamente tomada em um "sentido próprio" e em um sentido "figurado" (de fato, um sentido maior, independente do contexto, e um sentido menor).[16] A diferença entre a silepse e a figura realizada por essa adivinhação é que a polivalência se situa aqui no nível do enunciado, e não da palavra isolada. A mesma descrição aplica-se a dois objetos radicalmente distintos (aqui, o cão e o sapato); o primeiro simbolizado é "maior" (independente do contexto) e o segundo, "menor" (ele só existe nesse contexto preciso). A figura consiste exatamente na existência simultânea desses dois simbolizados.

Esse mecanismo é frequentemente explorado nas adivinhações eróticas (ditas ainda "equívocas"). O simbolizado maior

---

16 Para essas noções, cf. Empson, *The Structure of Complex Words*, cap.2.

é o ato sexual, ou os órgãos sexuais do homem ou da mulher etc. O simbolizado menor, que é a "verdadeira" resposta, é um objeto completamente inocente. O adivinhador pensa inevitavelmente no termo erótico, hesita em nomeá-lo e se desaponta com a resposta. Dessa maneira se roça o interdito sem se expor à reprovação que a transgressão causaria. Por exemplo:

(30) Tirei minha coisa das calças,
Enfiei-a em um buraco peludo,
Depois tirei, com a ponta molhada. – O cachimbo.
(Walter, p.332)

Na tradição hindu, essas adivinhações formam um subgênero chamado *kahamukrī*. Por exemplo:

(31) Eu estava deitada e de repente subiu em mim
Quando desceu, eu transpirava,
E tremia sem poder falar.
Oh, amiga, era meu amante, meu marido?
– Não, amiga, era a febre.
(*Khusro*, 148)

É evidente que podemos nos questionar, com Claude Gaignebet,[17] em que medida outras adivinhações de aparência inocente também se referem a representações eróticas (mesmo que atualmente elas não sejam evidentes para nós). Nesse ponto, saímos da descrição interna da adivinhação para chegar ao problema de suas funções.

---

17 Gaignebet, Le chauve au col roulé, *Poétique* 8, p.444.

*Os gêneros do discurso*

No *corpus* que examinei, não há adivinhações que não contenham uma e/ou outra dessas figuras. É possível que em distintas culturas se apreenda a presença de outras figuras ainda. Pode haver uma adivinhação sem figura? Poderemos responder a essa questão se lembrarmos da função assumida pela organização figural, que é a de uma focalização da atenção. Essa função é obrigatória; as formas que a preenchem podem variar. Para que outra coisa serve, por exemplo, a fórmula ritual da introdução (da qual não nos ocupamos aqui), senão para chamar a atenção do interlocutor sobre o fato de que se trata precisamente de uma adivinhação? A fórmula de introdução pode então substituir eficazmente a figura em sua função de focalização. É até concebível que nenhuma forma verbal desempenhe esse papel se as condições de enunciação da adivinhação forem suficientemente ritualizadas, assumindo assim o papel de focalizador. Aqui, como em outros lugares, devemos buscar reconstituir um sistema abstrato de funções, sem confundi-lo com a formas que o manifestam, mesmo que estas estejam sempre presentes.[18]

## Do simbolizante ao significante

A descrição elaborada até aqui fazia abstração da matéria linguística concreta pela qual se realizam as adivinhações, pois eu estudava uma estrutura simbólica, e não uma produção linguística. Será então preciso examinar agora o problema da representação verbal dessa estrutura, tanto mais que esta é, por

---

18 Exigência fundamental formulada e ilustrada em Benveniste, A classificação das línguas. In: _____, *Problemas de linguística geral*.

sua vez, influenciada por aquela. Só poderemos aqui nos deter em algumas questões particularmente interessantes.

*1. Sujeito e predicado, palavras e semas.* Eu não disse nada, até agora, sobre a estrutura propriamente linguística da primeira réplica, enquanto que, lembramo-nos disso, os estudos mencionados no início a analisavam em detalhes: em tema e propósito, no caso de Georges e Dundes; em termo dado (significante) e premissas, naquele de Köngäs-Maranda. Quaisquer que sejam as escolhas terminológicas, reconhecemos aí a velha distinção entre sujeito e predicado. Essa oposição já estava presente em Robert Petsch, que identificava, no âmago da adivinhação, um elemento denominativo e um elemento descritivo. Meu propósito aqui será demonstrar que essa distinção, puramente linguística,[19] não tem nenhuma pertinência para a descrição da estrutura discursiva e simbólica, e até mais, que sua utilização faz que surjam dificuldades suplementares.

É preciso começar constatando que a afirmação dessa estrutura, tal como aparece em Petsch ou em Georges e Dundes, em nada especifica a natureza da adivinhação. Dado que toda frase comporta um sujeito e um predicado, de que serve nos dizer que a adivinhação se divide da mesma maneira? Essa afirmação é, portanto, redundante, a menos que seja especificada, como o faz Köngäs-Maranda, que nos assegura que esse "termo dado" é o significante da metáfora. Para provar o contrário, bastaria observar que a maior parte das adivinhações até agora citadas não possui tal termo (seu lugar na frase é mantido por um

---

19 Eu a chamo linguística, pois não encontro em nenhum desses autores uma indicação específica que vá em outro sentido, nem outros critérios que não sejam linguísticos para estabelecê-la.

*Os gêneros do discurso*

pronome interrogativo ou pessoal). Também há adivinhações (como já observamos) cujo modelo linguístico não é a frase atributiva, mas uma frase transitiva, como se poderia encontrar em uma narrativa, por exemplo 2, 13 ou ainda:

(32) Eu trabalho com meus cinco bois,
    A terra em que laboro é branca como a neve,
    O grão que planto é negro como a gralha. – Os dedos, o papel e a tinta.
    (Walter, p.270)

Se nos baseássemos em critérios puramente linguísticos, identificaríamos o sujeito (o significante) com o pronome pessoal "eu". Contudo, a palavra a ser adivinhada está aqui no predicado, e não no sujeito. Já notamos a distância que representa essa construção linguística em relação à formulação clássica da definição. Entretanto, não nos enganemos: a "narrativa" que nos fazem aqui não é verdadeiramente uma (nenhuma transformação de estado é observável). A adivinhação jamais será uma narrativa, e apenas sua máscara verbal pode sê-la.

Passando agora à análise do predicado, podemos questionar a necessidade de encontrar um elemento autônomo que encarne a "premissa constante verdadeira". Isso não significa que tal elemento não exista de forma alguma (pois então não haveria mais relação trópica), mas ele pode não tomar a forma de um termo autônomo. Retomemos a adivinhação 16, em que a barriga da perna é descrita como tendo as costas na frente e o ventre por trás. Se nos ativermos à palavra, não há "premissa constante verdadeira": a barriga da perna não tem costas nem ventre. Mas cada um desses dois sintagmas contém semas que compartilha com o simbolizado: a barriga da perna é plana na parte da frente e arredondada na de trás. "Costas" e "ventre" são aqui tomados como sinédoques conceituais de suas propriedades "plano" e "arredondado". Poderíamos dizer que aqui (assim como em muitas outras adivinhações) aparece uma relação trópica de segundo grau. Em uma adivinhação como 1 ("O que vive no rio?"), a relação trópica se estabelece entre o simbolizante (presente) e o simbolizado (ausente). Em 16, é no interior do próprio simbolizante que se estabelece uma nova relação trópica; "costas" é uma sinédoque de "plano" que, por sua vez (acompanhada por "na frente"), é uma sinédoque de "barriga da perna". A existência desses tropos de segundo grau, muito frequentes, nos obriga a nos colocarmos no nível dos semas, e não naquele das palavras, do contrário não teríamos condições de estabelecer a relação trópica entre simbolizante e simbolizado. Notemos aqui que as únicas palavras que jamais serão metafóricas no segundo grau são os números (dado que são monossêmicos), o que faz que sua presença na questão seja uma chave preciosa para encontrar a resposta:[20] desde que haja "32", podemos ter certeza de que se trata de dentes, "10", os dedos, "2" (um pouco menos fácil), as mãos ou pés, os olhos ou as orelhas. Mas não podemos descrever a adivinhação como se todas as palavras fossem números.

O que é pertinente para a estrutura da adivinhação é a relação trópica entre simbolizante e simbolizado. Ora, este não está ligado de maneira unívoca à divisão do simbolizante em sujeito e predicado: o sujeito pode não ter conteúdo descritivo, o predicado pode não conter elemento autônomo que

---

20 Como já notava Stojkova, op. cit., p.61.

Os gêneros do discurso

caracterize o simbolizado. Mas podemos ir mais longe e encontrar casos em que sujeito e predicado na questão mantêm a mesma relação com o simbolizado (o que provaria que sua distinção não é pertinente do ponto de vista discursivo). Tomemos este exemplo:

(33) Um caçador que fuzila de longe sua presa,
Qual é esse caçador? – O olho.
(Nzuji, 10)

O olho não é um caçador, não fuzila, mas olha; ele não tem presa, mas objetos de percepção. Cada um desses termos da questão, sujeito como predicado, comporta tanto semas comuns com o simbolizado "olho" quanto semas específicos: a relação simbólica se situa no nível dos semas, e não naquele das palavras, e ela não leva em conta a posição dessas palavras na estrutura da frase. As descrições que foram dedicadas a essa dicotomia concernem não somente à adivinhação, mas às frases que a realizam.

2. *Polissemia*. A adivinhação é uma definição diversa da definição socialmente instituída de cada palavra. Por conseguinte, as palavras que a compõem em geral não servem para formar essa própria definição, mas têm qualquer outro uso. A primeira réplica da adivinhação é então intrinsecamente polissêmica (do contrário se trataria de uma definição ordinária). Em termos retóricos, diríamos que a relação trópica na adivinhação nunca é uma *catacrese* (quando o "termo próprio" não existe, assim como em "uma *folha* de papel"). Ora, todos os tropos não catacreses exigem que se leve em conta, para descrevê-los, tanto a sinonímia dos dois significados quanto a polissemia de um significante.

349

Discurso baseado na sinonímia, a adivinhação também explora obrigatoriamente os recursos da polissemia. Essa tendência aparece mais claramente quando uma palavra particular da primeira réplica, e não apenas a frase inteira, é polissêmica. Aliás, podemos distinguir dois graus na utilização do duplo sentido, dependendo de se tratar da *polissemia* propriamente dita ou da *homonímia*, que produz adivinhações próximas de certos jogos de palavras.

No primeiro caso, joga-se com os dois sentidos de uma palavra, cujo primeiro é o sentido maior, e o segundo, precisamente, uma catacrese. Dessa forma, a primeira réplica parece evocar um sentido maior, enquanto a resposta diz respeito ao sentido menor (sobre a catacrese). Georges e Dundes isolaram esse grupo de adivinhações (sem, contudo, realçar a polissemia):

(34) O que tem dentes, mas não morde? – O pente. (Taylor, 299*b*)

(35) O que tem cabeça, mas não tem corpo? – O alfinete. (Taylor, 1)

É justamente porque não podemos chamar a cabeça do alfinete de outra coisa que não seja "cabeça", os dentes do pente de "dentes" etc., que a adivinhação evocará cá e lá esses dois sentidos; a figura que focaliza essa relação simbólica é a inverossimilhança. Estamos diante de um mecanismo particularmente claro, que nos permite produzir pelo menos tantas adivinhações da mesma estrutura quantas catacreses haja na língua.

No segundo caso, a palavra que aparece na primeira réplica e aquela que é evocada pela segunda não têm nenhuma relação

*Os gêneros do discurso*

semântica, apesar de serem homônimas; por vezes são apenas homófonas (o mesmo procedimento é explorado nas charadas). Eis dois exemplos franceses:

(36) *Quel est le saint qui a la tête un peu dure ? — Saint Cloud.*
[Qual é o santo que tem a cabeça um pouco dura? — São Clô (Clodoaldo)]
(Tabourot)
(37) *Quelle est la sainte qui ne met pas ses jarretières? — Sainte Sébastienne.*[21]
[Qual é a santa que não usa jarreteiras (ligas)? — Santa Sebastiana.]
(Tabourot)[22]

*3. Organização fônica.* É bem conhecido o fato de que as adivinhações, semelhantes nisso às outras formas menores do folclore verbal, tais como provérbios, cantigas infantis etc., se caracterizam por uma forte organização fônica, pela presença de rimas, aliterações, ritmo regular etc. Jakobson analisou vários exemplos dessas organizações rigorosas.[23] Os nomes próprios que aparecem na questão na maioria das vezes são reveladores quanto a isso. Há, por exemplo, uma adivinhação búlgara que diz respeito ao rio e é construída sobre o modelo:

---

21 Jogo de palavras em francês: *ses bas se tiennent* (suas meias se mantêm no lugar). (N. T.)

22 Esse gênero de construção foi codificado na literatura sânscrita com o nome de *antarlāpikā*; na coletânea hindu já citada, também encontramos exemplos, por vezes muito complexos (interpretação bilíngue etc.). Cf. Vatuk, Amir Khusro and Indian Riddle Tradition, *Journal of American Folklore* 82, p.142-54.

23 Jakobson, Structures linguistiques subliminales em poésie. In: _____, *Questions de poétique*.

"O grande" + Nome próprio feminino + "não tem sombra".
Mas o nome varia em função dos dialetos e da ordem precisa
das outras palavras, sempre obedecendo às exigências da rima:
se a palavra do fim do segundo verso for *njama* (não tem), o
nome próprio será *Jana*; se for *sjanka* (sombra), será *Janka*; se
for *senka* (sombra, nos dialetos ocidentais), será *Enka*.[24]

Ao lado desse fenômeno disseminado e bastante conhecido, há outro, que caracteriza bem a adivinhação, sem lhe ser
exclusivamente reservado: é a existência de uma relação fônica
entre as duas réplicas. Esse fato foi notado pela primeira vez
por Brik, em sua análise das repetições sonoras,[25] e é mencionado por Jakobson no estudo citado. Mas foi sobretudo um
especialista soviético contemporâneo, A. I. Guerbstman, que o
estudou em detalhes.[26] Guerbstman preocupou-se justamente
com essa relação fônica entre questão e resposta, opondo-a às
relações que se estabelecem no interior da questão;[27] ele lhe dá
o nome de *otgadachnaja zvukopis*, que poderíamos traduzir como
"aliteração adivinhatória".

Ele distingue então vários casos segundo a relação que se
estabelece entre essa analogia fônica (primeira relação sim-

---

24 Cf. Stojkova, op. cit., p. 58.

25 Brik, Zvukovye povtory. In: _____, *Two Essays on Poetic Language*.

26 Guerbstman, O zvukovon stroenil narodnoj zagadki, *Russkij folklor*
11, p.185-97.

27 Lembremo-nos de que Saussure opõe da mesma maneira duas estruturas fônicas dos versos latinos que estudou: "interna… correspondência dos elementos entre si", e "externa, isto é, inspirando-se
na composição fônica de um nome". Starobinski, *Les Mots sous les
mots*, p.34. Veremos que a proximidade com o fenômeno estudado
por Saussure é grande.

*Os gêneros do discurso*

bólica) e o tropo constitutivo da adivinhação (segunda relação). Em um primeiro grau, as duas relações estão presentes e, para encontrar a resposta, baseia-se tanto em uma quanto em outra. No segundo grau, as duas relações continuam presentes, mas a dos sons é infinitamente mais clara e sugestiva, por exemplo:

(38) *Net ni okron ni dverej,*
　　*Posredine – arkhierej. – Orekh.*
　　Não há janelas nem portas,
　　No meio, um bispo. – A noz.
　　(Rybnikova, p.274)

A análise fônica revela a seguinte dispersão da resposta:

1 .... o .... RE
2 . o.. RE... (A) RKH ERE

Em outras palavras, a resposta é repetida quase três vezes na questão. A escolha do bispo, dentre todos os habitantes possíveis dessa estranha casa, é visivelmente ditada pela relação fônica OREK – ARKHIEREJ.

Por fim, em um último grau, questão e resposta não mantêm mais uma relação trópica no nível dos significados, mas apenas naquele dos significantes, como nos exemplos 18 e 19. Por vezes, a primeira réplica comporta mesmo palavras desprovidas de sentido na língua, mas que evocam fonicamente a resposta; tocamos, aqui, no neologismo puro e na "poesia transracional". Por exemplo:

(39) *Ton da totonok? – Pol i potolok.* (Sadovnikov, 53)

A palavra *totonok* não existe; foi criada a partir de *ton* (provavelmente aqui o adjetivo "fim") por analogia com a relação *pol* e *potolok*, chão e forro (*da* é aqui sinônimo de *i*, e significa "e"). Como vimos antes, tais exemplos contradizem somente na aparência a exigência de uma relação trópica entre simbolizante e simbolizado: a relação existe, mas se situa entre significantes, e não entre significados.

# O discurso da magia

> *Encontramos na magia quase todas as formas de ritos orais que*
> *conhecemos na religião: juramentos, votos, desejos, preces, hinos,*
> *interjeições, simples fórmulas. Contudo, assim como não tentamos*
> *classificar os ritos manuais, não tentaremos classificar sob essas rubricas os*
> *ritos orais. Elas não correspondem aqui a grupos de fatos bem definidos.*
>
> Marcel Mauss[1]

Falando sumariamente, podemos estudar a linguagem da magia sob duas perspectivas diversas. Seja realçando o termo *magia*, examinando a relação da fórmula com os outros elementos de ato mágico e, por meio deles, com a cultura de cada povo – deixo esse estudo funcional, de modo algum negligenciável, ao etnólogo, especialista em uma ou outra etnia –, seja enfatizando a palavra *linguagem*, e confrontando

---

1 Mauss, *Sociologie et anthropologie*, p.47.

as propriedades do discurso mágico com aquelas dos outros discursos, portanto da linguagem em geral: é a essa tarefa de estudo estrutural (e de retórica geral) que me proponho aqui. Em outros termos, queria adotar uma atitude diretamente oposta à de Mauss, tal como ela aparece na epígrafe anterior.

O estudo da linguagem da magia já tem sua própria história. Simplificando ainda, poderíamos dizer que ela conheceu duas grandes etapas. No decorrer da primeira, aquela que nos é familiar nas obras correntes sobre as sociedades primitivas, as superstições, os ritos, os costumes, um capítulo, ou um apêndice, é dedicado às fórmulas mágicas (sortilégios, encantamentos, *spells* etc.); toda obra geral sobre a magia comporta uma parte que trata do "verbo mágico". Essa própria separação trai uma teoria da linguagem mágica, muitas vezes implícita, segundo a qual essa província da palavra não se comunica com as outras. Essa suposição é confirmada pela existência, em muitos idiomas, de palavras ou de enunciados que não são usados fora de um contexto mágico.[2]

Diante dessa atitude tradicional, que deixa tão pouco à magia na linguagem, formou-se uma reação que culminou na obra de Bronislaw Malinowski: dessa forma, dá-lhe, por assim dizer, tudo. Buscando fixar com precisão o verbo mágico de tal modo que a definição pudesse recobrir todos os casos observados nas ilhas Trobriand, Malinowski é levado a escrever: "Cada rito [mágico] é a 'produção' ou o 'engendramento' de uma força, e sua transferência, direta ou indireta, a certo objeto dado que, como

---

2 Sobre essa última tradição, cf. Günter, *Von der Sprache der Götter und Geister* (a obra trata da literatura clássica).

creem os indígenas, é afetado por essa força".[3] Dito de outra forma, o verbo mágico age sobre as coisas. Não obstante, uma definição tão ampla recobre, de forma muito aparente, fenômenos que em geral não classificamos como mágicos e que pertencem à nossa vida cotidiana. Malinowski não deixa de notar isso.

A criança já maneja sem cessar a linguagem mágica. "A criança chama a mãe, a babá ou o pai, e a pessoa aparece. Quando ela pede comida, é como se formulasse um encantamento mágico, um *Tischlein deck dich*."[4] Ao crescer, ela não é compelida a modificar esse hábito e as palavras sempre lhe asseguram o domínio sobre as coisas. "Se observarmos a aprendizagem de uma profissão em uma comunidade primitiva ou em nossa sociedade, perceberemos invariavelmente que a familiaridade com o nome da coisa é o resultado direto da facilidade com a qual se manipula essa coisa".[5] Para dominar as coisas, é preciso conhecer as palavras.

O mesmo ocorre em vários campos de nossa vida social, por exemplo em todo o conjunto dos fatos ligados à lei. "Aqui, o valor da palavra, a força de engajamento da fórmula está na própria base da ordem e da confiança nas relações humanas".[6] Diríamos o mesmo para a religião, a vida política, a publicidade. Malinowski pode concluir:

> As palavras podem ser o discurso estúpido de um líder moderno ou de um primeiro-ministro, ou uma fórmula sacramental, uma observação indiscreta que fere a 'honra nacional', ou um

---

3 Malinowski, *The Language of Magic and Gardening*, p.215.
4 Ibid., p.63.
5 Ibid., p.233.
6 Ibid., p.234.

ultimato. Mas em cada caso as palavras são causas de ação igualmente poderosas e fatídicas.[7]

Mas se toda palavra que é causa de uma ação (ou que é seguida por um efeito) é mágica, então não há termo que não o seja: a teoria de Malinowski sobre a linguagem em geral, ao mesmo tempo ponto de partida e resultado de suas reflexões sobre a linguagem mágica, nos ensina que o próprio sentido das palavras, isto é, sua propriedade constitutiva, consiste na "mudança real conduzida pelo enunciado no contexto de situação com o qual ele forma dupla".[8]

---

7 Ibid., p.53.

8 Ibid., p.214. Essa posição é muito mais significativa por ser elaborada por Malinowski em uma ultrapassagem de suas próprias concepções anteriores. Ele escreve: "Num de meus escritos precedentes [Malinowski, The Problem of Meaning in Primitive Languages. In: Ogden; Richards, *The Meaning of Meaning*], confrontei o discurso civilizado e científico com o discurso primitivo e concluí que o uso teórico das palavras nos escritos modernos de Filosofia e de ciência é inteiramente desconectado de suas fontes pragmáticas. Era um erro, e um erro sério. Entre o uso selvagem das palavras e o uso mais abstrato e teórico, só há uma diferença de grau. Todo o sentido de todas as palavras deriva finalmente da experiência corporal" (Malinowski, *The Language of Magic and Gardening*, p.58). Dessa primeira generalização decorre uma segunda. Os enunciados "de sentido" se opunham precedentemente aos enunciados "de função". Mas dado que todos os enunciados são "de função", só resta tirar a conclusão lógica: o sentido é a função. Assim, Malinowski se vê levado, para sua grande surpresa, a não ver mais nenhuma diferença entre as frases correntes e as palavras desprovidas de sentido, das quais as pessoas se servem por ocasião dos ritos mágicos: "No fundo, estas têm um sentido, na medida em que desempenham um papel" (ibid., p.247). A teoria linguística de Malinowski reduz todas as palavras a serem nada mais do que "abracadabras". Será preciso esperar as

*Os gêneros do discurso*

Se toda palavra é ação, então toda palavra é mágica. É nesse mesmo sentido generalizante que irá outro teórico da linguagem mágica, Toshihico Izutsu. A linguagem participa originalmente da magia, pois toda simbolização já é uma apropriação das coisas, portanto uma ação sobre elas – logo, magia. O simples fato da significação já é, em si mesmo, mágico. Por conseguinte, o livro de Izutsu concerne muito mais às operações linguísticas fundamentais do que aos encantamentos singulares, apanágio exclusivo dos mágicos.

Assistimos aqui a um evidente deslizamento de objeto. É possível que a magia na linguagem esteja ligada à ação pela linguagem, mas se dissermos que toda ação é mágica, será preciso encontrar outro nome para designar esse tipo de ação pela linguagem, que correntemente chamamos de mágica, com a diferença de todas as outras: jurídica, administrativa, ritualística etc. Qualificar de "mágico" o valor ilocutório de um enunciado (e constatar em seguida a universalidade da magia) em nada nos ajuda a compreender a especificidade do discurso mágico.

## Análise de uma fórmula mágica

Tomemos uma fórmula mágica, tal como a encontramos nas transcrições dos folcloristas:[9]

---

pesquisas de Austin para se aperceber que a *função* de Malinowski superpõe de fato três noções: o *valor locucionário* (*locutionary force*), que compreende o sentido e a referência; o *valor ilocucionário, ou dimensão de ação de todo enunciado*; *e o valor perlocutório*, ou efeito concreto do enunciado (Austin, *Quand dire c'est faire*). Para o conjunto dessas noções, cf. também Todorov, L'Énonciation, *Languages* 17.

9 Para as necessidades do presente estudo, empresto essas fórmulas das seguintes obras: Sauvé, *Le Folklore des Hautes-Vosges*; Van Gennep,

(1) *Contra o carbúnculo*

Levedura ou carbúnculo,[10] seja você negro ou vermelho, de qualquer cor ou espécie que possa ser, eu lhe conjuro, nos ares ou no mais profundo do mar, e lhe ordeno, da parte do grande Deus (+) vivo, a sair imediatamente do corpo de N... tão rapidamente quanto Judas (+) traiu Nosso Senhor Jesus Cristo no Jardim das Oliveiras (+) e que os doze mártires o assistiram e subiram ao céu (+). *Natusex, cristosex, mortusex, ressurrex* (três vezes).

*(Rives, Dauphiné)*

Apenas o objetivo particular que fixei me autoriza a isolar assim essa fórmula de seu contexto de enunciação. Sabemos que a fórmula, em si mesma, não tem potência mágica; ela a adquire apenas em circunstâncias precisas, pronunciada por certa pessoa que detenha o direito ou o poder. Dito de outra forma, a magia não é um enunciado, mas uma enunciação, e esta se compõe: do enunciado, dos interlocutores, das circunstâncias espaçotemporais da alocução, assim como das relações que podem se estabelecer entre esses diversos elementos. Ao me ater somente ao enunciado, coloco entre parênteses vários elementos do ato mágico; precisaremos lembrar disso sem cessar.

---

*Annecy, son Lac et Vallées de Thônes*; id., *Le Folklore du Dauphiné*; id., *Le Folklore de la Flandre et du Hainaut français*. Não se trata de um corpus, mas de exemplos ou, se preferirmos, de uma amostragem. A injunção de fazer um sinal da cruz, em certos pontos das fórmulas, é transcrita aqui por (+).

10 Ou antraz (em inglês, *anthrax*), doença causada por uma bactéria formadora de esporos. Na França, é também conhecida como *maladie du charbon*, devido à semelhança com a pústula negra que se forma quando os esporos encontram alguma fissura na pele. (N. T.)

Os gêneros do discurso

O que nos leva a identificar intuitivamente essa fórmula como fazendo parte do discurso mágico? É o fato de que se tente agir sobre uma doença (erisipela, antraz etc.) por intermédio de um simples enunciado verbal. Tentemos variar os elementos dessa descrição para provar os limites da magia. Será indispensável que a doença seja o alocutário? Se digo: "Eu conjuro a levedura ou o carbúnculo, que *ele* seja..." etc., meu discurso permanece mágico. Se digo: "Eu conjuro o padeiro a me trazer o pão agora mesmo", meu discurso permanece mágico. Se digo ao padeiro: "Eu lhe peço que me dê um *croissant*" *para que* ele me dê um pão, meu discurso ainda permanece mágico (a menos que esse acordo não ocorra em virtude de um código secreto). Por outro lado, se digo (ao padeiro): "Eu lhe peço que me dê um pouco de pão", meu discurso nada mais tem de mágico, mesmo que seja seguido por uma ação.

Por quê? Querer explicar uma ação pela fala visivelmente não é o bastante para assegurar a essa fala um caráter mágico: tudo depende do agente dessa ação. Se o agente é aquele de que falo (o *delocutário* ou referente do discurso), qualquer que seja sua natureza, meu discurso é mágico. Se esse agente é aquele a quem falo, meu discurso só é mágico sob a condição de que esse agente não o perceba (alocutário ausente); ou que não o compreenda (alocutário inanimado ou frase querendo dizer outra coisa); ou que esteja incapaz de se submeter ("Levante-se e ande", dito a um paralítico). "Abre-te Sésamo" é uma fórmula mágica: a ação deve ser realizada por uma rocha; "Maria, abra para mim" não é, se ela conseguir perceber minhas palavras. A identificação da magia repousa então sobre a categoria do possível (científico): colocar adubo em um campo para melhorar o rendimento não

*361*

significa fazer recurso à magia; colocar talismãs, sim. Base talvez frágil, mas indispensável.

Proceder assim é identificar o discurso mágico por aquilo que ele faz, por sua intenção, ou (já que estamos falando de um sistema simbólico) por seu simbolizado. Existiriam meios que seriam constantemente postos ao serviço dessa intenção? Ou ainda: sendo o simbolizado o que é, qual deveria ser o simbolizante? É o que tentaremos ver por meio da análise da fórmula citada, mas nos lembrando bem de que o objeto de nosso exame não é a matéria linguística em si mesma, e sim a estrutura simbólica que esta recobre; acomodando, em outras palavras, duas etapas na análise: o estudo do simbolizante (mágico) e a passagem do simbolizante ao significante (linguístico).

A fórmula que temos diante dos olhos se deixa inicialmente decompor em três partes distintas. Uma vai da primeira palavra até a menção de um nome próprio (designado aqui por N…): ela contém toda a informação de que disporemos sobre o ato mágico a ser realizado. A segunda começa por "tão rapidamente" e termina no fim da frase: é uma comparação do acontecimento presente com um acontecimento passado (mítico). Por fim, a terceira parte é formada pela última proposição: à primeira vista incompreensível, é aparentemente composta por palavras latinas deformadas.

Aproveitarei a existência, no léxico francês, de uma série de termos com sentido aparentado que se relacionam com o discurso mágico. Eu lhes darei, no quadro deste estudo, um sentido preciso (que não terá contradição com seu sentido comum) e os usarei para designar as subdivisões ou as subespécies da fórmula mágica. Chamaremos então de *invocação* à primeira

*Os gêneros do discurso*

parte, *comparação* à segunda e *encantamento* (ou *encantação*) à terceira. É a primeira parte, a invocação que, nesse nível, demanda ser analisada em detalhes: a comparação repete, de forma mais simples, a mesma estrutura; quanto ao encantamento, se apresenta como um bloco indivisível. Na invocação, em revanche, identificamos facilmente vários elementos, que poderíamos agrupar da seguinte maneira:

– *papéis*: designados por "levedura ou carbúnculo" ("você"), "eu", "o grande Deus vivo" e "N…";

– *ações*: designadas por verbos: "conjuro", "ordeno", por um lado; "sair", por outro; *expansões*, ou diversos complementos, atributos etc.: "negro ou vermelho", "nos ares ou no mais profundo do mar".

Deixaremos provisoriamente de lado o grupo das expansões para nos limitarmos às duas primeiras espécies, que parecem ocupar uma posição dominante.

Os *papéis*, em primeiro lugar. Podemos ver claramente que eles são de duas espécies: os protagonistas da enunciação (identificados por "eu" e "você") e os protagonistas do enunciado ("levedura", "Deus", "N…"). "Levedura" se iguala a "você", enquanto "eu" não possui outro nome. Contudo, mesmo que o discurso não o faça, devemos claramente separar essas duas séries de papéis, *discursivos* e *enunciativos*, ainda que seja para poder estudar sua articulação. Os papéis enunciativos, no momento, não nos informam nada. Quais são os papéis discursivos? Tentemos dar a cada um, provisoriamente, um nome que se aproxime a eles mais de perto. "Eu" é *mágico*; "tu" ou "levedura" são os *objetos* da ação mágica; "N…" é o *beneficiário* dessa ação; "Deus" é o *mediador*, do qual se invoca a ajuda.

Quanto às *ações*, dois dos verbos que as designam são quase sinônimos, "conjuro" e "ordeno". Eles também têm em comum a propriedade de ser verbos *performativos*; dito de outra forma, sua enunciação realiza a ação que eles significam. Eles se opõem conjuntamente ao verbo "sair", que designa uma ação ordinária e que chamaremos de verbo *descritivo* (ou constativo).

Interrompamos aqui a análise. Se quisermos mais esclarecimentos sobre a natureza do discurso mágico, é preciso abandonar essa fórmula exclusiva para compará-la com outras, que é o único meio de estudar o sistema hierárquico que ela ilustra.[11]

## Estrutura da fórmula mágica

Para passar da descrição de uma fórmula única àquela do discurso mágico, tomaremos os caminhos batidos da compa-

---

11 Em um estudo em vários pontos semelhantes a este, Tchernov introduz uma série de distinções semelhantes: os papéis do objeto, do mediador e do sujeito (que no trabalho dele designa nosso beneficiário); a divisão em quadro (= encantamento) e núcleo (invocação + comparação). Todavia, tentado por uma aproximação puramente descritiva e tão formal quanto possível, o autor subestima precisamente essa hierarquização interna que caracteriza cada tipo de discurso; ele ignora as funções dos elementos estruturais identificados; não distingue entre sistema simbólico e sistema linguístico; não se questiona sobre o lugar que ocupa o discurso mágico dentre outros discursos semelhantes. A partir de constatações descritivas similares, tento tirar conclusões sobre a estrutura abstrata desse tipo de discurso. Há, em contrapartida, uma incompatibilidade entre os resultados de Tchernov e os meus, por um lado, e aqueles de que dão conta os estudos como os de Sebeok (The Structure and Content of Cheremos Charms, *Anthropos* 48) ou Maranda; Maranda (*Structural Models in Folklore and Transformational Essays*).

Os gêneros do discurso

ração e da dedução (de fato, esse trabalho já estava implícito em minha descrição inicial). Seremos então levados a formular uma nova dicotomia, que recorta as distinções precedentes: aquela entre a organização *sintagmática* (ou figural) de um discurso e sua organização *simbólica*.

*1. Organização sintagmática.* Focando-nos inicialmente em uma leitura "horizontal" da única ação efetuada pela fórmula mágica, chegamos a uma primeira conclusão: o discurso mágico é uma subespécie do discurso narrativo, a fórmula mágica é uma micronarrativa. Essa constatação se baseia na presença de um elemento preciso da fórmula que acabamos de identificar como um "verbo descritivo". Esse verbo ("sair", em nosso exemplo) necessariamente significa uma mudança de estado (passar da presença para a ausência). Ora, a transformação de um estado é uma condição necessária para a existência da narrativa.

Não se deve crer que tal exigência seja sempre e em todos os lugares preenchida e que permita classificar entre as narrativas qualquer sequência verbal. Para tomar outro exemplo no folclore, as *adivinhações*, como vimos, jamais são narrativas (ao contrário do que se pôde pretender), mesmo que a questão tome às vezes a forma de uma frase narrativa: a adivinhação é uma definição não convencional. Ora, a definição retém os traços fixos (mesmo que sejam ações), e não os comportamentos transitórios. Nos termos de Sapir, diremos que a questão da adivinhação designa um "existente" (o adjetivo ou o substantivo da gramática), enquanto a fórmula mágica concerne a um "ocorrente" (o verbo).

A narrativa da fórmula mágica tem, aliás, um traço específico que a distingue imediatamente da maior parte das outras narrativas: ele diferencia uma ação virtual, não real; uma ação que ainda não está realizada, mas deve sê-lo. Contudo, ele não é o único a preencher essa condição, pois outro exemplo de "narrativa imperativa" nos é dado pelas receitas de cozinha. É o verbo descritivo que assegura o caráter narrativo da fórmula mágica. Por isso, merece que o examinemos mais de perto. "Sair" é um verbo de movimento, designando a passagem da presença para a ausência; seu sujeito é nosso "objeto" (levedura ou carbúnculo), agente nocivo que é preciso afastar. Tal descrição já sugere que dois dos elementos identificados se prestam à variação: podemos fazer sair, ou fazer vir, um objeto nocivo ou um objeto útil. Segue-se que a fórmula analisada só ilustra uma variedade de magia dentre quatro que poderíamos inscrever assim em um quadro:

| | | de um objeto | |
| --- | --- | --- | --- |
| | | negativo | positivo |
| Provocar | a ausência | 1 | 3 |
| | a presença | 2 | 4 |

Tradicionalmente chamamos as fórmulas 1 e 4 (provocar a ausência do negativo ou a presença do positivo) de *magia branca*, e as fórmulas 2 e 3, de *magia negra*. Também poderíamos, tirando proveito ainda da abundância dos sinônimos nesse campo, dar um nome particular a cada uma dessas espécies: 1) fazer o negativo desaparecer, *exorcismo*; 2) fazer o negativo aparecer, *imprecação*; 3) fazer desaparecer o positivo, *cominação*; 4) fazer aparecer o positivo, *conjuração*.

A amostragem que encontrei nas transcrições dos folcloristas só comporta exemplos de magia branca (fórmulas 1 e 4).

*Os gêneros do discurso*

Já vimos o exemplo do exorcismo, ou magia de proteção (defensiva). Eis agora um exemplo de conjuração, ou magia de aquisição (ofensiva):

(2) *para se casar bem*
Grande São José, dado que os bons casamentos se fazem no céu, eu vos conjuro, pela felicidade incomparável que recebestes, quando fostes o verdadeiro legítimo esposo de Maria, a me ajudar a encontrar um partido favorável, uma companhia fiel, com a graça que eu possa amar e servir a Deus para sempre.

(Hautes Vosges)

Notemos, nesse ponto, que a oposição entre exorcismo e conjuração, ou entre magia defensiva e ofensiva, é exatamente paralela àquela que Propp traça entre dois tipos de contos de fadas, aqueles que iniciam com um malfeito (elemento negativo que se deve fazer desaparecer) ou com uma falta (elemento positivo que se deve fazer aparecer).

Quanto às imprecações e às cominações, podemos facilmente produzi-las a partir das duas fórmulas presentes: no primeiro caso, demandaremos ao carbúnculo que venha sobre o corpo de N...; no segundo, exigiremos que N... jamais venha a se casar.

Experimentemos agora uma variação mais importante: antes de mudar a direção do verbo ou o valor de seu sujeito, observemos o que acontece se suprimirmos inteiramente o verbo. Com ele desaparecerá seu sujeito (que chamei de *objeto* da magia); a fórmula se limitará a uma convocação do mediador que, em si mesma, torna o mágico beneficiário. A fórmula seguinte se aproxima dessa descrição:

(3) *para assegurar a ajuda dos anjos*

Adonai, Théos, Ischyros, Athanatos, Paraclytus, Alpha e Ômega, eu vos conjuro e vos peço que me sejam favoráveis, e que venham prontamente em minha ajuda.

*(Hautes Vosges)*

De fato, tal estrutura nos é familiar, a partir de um tipo de fala em geral tido como distinto: o da prece. Tocamos então nos limites entre dois discursos, a *prece* e as fórmulas mágicas examinadas até aqui, que chamarei, por oposição, de *encantamentos*.

Como cernir essa diferença? Várias soluções podem ser pensadas. Uma primeira, que rejeitaremos em seguida, seria declarar como preces todas as fórmulas que começam com "eu (vos) peço" (e seus sinônimos), e, como preces, todas as fórmulas que começam com "eu vos conjuro". Uma segunda seria lançar mão do cânone contemporâneo da Igreja, que aceita certas fórmulas (preces) e bane outras (encantamentos). Van Gennep já indicava a arbitrariedade de tais critérios:

[...] os murmúrios, ou em outros termos, *fórmulas* que, se por vezes são reconhecidas pela Igreja, inscritas no ritual antigamente diocesano, em nossos dias romano universal e obrigatório, são chamadas de *preces*; e que, se não são reconhecidas, ou não o são mais atualmente, são heterodoxas ou mágicas. Mas devemos nos *lembrar* de que *magia* e *religião* são termos relativos...[12]

Tal critério, de fato, nos informa muito mais sobre a história da Igreja do que sobre a natureza dos discursos. Mauss, por

---

12 Van Gennep, *Le Folklore du Dauphiné*, p.479.

*Os gêneros do discurso*

sua vez, opõe preces e encantamentos, segundo a existência ou não de um mediador:

> Diremos que provavelmente há prece todas as vezes que estivermos em presença de um texto que mencione expressamente uma potência religiosa [...]. Em outros casos, diremos que há encantamento mágico puro ou forma mista. [...] O puro encantamento é uno e simples, não faz apelo a nenhuma força exterior a si mesmo.[13]

Apesar de se referir à estrutura simbólica, entretanto, esse critério não me parece apropriado: com frequência, fórmulas em todo ponto semelhantes só diferem por essa presença ou ausência, que aparece como um traço facultativo, e não como uma diferença fundamental. Assim, nossa fórmula (1) seria uma prece, e a fórmula abaixo, um encantamento:

(4) *contra o mal dos olhos*
Dragão vermelho, dragão azul, dragão branco, dragão voador, de qualquer espécie que sejas, eu te intimo, eu te conjuro de ir no olho do maior sapo que puderes achar...

*(Hautes Vosges)*

A semelhança entre os dois salta aos olhos.

A diferença que eu gostaria de colocar na base da oposição preces/encantamentos é mais essencial. No encantamento, a invocação de um mediador é uma ação transitiva e se consuma em seu objetivo, que é o de facilitar o movimento de desapa-

---

13 Mauss, *Œuvres*, I: *Les Fonctions sociales du sacré*, p.400-1.

recimento ou de aparição de um objeto benéfico ou maléfico. Na prece, em revanche, é a própria invocação, a comunicação com o mediador que esgota o conteúdo da fórmula. É o que os teólogos chamam de prece pura ou mística. Releiamos as páginas de Gabriel Marcel:

> Quanto mais uma prece se aproximar da demanda, mais ela traz alguma coisa que pode ser assimilada a um meio de fazer crescer meu poder (uma informação, um objeto qualquer), e menos ela é, no sentido próprio, uma prece. [...] Em suma, a prece jamais poderá, em nenhum caso, ser tratada como um meio sobre o qual nos interrogamos, respectivamente de que pomos em questão a eficácia.

Em suma, só faço aqui explicitar tal intuição no plano discursivo.

É claro que um dos dois polos que descrevo não necessariamente está presente com a exclusão do outro. O objeto da fórmula pode continuar presente: basta *enfatizar* a relação com o mediador e nos aproximaremos da prece; por outro lado, o mediador pode estar presente, mas apagado, sendo que toda a atenção se concentra sobre o objeto: estaremos então no campo do encantamento (é o que explica a ilusão de ótica de Mauss). Mas como medir essa "ênfase", essa "atenção"? Depois de ter definido a prece por sua intransitividade, G. Marcel adiciona: "É óbvio que isso é apenas uma atitude-limite, e que na prática a prece tenda inevitavelmente a ser tratada como meio. Pode não haver aí nenhuma demarcação rigorosa entre certa religião e certa feitiçaria". Na prece mais popular do catolicismo, justapomos os elementos de dois gêneros: "Pai Nosso que estais

*Os gêneros do discurso*

no céu…" diz respeito à prece; mas "O pão nosso de cada dia nos dai hoje" ou "Livrai-nos do mal" são frases que poderiam figurar em qualquer encantamento (a primeira concerne à conjuração, e a segunda, ao exorcismo). Podemos então concluir: toda fórmula desprovida de um objeto é uma prece; toda fórmula desprovida de um mediador, um encantamento; quanto às inúmeras fórmulas em que um e outro estão presentes, para decidir faremos recurso a um outro critério, que diz respeito à realização linguística do sistema simbólico.[14]

Examinemos agora os papéis narrativos. Notemos de início – fato digno de mais interesse – que eles aparecem se e somente se uma ação verbal (um "ocorrente") já estiver presente; o adjetivo (o "existente") não implica papéis. O mesmo ocorre na língua, em que o sistema dos casos, que nada mais é do que uma rede de papéis em torno de uma ação, depende do verbo, e não do adjetivo.

Os nomes dados a esses papéis só eram apropriados para o tipo de magia ilustrado pela fórmula I. Para tomar o contraexemplo mais evidente, só podemos falar de *beneficiário* quando se trata de magia branca; caso contrário, teremos uma *vítima*. Será então necessário, em uma teoria mais geral, introduzir um termo neutro em relação à oposição benéfico/maléfico; o mesmo acontece com *destinatário*. Assim, teremos necessidade de um termo genérico que englobe o *mágico* e o *padre*, por exemplo o de *oficiante*. Com o desaparecimento do objeto, o ser invocado não merece mais o nome de *mediador*, já que entrar em contato com ele se torna um fim em si mesmo. Trata-se então de uma transformação mais profunda da estrutura dos papéis,

---

14 Ibid., p.269.

pois Deus participa tanto do antigo mediador quanto do papel que eu atribuí ao objeto.

O encantamento, rigorosamente definido, comporta três papéis obrigatórios (mágico, destinatário e objeto) e um papel facultativo, o de mediador. Aliás, veremos que o mediador pode por vezes tomar aspectos menos claros, confundindo-se com elementos exteriores ao sistema dos papéis.

Haverá outros papéis facultativos? Alguns exemplos tomados de nossa amostragem poderiam nos deixar crer:

(5) *contra o granizo*

Feiticeiro ou feiticeira que compôs essa nuvem, eu te conjuro por parte do grande Deus vivo e do grande Adonai, que é teu mestre e o meu, eu te conjuro a não se aproximar de meu território, a ir para os desertos. Sim, eu te conjuro pelas três grandezas que são as pessoas da Santíssima Trindade, o Pai, o Filho e o Espírito Santo.

*(Hautes Vosges)*

(6) *contra a hemorragia*

Erva que não foi nem plantada, nem semeada,

Que Deus criou,

Pare o sangue e cure a ferida!

*(Hautes Vosges)*

À primeira vista, os casos são diferentes. No primeiro, antes de lidar com um objeto simples, combate-se ao mesmo tempo a nuvem e o feiticeiro que a compôs; no segundo, solicita-se a mediação da erva, mas mencionando bem que ela foi produzida por Deus. A semelhança das duas fórmulas reside no fato de

## Os gêneros do discurso

que de cada vez um papel simples (objeto, mediador) é cindido em dois, sendo uma das metades o agente ativo e criador, e outra, o instrumento prático, o produto que serve como auxiliar. Mas essa nova dicotomia, entre "agente" e "instrumento", não se situa no mesmo nível que a configuração de papéis precedente, dado que, precisamente, *cada um* dos papéis pode ser analisado dessa maneira. É preciso então distinguir, na análise do discurso, dois níveis em que as redes relacionais se estabelecem: um mais abstrato, próprio a qualquer narrativa, em que provavelmente se fará a distinção entre "agente" e "paciente", entre "adjuvante" e "oponente" (para retomar aqui a terminologia de Greimas); o outro, mais concreto, caracterizando um universo discursivo em oposição a outro. Dessa forma, no caso dos encantamentos: mágico, objeto, destinatário, mediador. Essa distinção parece tanto mais necessária por nos permitir dar conta da singularidade de uma fórmula como a que segue:

(7) *contra o mal dos olhos*

Malha, fogo, queixa, ou qualquer que seja a semente ou aranha, Deus te ordena de não ter mais poder sobre este olho do que os judeus tiveram no dia da Páscoa sobre o corpo de Nosso Senhor Jesus Cristo.

*(Verrières-de-Buisson, Hurepoix)*

O mediador não é mais aqui um agente, está reduzido a ser apenas o auxiliar do mágico (que, no mesmo movimento, aparece como um deus superior).

Examinemos agora o terceiro elemento essencial da estrutura sintagmática: o verbo performativo. Sua função nos encantamentos é estabelecer a relação entre o mágico e o objeto da magia (eventualmente, o mediador); vimos que seu papel era mais importante nas preces. Forma de seu conteúdo de verbo de fala, ele designa uma relação de poder entre os dois papéis: de superioridade em "exigir", "ordenar", "conjurar", ou de inferioridade em "pedir", "suplicar" etc. Notaremos a diferença em relação a dois outros grupos de verbos performativos, igualmente usados no discurso religioso. As promessas (*juramentos*) e as ameaças estabelecem uma espécie de contrato de troca: os dois parceiros se colocam, de certa maneira, em igualdade. Os encantamentos estão aquém e além do contrato: a diferença de poder permite abrir mão da troca. As *bendições* e as *maldições*, por outro lado, não implicam que aquele que as pronuncia tenha um poder qualquer, e não garantem a realização de uma ação particular. Uma só fórmula pode conter os elementos de vários tipos de discurso (nosso exemplo 2, que é essencialmente uma conjuração, comporta no final um juramento).

O verbo performativo garante a eficácia da fórmula, transforma a narrativa em um ato mágico, mas essa mesma função pode ser assumida por outros elementos formais. Estes podem figurar apenas no contexto da enunciação: oficiando em certas circunstâncias bem precisas, o mágico simboliza por isso mesmo seu ato e não necessariamente tem necessidade de designá-lo no interior de seu discurso. Veremos adiante quais transformações especificamente linguísticas o mesmo verbo performativo pode sofrer. Observemos aqui que a mesma função (a de indicar que se trata de um ato mágico) é correntemente assumida por outra parte da fórmula mágica, a saber, o encantamento (ou feitiço, ou sortilégio). Este, em primeiro lugar, nos apareceu como uma parte residual: é o que sobrou da fórmula, uma vez subtraídas as partes facilmente identificáveis, a invocação e a comparação; vimos, ao mesmo tempo, que ela era parcialmente

Os gêneros do discurso

incompreensível. Podemos agora designar a função dessa parte incompreensível (veremos que, para o resto, o encantamento redobra a invocação ou a comparação); ela designa a natureza mágica do ato, a relação de poder que se estabelece entre o mágico e o objeto da magia. Isso explica, aliás, por que encantamentos como "abracadabra" se tornaram o símbolo da magia em geral.

Se deixo de lado as *expansões*, não é por que elas têm, falando absolutamente, pouca importância. Bem ao contrário, do ponto de vista etnológico, serão precisamente essas expansões que distinguirão a magia de um povo (ou de uma área cultural) daquela de outro. Tchernov[15] mostrou, por exemplo, que as circunstâncias de lugar, nos encantamentos de amor russos, são rigorosamente fixadas e organizadas em duas oposições: "campo/mar" e "leste/oeste", sendo que o primeiro termo serve preferencialmente à magia branca, e o segundo, à magia negra. Todavia, meu quadro de referência aqui não é a cultura de certo povo ou certa tribo, mas a tipologia dos discursos. Ora, em relação a isso, as expansões desempenham inevitavelmente um papel mais limitado, dado que sua presença é facultativa.

2. *Organização simbólica.* Até agora presidi apenas à análise da situação central, copresente à enunciação da fórmula. Entretanto, sabemos que a fórmula pode evocar um outro plano de referência, paralelo ao primeiro. Voltemos ao exemplo 1. Por três vezes mencionamos elementos exteriores ao contexto de enunciação, e isso em cada uma das três partes que identificamos inicialmente: em primeiro lugar, referindo-se ao "grande Deus vivo"; em seguida, evocando um episódio da vida de Cris-

---

15 Tchernov, O strukture russkikh ljubovnykh zagovorov, *Trudy po znakovym sistemam* 2.

to; por fim, no encantamento, no qual, apesar da deformação do latim, adivinhamos ainda uma referência à vida de Cristo.

É esse paralelismo de duas situações distintas (uma dizendo respeito à vida cotidiana e presente, outra ao cânon cristão) que chamo de organização simbólica. Ela se realiza, como vemos, graças a meios verbais muito variados, e que ocupam posições sintagmáticas diferentes. Será essa organização simbólica necessária? Tchernov acredita nisso.[16] Por outro lado, é incontestável que há fórmulas sem nenhuma referência a outra situação, tal como 4, já citada. Parece, contudo, que tais fórmulas são extremamente raras. Estou inclinado a crer que a organização simbólica é mesmo obrigatória, ainda que em certos casos seja suplementada pelo recurso ao contexto cultural.

Essa segunda série de circunstâncias se manifesta por meio do mediador (percebido aqui de outro ponto de vista), o encantamento, na medida em que ele é compreensível e, mais particularmente, a comparação, da qual é a única função.[17] Notemos que em nossa amostragem de encantamentos franceses se trata mesmo de uma comparação explícita, e não de um tropo no sentido estrito (em que a comparação estaria oculta por trás de uma sinédoque ou metáfora etc.). Referindo-nos também aos encantamentos franceses, podemos notar a origem cristã da maior parte das comparações, apesar de que outros elementos aí se mesclem também episodicamente; compreendemos assim por que se pôde chamar os encantamentos de "preces popula-

---

16 Ibid., p.168.

17 Inverto assim o sentido de uma observação já feita por Tchernov (ibid., p.163): "Incluímos nos mediadores não apenas os personagens agentes, mas também os objetos e os fenômenos introduzidos unicamente para servir à comparação com o objeto".

*Os gêneros do discurso*

res". Eis outro exemplo de comparação, cujo interesse reside no fato de ela se encontrar encadeada ao lugar do mediador:

(8) *contra a cólica*

Eu te suplico, ó cólica, pelo choque terrível que os judeus provocaram no corpo de Jesus Cristo, quando construíram a cruz, e por aquele que o fizeram sentir, ao colocar a cruz no buraco aberto na rocha, para salvar nossas almas, de sair do corpo de N... e de lhe devolver a saúde. Também te suplico, ó cólica, pelos sofrimentos vividos pelo bem-aventurado Erasmo, quando os carrascos lhe arrancaram as entranhas com um gancho de ferro. Rezo a Deus e à Virgem.

*(Flandre)*

Será que podemos identificar a função dessa organização simbólica (já que deixei de lado aquela da narrativa)? Tentaremos responder a essa questão examinando uma comparação que retorna em inúmeras fórmulas (é a mais frequente de nossa amostragem). Ela aparece sob uma forma motivada em encantamentos como:

(9) *contra as queimaduras*

Fogo de Deus, perca teu calor
Como Judas perdeu sua cor
Quando traiu Nosso Senhor
No jardim das Oliveiras.

*(La Combe-de-Lancey, Dauphiné)*

Dois sujeitos, o fogo e Judas, têm um predicado em comum ("perder"), o que motiva a comparação, apesar de os complementos continuarem distintos (calor e cor).

Todos os tipos de supressões, adições e substituições podem intervir na comparação, sem por isso lhe retirar seu caráter motivado. No entanto, as coisas podem se tornar mais perturbadoras quando Jesus e Judas trocam seus papéis:

(10) *contra as queimaduras*
Fogo, fogo, fogo,
Apague teus calores
Como Jesus suas cores
No Jardim das Oliveiras.

(Plessis-Robinson, Hurepoix)

(11) *contra as entorses*
Perca tuas forças, teus calores e tuas cores, como Nosso Senhor Jesus Cristo perdeu suas forças, seus calores e suas cores no Jardim das Oliveiras.

(Bruyères-le-Châtel, Hurepoix)

O predicado comum subsiste, mas não podemos evitar a impressão de que o sentido da comparação pouco importa àquele que o enuncia, dado que o positivo e o negativo podem mutuamente se substituir de modo tão fácil.

Um passo a mais, e a comparação será imotivada. Vejamos como isso se dá:

(12) *contra as queimaduras*
Acalma tua dor, como Judas muda de cor na entrada do Jardim das Oliveiras.

(Saint-Pierre-d'Allevard, Dauphiné)

*Os gêneros do discurso*

(13) *contra as queimaduras*
Fogo, retenha seu calor
Como Satã traiu Nosso Senhor
No Jardim das Oliveiras.

(*Villemoirieu, Dauphiné*)

(14) *contra o cancro*
Cancro amarelo, cancro branco, cancro negro, cancro acima de todos os cancros, apaga teu fogo e tua luz como Judas sacrificou Nosso Senhor Jesus Cristo.

(*Souchamp, Hurepoix*)

De que maneira se pode acalmar a dor *como* Judas mudou de cor? Ou reter seu calor *como* Satã traiu? Ou apagar seu fogo *como* Judas crucificou? Torna-se claro que a comparação não serve para evidenciar a semelhança entre dois acontecimentos, dado que justamente não há nenhuma similitude! Somos então levados a formular uma hipótese mais geral, a saber: que a função da comparação não é a de enfatizar as semelhanças, mas sim a de afirmar a própria possibilidade de uma relação entre eventos que pertencem a séries diferentes, de permitir a organização do universo. Nesse caso particular, trata-se de inscrever um acontecimento contingente e novo – uma queimadura – em uma série finita e bem conhecida, limitada aos principais acontecimentos da vida de Cristo. É assim que o ato perturbador, desconhecido, se vê integrado a uma ordem tranquilizadora; trata-se de uma atividade de classificação. É essa relação que importa acima de tudo, a ponto de ser capaz de se liberar de sua motivação (a semelhança real).

Outros gêneros folclóricos nos trazem a confirmação de que a função de organização simbólica seja muito mais de natureza organizacional do que informativa (nos ensinar que uma coisa se assemelha a tal outra). Tomemos, por exemplo, as adivinhações, que qualificamos de "sabedoria popular", e sobre as quais por vezes nos perguntamos se não servem para transmitir o saber dos velhos para os jovens, dos competentes para os ignorantes etc. Eis aqui duas adivinhações que ocorrem na mesma cultura:[18]

(15) Esses dois senhores jamais se veem.
Mas se um tem um tormento, o outro o consola.
Quem são eles? – Os olhos (n. 108)

(16) Esses dois senhores habitam uma mesma
Montanha.
Mas quando chove
A água que corre em um
Não vai até o outro.
Quem são eles? – Os olhos (n. 110)

No primeiro caso, os olhos são caracterizados por seu distanciamento físico e sua proximidade "moral". No segundo, por sua proximidade física e seu distanciamento "moral". Qual das duas afirmações diz respeito à "sabedoria popular"? Talvez nenhuma: visariam elas, tanto uma quanto a outra, uma relação de ordens diferentes, sem preocupação com o conhecimento dos fatos que teriam por função transmitir?

---

18 Eu as empresto do livro de Faïk-Nzuji, *Énigmes lubo-nshinga*.

*Os gêneros do discurso*

Não podemos deduzir uma teoria funcional do simbolismo a partir dos dois exemplos. Fica o fato de que a organização simbólica, tanto das fórmulas mágicas quanto das adivinhações, tende a mostrar que a função "construtiva" prima sobre a função "informativa".[19]

## Do simbolizante ao significante

Só me preocupei, até agora, com a estrutura desse sistema simbólico que é o discurso mágico, e não com a matéria linguística que o manifesta. A diferença é essencial: esse sistema inclui não apenas o enunciado linguístico, mas também seu contexto de enunciação. É do que não podemos nos esquecer quando nos deparamos com fórmulas como:

---

19 Este não é o lugar para precisar essa tese ou buscar argumentos em seu favor, tese afirmada desde Thom (De l'icône au symbole. Esquisse d'une théorie du symbolisme, *Cahiers internationaux de symbolisme*, p.85-106) até Lessing, de quem nos permitiremos citar aqui este trecho: "Na natureza, tudo está em tudo; tudo se entrecruza, tudo é alternativa e metamorfose incessante. Entretanto, do ponto de vista dessa diversidade infinita, a natureza é um espetáculo conveniente apenas para um encantamento infinito. Para que encantamentos finitos possam dela desfrutar, seria preciso lhes dar a faculdade de impor à natureza limites que ela não tem, e introduzir divisões e governar sua atenção segundo seu bel-prazer. Essa faculdade, nós a exercemos em todos os momentos da vida; sem ela, não haveria vida possível para nós; seríamos sucessivamente a presa da impressão presente; sonharíamos incessantemente, sem saber que sonhamos. O próprio da arte é auxiliar-nos a introduzir essa divisão no campo do belo, e a fixar nossa atenção". (Lessing, *Dramaturgie de Hambourg*, p.327).

(17) *para combater um feiticeiro*
Rostin clasta, auvara clasta custodia durane.

*(Hautes Vosges)*

Isso é um puro encantamento, e se fôssemos nos ater ao enunciado, não poderíamos estabelecer nenhum papel, identificar nenhuma ação. Entretanto, o contexto de enunciação nos indica quem pronuncia a fórmula (e portanto o mágico), em proveito de quem ela é pronunciada (o beneficiário) e contra quem (o objeto); a ação prescrita decorre da natureza do objeto (aqui, combater o feiticeiro).

A realização linguística da fórmula coloca uma série de problemas; só poderei tratar, a título de exemplo, alguns dentre eles.

*3. Apóstrofes e narrações.* Van Gennep já notara que, no plano linguístico, as fórmulas mágicas eram de dois tipos: as fórmulas diretas ou de *adjuração* (ilustradas por todos os exemplos citados até aqui), e as fórmulas indiretas ou *narrativas*, em que se contenta em relatar um acontecimento semelhante, sem indicar explicitamente sua relação com a situação presente.[20] Eis um exemplo destas últimas:

(18) *contra as queimaduras*
Nosso Senhor Jesus Cristo, passando em uma ponte com um braseiro de fogo, deixa cair um pouco; sopra sobre ele, dizendo: Fogo, eu o detenho.

*( Jons, Dauphiné)*

---

20 Van Gennep, Incantations médico-magiques em Savoie. In: _____, *Annecy, son Lac et Vallées de Thône*, p.5.

*Os gêneros do discurso*

A diferença linguística entre esses dois tipos de fórmulas é clara; é a mesma percebida por Benveniste em sua oposição entre discurso e história. No primeiro caso, o enunciado comporta pronomes pessoais ("eu" e "tu") e os tempos verbais que lhes são correlativos. No segundo, permanecemos no modo impessoal (aquele da terceira pessoa), sem nenhuma indicação da relação entre esse enunciado e seu ato de enunciação. Se pronomes pessoais aparecem, devem ser responsabilidade de uma instância de enunciação já enunciada. Poderíamos, baseando-nos em suas propriedades linguísticas, chamar as formas do primeiro tipo de *apóstrofes*, e as do segundo, de *narrações*.

Se relacionarmos essa distinção com aquilo que sabemos agora sobre a estrutura da fórmula, é possível descrever essa transformação de outro ponto de vista. Enquanto nas apóstrofes a invocação ocupava a posição dominante e a comparação lhe era submetida, aqui, de modo inverso, a comparação é dominante, e a invocação, subordinada. Adicione-se o fato de que a comparação, no segundo caso, deve obrigatoriamente concernir o mediador (e não o objeto). Assim, poderíamos transformar a fórmula 18 em:

(19) Fogo, eu o detenho, como o deteve Nosso Senhor Jesus Cristo, ao passar em uma ponte com um braseiro de fogo etc.

Notaremos que a fórmula original indica não apenas os elementos do enunciado (as palavras a ser pronunciadas), mas também aqueles da enunciação (os gestos de acompanhamento). Em outros exemplos, só se descrevem esses gestos (a magia verbal embute uma magia não verbal):

(20) *Contra a tinha*

Paulo estava sentado em uma pedra de mármore. Nosso Senhor, passando por lá, disse-lhe: "Paulo, o que estás fazendo aí?". "Estou aqui para curar o mal por mim mesmo." "Paulo, levanta-te e vai procurar Santa Ana, para que ela te dê certo óleo. Tu te besuntarás ligeiramente em jejum quando amanhecer. Aquele que assim proceder não terá nem cólera, nem sarna, nem tinha, nem raiva."

*(Flandre)*

A partir dessas narrações "canônicas" (nas quais a comparação engloba a invocação), duas fórmulas derivadas se tornam possíveis: aquela em que apenas a comparação está presente; e aquela em que, no interior da invocação, aparece uma nova comparação. Eis um exemplo da primeira:

(21) *Contra a mácula* [dos olhos]

Bem-aventurado São João, passando por aqui, encontrou três Virgens em seu caminho. Ele lhes disse: "O que fazem aqui?". "Nós curamos a mácula." "Curem, Virgens, curem o olho de N…"

*(Hurepoix)*

Também poderíamos dizer que se trata aqui de uma invocação indireta do mediador (as Virgens), o que nos aproxima das apóstrofes, mas não contradiz a descrição precedente, pois sabemos que, em termos simbólicos, o mediador pertence à esfera da comparação. Vejamos agora um exemplo do segundo caso:

(22) *Contra as queimaduras*

São Pedro e São João foram passear nos campos e encontraram uma pessoa coberta de queimaduras. "Queimadura, queima-

*Os gêneros do discurso*

dura, detenha-se, assim como Jesus Cristo se deteve carregando sua cruz."

*(Flandre)*

Temos aqui um encadeamento de segundo grau e facilmente percebemos que, pelo menos em teoria, os encadeamentos poderiam prosseguir sem parar, dado que bastaria que Jesus Cristo, ao se deter, pronunciasse uma fórmula que contivesse em seu interior uma nova comparação, e assim por diante.

Por outro lado, a vertigem cessa se o encadeamento se tornar autoencadeamento. Eis um exemplo:

(23) *Contra a dor de dentes*
Quando Pedro e Simão
Subiam os montes
Simão sentou-se;
Nosso Senhor lhe disse:
— O que fazes, Simão?
— Oh, meu Senhor, estou
Tão doente de dor de garganta
Que não posso
Subir os montes.
— Levanta-te. Levanta-te, Simão!
Quando tiveres dito
Três vezes esta oração
Tu estarás curado do mal dos fundos

*(Hautes Vosges)*

A narração afirma que deve ser tomada como uma apóstrofe. "Esta oração" é a própria fórmula; se fosse seguida ao pé da letra, entretanto, jamais poderíamos parar: cada oração pronunciada exige que seja dita três vezes! É também o autoencadeamento que transforma a reescritura em apóstrofe impossível, precisamente porque essa fórmula já se declara apóstrofe. É então uma explicitação segunda da real natureza da fórmula, dado que as narrações são, de toda forma, apóstrofes dissimuladas e sua qualidade de apóstrofes lhes vêm do contexto de enunciação.

2. *Formulação das ações*. Antes identifiquei duas ações e, respectivamente, dois verbos designando-as: um performativo, outro descritivo. Todavia, é possível que a ação designada pelo verbo performativo nos seja comunicada pelo *modo* do verbo descritivo: "eu te ordeno que saia" é equivalente a "saia!". De fato, podemos encontrar uma série de substituições linguísticas:

*Imperativo simples*

(24) *Contra as queimaduras*

Fogo de Deus, perca teu calor

Como Judas perdeu sua cor

Traindo Nosso Senhor Jesus Cristo

No Jardim das Oliveiras.

Em nome de Jesus e de Maria

Que este fogo se vá.

(*Les Avenières, Dauphiné*)

*Imperativo com "fazer"*

(25) *Contra cortes, ferimentos, chagas*

Faça, meu Deus, que eu não sofra mais do que a Santa Virgem sofreu para dar à luz Nosso Senhor Jesus Cristo.

(*Jons, Dauphiné*)

*Os gêneros do discurso*

*Imperativo com "dever" (obrigação)*
(26) *Contra as lagartas*

Como as trevas desaparecem e são aniquiladas pela luz divina do sol, vocês também, lagartas, devem desaparecer e se tornar nada.

*(Flandre)*

Chegamos enfim ao modo em que, mesmo conservando o modo indicativo, substituímos os dois verbos por apenas um, que não mais designa, como nosso verbo performativo, o valor *ilocutório*, mas o valor *perlocutório* do ato:

*Contra a febre*
(27) Urtiga, eu te remeto minha febre.

*(Jons, Dauphiné)*

*Contra as lagartas*
(28) Inseto roedor, eu te expulso em nome de Nosso Senhor Jesus Cristo.

*(Jons, Dauphiné)*

*Contra queimaduras*
(29) Em nome do Pai, do Filho e do Espírito Santo, N..., eu te retiro a queimadura que te queima.

*(Savoie)*

"Eu te remeto", "eu te expulso", "eu te retiro", são verbos que combinam as duas funções, descritiva (verbos de movimento) e performativa (verbos que se identificam com a ação presente).

Um último grau no desaparecimento das marcas linguísticas da ação conjuratória é ilustrado pelas fórmulas narrativas, em que a ação desejada (por exemplo, a saída do carbúnculo) é simplesmente apresentada como já realizada (mesmo que se relacione a outro beneficiário). O valor ilocutório só é então dedutível a partir do contexto de enunciação: é porque sabemos que o carbúnculo está lá que a frase no indicativo "o carbúnculo saiu" deixa de ser indicativa e toma o valor de um exorcismo; é uma espécie de tropo gramatical.

3. *Verbalização dos papéis.* Na passagem do simbolizante ao significante, duas operações ocorrem de maneira obrigatória: a distribuição dos papéis discursivos para os atores e a distribuição dos papéis discursivos sobre os papéis enunciativos.

Para aquilo que é da primeira operação, sabemos depois de Popp que um papel pode ser assumido por vários atores (por exemplo, várias doenças desempenham o papel de objeto), e que um ator pode assumir vários papéis. Eis um exemplo em que o mágico é, ao mesmo tempo, o beneficiário:

(30) *para encontrar seu caminho*
Lua, eu te ordeno que me desencante, em nome do grande diabo Lúcifer.

(*Hautes Vosges*)

Quanto à segunda operação, nas fórmulas de que dispomos, o locutor coincide sempre com o mágico. O alocutário, por outro lado, pode ser qualquer um dos três outros papéis. Eis um exemplo (raro) em que nos dirigimos ao beneficiário:

Os gêneros do discurso

(31) *contra o eczema*
Oh vós, pobre criatura, N..., prostrada ou infestada de eczema em vossos braços, ou pernas, ou outra parte do corpo. Sejais agora salva e libertada (+) e recobreis a saúde (+).

(*Flandre*)

Em geral, como pudemos notar, o alocutário é ou o mediador ou o objeto. Verei, nessa distinção linguística, um meio suplementar para separar *encantamentos* e *preces*: quando os dois papéis estão presentes, podemos classificar como *encantamentos* as fórmulas em que se dirige ao objeto; e como *preces* aquelas em que se dirige ao mediador.

*4. O princípio do paralelismo.* A organização fônica e sintática da fórmula mágica obedece, na maior parte do tempo, ao princípio de paralelismo, que assume, como todas as outras figuras, uma função de focalizador da atenção. Abundam a rima, o metro regular, as aliterações. O mesmo princípio com frequência rege a estrutura lexical do enunciado, por exemplo determinando a escolha de santos mediadores por paronímia:[21]

(32) *Contra as escrófulas*
Eu vos suplico mil vezes, nas mãos de Deus Todo-Poderoso e na intercessão de São Marcos, que sareis de todos os vossos incômodos a que chamamos de males de São Marcos, tão rapidamente quanto Nosso Senhor Jesus Cristo, que é bendito, curou o bem-aventurado Lázaro e o ressuscitou da morte.

(*Flandre*)

---

21 Como Pierre Guiraud observa várias vezes (cf., por exemplo, Guiraud, *Structures étymologiques du lexique français*, p.106-7).

Outras vezes, a escolha dos verbos descritivos ou performativos é regida pela consonância:

(33) *Contra o mal dos olhos*

Nada farei que não deva ser feito, se apraz a Deus. Em nome de Deus e da Santa Virgem, se é a unha, que Deus a arrebate; se é o dragão, que Deus o confunda; se é o vento, que Deus o ordene.

*(Hautes Vosges)*

Por azar, as transcrições existentes são visivelmente inexatas (são "retocadas", traduzidas em bom francês), o que torna difícil, a partir dos materiais já coletados, uma avaliação mais precisa do papel que o paralelismo fônico e gramatical desempenha.

## Formas atuais do discurso mágico

Na sociedade atual, é pouco frequente que se recorra a fórmulas mágicas comparáveis àquelas que acabo de analisar. Será que podemos encontrar outra forma de discurso, com propriedades análogas, mesmo que não seja habitualmente qualificada de mágica?

Há uma, bem conhecida e repertoriada: é o eufemismo – quando se evita chamar a coisa por seu nome, dando-lhe outro mais benéfico – tenta-se agir sobre o delocutário (o referente) por um discurso. Ora, como vimos, aí está a própria definição do discurso mágico.

O mecanismo do eufemismo hoje não é mais ignorado, depois dos trabalhos de Meillet, Bonfante, Bruneau. Ele comporta dois momentos. Primeiro o da interdição, que cunha o nome

*Os gêneros do discurso*

das coisas julgadas perigosas em uma sociedade (tabu) – e é possível ficar por aqui. Depois vem o momento da substituição, na maior parte dos casos do nome tabu por um nome diferente. Os nomes de substituição podem se classificar, em termos retóricos, em metaplasmas, ou modificação do significante, e tropos. Estes, por sua vez, podem ser ou as propriedades do objeto visado, por exemplo, chamamos o urso de "o marrom" ou "comedor de mel" (em russo, *medved'*), e então são sinédoques; também podemos chamá-los de outros objetos, semelhantes, contíguos ou contrários (metáforas, metonímias ou antífrases), por exemplo, em irlandês o olho receberá o nome do sol.

Se compararmos o eufemismo com a fórmula mágica tal como a observamos, notaremos uma mudança extraordinária: a fórmula se vê reduzida apenas à comparação e, o que é mais importante, esta não porta nenhuma marca de seu estado. Em vez de dizer:

(34) Eu te conjuro, morte, de ser tão agradável quanto a passagem para um mundo melhor.

dizemos:

(35) Ele passou para um mundo melhor.

A expressão eufemística funciona sem anunciar suas cores. Há uma operação comparável àquela que observávamos sobre o verbo performativo: somente o conhecimento do código cultural nos permite saber que se trata de um eufemismo (e, portanto, de um discurso mágico).

O eufemismo é codificado no nível da língua; só há um número finito de expressões em francês que permitem se referir à morte de maneira polida. No entanto, os teóricos do discurso mágico buscaram saber se não haveria outros usos da linguagem, menos evidentes e menos convencionais, mas bem comuns, que se aparentariam às antigas fórmulas. Uma opinião difundida, que encontramos por exemplo em Malinowski ou Castiglioni, consiste em ver mais particularmente os avatares da magia em dois discursos, o da publicidade e o do orador político. Não obstante, essa hipótese procede da confusão inicial entre discurso mágico e discurso que suscita a ação. O anúncio publicitário e a arenga política suscitam a ação, mas o fazem dirigindo-se a pessoas presentes. Para poder falar de magia, seria preciso observar uma ação exercida sobre o delocutor ou sobre um alocutário ausente, o que não é o caso nem da publicidade nem do discurso político.

Creio, como Malinowski, que há atualmente usos mágicos da língua, mas é preciso ir buscá-los em outros lugares, no discurso de descrição, mais do que naquele de persuasão. Esse uso se distingue do eufemismo, pois só funciona no interior de um tipo de discurso, e não no interior da língua. Poderíamos lhe dar o nome de *eufemia* (termo introduzido por Bruneau em outro sentido). Em seguida seria necessário acrescentar seu contrário, a *cacofemia* (termo também introduzido por Bruneau), para designar a magia negra, na sequência da magia branca. Em cada um dos casos, tentamos modificar a natureza das coisas dando-lhes novos nomes, benéficos ou maléficos, mas esse uso não está codificado no nível da língua.

Mediremos o longo caminho que separa o *encantamento* do *eufemismo*, e este da *eufemia*: é aquele do implícito, da dissimu-

*Os gêneros do discurso*

lação de sua própria natureza. As fórmulas mágicas clássicas anunciam-se explicitamente como tais. Aliás, são praticadas apenas por profissionais reconhecidos, mágicos e feiticeiros. O eufemismo é a magia para o uso de todos; finge-se não perceber a natureza mágica da fórmula, apesar de que ela não pode ser ignorada, dado que pertence ao código comum. Por fim, a eufemia só funciona na medida em que se ignora o que ela é; uma vez desmascarada, não tem mais valor.

Por esse mesmo motivo, é difícil separar caos de eufemia. Para observá-los, seria preciso dispor de duas descrições contraditórias de uma mesma coisa. Ao menos uma pode ser então uma tentativa para fazer parecer o objeto de que se fala com uma coisa diferente dele mesmo. Dito de outra forma, uma tentativa de agir sobre as coisas por meio das palavras. Ou então, seria preciso que se conhecesse o objeto em questão, para poder se dar conta de que sua "descrição" é, de fato, uma eufemia ou um cacofemia.

Eis outro exemplo desses dois métodos de observação. Lê-se no *Le Monde* de 24 de dezembro de 1971 a declaração do Partido Socialista a respeito do encontro Pompidou-Nixon nos Açores:

(36) Trata-se não do "acordo monetário mais significativo da história do mundo", mas de um remendo provisório do sistema monetário internacional.

O interesse dessa frase reside no fato de que ela já exerce uma crítica metalinguística: ao menos uma das expressões que se referem ao mesmo episódio ("acordo monetário…" e "remendo provisório…") participa da eufemia ou da cacofemia (e, portanto, do discurso mágico), dado que, ao conceder-lhe uma qualidade que ele não tem, se deseja atribuí-la a ele.

No que concerne ao segundo método de observação, devo referir-me às discussões que aconteceram em matéria de teoria estilística, em que posso tentar medir o potencial mágico das fórmulas utilizadas. Um bom exemplo nos é fornecido pelas recentes discussões em torno da noção de *écart*.[22] Vários autores afirmaram que a noção de *écart* era cientificamente insatisfatória, ou ideologicamente nociva etc. Entretanto, esses mesmos autores, quando se veem às voltas com os fatos que a noção recobre, não sabem abrir mão dela, mas usam outra *palavra*, da qual é óbvio que se espera uma ação benéfica. Meus exemplos serão tirados dos escritos de Henri Meschonnic, Jean-Claude Chevalier e Julia Kristeva.[23] Esses autores atacam o *écart* e seus defensores, mas eis como eles mesmos procedem.

Meschonnic chama a linguagem poética, que tradicionalmente se "afastava" [*s'écartait*] da linguagem cotidiana (como em Jean Cohen, por exemplo), de *literalidade*, e escreve em sua definição:

(37) Opõe-se à subliteratura, espaço literário não orientado; opõe-se ao falar cotidiano, espaço inteiramente aberto, ambí-

---

22 Palavra polissêmica que comporta várias traduções, tais como: distância, afastamento, intervalo, variação, desvio, digressão, discordância. (N. T.)

23 Cito os seguintes textos: Meschonnic, *Pour la poétique*; id., resumo apresentado em *Langue Française*, p.126-7; Chevalier, *Alcools d'Apollinaire, essai d'analyse des formes poétiques*; Kristeva, intervenção oral, em linguística e literatura, *la Nouvelle Critique*.

*Os gêneros do discurso*

guo, dado que sua sistematização é indefinidamente recolocada em causa.

Ou, em outro texto mais recente (a respeito de Jean-Claude Chevalier):

(38) Ele funda o texto como contestação da linearidade, diferença de ponto de vista, e não de natureza com a linguagem veicular.

Mas podemos acreditar ter abandonado a noção de *écart* ao substituir a palavra por "opõe-se" ou "contestação"?
O mesmo acontece com J. C. Chevalier:

(39) O falar oral cotidiano cria, referindo-se a vários elementos externos: *o* ou *os* interlocutores, as circunstâncias do ambiente, o sujeito que ele denota; assim, ele se desenvolve de maneira bem livre e dificilmente previsível. De modo inverso, o discurso escrito apresenta-se como uma totalidade que o leitor quase sempre decifra seguindo o fio da escritura, mas sobre o qual ele pode retornar etc.

Essa atitude aparece da maneira mais explícita em uma intervenção oral de J. Kristeva no primeiro Colóquio de Cluny:

(40) A total rejeição da noção de *écart* poderia deixar pensar na obra redobrada sobre si mesma, sem referência aos outros textos. Contudo, acredito que a palavra *écart* é muito perigosa, porque remete sempre ao conceito de "desvio". Que se diga *écart*, "desvio" ou "anomalia", isso dá no mesmo. É melhor falar então de "transformação", se quisermos falar de intertextualidade.

É bem notável que J. Kristeva fale aqui de palavras, e não de noções. É a palavra que é considerada perigosa (maléfica), e por isso é substituída, sem mudar de noção,[24] por outra palavra, benéfica: eis um exemplo explícito de eufemia. Os procedimentos de substituição aparecem claramente: ou se escolhem palavras neutras, desprovidas de conotações secundárias ("opõe-se", "inversamente"), e então nos encontramos na magia de proteção; ou se tomam palavras graças às quais se especula, com a ajuda da elaboração de uma equação implícita, em outro sentido da palavra: sentido científico com "transformação", sentido político com "contestação" (magia de aquisição).

Chegado a esse ponto devo, entretanto, confessar que, desprovido de suas marcas exteriores, o discurso mágico só se distingue do discurso descritivo em casos extremos, como aqueles que acabo de citar. Mas não seria sucumbir a uma superstição ainda mais grave acreditar que as coisas portem seu nome inscritos em si mesmas? Todo ato de denominação é uma hipótese. Enquanto tal, ele participa do desejo do locutor de tornar o mundo inteligível e, portanto, submetido. Será que poderíamos crer que dispomos nós mesmo de um critério inocente, que permita medir o grau de "magicidade" nos discursos dos outros? E que o objeto evocado por termos diferentes seja bem o mesmo? Saído de uma margem relativamente estreita de eu-

---

24 Que se trata da mesma coisa é provado pela substância dos estudos daqueles que reivindicam o *écart* e daqueles que o condenam. Cohen (Théorie de la figure, *Communications* 16, p.3-25) e Kristeva (Poésie et négativité. In: _____, *Séméiotiké*, p.246-75) tratam da mesma "lei de não contradição" que estaria em uso na poesia (depois de ter estado, a crer em Lévy-Bruhl, na mentalidade primitiva).

*Os gêneros do discurso*

femias incontestáveis, devemos reconhecer (como fazia Izutsu, mas depois de ter percorrido um caminho diferente) que todo discurso descritivo – o que também quer dizer, simplesmente, todo discurso – tem uma dimensão mágica. Saber reconhecê--la, e não eliminá-la, poderia ser nossa ambição.

## Resumo: algumas reflexões gerais sobre a magia

Desde o início da etnologia, a magia tornou-se um de seus objetos favoritos e rapidamente conquistou um estatuto ambíguo – cuja responsabilidade compete não a ela mesma, mas àquilo que poderíamos chamar de má consciência constitutiva da etnologia. De um lado, o próprio interesse que tiveram pela magia todos os grandes etnólogos, desde Frazer até Lévi--Strauss, passando por Mauss, Malinowski, Evans-Pritchard e muitos outros, desenha indiretamente o caráter excepcional do fenômeno mágico, o fato de que tal prodígio não pode abdicar das explicações, de tanto que é inexplicável! Mas, por outro lado, e ao mesmo tempo, como tomados por um remorso de ter achado *os outros* tão diferentes de nós, todos os teóricos da magia buscaram mostrar que, afinal, a magia não é assim tão diferente das atividades que nos são familiares, e mesmo as mais dignas de respeito, dado que ela será finalmente assimilada à ciência. É assim que Lévi-Strauss, resumindo uma longa tradição, pode escrever:

> Em vez de opor magia e ciência, seria melhor colocá-las em paralelo, como dois modos de conhecimento, desiguais quanto aos resultados teóricos e práticos [...], mas não pelo gênero de operações mentais que ambas supõem, e que diferem menos em

natureza do que em função dos tipos de fenômenos aos quais se aplicam.[25]

Depois então de ter, com uma mão, exibido o caráter estranho da magia, o etnólogo, tomado pelo remorso, anula esse gesto com a outra mão, assegurando-nos de que ela se parece bastante com o que somos, com o que apreciamos. Vemos aí, como que em miniatura, o duplo movimento fundador de todo procedimento etnológico: o reconhecimento da estranheza do outro, e depois, como se quisesse evitar qualquer suspeita de etnocentrismo, a magnificação desse fato estranho e a redução do outro ao mesmo.

Em vez de deduzir uma nova teoria da magia a partir de meus princípios pessoais, gostaria agora de seguir uma via inversa e, partindo de um fato mágico de que fui testemunha, e até mesmo ator, observar quais são as condições necessárias e suficientes de sua existência. O fato é completamente banal. Um dia, no campo, tento em vão reparar uma janela mal encaixada; um gesto ambicioso me faz espremer o polegar no vão da janela. Começo a gemer e minha vizinha, uma camponesa do lugar, no mesmo instante se propõe a curar minha dor. Ela pega minha mão, faz um gesto em torno de meu dedão e pronuncia em voz baixa algumas palavras que não distingo. Depois ela se volta para mim e diz: "Pronto. Foi embora". E de fato, tinha ido: eu não sentia mais a dor.

Esse ínfimo incidente seria reconhecido por todos, penso eu, como um fato de magia e, mais exatamente, de magia curativa. Tentarei então descrevê-lo, enumerar suas proprieda-

---

25 Lévi-Strauss, *La Pensée sauvage*, p.21.

des, estando pronto para abandoná-lo quando for necessário, para substituí-lo por outros fatos mágicos, mais explícitos ou eloquentes.

Em primeiro lugar, a magia se manifesta sob a forma de *atos mágicos*, atos realizados pelo mágico e, no meu caso, seguidos por uma transformação de estado no destinatário desse ato.

Esse ato comporta ao menos três *papéis*: aquele que age (minha vizinha), aquilo sobre o que se age (minha dor), aquele em proveito de quem se age (eu). Chamo a esses papéis de mágico, objeto da magia e destinatário.

Essas noções bem gerais já permitem enunciar uma primeira definição dos atos mágicos, a saber: são atos pelos quais o mágico age sobre o objeto da magia *para*, de fato, agir sobre seu destinatário.

De fato, comparemos um ato mágico a dois atos mais simples, que podemos estabelecer, de certa forma, por decomposição a partir dele. De um lado, um ato técnico puro, tal como uma intervenção cirúrgica, se contenta em agir sobre o objeto. Por outro, um ato como a alegação jurídica consiste em agir sobre o interlocutor, sem pretender agir sobre aquilo de que se fala. Temos então aqui duas classes de atos: em um caso, age-se sobre o referente, em outro, sobre o alocutário; chamemo-los de "referenciais" e "alocutários". A magia é um ato alocutário que se apresenta como um ato referencial.

Várias objeções poderiam ser aqui formuladas, e seria bom examiná-las desde já. Em primeiro lugar, pode parecer abusivo falar de "referente" no caso do objeto, pois esse termo pertence ao quadro conceitual da Linguística, enquanto a magia não é necessariamente verbal – e só o era parcialmente em meu exemplo, no qual bem vi o gesto, mas não entendi as palavras que o acompanhavam. Se, entretanto, me permito essa assimilação, é porque os atos mágicos dizem respeito à categoria dos comportamentos simbólicos, na qual o discurso é apenas um exemplo (muitas vezes, é verdade, o mais fácil de analisar). A esse respeito, Mauss já afirmou o parentesco dos diferentes canais de transmissão da magia:

> Todo gesto ritual comporta uma frase, pois sempre há um mínimo de representação, no qual a natureza e o fim do rito são expressos pelo menos em uma linguagem interior. É por isso que dizemos que não há verdadeiro rito mudo, dado que o silêncio aparente não impede esse encantamento subentendido, que é a consciência do desejo. Desse ponto de vista, o rito manual nada mais é do que a tradução desse encantamento mudo; o gesto é um signo/sinal e uma linguagem.[26]

Seria possível objetar também que às vezes o destinatário é o objeto da magia. Há, como vimos, fórmulas mágicas nas quais se diz, por exemplo, "eu te conjuro, doença, a deixar o corpo de N…" etc. Contudo, formular essa objeção não é mais descrever a magia, mas sofrê-la. A enunciação presente é apenas a parte visível de um iceberg, e os papéis que nos interessam, na maioria das vezes, só se revelam no exame da parte inicialmente invisível. Se, como mágico, eu me dirijo à doença e não ao doente, emprego um procedimento retórico, um tropo gramatical: aquele sobre quem ajo é mesmo o doente, e é só na aparência que isolo a doença. O diálogo se enlaça, até nova ordem e o que quer que digam os mágicos, entre humanos.

---

26 Mauss, *Sociologie et anthropologie*, p.50.

Outra objeção, mais fundamental, poderia contestar o fato de que a ação real concerne sempre ao destinatário. Tomemos outro caso familiar de magia: o mágico age em proveito de uma jovem para ajudá-la a conquistar o coração de um rapaz. Aqui, à primeira vista, não há uma ação sobre o alocutário, mas apenas sobre o objeto da magia. Direi que tal ação só é propriamente eficaz — e, portanto, mágica — se, apesar das aparências, atingir o interlocutor real, neste caso a jovem, salvo se houver um segundo diálogo, no qual o rapaz se torne o interlocutor do mágico. Ainda aqui, seria necessário sofrer a magia para poder dar outra descrição.

Um dos termos empregados nesse exame das objeções possíveis demanda algumas explicações suplementares: é aquele do ato *simbólico*. De fato, podemos entender esse termo, aplicado à magia, ao menos de três maneiras diferentes.

Examinando a imagem que a magia quer impor de si mesma — a de uma ação sobre o objeto de que se fala —, observamos uma relação simbólica um tanto marginal para meu propósito atual. O ato mágico refere-se quase obrigatoriamente a uma série de eventos diversos dos fatos presentes. Ele compara a situação presente a uma situação canônica, que faz parte de uma lista fechada e bem conhecida previamente. Muitas vezes, como vimos, essa referência toma a forma de uma comparação explícita: que sejas curado, declara o mágico, assim como Nosso Senhor Jesus Cristo foi livrado de seu mal sobre a cruz. A função dessa comparação, e desse simbolismo, não é dar a conhecer melhor a natureza do ato presente (a magia *não é*, nesse sentido, um modo de conhecimento), mas de domesticar, de tornar familiar o singular e o contingente, ligando-o a uma classe de fatos bem ordenados; o simbólico tem um papel de ordenamento da matéria percebida. À primeira vista, o episódio que aconteceu comigo não corresponde a essa descrição, mas tentemos representar melhor as coisas: ao pôr minha mão entre as da minha vizinha, já me engajo em um contrato não formulado, segundo o qual concedo minha confiança à curadora. Ora, fazendo isso, não suponho que minha maga sabe tratar esse caso particular e, portanto, sabe inscrevê-lo em uma das cláusulas de atos cobertos por sua competência? Meu próprio engajamento nessa ação implica que o acidente que acaba de me ocorrer não é mais um fato aberrante e singular, mas corresponde a uma série estabelecida, mesmo que eu ignore sua natureza.

Voltemo-nos agora para dois outros aspectos simbólicos do ato mágico. Em primeiro lugar, a relação simbólica pode ser estabelecida entre o ato mágico pretendido – ação sobre o referente – e o ato mágico real – ação sobre o alocutário. Essa relação é simbólica porque um evoca o outro, sem que este último seja explícito; é o desdobramento (ao menos aos olhos de um observador exterior) que faz o símbolo.

Em segundo lugar, o ato mágico é simbólico no sentido em que o entendia Mauss, dado que consiste em palavras, ou em gestos que se poderia converter em palavras. Essa forma de simbolismo é, de certa forma, complementar da precedente: se admitirmos que o ato mágico busca essencialmente agir sobre o alocutário, torna-se a esse título um ato de fala como qualquer outro, que se esgota em sua própria existência e que não remete a nada que não a si mesmo. O ato mágico é feito de símbolos, mas isso não quer dizer que é fictício ou não sério, pois o "sério" dos atos simbólicos exige precisamente que seja formulado em símbolos. Isso permite afastar muitos mal-entendidos que concernem à eficácia mágica: a magia curativa,

# Os gêneros do discurso

por exemplo, não é uma má fisiologia (pois tentaria curar as doenças por meio de gestos e propósitos ridículos), mas uma boa psicologia, dado que encontra o meio apropriado para agir sobre outrem. Mais do que um ato referencial malogrado, ela é um ato alocutário bem-sucedido. Se colocarmos na frente o ato referencial, a relação simbólica é de tipo substitutivo. Se pusermos na frente o ato alocutário, ela é de participação. A magia é ao mesmo tempo *signo* e *conflito*. Essa análise da relação entre símbolo e magia permite cernir mais de perto a natureza desta. De início, o ato mágico não é constituído apenas pelo enunciado, seja ele verbal ou não, mas pela enunciação em sua integralidade. Ele inclui não somente as frases pronunciadas ou os gestos efetuados, mas também os protagonistas desse ato, as circunstâncias de sua produção, as relações de todos os elementos entre si. Ele se realiza graças ao conjunto de uma série de condições (sobre as quais não me estenderei) que, sem constituir a magia, a tornam possível. Em seguida, o que é específico da magia é precisamente a possibilidade dessa dupla perspectiva, o fato de que ela seja ao mesmo tempo signo e conflito, que ela busque agir sobre outrem pretendendo agir sobre o objeto de seu discurso.

Estamos agora em condições de comparar a magia com outras atividades vizinhas, para tentar precisar sua natureza.

Poderíamos incialmente compará-la com uma descrição interessada das coisas, quando evocamos um fato com vistas a convencer nosso interlocutor e adquirir sua adesão. Também aqui há dois atos, um dirigido para o referente e outro para o alocutário. Mas a diferença reside primeiro na natureza do ato referencial: aqui, de descrição e, portanto, de manutenção do referente; lá, de transformação. Além disso, a relação dos dois atos não é a mesma, dado que, na descrição persuasiva, o ato referencial é submetido ao ato alocutário: a intenção de agir sobre outrem é, se não explicitamente declarada, pelo menos fácil de estabelecer. No ato mágico, ao contrário, apenas o ato referencial se dá a ver; se eu agir diretamente sobre o interlocutor, não há mais magia.

Vemos agora como é grande a diferença entre ciência e magia – sem que aquela seja forçosamente em detrimento desta última. O ato científico é, em primeiro lugar, um ato que se quer puramente referencial (ou esta é, ao menos, a intenção da ciência pura); por outro lado, o cientista não admite que busca, em sua própria atividade científica, transformar a realidade que ele descreve. Só podemos assimilar a magia à ciência se reduzirmos a enunciação ao puro enunciado, apagando a natureza performativa da magia.

Com frequência comparou-se a magia à religião. As diferenças aqui são de outra ordem: é na qualidade de atos alocutários que as duas se assemelham (ainda que seja preciso distinguir entre o discurso que dirigimos a Deus e aquele que pode ser trocado entre dois membros da mesma comunidade religiosa). Em revanche, o discurso religioso não realiza um ato referencial: ele transforma a relação do homem com Deus, e não aquela que o liga às coisas (do contrário essa religião será marcada pela magia, o que não deixa de acontecer na prática).

Perguntamo-nos amiúde sobre as formas que a magia toma (se é que o faz) nas civilizações modernas, em que curas maravilhosas como aquela de que fui objeto são percebidas como restos de um passado definitivamente extinto. Haveria uma magia moderna, sem fantasmas nem fórmulas, acontecendo em circunstâncias cotidianas de nossa vida?

*Os gêneros do discurso*

Repetidas vezes cita-se a publicidade. Podemos ver agora em que consistem as diferenças e as semelhanças. O discurso publicitário age sobre seu alocutário: isso faz parte de sua própria definição. Ele pode, para tanto, buscar modificar a natureza daquilo que está em questão (mas essa é apenas uma das formas da publicidade): como se, para vender uma máquina da Brastemp, eu dissesse que ela funcionará durante 25 anos sem precisar de reparos. Contudo, jamais esse discurso admitirá que ele transforma aquilo sobre o que fala, e ainda menos reivindicará essa transformação como definição de seu ser: se eu confessasse o ato referencial de transformação, o ato alocutário de persuasão seria condenado ao fracasso.

Todos os parentes modernos da magia – dos quais certas formas de publicidade são apenas um exemplo – se distinguem de seu ancestral clássico devido a este traço específico: eles dissimulam a natureza de sua ação sobre o referente, em vez de reivindicá-lo. A magia moderna é uma magia envergonhada. Ao embelezar o objeto de que falo, busco convencer meu parceiro, e isso é idêntico em ambos os lados. Não obstante, em um dos casos dissimulo o embelezamento e, no outro, oculto a busca da convicção. Magias "moderna" e clássica são, portanto, perfeitamente simétricas: cada uma delas é um ato duplo que se pretende simples; uma não confessa seu ato referencial, e a outra, seu ato alocutário.

Outras diferenças decorrem daí: o produtor da magia clássica é um profissional, reconhecido por todos, e sua reputação assegura sua eficácia. O mágico moderno jamais se reconhece como tal, dado que precisamente dissimula a natureza mágica de sua ação, em vez de proclamá-la. O único a assemelhar-se atualmente ao antigo mágico seria o artista, que pendura seu velho lençol na parede, chama-o de "Composição BX 311" e vende-o pela bagatela de 10 mil dólares; ainda a transformação do referente é consecutiva à persuasão do comprador, em vez de provocá-la. Mudança simétrica pelo lado do destinatário: um indivíduo bem identificado, no caso da magia clássica, que solicita por sua própria vontade a intervenção do mágico, e que é atualmente anônimo e múltiplo: é a opinião pública, é o inapreensível "homem médio", e não sabe que é vítima (ou beneficiário) da magia. Esse parentesco, sobre o qual importa igualmente ver os aspectos semelhantes e os diferentes, mostra bem que a atividade mágica, tomada em sua generalidade, está longe de ser a besta estranha e enigmática que muitas vezes querem nos fazer crer. A apresentação desses atos varia, mas por trás das camuflagens diferentes descobrimos uma estrutura comum. A predisposição à magia não necessita ser buscada muito distante no tempo (na tenebrosa Idade Média, por exemplo) nem no espaço (entre os selvagens dos continentes longínquos). Ela está presente em cada um de nós, mesmo que suas formas divirjam, dado que cada um de nós tenta, ao exercer uma atividade simbólica – falando, por exemplo –, "arranjar" as coisas da maneira que nos convém, com vistas ao diálogo incessante no qual estamos engajados com nossos semelhantes.

A única atividade verdadeiramente estranha seria (se ela existisse) o ato de descrição pura, a designação do mundo que consegue não o transformar, nem o submeter a algum objetivo de persuasão: ato ao qual alguns povos confinados à parte ocidental do continente dão o nome de *ciência*...

$\backsim\!\!\!\!\raisebox{0.3ex}{$\scriptstyle\mathcal{O}$}$

# O chiste[1]

Como nos capítulos precedentes, dedicados às fórmulas mágicas e adivinhações, adotarei aqui uma perspectiva retórica (da análise do discurso), e não sociológica ou etnológica (levando em consideração o lugar e a função do chiste em uma estrutura mais vasta). Contudo, ao contrário do que tentei nesses dois estudos, não proporei um quadro geral, uma explicação de conjunto. O motivo é que não tenho a impressão de saber exatamente quais são as propriedades linguísticas dos enunciados produtores do "chiste". Acredito compartilhar, nisso, a sorte de inúmeros teóricos que me precederam nesta via e que, no melhor dos casos, descreveram condições *necessárias* ao surgimento do chiste, mas não suas condições *suficientes*. Na maior parte do tempo, os teóricos do chiste de fato apreendem

---

1 Em francês, *mot d'esprit* (*Witz*, em alemão). Em português, *chiste* ou *dito espirituoso*. (Todorov frequentemente usa a palavra *espírito* no lugar do termo *chiste*.) (N. T.)

*407*

# Tzvetan Todorov

as estruturas comuns a todo simbolismo linguístico. Assim ocorre, por exemplo, com a doutrina mais popular atualmente, aquela que explica o chiste pela *bissociação*.[2] Mais do que uma exposição sistemática, apresentarei aqui algumas observações que concernem a certos aspectos particulares do discurso espiritual. A primeira diz respeito à própria organização de um estudo do chiste. Poderíamos partir de uma afirmação antiga (pois há milênios o chiste é objeto de uma reflexão teórica) que se encontra justamente no interior de uma retórica: *De oratore*, de Cícero. Questionando-se sobre as possíveis fontes do chiste, o porta-voz de Cícero as resumia assim:

> Em suma, enganar as expectativas dos auditores, ridicularizar os defeitos de seus semelhantes, se necessário rir dos seus próprios, recorrer à caricatura ou à ironia, lançar ingenuidades fingidas, realçar a imbecilidade de um adversário, eis os meios de excitar o riso.[3]

O que nos choca antes de tudo em tal enumeração é a heterogeneidade dos elementos que a compõem. Realçar a im-

---

2 Ela foi formulada por Koestler em *The Act of a Creation*. Em um capítulo de *Théories du symbole*, procurei mostrar que o mesmo acontecia no estudo clássico de Freud (Réthorique de Freud, p.285-321). Eis alguns outros estudos recentes sobre essas questões: Noguez, Structure du langage humoristique, *Revue d'esthétique*, p.37-54; Milner, Homo Ridens: Towards a Semiotic Theory of Humour and Laughter, *Semiotica* 6, p.1-28; Johnson, The Semantic Structure of the Joke and Riddle: Theoretical Positioning, *Semiotica* 14, p.142-74; id., Two Realms and a Joke: Bissociation Theories of Joking, *Semiotica* 16, p.195-221.

3 Cícero, *De oratore*, 71, p.299.

*Os gêneros do discurso*

becilidade de um adversário e ridicularizar os defeitos de um semelhante pertence àquilo que Freud chamava de "tendências" do chiste: agressão, obscenidade etc. Enganar as expectativas dos auditores é apenas um meio para conduzi-los à interpretação do chiste. Enfim, dizer que recorremos à caricatura, à ironia ou à falsa ingenuidade é descrever o próprio trabalho de produção do chiste. Dessa forma, parece que pelo menos três níveis devem ser distinguidos: ao lado daquele da "tendência", encontramos dois planos que eu isolara na análise das adivinhações e das fórmulas mágicas: um trabalho de figuração (sintagmática), que chama a atenção do auditor e o leva a buscar uma nova interpretação; e um trabalho de simbolização, que consiste em induzir, a partir de um primeiro sentido, um sentido segundo.

Seria primeiramente necessário notar que a cada um desses níveis encontramos características indispensáveis à constituição do chiste. Ao contrário do que pensava Freud, por exemplo, que tornava a "técnica" (isto é, nossos dois últimos níveis) responsável pelo efeito espiritual, é incontestável que somente certas "tendências" permitem sua realização: a agressão, por exemplo, mas não o elogio. Cícero, ainda, dava o seguinte exemplo:

> As palavras de duplo entendimento [...] nem sempre são engraçadas; com muita frequência viram sérias. Durante uma festa, o governador africano tinha dificuldades em manter sua coroa de flores sobre a cabeça. Por várias vezes, ela se rompeu. "Não é surpreendente que ela não lhe sirva", disse-lhe Licinius Varus, "a cabeça é grande demais."[4]

---

4 Ibid., 61, p.250.

O duplo sentido está presente aqui, mas a tendência a lisonjear impede a produção do chiste.

Erraríamos ao crer que todos os teóricos do chiste praticam o amálgama das categorias à moda de Cícero. A distinção entre o que chamo aqui de figuração e simbolização está bem presente em vários autores antigos, nos quais ela se formula a cada vez de uma maneira diferente.

Por exemplo, em Lessing, que na verdade se preocupa não com o chiste, mas com um de seus "parentes", o epigrama. Eis como ele identifica os elementos constitutivos deste: "Em primeiro lugar, um objeto perceptível qualquer que desperta nossa curiosidade. Em seguida, sobre esse mesmo objeto, uma novidade que satisfaz nossa curiosidade".[5] Lessing descreve por essa fórmula um estado bastante antigo do "epigrama": na época em que este era inscrito sobre um poste, que desempenhava o papel de polarizador da atenção, o texto servia à interpretação. Contudo, esses são elementos funcionais e não substanciais que ele busca identificar; nós os encontraremos então no momento em que os epigramas forem exclusivamente verbais: "Estes se subdividem naturalmente em duas partes. Em uma, chama-se nossa atenção sobre uma reprovação particular, nossa curiosidade fica fixada em um objeto único; na outra, nossa atenção encontra seu objeto, e nossa curiosidade, sua satisfação".[6] Aliás, Lessing é bem consciente de que essa dupla organização não é uma propriedade exclusiva do epigrama, mas caracteriza, em suas diversas modalidades, todos os tipos de discursos; o epigrama nada mais faz do que exibir

---

5 Lessing, *Gesammelte Werke*, p.10.
6 Ibid., p.11.

Os gêneros do discurso

a diferença dos dois – o elemento de polarização e o elemento de interpretação – de maneira particularmente clara. Vejamos na comparação do epigrama e da fábula: "A diferença essencial consiste em que as partes que se seguem no epigrama coincidem na fábula; por conseguinte, elas só formam partes na abstração".[7] Dito de outra maneira, elas não são mais duas partes, mas dois níveis, dois princípios de organização.

Lessing apreende então a oposição de um ponto de vista funcional. Em contrapartida, é em uma perspectiva estrutural, e dentro da tradição da retórica clássica, que se colocam os românticos alemães quando abordam o mesmo problema. Friedrich Schlegel já formulara uma distinção entre duas espécies de figuras: "Todas as figuras poéticas ou retóricas devem ser sintéticas (metáfora, similitude, alegoria, imagem, personificação) ou analíticas (antíteses, parioses etc.).[8] E quando outro romântico, Jean Paul, dedica um capítulo ao chiste em suas *Lessons préparatoires à l'esthétique* [Lições preliminares de estética], distingue duas espécies deles: imajado (*bildlich*, que corresponde às figuras sintéticas de Schlegel) e não imajado (*unbildlich*, analítico).[9]

Na introdução de seu livro, Freud cita uma série de autores que buscaram sintetizar em uma fórmula única a definição do chiste; nela encontramos expressões como "sideração e luz" (Heymans) ou "sentido no não sentido" (Lipps). Apesar de seu caráter sumário, adivinha-se que tais fórmulas visam à

---

7 Ibid., p.26.

8 Schlegel, *Literary Notebooks 1797-1801*, n.221.

9 Tradução de palavra cunhada por Lacan, do francês *imagé*, de *imager*, "carregar de imagens, de metáforas". Paul, *Vorschule zur Aesthetik* [tradução francesa: Le trait d'esprit, *Poétique* 15, p. 375].

mesma duplicidade de que falavam Lessing e Jean Paul: um primeiro tempo de incompreensão ("sideração", "não sentido"), que é também aquele da percepção inicial e será seguido por um trabalho de reinterpretação ("luz", "sentido"). O próprio Freud hesita entre duas concepções. Em uma delas, que só está presente de maneira episódica em seu livro, ele vê bem dois aspectos de cada chiste:

> Lembremo-nos de que o chiste apresenta ao auditor uma dupla face e lhe impõe duas concepções diferentes. Nos chistes por não sentido, como os que acabamos de citar, uma das concepções, aquela que se atém unicamente ao texto, afirma o não sentido. A outra, aquela que, ao fio das alusões, segue sua vida através do inconsciente do auditor, atinge o sentido profundo. Nos propósitos de Wippchen, que se aproximam do dito espirituoso, uma das máscaras do chiste é vazia, como que empobrecida, é uma cabeça de Janus em que uma só face estaria modelada. [...] Só resta a esses supostos "chistes" uma das concepções, uma das faces: a do não sentido.[10]

O "não sentido" e a "alusão" são distinguidos como pertencentes a dois processos independentes (isso não é verdade, já que um deles deve se situar necessariamente no inconsciente). Contudo, a distinção assim formulada nem sequer figura no quadro recapitulativo das técnicas do chiste.

A segunda apresentação da mesma oposição, que não deixa de ter relações com a primeira e que tem a preferência de Freud, consiste em distinguir não mais dois aspectos de qual-

---

10 Freud, *Le Mot d'esprit dans ses rapports avec l'inconscient*, p.322.

## Os gêneros do discurso

quer chiste, mas duas espécies de comicidade verbal, às quais Freud dá os nomes de dito espirituoso (chiste) e gracejo (*Witz* e *Scherz*). Seu procedimento se aparenta então ao de Jean Paul, distinguindo chiste imajado e chiste não imajado. Isso o leva a analisar assim um exemplo particular:

> É mesmo por um gracejo que o mestre Rokitansky responde a um interlocutor que lhe perguntava sobre a profissão de seus quatro filhos: "*Zwei heilen und zwei heulen*" (dois médicos e dois cantores). Essa resposta era exata e inatacável, mas não sugeria nada que não fosse expresso pelas palavras colocadas entre parênteses. Incontestavelmente, a resposta só se afastou das formas banais pelo prazer da unificação e da assonância ligada a essas duas palavras.[11]

A unificação e a paronomásia são bem identificadas aqui como procedimentos da figuração (enquanto em sua análise da "técnica" Freud tende a assimilá-las à metáfora e à alusão); no entanto, podemos nos perguntar se existem puros gracejos, dos quais todo trabalho de interpretação estaria ausente (se a figuração não dá origem automaticamente à interpretação).[12] Em outras palavras, podemos preferir a primeira apresentação à segunda, e ver dois aspectos do chiste no lugar em que Freud tende a identificar duas espécies.

Na sequência, dedicar-me-ei a alguns problemas particulares de cada um desses dois níveis, figuração e simbolização, extraindo meus exemplos daqueles que Freud coletou em seu livro.

---

11 Ibid., p.196.
12 Cf. Freud, *Théories du symbole*, p.306-7.

*Tzvetan Todorov*

## Figuração

Gostaria de examinar aqui em detalhes uma das figuras mais frequentes que nos levam, em um chiste, à busca de um sentido segundo: a *contradição*. A forma mais simples, que apesar disso encontramos raras vezes, consistiria na afirmação simultânea de dois opostos: *X é A e não A*, ou ainda *p e não p*. Esse seria o caso de

(1) Essa personagem tem um grande futuro atrás dela.

O futuro só pode ser "a vir": diante, e não atrás.

Mas na maior parte dos casos, a contradição não é assim tão evidente, dado que ela não se dá entre dois elementos presentes um ao outro, mas entre dois enunciados, dos quais o primeiro coloca (ou pressupõe, ou implica) uma inferência *se p então q*; o segundo se afasta de duas maneiras possíveis: ou afirma *não p mas q*, ou *p mas não q* (adicionemos que se trata aqui de entimemas, e não de inferências rigorosas).

Tomemos primeiro o caso *não p mas q*: aqui negamos o antecedente, mas continuamos a manter a verdade do consequente. Tal é o caso de um chiste um tanto longo para ser transcrito: os fiéis acreditam que seu rabino vê de Cracóvia até Lemberg, apesar de terem confessado que o dito rabino se enganou em sua "visão". O fiel admite o erro da visão (antecedente), mas se esquece de que é também a única prova da própria existência dessa visão (consequente).

A mesma descrição aplica-se a outro grupo de chistes que, no entanto, apresenta a seguinte diferença: no caso que acabo de mencionar, o julgamento lógico (lógica da conversação, bem

*Os gêneros do discurso*

entendido) teria consistido em afirmar *não q* (o rabino não vê até Lemberg); no novo grupo, *q* é efetivamente verdade: enunciava--se *p* para dar a entender *q*, dado o caráter automático da implicação. Na resposta, nega-se *p*, mas substitui-se por *p'*, que implica *q* tanto quanto, se não mais, que *p*. Vejamos três exemplos:

(2) Um pretendente faz, em companhia do casamenteiro, uma primeira visita à sua eventual noiva. Esperando a família na sala, o casamenteiro faz o jovem admirar uma vitrina que encerra uma belíssima prataria. "Veja", ele lhe diz, "que fortuna é denunciada por essa prataria." Porém o jovem, cético, responde: "Mas será que esses objetos caros não teriam sido emprestados para a ocasião, para nos lançar poeira nos olhos?". "Mas que ideia!", retrucou o casamenteiro com desdém, "quem emprestaria a essa gente o que quer que seja?"

(3) A boa Galateia! Acusam-na de tingir seus cabelos de preto; mas seus cabelos já eram pretos quando ela os comprou.

(4) Um judeu observa, na barba de um de seus pares, detritos alimentares. "Posso dizer-lhe o que você comeu ontem." "Então diga." "Lentilhas." "Errou! Eu as comi anteontem."

A implicação da frase do jovem em 2 é: essas pessoas não são ricas. O casamenteiro nega que a prataria seja emprestada, mas o argumento que usa para prová-lo tem a mesma implicação: só se emprestam coisas para os ricos, portanto aquelas pessoas são pobres. O mesmo acontece em 3: a cabeleira de Galateia é artificial em um e noutro caso. Também em 4: de toda forma, as lentilhas se encontram na barba do judeu.

Vejamos agora a segunda fórmula, *p mas não q*. Poderíamos citar aqui:

(5) Frederico, o Grande, ouve falar de um pregador da Silésia que tem a reputação de manter relações com os espíritos. Ele manda chamá-lo e lhe faz a seguinte pergunta: "Você sabe conjurar os espíritos?". "Sim, Majestade. Eu os chamo, mas eles não vêm."

(6) Essa mulher apresenta mais de uma semelhança com a Vênus de Milo: é tão velha quanto ela, também é desdentada e sobre seu corpo amarelado há algumas manchas brancas.

Vemos que 5 apresenta a técnica *p mas não q* no estado puro: admite-se a afirmação e nega-se sua implicação (significativamente, essa negação é introduzida por um "mas"). Se 6 não comporta duas réplicas, a contradição se dá entre as duas proposições ou, de forma mais exata, entre as implicações culturais da primeira (= é uma bela mulher) e a segunda. Mais uma vez, aceita-se a afirmação explícita negando-se suas implicações — que são as únicas a justificá-la.

Essa técnica também conhece uma variante, simétrica e inversa daquela representada pelos exemplos 2, 3 e 4. Aqui, no lugar da implicação corrente *q*, coloca-se outra, *q'*, que lhe é totalmente equivalente. Assim:

(7) O pretendente objeta que a senhorita tem uma perna curta demais e que ela manca. O casamenteiro responde: "Você está errado. Suponha que você se case com uma mulher de pernas retas e idênticas. O que você terá? Nada pode garantir que um dia ela não cairá, quebrará uma perna e ficará estropiada pelo resto da vida; de onde a dor, a agitação, os honorários médicos! Se você se casar com essa mulher aqui, estará protegido dessa bagunça; é caso fechado".

*Os gêneros do discurso*

Admite-se aqui a verdade de *p*, mas recusa-se sua consequência, a de que a senhorita é um mau partido; afirma-se o contrário, mas os argumentos dados em apoio só fazem evidenciar a equivalência das duas implicações: a senhorita está estropiada 'pelo resto da vida'".

## Simbolização

Qualquer que seja a forma da contradição, seu efeito é sempre semelhante: ela leva o auditor a recusar o sentido superficial e a buscar um sentido segundo (portanto, a postular, no chiste, um trabalho de simbolização). No que diz respeito à simbolização, dedicar-me-ei ainda a um único aspecto do problema, que no momento me parece ser mal conhecido: a *hierarquia dos sentidos* e seu papel na produção dos chistes.

Admitindo que os chistes comportam sempre um duplo sentido, partirei da premissa de que eles jamais se situam sobre o mesmo plano, mas de que um se apresenta como um sentido dado e evidente, enquanto o outro, o sentido novo, se sobrepõe a ele, para dominá-lo, uma vez que a interpretação tenha terminado. Chamarei o primeiro de *sentido exposto* (ou dado), e o segundo de *sentido imposto* (ou novo).

A ideia de uma hierarquia dos sentidos está presente na obra de Freud, mas não de maneira claramente afirmada. Ao discutir os exemplos de "duplo sentido com alusão", Freud nota, de passagem, que "as duas significações do duplo sentido não nos são igualmente familiares"; e a respeito de um exemplo, ele nota: "O sentido banal [...] se impõe inicialmente, e o sentido sexual se esconde e se dissimula a ponto de escapar a um leitor sem malícia".[13] O alcance dessa observação é, para Freud, assim como para seu leitor, limitado: em primeiro lugar, ele só se aplica a um dos subgrupos de uma das classes; e, mesmo no interior deste, não se aplica a todos os exemplos. A respeito de outro chiste, Freud afirma que "os dois sentidos são igualmente compreensíveis e não saberíamos distinguir se é a significação sexual ou a não sexual que é a mais usada e a mais familiar".[14] Aliás, é claro, essa diferença qualitativa dos dois sentidos é pouco elaborada: podemos, de outro modo, *opor* seriamente o "sentido banal" ao "sentido sexual"?

O que ocorre com o exemplo dado por Freud, em que essa relação de *imposição* estaria ausente e em que "os dois sentidos são igualmente compreensíveis"? Vejamos:

(8) Essa garota me lembra Dreyfus. O exército não acredita em sua *inocência*.

Contudo, os dois sentidos da palavra "inocência" evidentemente não estão sobre o mesmo plano. A inocência jurídica à qual se referem os termos vizinhos de "exército" e de "Dreyfus" é o sentido exposto (e banal); a inocência sexual (a virgindade) é o sentido realmente visado pelo chiste: é o sentido imposto. Quando Freud afirma que os dois sentidos da palavra "inocência" são igualmente correntes, pensa no termo fora de qualquer contexto, tal como se encontra definido no dicionário: ele considera essa ambiguidade como se não fosse simbólica, mas a anedota forma um contexto para a palavra, e

---

13 Freud, *Le Mot d'esprit dans ses rapports avec l'inconscient*, p.58.
14 Ibid., p.57-8.

*Os gêneros do discurso*

impõe a prioridade de um sentido sobre o outro. A distinção da qual Freud não se dá conta é aquela entre a palavra tomada no léxico e a palavra tomada no interior de um sintagma (na terminologia de Benveniste, ele confunde a *semiótica* com a *semântica*).

Ao lado dessa hierarquia semântica há outra, gramatical (morfológica e sintática), que não deve ser confundida com a primeira, sobretudo nas contaminações, em que as duas estão igualmente presentes. Assim, *Dichteritis*, composta de *Dichter* + *Diphteritis*, é dominada ao mesmo tempo gramatical e semanticamente pela difteria. Não obstante, tal não é o caso, e aqui me afastarei de J. M. Klinkenberg que escreve, em um estudo dedicado às contaminações: "Um dos termos continua a ser preponderante: quando um beijo solene é dado por uma personagem ligeiramente embriagada, e que R. Queneau usa a expressão 'dar uma *alcoolade*' (dar um abraço alcoolizado), evidentemente a palavra mais importante é *accolade* (abraço), dado que impõe sua função semântica e gramatical".[15] Ora, esse julgamento só é válido pela metade: se é *accolade* que impõe sua forma e sua função gramatical, ao contrário é *álcool* que se impõe semanticamente, ou que, pelo menos, é o sentido "interessante", de vez que o outro, *accolade*, é o sentido "banal". Observaremos que a hierarquia dos dois sentidos pode ser interpretada, em primeira aproximação, como sendo semelhante à relação entre sujeito (dado) e predicado (novo).

---

15 Klinkenberg, *Réthorique générale*, p.56. Lewis Carroll, grande promotor das contaminações, a que chamava de "palavras-valise", já notara a existência de uma hierarquia semântica.

*419*

Qual seria o mecanismo de que nos servimos para escolher um primeiro sentido e, em seguida, um segundo? Poderíamos aqui recorrer a uma distinção entre contexto sintagmático (o que está contido nas frases vizinhas ou na situação enunciativa) e contexto paradigmático (o saber compartilhado dos dois locutores e, muitas vezes, da sociedade à qual eles pertencem). Um desses contextos pode sugerir o sentido dado, e o outro impõe o sentido novo. Amiúde os exemplos concretos mostram esses contextos em interação complexa. Retomemos o exemplo do chiste que concerne à inocência da garota. Os dois contextos intervêm ao mesmo tempo na determinação de cada um dos sentidos, mas uma acentuação diversa nos permite encontrar a distribuição – que não vai do todo ao nada, mas do mais ao menos. O contexto sintagmático imediato, isto é, as palavras *Dreyfus, exército*, determinam o sentido exposto de "não culpada", que é o primeiro a vir à mente. Um contexto sintagmático mais distante (*jovem, garota*) impõe, devido ao seu próprio contexto paradigmático, o sentido de "virgem". Em nossa sociedade (ou melhor, no meio em que ocorreu essa anedota), a primeira coisa que se pergunta sobre uma garota é se ela é virgem ou não.

Encontramos a ação simultânea dos dois contextos nos trocadilhos, em que um único significante presente evoca dois significados, o seu e o de um parônimo. Dois casos são aqui possíveis. No primeiro, é o contexto sintagmático que evoca o termo ausente, como no seguinte exemplo:

(9) Em um baile da corte, Napoleão dizia a uma dama italiana: "*Tutti gli Italiani danzano si male?*". E ela respondeu com agudeza: "*Non tutti ma buona parte*".

*Os gêneros do discurso*

Para que *buona parte* evoque não somente "uma boa parte" (é nosso conhecimento da língua que nos lembra disso, portanto é um saber compartilhado), mas também "Bonaparte", foi preciso dizer-nos (no contexto sintagmático imediato) que a história se relaciona a Napoleão.

A segunda variedade da mesma classe é ilustrada pelo seguinte exemplo:

(10) Por que os franceses rejeitaram *Lohengrin*?, perguntava-se em uma época em que suas ideias eram diferentes do que são hoje em dia. A resposta era: *"Elsa's (Elssas) wegen"*.

Aqui não é mais o contexto sintagmático, mas o contexto paradigmático (cultural) que suplementa a palavra faltante. Em uma época em que todo francês deve lamentar a perda da Alsácia, o nome da heroína de *Lohengrin* evoca inevitavelmente (para um alemão) o nome da província. O contexto sintagmático ("Lohengrin"), por outro lado, remetera ao sentido exposto.

A clara distinção entre sentido dado e novo, exposto e imposto, nos permitirá descrever com mais precisão um traço do chiste que realçamos com frequência: a importância da ordem de aparecimento de seus elementos (o locutor chistoso sabe preparar *surpresas*). Cícero já escrevia: "Um dos mais conhecidos [dentre os gêneros dos chistes] é criar a expectativa de uma coisa e dizer outra".[16] Em termos mais gerais, dizia Jean Paul: "Tanto é verdade que, em todos os lugares, é a posição que dá a vitória, tanto ao guerreiro quanto às suas frases".[17]

---

16 Cícero, op. cit., 63, p.255.
17 Paul, op. cit., p.384.

*Tzvetan Todorov*

Comparemos os dois chistes seguintes:

(11) Se o médico perguntasse a um de seus jovens clientes se ele se masturba, seguramente ele responderia: *"O na nie"* (Oh, não, jamais).

(12) Na primeira apresentação de *Antígona* em Berlim, os críticos acharam que ela não tinha o caráter de antiguidade clássica. Berlinense tomou a crítica nesses termos: *Antik? Oh, nee!*

São dois exemplos de trocadilhos: dois significantes são semelhantes (*Antígona – Antik? Oh nee; Onanie – O na nie*); o aparecimento de um só dentre eles basta para evocar os dois significados (se pensarmos em 12 tal como foi praticado em Berlim, e não como aparece no livro de Freud). Mas em 11, o significante (e o significado exposto) são "Oh, não, jamais", e o novo significado, imposto pelo contexto sintagmático, é "masturbação". Já em 12, o sentido exposto, contrariamente às aparências, é o nome da peça – e é ele que nos vem do contexto de enunciação (integrado no livro ao contexto sintagmático imediato); o sentido imposto (o "predicado psicológico") é a falta de antiguidade, dito explicitamente na frase; então, sua compreensão diz respeito apenas ao conhecimento da língua. Essa situação paradoxal – o sentido exposto está ausente – torna difícil a descrição deste exemplo, e também o priva, ao menos em parte, de seu caráter espiritual: estamos diante do limite da simples afirmação agressiva, sem duplo sentido. Penso que todos estariam de acordo em achar 11 mais espirituoso do que 12. Observaremos também que o uso de sinônimos (Napoleão para Bonaparte, masturbação para onanismo) permite não "entregar o ouro" cedo demais.

*422*

*Os gêneros do discurso*

A ordem de aparecimento dos sentidos exposto e imposto (ou, se preferirmos: a surpresa) contribui então para o chiste, mas — assim como a contradição, ou o duplo sentido, ou as tendências agressivas — não permite engendrar o chiste de maneira automática.

# O jogo de palavras

*A forma original da poesia é o jogo de palavras.*

Schlegel, *Cahier "Zur Poesie"*

## I

A própria existência da expressão "jogo de palavras", em nossas línguas, é significativa. O "jogo" das palavras se opõe à *utilização* das palavras, tal como é praticada em todas as circunstâncias da vida cotidiana. Essa oposição não concerne apenas ao jogo e ao sério, mas também à palavra cuja construção obedece a uma regra particular (fala artificial) de um lado, e de outro a fala que só serve para expressar, designar, incitar, que se consuma em sua finalidade ou em sua origem (fala natural). A literatura também não é um jogo (nessa ótica). Quão significativa é, em relação a isso, a atitude de E. R. Curtius, um dos raros historiadores da literatura que busca apreender seu objeto em sua máxima amplitude, que quer equilibrar a tradição "clássica" com uma "contra-tradição" barroca ou maneirista, e que todavia só encontra para descrever a oposição estas palavras: "O autor maneirista pretende dizer as coisas não normalmente, mas anormalmente. Ele prefere o artificial, o espinhoso, ao natural; ele quer surpreender, fascinar".[1] O jogo de palavras se avizinha do anormal: é a loucura das palavras.

Essa categorização não impediu Curtius de se interessar pelo jogo de palavras, ou pelo maneirismo. Apesar disso, em geral é o contrário que se produz, e buscaríamos em vão nas histórias correntes da literatura (às quais somos obrigados a nos atermos, na ausência de uma história dos discursos) um lugar reservado aos jogos de palavras dentre os outros gêneros: a coabitação da tragédia, da epopeia, do romance com o jogo de palavras parece impensável. Os raros autores que dedicam escritos ao sistema dos jogos de palavras consideram necessário se justificar; eles quase se desculpam, e acabam por lançar o anátema sobre o próprio objeto de suas preocupações. Alguns exemplos poderão ilustrar essa atitude.[2] Em seus *Amusements philologiques* [Divertimentos filológicos] (1842), Gabriel Peignot escreve:

> Temos o direito de ficar surpresos pelo fato de que pessoas de letras tenham passado a extrair de seus cérebros tamanhas ninharias, um tempo que poderiam ter melhor empregado. Disse um antigo professor (M. Colon) que esses versos eram atribuídos ao Demônio; seguramente não era ao demônio da verdadeira poesia, mas ao daquele da loucura; e qual seria o diabrete que poderia decifrar o sentido da maior parte dessas exasperantes futilidades?[3]

---

1 Curtius, *La Littérature européenne et le Moyen Âge latin*, p.342.

2 Pode-se ler um recenseamento paralelo no estudo de Perec, Histoire du lipogramme. In: Oulipo, *La Littérature potentielle*, p.79-80.

3 Peignot, *Amusements philologiques*, p.1-2.

Os gêneros do discurso

Aí está uma atitude típica, encontrada também tanto antes quanto depois de Peignot. O mesmo ocorre com Albéric Deville (?), em uma *Dissertation sur les leux des motes* [Dissertação sobre os jogos de palavras], que seguiu sua edição da *Bièvriana* (publicada no ano IX):

A revolução, que produziu tantas mudanças, quase nada operou sobre o caráter francês. Mesma frivolidade, mesmo gosto pelo belo espírito. Paris, essa terra tão fértil em contrastes, oferece excessos de extravagância nesse gênero; conquanto tudo esteja em combustão, o parisiense joga com as palavras e se consola com *trocadilhos*.

Vimos que os jogos do espírito mais pueris se sucedem uns aos outros; os anagramas ilustraram o século de Ronsard; os *bouts-rimés*[4] foram os favoritos da nação durante muito tempo; antigamente as charadas floresciam e os trocadilhos se sustentam ainda, apesar de nossas tempestades políticas. Esse gosto lamentável apareceu e se eclipsou várias vezes, e podemos acreditar que reaparecerá em todas as ocasiões em que a paixão pela frivolidade tome a dianteira.[5]

Ao final do "Prefácio", que figura na mesma obra, o autor escreve: "Jamais os jogos de palavras haviam sido tão repetidos; é uma verdadeira loucura, tomara que seja curta!".[6] De maneira semelhante, em A. Canel, autor de um dos mais copiosos re-

---

4 Extremidades rimadas. O exercício do *bout-rimé* consiste em compor um poema com a ajuda de rimas previamente dadas sobre um assunto predefinido ou não. (N. T.)
5 Deville, Dissertation sur les leux des motes, p.137-8.
6 Ibid., p.87.

427

censeamentos de jogos de palavras (*Recherches sur les jeux d'esprit*, 1867), a respeito de uma obra antiga:

> Nesse livro, composto em homenagem a M. de Vergy, governador de Franche-Comté, por alunos do colégio de Dole, observaremos acrósticos, anagramas, versos quebrados, versos figurados que representam asas, altares, ovos, óculos, círculos, ângulos, triângulos etc. Seria necessário que o mal houvesse penetrado até o fundo das entranhas da sociedade para que a juventude fosse oficialmente adestrada com tais obras?[7]

O mal, o demônio, a loucura, a irresponsabilidade política: tais são as únicas explicações possíveis para as práticas de jogos de palavras ou mesmo para o menor interesse que lhe poderíamos dedicar (qual delas convém melhor para o *presente* estudo?). Naturalmente essa atitude não deixa de ter consequências lamentáveis, e antes de tudo aquela de nossa ignorância concernindo aos jogos de palavras, pois as coletâneas em questão não são verdadeiros estudos, mas nelas basta acumular exemplos, dentre todas as espécies de outros conhecimentos ridículos ou, como os designa G. Peignot, "variedades em todos os gêneros". Os índices das matérias dessas coletâneas abundam em reprovações imprevisíveis. Eis aqui uma breve amostragem:[8]

> Do telescópio e de sua origem
> Do chá e de seu consumo atual
> Da vacina, da varíola e do mal venéreo

---

7 Canel, *Recherches sur les jeux d'esprit*, p.10-1.
8 Peignot, op. cit., p.501.

*Os gêneros do discurso*

Das viagens de longo curso, e informações das descobertas de que lhe somos devedores etc.

Penaríamos ao nos colocarmos contra essa tradição, se ela não estivesse tão visivelmente limitada ao Ocidente cristão dos cinco últimos séculos. Para perceber seu caráter contingente, bastará desviar o olhar para outra tradição, da qual a literatura sânscrita é o berço. Retornamos aqui ao campo literário, mas essa constrição de lugar é inevitável: é preciso passar do discurso em geral para a literatura, se quisermos encontrar uma atenção consistente dedicada às regras de construção. A literatura é o discurso construído por excelência, de onde sua afinidade congênita com o jogo de palavras. A poesia é chamada (em sânscrito) tradicionalmente de *kavya,* isto é, ornamentada. A ideia da literatura como discurso natural, sem regras, não existe. Cada gênero literário (ou não literário, deveríamos acrescentar) distingue-se por suas regras específicas.

Em um dos textos mais antigos da literatura sânscrita, um hino védico, lemos: "É no filtro esticado de mil modelagens que os poetas, buscando a inspiração, esclarecem seu discurso" (hino 9, 73). A ideia da regra poética como um filtro está, portanto, de imediato presente. Comentando essa situação, o grande estudioso de sânscrito Louis Renou escreveu: "A composição, a técnica poética, assim compreendida, torna-se seu próprio fim. A imagem transforma-se insensivelmente em objeto, e o objeto recua ao plano da imagem; há um deslizamento incessante de um registro ao outro".[9] E ainda:

---

9 Renou, Les pouvoirs de la parole dans le *Rigveda, Études védiques et paninéennes,* p.26.

Que a reflexão sobre a obra se confunda com o próprio conteúdo dessa obra: o fato não poderia nos surpreender demais na Índia sânscrita, onde vemos com tanta frequência – sobretudo na gramática, mas não só nesse campo – que a maneira pela qual as coisas são ditas comporta um valor didático quase no mesmo grau que o fundo.[10]

A criação literária é uma atividade inteiramente regulada.

A descrição, a narração e a expressão dos sentimentos são sujeitas a uma minuciosa seleção, para a qual convém equilibrar habilmente os recursos da língua, o manejo das concordâncias nominais e dos sufixos, a escolha estética do vocabulário, o jogo das sílabas suscetíveis de formar um tipo de rima (interior ou final), ou uma aliteração [...]. A convenção não está somente na forma, mas também nos temas, dado que apenas são admitidas certas narrativas de tipo épico, certas cenas mitológicas, certos motivos da vida galante, heroica, religiosa.[11]

Essa concepção da poesia como uma atividade submetida a regras precisas tem múltiplas consequências, tanto para a própria poesia quanto para a vida do poeta que a pratica. A vida do poeta, de modo semelhante à do campeão esportivo atual (outro jogo), exige inúmeros sacrifícios. Um historiador da literatura indiana, H. de Glasenap, escreveu:[12] "Para compreender o sânscrito e os diferentes dialetos prácritos, cujo

---

10 Ibid, p.27.
11 Renou; Filliozat, *L'Inde classique*, § 1749, 1751 (o texto é de Renou).
12 Glasenap, *Les Littératures de l'Inde*, p.151.

*Os gêneros do discurso*

conhecimento é indispensável para o poeta, sempre na forma mais pura, ele escolhe nos lugares mais diversos suas amantes e seus domésticos". Não sendo um indivíduo isolado que se entrega à inspiração cega, mas um artesão consciencioso, mestre em seu fazer, o poeta participa de um grupo profissional bem estabelecido, e as ocasiões da criação não dependem de forma alguma do acaso: os soberanos sempre dispõem de vários poetas na corte, e as justas poéticas são moeda corrente. Glasenap prossegue:

> Assim Ballâla (fim do século XVI) mostra, em *Bhojaprabandha* os maiores poetas da Índia que, na corte de Bhoja, distribuem a prova de sua *finesse* de espírito. Quando certa vez o rei disse: "O sol mergulha no mar ao vislumbre da noite", os outros continuaram:
> *Bâna:* As abelhas embriagadas mergulham no cálice do lótus.
> *Maheshvara:* O pássaro, no bosque, mergulha no oco da árvore.
> *Kâlidâsa:* E o amor, docemente, mergulha no coração da jovem.[13]

É óbvio que a perfeição formal dos poetas atinge graus desconhecidos antes ou desde então. Maneja-se tão sabiamente a ambiguidade que certas obras "resumem ao mesmo tempo o *Râmâyana* e o *Mahâbhârata*, podendo cada estrofe se aplicar a uma e a outra epopeia; outras obras realizam o duplo sentido dependendo de cada verso ser lido da esquerda para a direita, ou da direita para a esquerda".[14] Para citar só mais um exemplo,

---

13 Ibid., p.152.
14 Renou; Filliozat, op. cit., § 1752; esse texto de leitura dupla, *Râghavayâdaviya*, foi traduzido e estudado por Marie-Claude Porcher.

célebre entre nós, em um romance de Dandin, o herói Mandra-gupta faz, pela manhã, uma longa narrativa da qual todo som labial está ausente: "Seus lábios ficaram feridos de beijos no decorrer de uma noite de amor".[15]

A mesma complexidade, o mesmo refinamento, a mesma tendência a explicitar as regras da poesia caracterizam também as outras literaturas orientais, o que os historiadores ocidentais dessa literatura não deixam de condenar, tal como Glasenap:

> Se tais escapadas nos malabarismos verbais muito admirados no Oriente nos parecem transgressões desprovidas de gosto, que nada têm em comum com a poesia, nem por isso devemos negligenciar o fato de que a propensão a tais afetações está profundamente enraizada no espírito dos países do Oriente: encontramos exemplos paralelos nos poetas de outras literaturas orientais.[16]

Concluirei essa breve evocação do jogo de palavras no Oriente (somos obrigados a nos servir aqui dessas categorias sumárias) com uma descrição da literatura persa clássica, encontrada em uma das melhores obras consagradas à poesia como jogo (A. Liede, *Dichtung als Spiel*, t. II):

> A literatura persa poderia servir de exemplo a respeito de uma poesia orientada para o jogo. Por essa razão, não é inútil indicar alguns desses jogos, tanto mais que eles estão, de maneira notavelmente frequente, em acordo com aqueles das literaturas

---

15 Glasenap, op. cit., p.181.
16 Ibid., p.166.

*Os gêneros do discurso*

europeias. Comecemos pelos jogos de sons ou de letras. Na "reversão", reviramos uma palavra, seja intercambiando parcialmente as letras, de modo que apareça uma nova palavra (anagrama), seja invertendo exatamente a ordem das letras (palíndromo). Um verso inteiro também pode ser lido nos dois sentidos. O poema pode omitir totalmente certas letras (lipograma), pode ser escrito com ou sem signos diacríticos, com ou sem ligaduras. Todas as palavras de um poema podem começar pela mesma letra (tautograma). Outros poemas alternam regularmente as letras marcadas ou não por um ponto. Uma obra inteira pode enfim ser composta pelo conjunto do alfabeto sem que nenhuma letra jamais se repita. Nos jogos de palavras ou de versos, a mesma palavra pode ser repetida de muitas maneiras no verso (poliptoto);[17] todas as palavras aparecem com diminutivos; cada metade ou cada verso deve conter uma ou várias palavras idênticas. Coloca-se lado a lado duas ou várias palavras que se pronunciam ou se escrevem de modo semelhante, mas cujo sentido é diferente (jogo de palavras propriamente dito), nos versos ou em prosa as partes do discurso serão dispostas de tal forma que a primeira sequência corresponda à segunda no plano da rima e do metro, palavra por palavra; atinge-se a perfeição quando, assim fazendo, não se repete nenhuma palavra. Certas linhas de um poema podem ser tomadas de duas maneiras, como um prolongamento daquilo que precede ou como um começo daquilo que segue (versos

---

17 O poliptoto, do grego antigo πολύς/*poly* ("vários") e πτωτός/*ptoté* ("caso", no sentido gramatical), é uma figura de estilo que consiste na repetição de várias palavras de mesma raiz, ou ainda de um mesmo verbo, sob diferentes formas. Um exemplo famoso é dado por Fernando Pessoa: O poeta é um *fingidor/ finge* tão completamente/ que chega a *fingir* que é dor...". (N. T.)

433

encadeados); ou vários sujeitos são justapostos e em seguida se enumera aquilo que se relaciona com cada um deles (versos referidos). A poesia dos persas também é rica nos jogos do metro e da rima; ela conhece as inúmeras espécies de rima total, de pausa, de rima interna, central ou acentuada; na maior parte do tempo, em vez de introduzir um termo novo, repete-se o mesmo, o que frequentemente dá a impressão de uma rima encadeada. Para a rima final, usa-se na ordem todas as letras do alfabeto (rima alfabética). Os jogos métricos permitem ler um poema segundo duas ou várias fórmulas rítmicas, e os poetas fazem um elogio exagerado desses versos em que se pode identificar seis ou até mesmo trinta medidas diferentes! O acróstico, o mesóstico,[18] o teléstico, o cronóstico são manejados com uma virtuosidade que as literaturas europeias não atingem jamais. O acróstico fornece não somente nomes próprios, mas também novos versos; ou as iniciais de 64 versos são introduzidas sob a forma de números em um tabuleiro de xadrez, e devem ser lidas seguindo-se o movimento do peão. A partir de um único verso se obtém, pela intervenção dos membros da frase, até 68 novos versos (verso

---

18 Variação do acróstico que, lido na primeira letra (ou nas primeiras palavras) de alto a baixo, forma uma palavra ou um verso. O *teléstico* (do grego *telos, fim*) realça as letras finais do poema, também formando uma palavra ou expressão em relação com o poema. No *mesóstico*, a leitura deve ser feita na cesura ou no meio do verso, e geralmente deve ser lido de baixo para cima. O *acroteleuton* (do grego *têleutê, fim*) combina o acróstico e o teléstico. Por fim, o cronóstico, do grego antigo χρόνος, *khronos* ("tempo") e στίχος, *stikhos* ("linha, verso"), que se aparenta com o cronograma, é uma composição feita de tal forma que as letras que têm um valor numérico em hebraico formam o ano da morte, segundo o *Émile Littré: Dictionnaire de la langue française* (1872-7). (N. T.)

434

*Os gêneros do discurso*

proteico). Os versos são construídos de tal maneira que se pode combinar qualquer linha com qualquer outra, sem danos para a regularidade da rima, do metro e do sentido. Um ou dois versos serão distribuídos no interior de um círculo, de modo que cada segmento só contenha uma palavra ou parte dela, e pode-se começar a ler a partir de qualquer segmento. Quatro versos serão dispostos de tal modo que se possa lê-los também de alto a baixo, por grupos de palavras que dividem o verso em quatro; o mesmo ocorre com oito grupos (versos quebrados). Os poemas figurados persas estão entre os mais fascinantes. Eles ultrapassam de longe seus correspondentes europeus devido à sua elegância (que já é aquela da escritura) e pelo refinamento da construção. Encontram-se figuras emblemáticas, pentagramas, árvores, palmeiras, guarda-sóis e tetos em abóbodas. [...] A poesia persa não ignora a mescla de línguas: os versos em persa e em árabe podem se alternar, uma frase ou um verso podem ser lidos em duas ou três línguas, um poema pode até ser lido do começo para o fim, ou do fim para o começo, dependendo da língua que se utiliza. Dada a inclinação dos persas pelo jogo de palavras, as polissêmicas levam o poeta a unir os diferentes conceitos de maneira incompreensível, o que mergulha o tradutor na perplexidade; apesar disso, no original essas construções são infinitamente graciosas. Há poemas em que basta modificar os sinais diacríticos ou o movimento das vogais para que o elogio ou a lisonja se transforme em reprovação ou injúria. A primeira metade de um verso parece conter uma reprovação ou algo que não honre o objeto do elogio, mas a segunda metade inverte o sentido (versos quebrados).

Essa pequena amostra do conjunto só permite entrever a riqueza dos jogos verbais persas. Nós nos contentaremos em mencionar a arte refinada do enigma, que possui sua língua ar-

*435*

tificial com um sistema ultracomplexo de alusões, indicações e relações que ao mesmo tempo designam e ocultam a palavra a ser adivinhada. O empréstimo literário, que pode chegar até ao fragmento inteiro, é naturalmente bem conhecido e de forma alguma suspeito. Não ficaríamos então surpresos ao saber que um poeta afirmou que seu poema possui 120 sentidos aparentes e 180 ocultos.[19]

# II

Deixemos de lado essa evocação histórica sumária e tentemos uma definição do jogo de palavras. Para começar, tomemos um exemplo simples e incontestável, que figura em uma das primeiras coletâneas de jogos de palavras da língua francesa, as *Bigarrures*, de Étienne Tabourot, alcunhado de Cavaleiro dos Acordos (1583). Chamamos esse jogo de *versos relatados*:

Tua beleza, tua virtude, teu espírito, teu comportamento
Ofusca e desfaz, adormece e reacende
Por seus raios, por pensar, por temor ou por um nada
Meus dois olhos, meu amor, meus desejos e minha alma.[20]

A regra aparece facilmente. Cada verso só contém palavras que assumem a mesma função sintática: sujeito, verbo, complemento, objeto. O número de frases é aqui quatro, mas poderia

---

19 Liede, *Dichtung als Spiel*, p.59-63.
20 No original: "Ta beauté, ta vertu, ton esprit, ton maintien/ Esblouit et défait, assoupit et renflamme/ Par ses rais, par penser, par crainte ou pour un rien/ Mes deux yeux, mon amour, mes desseins et mon âme".

*Os gêneros do discurso*

ser superior ou inferior. Para reconstituir as frases, devemos ler, de toda forma, de alto a baixo, e não (apenas) da esquerda para a direita.

Tentemos agora passar *desse* jogo particular para o jogo de palavras em geral. A partir do exemplo, poderíamos propor a seguinte definição: o "jogo de palavras" é um texto de pequenas dimensões cuja construção obedece a uma regra explícita, que concerne de preferência ao significante. Essa definição comporta três elementos de importância desigual: a regra explícita, as pequenas dimensões e o nível do significante. Vemos de partida que as duas últimas características continuam a ser aproximativas, portanto vamos nos ocupar da primeira, que desempenha o papel essencial. É, aliás, pela *regra* que o jogo de palavras participa do *jogo* (sabemos que os constituintes deste último podem ser, segundo Piaget, o exercício, o símbolo ou a regra).

Em que sentido podemos dizer que sua construção obedece a uma regra? Corremos aqui o risco de cairmos em uma generalidade em que o jogo de palavras perderia toda a sua especificidade. De certo ponto de vista, não há texto cuja construção não seria regrada. Eikhenbaum dizia: "Não há uma só frase da obra literária que, em si, *não seja* uma 'expressão' direta dos sentimentos pessoais do autor, mas ela é sempre construção e jogo". É atualmente um truísmo afirmar que nenhum elemento do texto seja gratuito, mas que se encontra ligado a todos os outros por múltiplos laços de necessidade. Mas seria abusivo empregar o termo *regra* para designar essa coerência inerente ao texto. A regra implica uma diferença de abstração entre si mesma e as instâncias que ela governa. A relação entre dois elementos do texto, por mais "regular" que ele seja, ainda não forma uma regra.

Por outro lado, a regra é identificável a partir do momento em que existe mais de uma instância governada por ela. Se é difícil falar da regra de *um* livro, é inteiramente confortável evocar as regras do romance policial, ou do romance epistolar, ou do romance histórico; dito de outra forma, a regra se aplica ao gênero, e não à obra. Ou, se ela se aplica à obra, é porque esta não é tomada como *uma* unidade, mas como o conjunto das unidades menores que a constituem. Assim, podemos falar da regra à qual obedece a construção das estrofes de um poema, dos capítulos ou dos episódios de um romance. Se, entretanto, o "romance" for feito de um só capítulo (e o poema, de uma só estrofe), não se saberia mais formular sua regra e seria preciso se contentar com uma descrição. Não que a regra não exista, mas não há nenhum meio de confirmar ou de invalidar a hipótese que teríamos construído concernindo à sua natureza, dado que essa hipótese coincide com a única instância da regra!

No caso imaginado até aqui, incumbia ao analista descobrir a regra de um grupo de textos. Todavia, esta pode ser explicitada no próprio ato de produção: seja porque ela figura por extenso, seja porque o texto indica, por sua própria construção, qual foi sua regra, como no caso da quadra de Tabourot citada antes. Seja dada ou a ser deduzida, a regra é percebida como preexistente ao poema, e este é uma aplicação da regra. Isso é essencial para nossos propósitos, pois é precisamente esse tipo de regras que caracteriza o jogo de palavras.

Vemos por que o jogo de palavras está ligado tanto à repetição (as coletâneas de jogos de palavras contêm regras que *qualquer um* deveria poder aplicar; pensemos também nos torneios poéticos próprios da cultura "oriental" antiga); e também por que ele pode passar despercebido, basta que sua regra

*Os gêneros do discurso*

não seja nem "evidente" nem explicitamente designada. Em casos assim, o autor (um tanto quanto vexado?) retoma a fala e enuncia a regra que seguira. Isso acontece com Poe, em *A filosofia da composição*, com Roussel, em *Como escrevi alguns dos meus livros*, com Queneau, que transcreve as regras que presidiram a criação de seus livros em *Technique du roman* [Técnica do romance], com Georges Perec, autor do romance lipogramático *O sumiço*, cujos críticos não perceberam a ausência da letra *e*!

Nesses últimos anos, um grupo dedicou-se a reanimar e ampliar a tradição dos jogos de palavras: trata-se do Oulipo, ou *Ouvroir de la Littérature potentielle*, cujos trabalhos foram recentemente publicados em forma de livro.[21] Os membros do Oulipo são bem conscientes do papel primordial que a regra desempenha na perspectiva que é a deles. François Le Lionnais, por exemplo, escreve: "Toda obra literária se constrói a partir de uma inspiração [...] que, de certa maneira, é mantida ajustada com uma série de restrições e de procedimentos".[22] E Jean Lescure, comentando essa frase: "O que o Oulipo pretendia mostrar é que essas restrições são felizes, generosas, são a própria literatura".[23] A partir desse princípio se define o programa de trabalho do grupo, que comporta dois aspectos: um analítico (demonstrando a existência de restrições nas obras do passado ou repertoriando aquelas que os afixam abertamente), e o outro sintético, isto é, "criador", em que se inventam novas restrições e em que se produzem obras que as ilustrem; em que, como escreve Claude Berge, "se deseja substituir as

---

21 Oulipo, *La Littérature potentielle*.
22 Ibid., p.20.
23 Ibid., p.31.

restrições *clássicas*, do tipo 'soneto', por outras restrições linguísticas, tais como alfabéticas, fonéticas, sintáticas, numéricas, ou até mesmo semânticas".[24]

Mas será que podemos chamar um romance de um jogo de palavras? Isso não corresponde ao uso corrente, e somos então levados à delicada questão das dimensões. Duas coisas são certas: de um lado há uma questão das dimensões textuais, além das quais não se fala mais de jogos de palavras; por outro lado, é impossível fixar esse limite com precisão. O romance de Perec, que realiza um dos jogos de palavras mais difundidos, não é o primeiro exemplo de lipograma que atinge as dimensões de um livro. Entretanto, em geral atemo-nos à frase, ao parágrafo, à página.

O outro limite incerto dos jogos de palavras concerne não mais às suas dimensões, mas ao nível linguístico no qual eles se realizam. Em sua imensa maioria, os jogos de palavras tocam (também) no significante. Porém, há gêneros que ordinariamente qualificamos como jogos de palavras e que só se reportam ao significado, tal como as adivinhações ou as algaravias. Não obstante, a exigência que concerne ao significante é mais importante do que aquela das dimensões. Admitiremos dentre os jogos de palavras um romance lipogramático, mas não o romance policial, que também é convencional, e cujas regras têm um estatuto específico. O romance policial é um "gênero"; este último termo não é marcado pela relação com o jogo de palavras, e ao mesmo tempo o inclui.

Que o jogo de palavras se defina pela regra explícita, eis o que determina ao mesmo tempo os limites e o interesse. O in-

---

24 Ibid., p.49.

*Os gêneros do discurso*

teresse em primeiro lugar, pois ele permite encetar ou observar, em condições de certa forma experimentais, um dos princípios fundamentais da produção verbal e, mais particularmente, literária. Condições privilegiadas, pois cada jogo só possui uma regra (por mais complexa que seja). Já vimos que para muitos autores não há solução de continuidade entre jogos de palavras e literatura; dispomos então aí de uma possibilidade única para observar as formas literárias no estado nascente; é um parentesco inicial, ainda que não se possa falar de identidade. Mas esse mesmo privilégio determina os limites do jogo de palavras, pois, ao contrário dele, o texto literário jamais aplica apenas uma regra (aliás, o lipograma não é a única regra de *O sumiço*), mas várias ao mesmo tempo ou, se preferirmos, é um texto que subverte sua própria regra. É este o caso mesmo entre os escritores que constroem seus livros à maneira de um jogo de palavras. E Queneau, comentando um de seus livros do qual acabara de produzir a fórmula matemática, escreve em "Tecnique du roman": "Eu disse acima que o número dos *Derniers Jours* era 49, apesar de que, tal como foi publicado, só compreenda 38 capítulos. É que tirei o escoramento e sincopei o ritmo...".[25] Uma literatura que seja inteiramente submetida às regras explícitas morre; a obliteração da regra é tão necessária quanto sua estrita aplicação.

## III

Como sistematizar os jogos de palavras? Dado que é a aplicação de uma regra que os caracteriza mais do que qualquer

---

25 Queneau, *Bâtons, chiffres et lettres*, p.33.

outra coisa, e que por sua vez a regra nada mais é do que a sistematização de um aspecto qualquer da produção linguística, a resposta parece ser óbvia: agruparemos os jogos de palavras segundo tenham ligação com um ou outro fato linguageiro, por exemplo, jogos sobre a sinonímia, jogos sobre a homonímia, jogos sobre o encadeamento das palavras na frase ou nas frases no enunciado. Essa atitude, porém, jamais parece ter sido assumida pelos autores dos inúmeros tratados sobre a questão. A ordem habitual na qual nos apresentam os jogos de palavras é a mais fraca possível (apesar de que seja também fonte de jogos de palavras): é a ordem alfabética. Por outro lado, a definição de cada classe nem sempre é fundamentada, como deveria sê-lo, na explicação do fato linguístico pertinente, o que provoca recortes e acavalamentos desagradáveis. Ilustraremos esse tipo de confusão com um exemplo.

Em seu "Avant-propos" da obra *Jeux de mots de M. Bièvre* [Jogos de palavras do sr. Bièvre], Albéric Deville faz um esforço meritório para fixar o sentido dos diferentes termos dos quais se servem habitualmente para designar as espécies do jogo de palavras. No entanto, sua lista justapõe classes radicalmente distintas (o que ele chama de *antístrofe, piada, trocadilho, anominação,*[26] *janoterie*[27]) na companhia de outras, cuja diferença parece bem secundária. Tomemos então as quatro classes de *malícia, zombaria, gracejo* e *equívoco.*[28]

*Equívoco:* "palavra que tem dois sentidos, um natural, que parece aquele que se quer fazer ouvir [...]; o outro desviado, que

---

26 Paronomásia. (N. T.)

27 Ingenuidade, singeleza, alienação, insensatez. Mesmo em francês, o termo é literário e raro, derivado de Janot (janotismo). (N. T.)

28 Em francês, *turlupinade, quolibet, pointe* e *équivoque.* (N. T.)

Os gêneros do discurso

só é ouvido pela pessoa que fala".[29] Exemplo: Um comerciante de animais que vendia um cavalo dizia: faça-o ver, eu o garanto sem defeitos. O cavalo era cego, e o comerciante, sincero.

*Gracejo*: "dito espirituoso que só deve seu brilho a uma oposição de pensamentos, no qual se passa do sentido próprio ao figurado, por uma alusão mais ou menos picante".[30] Exemplo: "A srta. Vestris, cujos gostos diversos são bem conhecidos, se recriava na fecundidade de sua amiga Rey, e não concebia como essa garota se deixava arrebatar[31] com tanta facilidade. – Você fala dela bem à vontade, retrucou a srta. Arnould. Uma ratinha (uma jovenzinha) que só tem um buraco rapidamente é pega".

*Zombaria*: "fundamentada em uma alusão trivial. A zombaria é, para o gracejo, o que o jogo de palavras é para a boa palavra".[32] Exemplo: Em seu leito de morte, um comediante diz ao padre, que lhe dava os últimos sacramentos: "Economize seu óleo, eu estou frito".

*Malícia*: "galhofa insípida baseada em jogos de palavras ruins.[33] Exemplo: X diz a Y: – Você me fez um muxoxo, uma cara triste. Y responde a X: – Não, se eu tivesse feito cara triste, a sua estaria melhor.

O traço comum desses quatro exemplos, como se observa facilmente, é o emprego de uma palavra polissêmica cujos

---

29 Deville, *Jeux de mots de M. Bièvre*, p.9.

30 Ibid., p.10.

31 Em francês, *prendre*. Esse é um termo fartamente polissêmico, que vai desde *enganar*, *adotar*, *apreender*, *pegar* (nas armas ou pegar alguém, dar-lhe carona, alojá-lo em sua casa), passa por *subtrair* (furtivamente), *buscar*, *trazer* (e guardar), *engajar*, *conduzir um negócio*, e muitos outros sentidos, incluindo o de *possuir sexualmente*. (N. T.)

32 Deville, op. cit., p.13.

33 Ibid., p.17.

sentidos são atualizados ao mesmo tempo, um pela frase que a contém, o outro pela frase vizinha. É *faça-o ver*, no primeiro caso, *buraco* e *ratinha* no segundo, *óleo* no terceiro, e *cara triste* no último. Onde estaria a diferença? Uma vez Deville qualifica os sentidos de "natural" e de "desviado"; em outra, de "próprio" e "figurado", mas é uma pura variação terminológica. De uma vez a alusão é "picante", de outra é "trivial". Uma vez o jogo de palavras é brilhante, mas em outra é insípido: são julgamentos de valor, que nada têm a ver com a descrição do fato. No nível de generalidade em que Deville se colocou, essas quatro classes não passam de uma só.

Que seja de meu conhecimento, só existe uma única tentativa para formular uma sistemática do jogo de palavras: é a de Liede, no segundo volume de seu *Dichtung als Spiel*. Esse sistema consiste em se basear nas dimensões da unidade linguística apreciada; obtém-se então os jogos de letras, sílabas, rimas, versos e textos de maiores dimensões. No entanto, vimos que as dimensões do jogo, ainda que pertinentes, não são aquilo que melhor o caracterize. Além disso, perdemos assim a possibilidade de aproximar os jogos que repousam sobre o mesmo princípio; por exemplo, uma repetição pode se dar em cada um desses níveis.

De minha parte, não tentarei enumerar, nem classificar, todos os jogos de palavras praticados até o presente. Eu nada poderia adicionar, salvo uma ordem diferente, à enumeração que é feita em vários tratados sobre a questão (Canel, Liede). Além disso, novos jogos de palavras são e serão criados, de forma que nenhuma enumeração pode ser exaustiva. O próprio princípio de sua construção o comprova, pois os jogos de palavras formam uma série aberta. Quanto à classificação, de-

*Os gêneros do discurso*

verá seguir uma descrição integral em grandes linhas do fato linguajeiro, dado que qualquer aspecto do enunciado pode ser submetido a uma regra explícita e se tornar, assim, o ponto de partida de um novo jogo de palavras. Eu me contentarei então em ilustrar dois princípios da descrição: é preciso saber identificar a regra comum a vários jogos, e um jogo pode evidenciar mais de um aspecto da linguagem.

Inúmeros jogos de palavras se devem a uma única característica da língua: é a possibilidade, para um único significante ou significantes similares, de evocar significados totalmente independentes. Albéric Deville observa esse fato à sua maneira, afirmando que apenas a penúria dos significantes explica a existência dos jogos de palavras:

> É sobretudo à imperfeição das línguas que devemos atribuir a facilidade de brincar com as palavras. Se tivéssemos menos termos metafóricos, e se nossas expressões fossem mais variadas, teríamos menos palavras com a mesma consonância e, por conseguinte, menos equívocos.[34]

Em matéria de linguagem, falamos desses casos de polissemia, de homonímia, de paronímia, mas os jogos de palavras matizam muito essas categorias. Veremos aqui todas as figuras utilizadas no chiste, tais como *silepse, antanáclase* (diáfora), *paronomásia, trocadilho, palavra-valise* etc. O mesmo acontece com todos os jogos ligados à rima, tais como as rimas *leoninas, fraternizadas, batelées,*[35] *coroadas, encadeadas, transpostas* etc. Como Liede

---

34 Ibid., p.132.
35 Rima retomada no meio do verso alexandrino. (N. T.)

observa, "a organização do discurso em função do ritmo e da rima certamente é o jogo mais difundido".[36] A título de ilustração, lembrarei apenas alguns jogos que exploram outros aspectos dos mesmos fenômenos.

Você pode ler uma letra de duas maneiras: chamando-a pelo nome ou apenas se contentando em pronunciá-la. Podemos então escrever letras e ler seus nomes, o que dá o famoso

$G\ a = J'ai\ grande\ appétit$ (Tenho muito apetite)

Ou então podemos escrever palavras, mas ler as letras cada uma por seu nome, como por vezes o faz Leiris em seu *Glossário*:[37]

*chaîne = c'est hache haïe et nœud*
*néant = est né à haine, hanté*
*cheval = c'est achevé à aile (Pégase)*

Trata-se aqui, se podemos dizer, de uma homonímia da letra ou do som, diferente em suas dimensões, mas não em seu princípio da homonímia ordinária. O mesmo aspecto da linguagem está em ação nos *anagramas*, com a diferença de que o anagrama não necessariamente implica a semelhança fônica, mas é um procedimento gráfico de interversão das letras. O anagrama pode ser explícito (o mesmo enunciado contém duas palavras compostas por letras idênticas) ou implícito (apenas uma está presente, mas a outra é evocada pela força do contex-

---

36 Liede, op. cit., p.121.
37 Leiris, *Mots sans mémoire*. Peculiar da língua francesa, não cabe aqui a tradução do trecho. (N. T.)

to). Sabemos que há uma obra, um poema composto no século XIX, com duzentos versos, em que cada um contém um anagrama, que além de tudo está submetido a restrições sintáticas. É *Anagramméana, poème en huit chants par l'anagramme d'Archet* [= Rachet], *littéraire, l'un des trente associés à l'abonnement d'un jornal littéraire, quatre-vingt-quinzième édition, revue, corrigée et augmentée, à Anagrammatopolis, l'an XIV de l'ère anagrammatique*. Julgaremos a qualidade dessa poesia pelos seus primeiro e último versos:

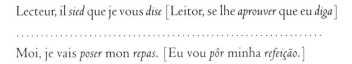

Os "anagramas" de Saussure, que recentemente chamaram a atenção sobre esse fenômeno, não são verdadeiros, no sentido tradicional da palavra, dado que não se trata de uma simples permutação das letras em duas palavras, mas da disseminação de letras que compõem uma palavra no interior de um enunciado inteiro; seria preferível empregar aqui outro termo, como *paragrama*. Uma variante do anagrama implícito é a *contrapartida*, um dos raros jogos de palavras a se perpetuar em nossos dias, talvez por causa da obscenidade obrigatória de uma das leituras (exemplo canônico atribuído a Rabelais: *folle à la messe*).[38] Por fim, um anagrama particularmente restritivo é o *palíndromo*, enunciado no qual se pode imaginar que contém um espelho em seu meio.

---

38 Exemplo inteiro: *Folle à la messe, molle à la fesse* (louca na missa, mole no traseiro). (N. T.)

A grafia oferece a possibilidade de incluir uma letra em mais de uma palavra, ou, dito de outra forma, de usar as duas dimensões da página; ainda aqui não abandonamos o campo da homonímia, entendida no sentido amplo. Isso resulta, inicialmente, no *acróstico*, em que as iniciais de todos os versos formam uma palavra, ou um verso inteiro. Se isso ocorrer no meio, falamos de *mesóstico*, e no fim, de *teléstico*. O mesmo princípio elevado à dimensão dos sintagmas dá o *verso quebrado*. Todos esses jogos, por mais variados que sejam, repousam então sobre um único e mesmo princípio, que podemos designar como "homonímia".

A aproximação das palavras com sonoridades semelhantes, mas tendo sentidos diferentes, conhece inúmeras formas. Esses jogos colocam em evidência a ausência, na língua, de um paralelismo rigoroso entre o plano do significante e aquele do significado. Tal era a prática dos etimologistas científicos antigos, se bem que não tenham desejado fazer disso um jogo. Mas Tabourot já tem consciência do valor cômico desse procedimento; ele cita exemplos e escreve: porque "adoro fazer cócegas para me fazer rir". Seus exemplos incluem: *parlement*, lugar em que se fala e mente, *cordonniers*, que dão *cors aux pieds* (sapateiros que dão chifres, cornetas aos pés). No *Glossário*, Leiris explora o mesmo procedimento com uma intenção claramente poética:

abîme, vie secrète des amibes [*abismo*, vida secreta das amebas]
abrupt, âpre et brut [*abrupto*, picante e bruto]
absolu, base unique: sol aboli [*absoluto*, base única: solo abolido]
merveilleux (il met la mer en veilleuse) [*maravilhoso* (ele põe o mar em piloto)]

## Os gêneros do discurso

Por outro lado, há jogos de palavras que sistematizam, simultânea ou sucessivamente, mais de um aspecto da linguagem. Assim, a *charada* é um jogo ao mesmo tempo sobre a homonímia e a sinonímia: primeiro tomamos a palavra a ser adivinhada e substituímos por um homônimo, eventualmente composto por várias palavras; em seguida, fazemos uma adivinhação para cada uma dessas novas palavras, descrevendo-as segundo um princípio sinonímico. Exemplo (atribuído, parece, a Ampère): "Meu primeiro anda, meu segundo nada, meu todo voa. – *Hanneton* (*âne* + *thon*)".[39] O *rébus* é próximo, salvo pelo fato de que no lugar da definição sinonímica, encontramos a imagem: de certa forma, é o referente que faz o revezamento do significado. Vemos isso em Tabourot: "*Un os, un bouc, un duc, un monde sont pris pour dire. Au bout du monde*"[40] (sabemos que o rébus também é um procedimento característico das escrituras ditas ideográficas). As *palavras cruzadas*, por sua vez, jogam com a homonímia das letras (a possibilidade de a mesma letra participar de várias palavras) e com a sinonímia – as palavras a serem escritas devem ser adivinhadas a partir de sua definição; é então uma combinação do princípio do acróstico e da adivinhação. O *caligrama* leva a ambiguidade das letras a outro nível, dado que estas têm, fora de sua função habitual, a de figurar, em seu conjunto, o objeto de que se trata no enunciado que elas formam; portanto, as restrições operam tanto sobre a grafia quanto sobre o sentido.

---

39 Besouro (asno + atum). (N. T.)

40 "Um osso, um bode, um duque, um mundo são tomados para dizer. No fim do mundo." (N. T.)

## IV

Concluirei com uma tentativa de resposta à questão que meu leitor não deixará de formular: afinal, os jogos de palavras, tais jogos de palavras, têm um interesse real? Já vimos que, quiséssemos ou não, seria impossível excluir o aspecto "jogo" da produção literária ou mesmo de qualquer discurso, mas podemos nuançar o julgamento sobre os diferentes jogos de palavras. Parece-me que seu interesse varia em função da importância das categorias linguageiras que eles põem em evidência. Os jogos baseados no alfabeto parecem-me de pouco interesse. Em revanche, aqueles que realçam a polissemia das palavras, a ausência de um paralelismo rigoroso entre significante e significado, se relacionam com um dos traços mais essenciais da linguagem, e nos ensinam muito — estejamos ou não conscientes disso — sobre o funcionamento simbólico da linguagem.

## Repertórios de jogos de palavras

Há inúmeros deles, sobretudo no século XIX, cujos autores são Peignot, Lalanne, D'Israeli etc. O mais completo, e que dispensa a leitura dos outros, é

CANEL, A. *Recherches sur les jeux d'esprit, les singularités et les bizarreries littéraires, principalement en France*. Évreux: Impr. Auguste Hérissey, 1867. 2.v.

Dentre os tratados mais antigos, é preciso atentar sobretudo para o precursor de toda a tradição:

TABOUROT, É. *Les Bigarrures du Seigneur des Accords*. Genebra: Slatkine Reprints, 1969 (a partir da edição de Bruxelas, de 1866).

*Os gêneros do discurso*

Dentre os livros disponíveis no mercado, o melhor é:

BENS, J. *Guide des jeux d'esprit*. Paris: Albin Michel, 1967.

Alguns jogos se tornaram objeto de estudo de monografias; assinalamos aqui um autor curioso:

DELEPIERRE, O. *Essai historique et bibliographique sur le rébus*. Londres: 1870.

_____. *Macaronéana, ou Mélanges de littérature macaronique des différents peuples de l'Europe*. Brighton-Paris: 1852.

_____. *Macaronéana andra overrum. Nouveaux Mélanges de littérature macaronique*. Londres: 1855.

_____. *De La Littérature macaronique...* Londres: 1855-1856.

_____. *La Parodie chez les Grecs, chez les Romains et chez les modernes*. Londres: 1870.

_____. *Tableau de la littérature du centon chez les anciens et chez les modernes*. Londres: 1874-1875.

O repertório fundamental é o de:

LIEDE, Alfred. *Dichtung als Spiel. Studien zur Unsinnnpoesie an den Grenzen der Sprache*. Berlim: Walter de Gruyter, 1963. 2.v. (O segundo volume contém a descrição dos jogos e uma bibliografia detalhada; o primeiro é consagrado a um ensaio sobre a poesia como jogo.)

# Referências bibliográficas

ABRAHAMS, R. D.; DUNDES, A. Riddles. In: DORSON, R. M. (ed.). *Folklore and folklife*. Chicago: Chicago University Press, 1972.

ABRAMS, M. H. *The Mirror and the Lamp*. Nova York: Oxford University Press, 1953.

AUSTIN, J. L. *Quand dire c'est faire*. Paris: Seuil, 1970. [Ed. bras.: *Quando dizer é fazer*. Trad. de Danilo Marcondes de Souza Filho. Porto Alegre: Artes Médicas, 1990.]

BARTHES, R. L'ancienne rhétorique. *Communications* 16. Paris: Seuil, 1970.

BATESON, G. *Steps to an Ecology of Mind*. Nova York: Ballantine Books, 1972.

BAUDRY, J.-L. Le texte de Rimbaud. *Tel Quel* 35 e 36. Paris: Seuil, 1968 e 1969.

BEN-AMOS, D. Catégories analytiques et genres populaires. *Poétique* 19. Paris: Seuil, 1974.

BENVENISTE, E. A classificação das línguas. In: _____. *Problemas de linguística geral*. Trad. de Maria da Glória Novak e Maria Luiza Neri. Campinas-SP: Pontes Editores, 1988.

BERNARD, S. *Le Poème en prose de Baudelaire à nos jours*. Paris: Nizer, 1959.

BLANCHOT, M. *L'Entretien infini*. Paris: Gallimard, 1969.

_____. *L'Espace littéraire*. Paris: Gallimard, 1955.

_____. *Le Livre à venir*. Paris: Gallimard, 1959. [Ed. bras.: *O livro por vir*. Trad. de Leyla Perrone Moysés. São Paulo: WMF Martins Fontes, 2013.]

BONFANTE, G. Études sur le tabou dans les langues indo-européennes. In: _____. *Mélanges de linguistique offerts à Charles Bally*. Genebra: Georg, 1939.

BOUCHARLAT, A. *Le commencement de la sagesse. Structures et fonctions des devinettes au Rwanda*. Paris: E.P.H.E., 1972.

BRIK, O. M. Zvukovye povtory (1917). In: _____. *Two Essays on Poetic Language*. Ann Arbor: University of Michigan Press, 1964.

BRUNEAU, C. Euphémie et euphémisme. In: _____. *Festgabe Emil Gamillscheg*. Tübingen: Niemayer, 1952.

BRUSS, E. L'autobiographie considerée comme acte littéraire. *Poétique* 17. Paris: Seuil, 1974.

CAILLOIS, R. *Art poétique*. Paris: Gallimard, 1958.

CASTIGLIONI, A. *Incantation et magie*. Paris: Payot, 1951.

CHEVALIER, J.-C. *Alcools d'Apollinaire, essai d'analyse des formes poétiques*. Paris: Minard, 1970.

CÍCERO, *De oratore*. Paris: Les Belles Lettres, 1966. Livro II.

COHEN, Jean. Théorie de la figure. *Communications* 16. Paris: Seuil, 1970.

CURTIUS, E. R. *La Littérature européenne et le Moyen Âge latin*. Paris: PUF, 1956.

DAS, Brajratna. *Khusro ki Hindi Kavitā*. Kashi: Nagiri Pracharini Sabha, 1922.

EMPSON, W. *The Structure of Complex Words*. Londres: Chatto & Windus, 1951.

FAÏK-NZUJI, C. *Énigmes lubo-nshinga*. Kinshasa: [s.n.], 1970.

_____. *Kasala, chant héroïque Luba*. Lubumbashi: Presses Universitaires du Zaïre, 1974.

FREUD, S. *Le Mot d'esprit dans ses rapports avec l'inconscient.* Paris: Gallimard, 1971. [Ed. bras.: *O chiste e sua relação com o inconsciente.* Org. de Paulo César de Souza; trad. de Fernando Costa Matos. São Paulo: Companhia das Letras, 2017.]

FRYE, N. *Anatomia da crítica:* quatro ensaios. Trad. de Marcus de Martini. São Paulo: É Realizações, 2014.

_____. *The Secular Scripture:* A Study of the Structure of Romance. Cambridge: Harvard University Press, 1976.

GAIGNEBET, R. Le chauve au col roulé. *Poétique* 8. Paris: Seuil, 1971.

GEORGES, R. A.; DUNDES, A. Toward a structural definition of the riddle. *Journal of American Folklore.* Illinois: University of Illinois Press, 1963.

GIDE, A. *Dostoïevski:* Articles et causeries. Paris: Gallimard, 1964.

GLASENAPP, H. *Les Littératures de l'Inde.* Paris: Payot, 1967.

GRAPPIN, P. *La Théorie du génie dans le préclassicisme allemand.* Paris: PUF, 1952.

GUERBSTMAN, A. O zvukovon stroenil narodnoj zagadki. *Russkij folklor* II. Moscou: [s.n.], 1968.

GUIRAUD, P. *Structures étymologiques du lexique français.* Paris: Larousse, 1967.

GÜNTERT, H. *Von der Sprache der Götter und Geister.* Halle: Niemeyer, 1921.

HAAVIO, M.; Hautala, J. *Suomen kansan arvoituskirja.* Helsinki: [s.n.], 1946.

IZUTSU, T. *Language and Magic:* Studies in the Magical Function of Speech. Tóquio: Keio University, 1956.

JAKOBSON, R. Du réalisme em art. In : Todorov, T. (ed.). *Théorie de la littérature.* Paris: Seuil. 1965.

JAMES, Henry. *The Awkward Age.* Londres: Penguin Books, 1975.

JOHNSON, R. The Semantic Structure of the Joke and Riddle: Theoretical Positioning. *Semiotica* 14. Englewood: Morton Publishing, 1976.

_____. Two Realms and a Joke: Bissociation Theories of Joking. *Semiotica* 16. Englewood: Morton Publishing, 1976.

JOLLES, A. La devinette. In: _____. *Formes simples* (1930). Paris: Seuil, 1972.

KABEMBA, P. M. *Le chant Kasala des Lubas*. Paris: Juilliard, 1968.

KILITO, A. Le genre "Séance": une introduction. *Studia Islamica* 43. Paris: Maisonneuve & Larose, 1976.

KLINKENBERG, J.-M. *Réthorique générale*. Paris: Larousse, 1970.

KOESTLER, A. *The Act of a Creation*. Londres: Hutchinson, 1964.

KÖNGÄS-MARANDA, E. Structure des énigmes. *L'Homme* IX. Paris: Pedone, 1969.

KÖNGÄS-MARANDA, E.; MARANDA, P. *Structural Models in Folklore and Transformational Essays*. La Haye: Mouton, 1971.

KRISTEVA, J. Poésie et négativité. In: _____. *Séméiotiké*. Paris: Seuil, 1974.

LEIRIS, M. *Mots sans mémoire*. Paris: Gallimard, 1969.

LEJEUNE, P. Autobiographie et histoire littéraire. In: _____. *Le Pacte autobiographique*. Paris: Seuil, 1975.

LESSING, G. E. *Dramaturgie de Hambourg*. Paris: Librairie Académique Didier, 1869.

_____. *Gesammelte Werke*. Berlim/Weimar: Aufbau-Verlag, 1968.

_____. *Laocoon*. Paris: Hermann, 1964.

_____. *Lessings Briefwechsel mit Mendelssohn und Nicolai über das Trauerspiel*. Ed. de Robert Pesch. Darmstad: Wissemschaftlife Buchgesellschaft, 1967.

LEVI-STRAUSS, C. *La Pensée sauvage*. Paris: Plon, 1962. [Ed. bras.: *O pensamento selvagem*. Trad. de Tânia Pellegrini. Campinas, SP: Papirus, 1989.]

MALINOWSKI, B. *The Language of Magic and Gardening* (Coral Gardens and their Magic, II). 2.ed. Londres: George Allen & Unwin, 1966.

_____. The Problem of Meaning in Primitive Languages. In: OGDEN, C. K.; RICHARDS, I. A. (orgs.). *The Meaning of Meaning*. Londres: International Library of Psychology, 1923.

MARCEL, G. *Journal métaphysique*. Paris: Gallimard, 1928.

MAUSS, M. *Œuvres*, I: *Les Fonctions sociales du sacré*. Paris: Minuit, 1968.

MAUSS, M. *Sociologie et anthropologie*. Paris: PUF, 1960.

MEILLER, A. Quelques hypothèses sur des interdictions de vocabulaire dans les langues indo-européennes. In: _____. *Linguistique historique et linguistique générale*. Paris: Champion, 1921.

MESCHONNIC, H. *Pour la poétique*. Paris: Gallimard, 1970.

MILNER, G. B. Homo Ridens: Towards a Semiotic Theory of Humour and Laughter. *Semiotica* 5. Englewood: Morton Publishing, 1972.

NIETZSCHE, *Lettre à Overbeck*.

NOGUEZ, D. Structure du langage humoristique. *Revue d'esthétique*. Paris: Vrin, 1969. Vol. I.

NOVALIS. *Œuvres complètes*. Paris: Gallimard, 1975. Tomo I.

OULIPO. *La Littérature potentielle*. Paris: Gallimard, 1973.

PASSERON, R. La poïétique. *Recherches poétiques*. Paris: Klincksieck, 1975. Tomo I.

PEREC, G. Histoire du lipogramme. In: Oulipo. *La Littérature potentielle*. Paris: Gallimard, 1973.

PETSCH, R. Neue Beiträge zur Kenntnis des Volkrätsels. *Palaestra* IV. Berlim: [s.n.], 1899.

PRAKASH VATUK, V. Amir Khusro and Indian Riddle Tradition. *Journal of American Folklore* 82. Illinois: University of Illinois Press, 1969.

QUENEAU, R. *Bâtons, chiffres et lettres*. Paris: Gallimard, 1965.

*Râghavayâdaviya*. Trad. de Marie-Claude Porcher. Pondichéry: Institut français d'Indologie, 1972.

RENOU, L. Les pouvoirs de la parole dans le *Rigveda*. In: _____. *Études védiques et paninéennes*. Paris: Editions E. de Boccard, 1955. Tomo I.

_____. Sur la notation de bráhaman. *Journal asiatique* 237. Paris: Société asiatique, 1949

RENOU, L.; FILLIOZAT, J. *L'Inde classique*. Paris-Hanói: École Française d'Extrême-Orient, 1953. Tomo II.

SADOVNIKOV, V. *Zagadki russkogo naroda*. Moscou-Leningrado: Sovetskiy pisatels, 1959.

SAUVE, L.-F. *Le Folklore des Hautes-Vosges*. Paris: Maisonneuve, 1937.

SCHLEGEL, F. *Conversas sobre a poesia e outros fragmentos*. Trad., prefácio e notas de Victor-Pierre Stirnimann. São Paulo: Iluminuras, 1991.

_____. *Literary Notebooks 1797-1801*. Londres: University of London, 1957.

SCOTT, C. T. On defining the riddle: The problem of a structural unit. *Genre* II, 1969.

SEBEOK, T. A. The Structure and Content of Cheremos Charms. *Anthropos* 48.

SMITH. P. Des genres et des hommes. *Poétique* 19. Paris: Seuil, 1975.

SOURIAU, E. *A correspondência das artes:* Elementos de estética comparada. São Paulo: Cultrix, 1983.

SPERBER, D. Rudiments de rhétorique cognitive. *Poétique* 23. Paris: Seuil, 1975.

STAROBINSKI, J. *Les Mots sous les mots*. Paris: Gallimard, 1971.

STEINER, G. *Tolstói ou Dostoievski:* Um ensaio sobre o velho criticismo. São Paulo: Perspectiva, 2006.

STIERLE, K. L'Histoire comme exemple, l'exemple comme Histoire. *Poétique* 10. Paris: Seuil, 1972.

STOJKOVA, S. *Bâlgarski narodni gatanki*, Sofia: Bulgarski, 1970.

TABOUROT, E. *Les Bigarrures du Seigneur des Accords* (1583). Genebra: Slatkine, 1969.

TAYLOR, A. *English Riddles from Oral Tradition*. Berkeley e Los Angeles: University of California Press, 1951.

TCHERNOV, I. O strukture russkikh ljubovnykh zagovorov. *Trudy po znakovym sistemam* 2. Tartu: Tartu University Press, 1965.

THOM, R. De l'icône au symbole. Esquisse d'une théorie du symbolisme. *Cahiers internationaux de symbolisme* 22-23, 1973.

TODOROV, T. *L'Énonciation. Languages* 17. Paris: Didier-Larousse, 1970.

_____. *Théories du symbole*. Paris: Seuil, 1977. [Ed. bras.: *Teorias do símbolo*. Trad. de Roberto Leal Ferreira. São Paulo: Editora da Unesp, 2014.]

TODOROV, T.; DUCROT, O. *Dictionnaire encyclopédique des sciences du langage*. Paris: Seuil, 1972.

Os gêneros do discurso

VAN GENNEP, A. Incantations médico-magiques em Savoie. In : _____. *Annecy, son Lac et Vallées de Thônes*. Annecy: Imprimerie commerciale, 1928.

_____. *Le Folklore de la Flandre et du Hainaut français*. Paris: Maisonneuve, 1936.

_____. *Le Folklore du Dauphiné*, II. Paris: Maisonneuve, 1933.

WALTER, S.; MOREL, R.; FERRAN, P. *Le livre des devinettes*. Paris: Les H. Pl. de Mane, 1969.

SOBRE O LIVRO

*Formato*: 14 x 21 cm
*Mancha*: 23 x 44 paicas
*Tipologia*: Venetian 301 12,5/16
*Papel*: Off-white 80 g/m² (miolo)
Cartão Supremo 250 g/m² (capa)
1ª *edição Editora Unesp*: 2018

EQUIPE DE REALIZAÇÃO

*Edição de texto*
Silvia Massimini Felix (Copidesque)
Tomoe Moroizumi (Revisão)

*Capa*
Estúdio Bogari

*Editoração eletrônica*
Eduardo Seiji Seki

*Assistência editorial*
Alberto Bononi